COCINA PARA TODOS

COCINA PARA TODOS

LAS 560 RECETAS QUE NUNCA FALLAN

KARLOS ARGUIÑANO

Planeta

NOTA

SOBRE EL USO DEL HORNO

Siempre que se indique la temperatura a la que se ha de hornear un alimento, el horno habrá de calentarse previamente, hasta alcanzar los grados requeridos, antes de introducirlo.

SOBRE EL USO DE LA OLLA RÁPIDA

Todos los tiempos de cocción han de contarse a partir del momento en que suba la válvula.

Av. Diagonal, 662-664, 08034 Barcelona
www.editorialplaneta.es
www.planetadelibros.com

Fotografías del interior: © José Luis López de Zubiría, © Laura 10m

Estilismo: Enara Roteta

Diseño de interior y composición: Burman Comunicación - Zigor Urrutia (Dirección de arte y diseño), Raúl Gazapo (Maquetación) y Nuria Ramos (Automatización)

Primera edición: noviembre de 2025
Depósito legal: B. 18.888-2025
ISBN: 978-84-08-30880-5
Composición: Safekat, S. L.
Impresión y encuadernación: Gráficas Estella
Printed in Spain - Impreso en España

PEFC Certificado
Este libro procede de bosques gestionados de forma sostenible
PEFC
PEFC/14-38-00305
www.pefc.es

SUMARIO

INTRODUCCIÓN

Soy un firme defensor de que si hay una actividad para todo el mundo, es la cocina. Lo que para algunos puede resultar tedioso, para mí es una gran fortuna: cada día tenemos la oportunidad de pasar un rato agradable entre fogones, de satisfacer nuestro paladar y de darle al cuerpo la energía que necesita, rodeados de aromas y sabores irresistibles. Si comer es para todos, cocinar, no me cabe ninguna duda, también lo es.

A veces, por falta de tiempo o de práctica, pensamos que la cocina nos «roba» horas o que requiere de un talento especial, pero existen infinidad de recetas sencillas y riquísimas que nos demuestran lo contrario. En *Cocina para todos* he reunido esos platos salvavidas que se preparan en un santiamén, así como recetas más elaboradas para cuando te apetezca darte un homenaje. Aquí encontrarás ideas para todos los gustos y momentos, con ingredientes de temporada y productos fáciles de encontrar: desde unas croquetas de rabo de ternera o una tortilla de bacalao y puerro hasta un gazpacho de sandía y tomate, unas habitas con guisantes a la menta o una caldereta de pescado y marisco que te hará quedar de lujo.

Para que puedas ir directamente a lo que más te apetezca, he agrupado las recetas en secciones: entrantes, ensaladas, sopas y cremas, verduras y hortalizas, legumbres, huevos, arroces, pastas y masas, carnes y aves, pescados y mariscos, y postres. Como ya es habitual, también hay un apartado con las recetas de mi hijo Joseba, que demuestra que la cocina de raíz se lleva de maravilla con la gastronomía de otros lares. No te pierdas sus doñas de azúcar rellenas de chocolate ni su solomillo de cerdo con salsa Café de París; ¡se te hará la boca agua! Por último, he contado con la inestimable ayuda de mi hermana Eva, que en la sección de postres vuelve a hacer lo que mejor sabe: endulzar la vida de los demás.

Ojalá con este recetario te convenza de que cocinar no es para unos pocos elegidos, sino que está al alcance de todos. Porque todos merecemos saborear un buen banquete con amigos y familiares, disfrutar de nuestra propia compañía degustando un plato nuevo, mojar pan en el guiso del sábado, compartir el postre con nuestros seres queridos, hacer feliz a quien quiere repetir o, incluso, dar a probar lo que llevamos en el táper. En eso de coleccionar momentos, la cocina casera no tiene rival, y con las 560 recetas de este libro el éxito está asegurado.

¡Anímate, cocina para ti y cocina para todos!

Karlos Arguiñano

ENTRANTES

QUINOA CON LANGOSTINOS

INGREDIENTES (4 P.)

- 300 g de quinoa
- 20 langostinos
- 20 tomates cherry
- 4 chalotas
- 16 ajos frescos
- 2 puerros
- 2 zanahorias
- aceite de oliva virgen extra
- 1 cucharadita de estragón picado
- perejil
- pimienta
- sal

ELABORACIÓN

Pela las chalotas y córtalas en daditos. Limpia los ajos frescos y córtalos en rodajas finas. Limpia los puerros (retirándoles la parte inferior, la superior y 2-3 capas de hojas) y córtalos en cuartos de luna finos. Pela las zanahorias y córtalas de la misma manera.

Calienta una tartera (cazuela amplia y baja) con 4 cucharadas de aceite, agrega las hortalizas, sazónalas y rehógalas a fuego medio durante 12-15 minutos.

Agrega la quinoa, cúbrela con agua (el doble y un poco más que de quinoa), pon a punto de sal y cuécela durante 20 minutos a fuego medio.

Calienta agua en un cazo hasta que empiece a hervir, introduce los tomates cherry y escáldalos brevemente. Retíralos, refréscalos, pélalos y resérvalos.

Pela los langostinos, reserva las colas y guarda las cabezas para preparar un caldo en otra ocasión.

Calienta un wok con 3 cucharadas de aceite. Salpimienta las colas de los langostinos, introdúcelas en el wok y saltéalas. Agrega los tomates y el estragón y saltéalo todo junto durante 1 minuto.

Sirve la quinoa en 4 platos y reparte encima la mezcla de langostinos y tomates. Decora los platos con unas hojas de perejil.

EMPANADILLAS DE HUEVOS DE CODORNIZ

INGREDIENTES (4 P.)

- 16 obleas pequeñas para empanadillas
- 8 huevos de codorniz
- 1 cebolleta
- 1 pimiento verde
- 1 calabacín
- 1 diente de ajo
- 12 cucharadas de salsa de tomate
- aceite de oliva virgen extra
- perejil
- sal

ELABORACIÓN

Calienta una sartén con 4 cucharadas de aceite. Pica la cebolleta, el calabacín, el pimiento y el ajo en daditos. Introduce las hortalizas en la sartén, sazónalas y rehógalas a fuego suave-medio durante 20 minutos. Escurre las hortalizas, pásalas a una fuente y deja que se enfríen.

Extiende 8 obleas sobre la encimera y cúbrelas con una pequeña porción de hortalizas dejando espacio en el medio, a modo de nido, para poder colocar los huevos. Casca 1 huevo en el centro de cada empanadilla. Cúbrelas con las otras 8 obleas y ciérralas presionando los bordes con un tenedor.

Calienta abundante aceite (150 ml) en una sartén grande. Introduce las empanadillas a tandas y fríelas por los dos lados. Retíralas y escúrrelas sobre una fuente cubierta con papel absorbente de cocina.

Sirve 2 empanadillas en cada plato y acompáñalas con la salsa de tomate. Decora los platos con unas hojas de perejil.

CHAMPIÑONES CON MORCILLA

INGREDIENTES (4 P.)

16 champiñones grandes

1 morcilla de verdura

2 dientes de ajo

2 pimientos morrones en conserva

aceite de oliva virgen extra

perejil

sal

CONSEJO

Puedes sustituir la morcilla de verdura por cualquier otro tipo de morcilla que te guste más.

ELABORACIÓN

Calienta una sartén sin aceite. Retira la piel de la morcilla e introduce la carne en la sartén. Rehógala a fuego suave durante 4-5 minutos, apaga el fuego y deja que se temple.

Retira el tallo de los champiñones (reserva los sombreros enteros) y córtalos en dados. Calienta 2-3 cucharadas de aceite en un cazo. Pela los dientes de ajo, córtalos en dados, introdúcelos en el cazo y rehógalos hasta que empiecen a dorarse. Introduce los tallos de los champiñones y saltéalos durante 3-4 minutos. Corta los pimientos en dados e incorpóralos. Rehoga las hortalizas durante 4-5 minutos. Cúbrelas con agua (a ras), sazónalas y cocínalas durante 20 minutos. Pasa los ingredientes al vaso batidor y tritúralos hasta que consigas una salsa homogénea.

Calienta una plancha con 1-2 cucharadas de aceite. Coloca los sombreros de los champiñones sobre la plancha dejando el hueco hacia abajo. Riégalos con un poco de aceite, sazónalos y cocínalos durante 2 minutos por cada lado. Retíralos a una fuente apta para el horno, rellénalos con la morcilla y hornéalos a 220 ºC durante 6 minutos.

Reparte la salsa en 4 montoncitos sobre los platos y coloca los champiñones rellenos encima. Decora con unas hojas de perejil.

ENSALADILLA DE BUEY DE MAR, ENCURTIDOS Y HUEVAS DE TRUCHA

INGREDIENTES (4 P.)

1 buey de mar cocido (700 g)
3 patatas medianas
1 zanahoria
2 huevos
4 pepinillos en vinagre
1 cucharada de alcaparras
60 g de huevas de trucha
16 regañás de olivas y romero
aceite de oliva virgen extra
vinagre
perejil
sal

ELABORACIÓN

Desmiga el buey de mar y pon la carne en un bol grande.

Calienta abundante agua en una cazuela grande. Limpia las patatas, pela la zanahoria e introdúcelas en la cazuela. Añade 1 huevo a la cazuela y cuécelo durante 10 minutos. Retíralo, refréscalo, pélalo y resérvalo. Continúa cociendo las patatas y la zanahoria durante 30-40 minutos más. Retíralas y pela las patatas.

Corta las patatas, la zanahoria y el huevo en daditos y agrégalos al bol donde está el buey de mar. Sazona los ingredientes. Corta los pepinillos en rodajas finas y agrégalos. Añade también las alcaparras y la mitad de las huevas.

Para preparar la mayonesa, pon el otro huevo en un vaso batidor, agrega una buena cantidad de aceite (200 ml), una pizca de sal y 1-2 cucharadas de vinagre. Tritura los ingredientes con la batidora eléctrica hasta que emulsionen (si la mayonesa quedara muy espesa puedes aligerarla agregando un poco de agua). Incorpora la mayonesa al bol de la ensaladilla y mezcla bien.

Reparte la ensaladilla en 4 platos y decóralos con el resto de las huevas y unas hojas de perejil. Acompáñalos con las regañás.

CONSEJOS

1. Es muy importante hacer la ensaladilla al momento. Si se guarda en el frigorífico cogerá humedad y perderá algo de calidad.
2. Si decides cocer el buey de mar en lugar de comprarlo cocido, puedes consultar esta tabla que relaciona el peso con el tiempo de cocción.

Tamaño	Tiempo de cocción
Buey de 500 g a 1 kg	17 minutos
Buey de 1 kg a 1,2 kg	20 minutos
Buey de 1,2 kg a 1,6 kg	20 minutos
Buey de 1,6 kg a 2,5 kg	25 minutos

CARPACCIO DE CALABACÍN Y ALMENDRAS TOSTADAS

INGREDIENTES (4 P.)

2 calabacines
1 lima
50 g de almendras laminadas (crudas)
1 cucharada de salsa de soja
1 cucharada de miel
aceite de oliva virgen extra
perejil
pimienta
sal

ELABORACIÓN

Lava los calabacines y, con ayuda de una mandolina, córtalos en láminas finas. Extiéndelas sobre una fuente, sazónalas y deja que reposen durante 20 minutos. Escúrrelas, poniéndolas primero sobre un colador para que suelten todo el exceso de agua y después sobre un trapo sin estrujarlas. Repártelas en 4 platos llanos y muéleles encima un poco de pimienta.

Corta la lima por la mitad, exprímela y pon el zumo en un bol. Agrega la miel, la salsa de soja y 6-8 cucharadas de aceite y bate los ingredientes con una varilla manual hasta que se integren. Riega los platos con el aderezo.

Calienta una sartén sin aceite. Introduce las almendras laminadas y tuéstalas. Salpica los calabacines con las almendras y decora los platos con unas hojas de perejil.

CARPACCIO DE REMOLACHA CON PESTO

INGREDIENTES (4 P.)

4 remolachas
50 g de albahaca fresca
100 g de queso parmesano
80 g de piñones
1 diente de ajo
aceite de oliva virgen extra
perejil
sal

ELABORACIÓN

Lava bien las remolachas y ponlas en la olla rápida. Cierra la olla y cuécelas durante 6-7 minutos. Cuando baje la válvula, retíralas, deja que se templen un poco, pélalas, córtalas en lonchas finas y extiéndelas en 4 platos.

Calienta una sartén sin aceite, añade los piñones y tuéstalos a fuego suave-medio hasta que se doren. Retíralos a un plato y resérvalos.

Pon las hojas de albahaca y la mitad de los piñones en una picadora. Pela el diente de ajo, trocéalo y añádelo a la picadora. Trocea el queso e incorpóralo. Vierte 80 ml de aceite y una pizca de sal y tritura todo bien hasta conseguir una pasta homogénea.

Salpica las remolachas con los piñones reservados anteriormente. Coloca pequeños montoncitos de pesto sobre las láminas de remolacha y decora los platos con unas hojas de perejil.

HUMMUS DE AGUACATE

INGREDIENTES (4 P.)

1 aguacate
200 g de garbanzos cocidos
4 tortillas de maíz
1 diente de ajo
½ limón
1 cucharada de tahín tostado
1 cucharada de sésamo blanco tostado
aceite de oliva virgen extra
50 hojas de cilantro
perejil
sal

ELABORACIÓN

Calienta abundante aceite en una sartén. Corta cada tortilla en 8 triángulos, introdúcelos en la sartén y fríelos por los dos lados hasta que se doren. Escúrrelos sobre una fuente cubierta con papel absorbente y resérvalos.

Para preparar el hummus, pon los garbanzos y el tahín en una picadora. Pela el diente de ajo, trocéalo y añádelo. Pela el aguacate, trocéalo e incorpóralo. Añade el zumo de limón, sal, 1 cucharada de aceite y 40 hojas de cilantro (reserva el resto para decorar). Tritura los ingredientes hasta que queden bien integrados.

Sirve el hummus en 4 platos, espolvoréalos con las semillas de sésamo y riégalos con un chorrito de aceite. Acompáñalos con los triángulos de tortilla fritos y decóralos con unas hojas de cilantro y unas hojas de perejil.

CONSEJO

El hummus de aguacate es un aperitivo perfecto para compartir y resulta delicioso si lo acompañamos con unas tostadas de pan, unos totopos de maíz o unas crudités de zanahoria y pepino. Puedes consumirlo al momento o conservarlo en el frigorífico durante un par de días.

LANGOSTINOS A LA ESPALDA

INGREDIENTES (4 P.)

20 langostinos
5 dientes de ajo
12 rebanadas finas de pan
2 limones
aceite de oliva virgen extra
perejil
sal

ELABORACIÓN

Tuesta las rebanadas de pan y resérvalas.

Corta los limones por la mitad, exprímelos, pon el zumo en un bol y resérvalo.

Pela 4 dientes de ajo, pícalos finamente y resérvalos.

Corta los langostinos por la mitad a lo largo (sin llegar a cortarlos del todo) introduciendo el cuchillo por la parte de la tripa. Extiéndelos sobre una bandeja de horno, sazónalos y reparte los ajos picados por encima. Riégalos con un poco de aceite y con el zumo de limón.

Hornéalos a 240 ºC durante 5-6 minutos (hasta que la cola de los langostinos empiece a doblarse hacia arriba).

Unta las rebanadas de pan con 1 diente de ajo. Sirve 5 langostinos en cada plato y acompáñalos con el pan. Decora con unas hojas de perejil.

CONSEJO

Si haces la receta con langostinos congelados, te recomiendo cortarlos por la mitad antes de que se descongelen del todo, en el momento en el que empiecen a perder rigidez.

SETAS EMPANADAS CON MAYONESA DE SALSA DE SOJA

INGREDIENTES (4 P.)

20 setas de cultivo
4 huevos
200 g de pan rallado
salsa de soja
aceite de girasol
aceite de oliva virgen extra
perejil
sal

ELABORACIÓN

Para hacer la mayonesa de salsa de soja, pon 1 huevo en un vaso batidor, agrega 40 ml de salsa de soja y 175 ml de aceite de girasol y tritura los ingredientes con una batidora eléctrica hasta que emulsionen. Reserva la mayonesa.

Calienta una sartén con abundante aceite. Casca 3 huevos, ponlos en un bol y bátelos bien. Limpia las setas, empánalas con huevo batido y pan rallado, introdúcelas (en tandas) en la sartén y fríelas por los dos lados hasta que se doren un poco. Retíralas y escúrrelas sobre una fuente cubierta con papel absorbente.

Sirve 5 setas en cada plato, sazónalas y acompáñalas con la mayonesa de salsa de soja. Decora los platos con unas hojas de perejil.

CONSEJO

Para que el empanado de las setas conserve su textura crujiente, lo mejor es comerlas nada más freír.

CROQUETAS DE RABO DE TERNERA

INGREDIENTES (6 P.)

Para el guiso de rabo:

1 kg de rabo de ternera
1 cebolla grande
1 puerro
2 zanahorias
2 dientes de ajo
500 ml de vino tinto
500 ml de caldo de carne
1 hoja de laurel
aceite de oliva virgen extra
pimienta
sal

Para la masa de las croquetas:

500 ml de leche entera
50 g de mantequilla
50 g de harina
rabo guisado y desmigado
100 ml de salsa de rabo guisado
sal

Para empanar, freír y decorar:

harina
2-3 huevos batidos
pan rallado
aceite de oliva suave
perejil

ELABORACIÓN

Para hacer el guiso de rabo, calienta 4 cucharadas de aceite en la olla rápida. Salpimienta los trozos de rabo, introdúcelos en la olla y dóralos a fuego medio durante 5-6 minutos. Retíralos a un plato y resérvalos.

Pela los dientes de ajo y córtalos en daditos. Pela la cebolla y córtala en dados. Limpia el puerro (retirándole la parte inferior, la superior y 2 capas de hojas) y córtalo en medias lunas. Pela las zanahorias y córtalas en cuartos de luna finos. Introduce las hortalizas en la olla, sazónalas y rehógalas a fuego medio durante 8-10 minutos. Vierte el vino y dale un hervor fuerte. Introduce los trozos de rabo, el caldo y la hoja de laurel. Cierra la olla y guisa el rabo durante 45 minutos. Retira la carne, desmenúzala y resérvala. Cuela la salsa y resérvala.

Para hacer la masa de las croquetas, calienta la mantequilla en una cazuela. Cuando se funda, agrega la harina y rehógala bien sin dejar de remover. Vierte la leche poco a poco, sin dejar de remover, hasta que quede bien integrada. Cocina la bechamel a fuego suave durante 8-10 minutos removiéndola de vez en cuando. Sazónala, incorpórale el rabo desmigado y 100 ml del caldo colado del rabo, y mezcla bien. Pasa la masa a una fuente, cubre la masa a piel con film de cocina y deja que se enfríe a temperatura ambiente. A continuación, métela en el frigorífico durante, por lo menos, 4 horas, hasta que esté bien fría.

Para montar las croquetas, espolvorea la encimera con un poco de harina. Corta un trozo rectangular de masa de croqueta, ponlo sobre la encimera y ruédalo formando un cilindro grande. Corta el cilindro en porciones de unos 4 centímetros y redondéalas dándoles forma de croqueta. Repite el proceso con toda la masa. Pasa las croquetas por huevo batido y pan rallado. Calienta una sartén con abundante aceite, introdúcelas (en tandas) en la sartén y fríelas hasta que se calienten por dentro y se doren por fuera. Retíralas y escúrrelas sobre una fuente cubierta con papel absorbente.

Sirve 5 croquetas por ración y acompáñalas con un poco de la salsa. Decora los platos con unas hojas de perejil.

CONSEJO

Para que las croquetas no se rompan durante el cocinado, es importante freírlas en abundante aceite y que esté muy caliente.

LANGOSTINOS GABARDINA CON ENSALADA DE LOMBARDA

INGREDIENTES (4 P.)

16 langostinos

160 g de harina

200 ml de cerveza

2 huevos

¼ de col lombarda

2 zanahorias

1 manzana Granny Smith

1 yogur griego

½ limón

1 cucharada de mostaza de Dijon

aceite de oliva virgen extra

perejil

sal

ELABORACIÓN

Corta la lombarda en juliana fina y ponla en un bol grande. Pela las zanahorias, córtalas en bastones finos y agrégalas al bol. Lava la manzana, córtala de la misma manera y añádela al bol.

Exprime el limón y pon el zumo en un bol pequeño. Agrega el yogur, la mostaza, 2 cucharadas de aceite y una pizca de sal. Vierte la mezcla en el bol grande donde están las hortalizas y la fruta y mezcla bien. Tapa el bol con film transparente, introdúcelo en el frigorífico y deja que la ensalada repose durante 1 hora.

Retira las cabezas de los langostinos y pélalos dejándoles la punta de la cola sin pelar. Retírales también el intestino.

Casca los huevos, separa las yemas de las claras y ponlas en 2 boles distintos.

Agrega la harina, la cerveza y una pizca de sal a las yemas, y mezcla bien hasta que los ingredientes queden bien integrados.

Monta las claras con una batidora de varillas eléctricas y añádelas al bol de las yemas. Mezcla suavemente con una varilla manual.

Calienta un cazo con abundante aceite. Sazona los langostinos, pásalos por la masa y embadúrnalos bien. Introdúcelos (en tandas) en el cazo y fríelos por los dos lados. Retíralos y escúrrelos sobre una fuente cubierta con papel absorbente.

Reparte la ensalada y los langostinos en 4 platos y decóralos con unas hojas de perejil.

CONSEJO

Para retirar el intestino del langostino, haz un corte en el centro de la parte superior de la cola y, con ayuda de un trozo de papel de cocina, agarra el intestino (primero de un lado y después del otro) y estíralo hasta que salga.

VOLOVÁN DE MEJILLONES

INGREDIENTES (4 P.)

2 láminas de hojaldre (rectangulares)

1 kg de mejillones

1 cebolleta (pequeña)

1 pimiento verde (pequeño)

1 zanahoria (pequeña)

1 diente de ajo

1 huevo batido

30 g de harina

50 ml de *brandy*

125 ml de vino blanco

125 ml de salsa de tomate

½ cucharadita de salsa picante

aceite de oliva virgen extra

perejil

1 hoja de laurel

sal

ELABORACIÓN

Extiende las láminas de hojaldre sobre una superficie lisa. Con un cortapastas de 13 centímetros de diámetro, corta 8 círculos de hojaldre. Para formar los volovanes, coloca 4 círculos sobre una bandeja de horno con papel de hornear y unta los bordes con huevo batido.

Coloca un cortapastas más pequeño, de unos 11 centímetros, encima de las otras 4 circunferencias y corta 4 aros. Ponlos encima de las bases que están en la bandeja y úntalos con el huevo batido. Pon también los círculos pequeños restantes (los que quedan después de cortar los aros) en la bandeja del horno (sin tocarse con los volovanes) y úntalos con huevo batido.

Hornea a 180 ºC durante 20 minutos. Retira los volovanes y sus tapas del horno y deja que se enfríen.

Limpia los mejillones, retirándoles las barbas y cualquier adherencia que puedan tener pegada a las conchas. Calienta el vino en una tartera (cazuela amplia y baja), añade la hoja de laurel y los mejillones. Tapa la tartera y espera a que los mejillones se abran. Retíralos y quítales las cáscaras. Cuela el caldo que han soltado y resérvalo.

Calienta un wok con 3 cucharadas de aceite. Pela el diente de ajo y pícalo finamente. Corta la cebolleta en daditos. Pela la zanahoria y córtala en daditos. Retira el tallo y las semillas del pimiento, y córtalo de la misma manera. Introduce las hortalizas en el wok, sazónalas y rehógalas a fuego medio durante 10 minutos.

Vierte el *brandy*, dale un hervor y flambéalo. Incorpora la harina y cocínala un poco. Añade la salsa picante, la salsa de tomate y un poco del caldo de los mejillones (200 ml). Cocina la mezcla a fuego medio durante 4-5 minutos. Pica los mejillones finamente e incorpóralos al wok.

Presiona con una cuchara la parte central de los volovanes y rellénalos con la farsa de hortalizas y mejillón.

Sirve 1 volován (con su tapa correspondiente) en cada plato y decóralos con unas hojas de perejil.

CONSEJO

A la hora de formar los volovanes es importante que el hojaldre esté bien frío.

PUDIN DE PERLÓN CON SALSA ROSA

INGREDIENTES (6 P.)

1 kg de perlón limpio (sin espinas)

250 ml de nata líquida

250 ml de salsa de tomate

7 huevos

12 rebanadas de pan tostado

mantequilla y harina (para untar el molde)

10 hojas de cebollino

perejil

pimienta

sal

Para la salsa rosa:

200 ml de aceite de oliva suave

1 huevo

1 cucharada de vinagre

4 cucharadas de salsa de tomate

zumo de ½ naranja

1 cucharada de *whisky*

sal

ELABORACIÓN

Unta el interior de un molde antiadherente con un poco de mantequilla y ponle encima una tira de papel de horno, de manera que cuelgue una pestaña por cada uno. Unta el papel de horno con más mantequilla, espolvoréalo con un poco de harina y resérvalo.

Calienta abundante agua en una cazuela. Introduce el perlón, sazona, tapa la cazuela y cuece el pescado a fuego suave durante 10-15 minutos (los trozos pequeños necesitan 10 minutos, los más grandes, 15). Retira el pescado, deja que se temple, desmenúzalo y resérvalo.

Casca los huevos en un bol grande y bátelos bien con una varilla manual. Vierte la nata y la salsa de tomate y mezcla bien sin dejar de remover. Salpimienta, agrega el pescado, vuelve a mezclar y viértela en el molde.

Pon el molde en una bandeja y hornea el pudin al baño maría a 170 ºC durante 1 hora. Retíralo, deja que se enfríe y desmóldalo.

Para hacer la salsa rosa, pon el huevo en un vaso batidor. Agrega una pizca de sal, el vinagre y el aceite y tritura los ingredientes con una batidora eléctrica hasta que emulsionen. Añade la salsa de tomate, el *whisky* y el zumo de naranja y vuelve a triturar hasta que todos los ingredientes queden bien integrados.

Corta el pudin en porciones y sirve. Acompáñalo con las tostadas y la salsa rosa. Decora los platos con las hojas de cebollino picadas y unas hojas de perejil.

CONSEJO

Para evitar que el pudin se rompa al desmoldarlo, es esencial dejarlo enfriar dentro del molde durante por lo menos 30 minutos. También puedes pasar un cuchillo por los bordes antes de desmoldarlo, para asegurarte de que se desprende con facilidad.

BOLLITOS RELLENOS DE CARNE DE LA ABUELA JACINTA

INGREDIENTES (4 P.)

12 bollitos de pan (medias noches)
3 filetes de pollo
3 filetes de lomo de cerdo
6 huevos
2 dientes de ajo
2 cebolletas medianas
2 pimientos verdes
1 pimiento rojo
2 tomates pera
200 ml de salsa de tomate
aceite de oliva virgen extra
perejil
1 cucharadita de comino molido
pimienta
sal

ELABORACIÓN

Calienta agua en un cazo, introduce 3 huevos y cuécelos durante 10 minutos (contados a partir del momento en que el agua empiece a hervir). Retíralos, refréscalos, pélalos, córtalos en daditos y resérvalos.

Calienta 3 cucharadas de aceite en una sartén grande. Salpimienta los filetes de pollo y de cerdo, introdúcelos en la sartén y dóralos brevemente por los dos lados. Retíralos a una fuente, deja que se templen, córtalos en daditos y resérvalos.

Pela los dientes de ajo y pícalos finamente. Corta las cebolletas en daditos. Retira el tallo de los pimientos verdes y córtalos de la misma manera. Pela el pimiento rojo y córtalo en daditos. Introduce las hortalizas en la sartén donde has frito las carnes (si hiciera falta, puedes añadir un poco más de aceite), sazónalas y rehógalas a fuego medio durante 15 minutos. Pela los tomates, córtalos en daditos, incorpóralos y cocínalos durante 10 minutos más. Añade la salsa de tomate, el comino, los huevos cocidos y las carnes. Mezcla bien, apaga el fuego y deja que la farsa se temple.

Abre los bollos por la mitad sin cortarlos del todo, rellénalos con la farsa y atraviésalos con un palillo.

Calienta abundante aceite en una sartén. Bate los otros 3 huevos en un bol grande, introduce los bollos y empápalos bien. Pásalos a la sartén (de cuatro en cuatro) y fríelos brevemente por los dos lados. Retíralos y escúrrelos sobre una fuente cubierta con papel absorbente.

Sirve 3 bollitos por persona y decora los platos con unas hojas de perejil.

CONSEJO

Esta es una magnífica receta de aprovechamiento. Puedes rellenar los bollos con cualquier cosa que tengas en el frigorífico, solo tienes que combinar los alimentos con gracia.

LANGOSTINOS EN TEMPURA CON SALSA ROSA

INGREDIENTES (4 P.)

24 langostinos

1 huevo

150 g de harina

200 ml de agua muy fría

aceite de oliva virgen extra

perejil

sal

Para la salsa rosa:

1 huevo

1 cucharada de mostaza

2 cucharadas de zumo de naranja

2 cucharadas de *whisky*

½ cucharadita de salsa picante

1 cucharadita de salsa inglesa (Worcestershire)

4 cucharadas de kétchup

200 ml de aceite de oliva (suave o virgen)

1-2 cucharadas de vinagre

sal

ELABORACIÓN

Para preparar la salsa rosa, pon el huevo en el vaso de la batidora, agrega el vinagre, una pizca de sal y 200 ml de aceite. Tritura los ingredientes con una batidora eléctrica hasta que liguen y pasa la mayonesa a un bol.

Pon el *whisky* en una sartén, dale un hervor y viértelo al bol de la mayonesa. Incorpora también el kétchup, la mostaza, la salsa picante, la salsa inglesa y el zumo de naranja. Mezcla bien y reserva la salsa rosa.

Retira las cabezas de los langostinos. Pela las colas, quítales el intestino y sazónalos.

Para hacer la masa de la tempura, en un bol mezcla el huevo con el agua fría. Incorpora la harina y remueve los ingredientes ligeramente. Añade los langostinos a la masa y embadúrnalos bien. Calienta una sartén con abundante aceite, introduce los langostinos y fríelos hasta que se doren. Retíralos y escúrrelos sobre un plato cubierto con papel absorbente.

Sirve 6 langostinos y un poco de salsa rosa en 4 platos y decóralos con unas hojas de perejil.

TOSTADAS DE BOQUERONES

INGREDIENTES (4 P.)

12 rebanadas de pan

36 boquerones en vinagre

4-6 tomates pera

1 diente de ajo

aceite de oliva virgen extra

perejil

pimienta

sal

ELABORACIÓN

Extiende las rebanadas de pan sobre una bandeja de horno y tuéstalas a 180 ºC hasta que se doren. Retíralas y resérvalas.

Corta los tomates por la mitad, rállalos y pon el puré en un bol. Sazónalo, vierte 2 cucharadas de aceite y muele encima un poco de pimienta. Mezcla bien los ingredientes.

Pela el diente de ajo y unta las rebanadas de pan. Cúbrelas con el tomate aliñado y pon 3 filetes de boquerón sobre cada rebanada de pan.

Sirve y decora los platos con unas hojas de perejil.

MINICRUASÁN DE JAMÓN Y QUESO

INGREDIENTES (4 P.)

1 lámina de hojaldre rectangular

100 g de jamón cocido (en lonchas finas)

100 g de queso edam (en lonchas)

1 huevo

50 g de canónigos

1 cucharada de semillas de sésamo blanco

aceite de oliva virgen extra

perejil

sal

ELABORACIÓN

Estira la lámina de hojaldre y córtala por la mitad a lo largo. Corta cada trozo en 6 triángulos y sepáralos.

Corta las lonchas de queso y las lonchas de jamón cocido en trozos más pequeños que el hojaldre. Rellena los triángulos con jamón y queso y enróllalos, empezando por la parte más ancha, formando un cilindro. Para conseguir los cuernitos del croissant, dobla las puntas y redondéalas hacia el centro.

Cubre una bandeja de horno con papel de horno y coloca los minicruasanes encima. Bate el huevo en un bol y, con ayuda de un pincel, unta los cruasanes. Espolvoréalos con las semillas de sésamo y hornéalos a 200 ºC durante 15-18 minutos hasta que estén dorados. Deja que se templen.

Sirve 3 cruasanes en cada plato y acompáñalos con las hojas de canónigo. Adereza las hojas con sal y aceite y decora los platos con unas hojas de perejil.

CONSEJO

A la hora de enrollar el hojaldre sobre el jamón y el queso, asegúrate de que la punta del triángulo quede en la parte inferior. De esta manera evitarás que el hojaldre se despegue durante la cocción.

CREPES DE CALABACÍN Y QUESO AZUL

INGREDIENTES (4 P.)

1 calabacín
3 dientes de ajo
100 g de queso azul de cabra
aceite de oliva virgen extra
perejil
10 hojas de albahaca
1 guindilla cayena
sal

Para la masa:

3 huevos
125 g de harina (tamizada)
250 ml de leche
1 cucharada de aceite de oliva virgen extra
1 pizca de sal

CONSEJO

A la hora de colocar los ingredientes de la masa de los crepes en el vaso batidor, es recomendable empezar por los líquidos. Si pones primero la harina, te va a costar más mezclar los ingredientes.

ELABORACIÓN

Calienta un wok con 3 cucharadas de aceite. Pela 2 dientes de ajo y córtalos en daditos. Corta ¾ partes del calabacín en dados. Introduce la guindilla, el ajo y el calabacín en el wok, sazona y saltea los ingredientes a fuego vivo durante 5-6 minutos. Retira la guindilla. Trocea el queso azul, agrégalo al wok y saltéalo brevemente. Apaga el fuego y reserva la mezcla.

Para preparar la masa, casca los huevos, ponlos en un vaso batidor y sazónalos. Agrega la leche, el aceite y la harina y tritura todo con una batidora eléctrica hasta que consigas una crema homogénea. Déjala reposar durante 15 minutos.

Calienta una sartén antiadherente con media cucharadita de aceite, vierte un cucharón de la masa de crepes y espárcela bien por toda la base de la sartén. Cuando empiece a cuajar, dale la vuelta y cocínala por el otro lado. Repite el proceso hasta que obtengas otros 7 crepes.

Pon una porción de la farsa de calabacín y queso sobre los crepes y dóblalos a tu gusto. Colócalos sobre una bandeja de horno y hornéalos a 200 ºC durante 6 minutos.

Para la salsa, pela el otro diente de ajo, córtalo en láminas e introdúcelo en un vaso batidor. Corta el calabacín sobrante (reservado anteriormente) en dados y agrégalo al vaso. Vierte 100 ml de aceite, incorpora las hojas de albahaca y sazona la mezcla. Tritura los ingredientes con una batidora eléctrica hasta que consigas una salsa homogénea.

Sirve 2 crepes en cada plato, salséalos y decóralos con unas hojas de perejil.

BERBERECHOS CON SALSA VERDE DE CILANTRO

INGREDIENTES (4 P.)

800 g de berberechos
1 cebolleta pequeña
2 dientes de ajo
50 ml de *txakoli*
1 cucharadita de harina
aceite de oliva virgen extra
15 g de hojas de cilantro
perejil

ELABORACIÓN

Calienta una tartera (cazuela amplia y baja) con 4 cucharadas de aceite. Corta la cebolleta en daditos, introdúcela en la tartera y rehógala a fuego suave durante 5 minutos. Pela los dientes de ajo, pícalos, incorpóralos y rehógalos brevemente. Pica las hojas de cilantro y añade la mitad a la tartera.

Agrega la harina y cocínala durante 2 minutos. Vierte el *txakoli* y 50 ml de agua e incorpora los berberechos. Tapa la tartera y espera a que los berberechos se abran. Retira la tapa y espolvoréalos con el resto del cilantro.

Sirve y decora los platos con unas hojas de perejil.

NAVAJAS A LA PLANCHA CON SALSA TÁRTARA

INGREDIENTES (4 P.)

40 navajas
1 lima
aceite de oliva virgen extra
perejil

Para la salsa tártara:

1 cebolla morada (pequeña)
1 diente de ajo
1 cucharada de perejil picado
1 cucharada de alcaparras
6 pepinillos en vinagre
6 cucharadas de mayonesa
1 cucharadita de mostaza

ELABORACIÓN

Para preparar la salsa tártara, pela el diente de ajo, trocéalo y ponlo en una picadora. Corta la cebolla morada en 4 y agrégala. Incorpora las alcaparras, los pepinillos (troceados) y la mostaza. Pica los ingredientes hasta que se integren y pásalos a un bol. Agrega la mayonesa y 1 cucharadita de perejil picado y mezcla bien.

Coloca las navajas en un bol grande y cúbrelas con abundante agua y una pizca de sal. Déjalas a remojo para que vayan soltando la arena que puedan tener. Enjuágalas y resérvalas.

Calienta una plancha con 2-3 cucharadas de aceite. Extiende encima las navajas, salpícalas con el zumo de la lima y cocínalas hasta que se abran.

Sirve las navajas en 4 platos y acompáñalas con la salsa tártara. Decora los platos con unas hojas de perejil.

CAZÓN ADOBADO

INGREDIENTES (4 P.)

700 g de cazón limpio
12 hojas de lechuga
3 dientes de ajo
200 g de harina de garbanzo
aceite de oliva virgen extra
2-3 cucharadas de vinagre
perejil
1 cucharada de pimentón
1 cucharada de orégano
sal

ELABORACIÓN

Para preparar el adobo, pela los dientes de ajo, córtalos en láminas, ponlos en un mortero y májalos bien. Añade el pimentón, el orégano y el vinagre y mezcla bien. Reserva la mezcla.

Limpia el pescado y córtalo en trozos de bocado. Sazónalos y colócalos en un bol. Añade el majado, cubre el pescado con film transparente y guárdalo en el frigorífico durante 8 horas.

Retira los trozos de pescado y escúrrelos sobre un plato cubierto con papel absorbente. Rebózalos con la harina de garbanzo.

Calienta abundante aceite en una sartén. Introduce los trozos de cazón (en tandas) y fríelos a fuego medio durante 2-3 minutos, hasta que se hagan por dentro y se doren por fuera. Escúrrelos sobre una fuente cubierta con papel absorbente.

Lava las hojas de lechuga y sécalas. Sirve 3 hojas en cada plato y reparte los trozos de cazón encima. Decora los platos con unas hojas de perejil.

CROQUETAS DE GAMBAS

INGREDIENTES (4 P.)

250 g de gambas

60 g de harina

500 ml de leche

1 diente de ajo

harina, huevo batido y pan rallado (para rebozar)

20 g de mantequilla

aceite de oliva virgen extra

perejil

sal

CONSEJO

Si quieres ahorrarte el trabajo de redondear las porciones, basta con que cortes la masa en cuadrados y los reboces directamente en harina, huevo y pan rallado antes de freírlos.

ELABORACIÓN

Pela las gambas y reserva, por separado, las cabezas con las cáscaras y las colas peladas.

Para preparar la bechamel, calienta una sartén con 5 cucharadas de aceite. Introduce las cabezas y las cáscaras de las gambas y fríelas durante 4-5 minutos. Cuela el aceite a una cazuela grande. Añade la mantequilla a la cazuela y espera a que se funda. Incorpora la harina y cocínala durante 2-3 minutos, sin dejar de remover. Vierte la leche poco a poco y sigue mezclando hasta que quede bien integrada. Sazona y cocina la mezcla, removiéndola a menudo, a fuego suave-medio durante 8-10 minutos.

Calienta una sartén con 2 cucharadas de aceite. Pela el diente de ajo, pícalo finamente e introdúcelo en la sartén. Corta las colas de gamba finamente e incorpóralas. Añade un poco de perejil picado y saltéalas. Introduce las gambas en la bechamel, mezcla bien y pasa la masa a una fuente. Para que no le salga costra, tápala (a piel) con film transparente. Cuando se temple, introdúcela en el frigorífico durante 3-4 horas, hasta que esté bien fría.

Corta la masa en porciones, redondéalas y pásalas por harina, huevo batido y pan rallado. Calienta una sartén con abundante aceite, introduce las croquetas (en tandas) y fríelas hasta que se doren. Retíralas y escúrrelas sobre una fuente cubierta con papel absorbente.

Sirve y decora los platos con unas hojas de perejil.

TOSTAS DE MORCILLA, PIMIENTOS Y HUEVOS DE CODORNIZ

INGREDIENTES (4 P.)

1 morcilla de arroz grande
24 pimientos de Padrón
12 huevos de codorniz
1 chapata de pan
aceite de oliva virgen extra
perejil
sal

ELABORACIÓN

Corta 12 rebanadas de pan, tuéstalas (en tandas) en un tostador y resérvalas.

Calienta una sartén con 2 cucharadas de aceite. Retira la piel de la morcilla, córtala en 12 rodajas, introdúcelas en la sartén y fríelas a fuego medio durante 1-2 minutos por cada lado.

Calienta otra sartén con 3-4 cucharadas de aceite. Introduce los pimientos (si quieres, puedes retirarles los tallos y las semillas), fríelos a fuego medio durante 5-6 minutos y sazónalos.

Calienta una sartén pequeña con aceite. Casca los huevos, introdúcelos en la sartén (de uno en uno), fríelos brevemente y sazónalos.

Extiende las tostadas sobre una fuente, coloca sobre cada una 2 pimientos, 1 trozo de morcilla y 1 huevo de codorniz. Decora los platos con unas hojas de perejil.

MINIHAMBURGUESAS DE TERNERA

INGREDIENTES (4 P.)

360 g de carne picada de ternera
4 tomates pera
12 lonchas de queso havarti
12 bollos redondos de pan para minihamburguesas
1 diente de ajo
1 cucharada de mostaza a la antigua
aceite de oliva virgen extra
perejil
1 cucharada de orégano seco
pimienta
sal

ELABORACIÓN

Pon la carne picada en un bol. Pela el diente de ajo finamente y agrégalo al bol. Añade también la mostaza y el orégano. Salpimienta y mezcla todo bien. Divide la mezcla en 12 porciones y dales forma de minihamburguesas.

Calienta una plancha con 2 cucharadas de aceite. Coloca las hamburguesas sobre la plancha y cocínalas a tu gusto.

Lava los tomates y córtalos en rodajas finas. Abre los bollos de pan, coloca dentro 1 rodaja de tomate, 1 hamburguesa y 1 loncha de queso doblada en cuatro. Sirve y decora los platos con unas hojas de perejil.

PATÉ DE ALCACHOFAS Y ANACARDOS CON CRUDITÉS

INGREDIENTES (4 P.)

10 alcachofas
1 diente de ajo
2 filetes de anchoa en aceite
50 g de anacardos tostados
1 cucharada de alcaparras
zumo de ½ limón
3 zanahorias
4 ramas de apio
picos y palitos de pan
aceite de oliva virgen extra
perejil
sal

ELABORACIÓN

Pon los anacardos en un mortero, májalos bien y resérvalos.

Pon agua a calentar en la olla rápida. Pela las alcachofas, córtales la parte inferior y la superior, introdúcelas en la olla, sazónalas, cierra la olla y cuécelas durante 5 minutos. Retíralas y escúrrelas boca abajo sobre una fuente cubierta con papel absorbente.

Trocea las alcachofas y colócalas en una picadora. Agrega ¾ partes de las alcaparras (reserva el resto para decorar), las anchoas, el diente de ajo pelado, el zumo de limón, los anacardos y 2 cucharadas de aceite. Tritura los ingredientes hasta que obtengas un paté homogéneo.

Limpia las ramas de apio y córtalas en bastones. Pela las zanahorias y córtalas de la misma manera.

Reparte el paté en 4 platos y aderézalos con un chorrito de aceite. Acompáñalos con las crudités, los picos y los palitos de pan. Decora los platos con unas alcaparras y unas hojas de perejil.

CONSEJOS

1. Como el paté lleva anchoas en aceite, no es necesario añadir sal. De cualquier manera, puedes probarlo y sazonarlo a tu gusto.
2. Este paté con alcachofas es ideal como aperitivo.
3. Puedes sustituir las alcaparras por aceitunas negras o verdes.

ROLLITOS DE PISTO PICANTE

INGREDIENTES (4 P.)

8 hojas de pasta *brick*
2 cebolletas
2 pimientos verdes
1 calabacín
1 tomate
2 dientes de ajo
aceite de oliva virgen extra
1 guindilla cayena
perejil
sal

ELABORACIÓN

Calienta 3 cucharadas de aceite en una sartén grande. Pela y corta en láminas los dientes de ajo. Corta las cebolletas en daditos. Retira el tallo y las semillas de los pimientos y córtalos de la misma manera. Introduce las hortalizas y la guindilla en la sartén, sazónalas y rehógalas a fuego medio durante 12-15 minutos.

Corta el calabacín en dados (con piel), añádelo a la sartén y cocínalo a fuego medio durante 10 minutos. Pela el tomate, córtalo en dados y agrégalo. Cocina las hortalizas a fuego alto hasta que pierdan toda el agua. Apaga el fuego, retira la guindilla y deja que el pisto se enfríe.

Extiende las hojas de pasta *brick* sobre la tabla y córtalas por la mitad. Pon una porción de pisto en el centro de cada media hoja de pasta *brick*, dobla los laterales hacia el centro y después enróllalos hasta formar los rollitos.

Calienta una sartén con abundante aceite, introduce los rollitos (en tandas) y fríelos hasta que se calienten por dentro y se doren por fuera. Retíralos y escúrrelos sobre una fuente cubierta con papel absorbente.

Sirve 4 rollitos en cada plato y decóralos con unas hojas de perejil.

BERENJENAS REBOZADAS CON SALSA DE QUESO AZUL

INGREDIENTES (4 P.)

2 berenjenas
2-3 huevos batidos y harina de garbanzo (para rebozar)
75 ml de nata
75 ml de leche
125 g de queso azul
aceite de oliva virgen extra
perejil
sal

ELABORACIÓN

Para hacer la salsa, pon la leche, la nata y el queso troceado en un cazo. Pon los ingredientes a calentar y deja que reduzcan a fuego suave durante 5-6 minutos. Reserva la salsa.

Mezcla en un bol grande abundante agua con una cucharada de sal. Lava las berenjenas, córtalas en rodajas finas de ½ centímetro de grosor e introdúcelas en el bol. Deja que reposen durante 30 minutos. Escurre las berenjenas y sécalas con papel absorbente.

Pasa las berenjenas por harina y huevo batido y fríelas (en tandas) por los dos lados en una sartén con abundante aceite caliente. Escúrrelas sobre una fuente cubierta con papel absorbente.

Calienta la salsa. Reparte las berenjenas en 4 platos y acompáñalas con la salsa de queso azul. Decora los platos con unas hojas de perejil.

EMPANADILLAS DE ESPINACA CON PASAS Y HUEVO

INGREDIENTES (4 P.)

12 obleas para empanadillas
350 g de espinacas
2 huevos
1 cucharada de pasas
2 dientes de ajo
200 ml de salsa de tomate
aceite de oliva virgen extra
perejil
sal

CONSEJO

Si no tienes espinacas frescas puedes optar por las congeladas. Para que queden mejor, es conveniente descongelarlas y escurrirlas bien (apretándolas con las manos) para eliminar la mayor cantidad posible del agua que contienen.

ELABORACIÓN

Pon las pasas en un bol, cúbrelas con agua tibia y déjalas a remojo durante 15 minutos. Escúrrelas bien y resérvalas.

Calienta agua en un cazo. Cuando empiece a hervir, introduce los huevos y cuécelos durante 10 minutos. Retíralos, refréscalos, pélalos, pícalos en daditos, ponlos en un bol y resérvalos.

Calienta 3 cucharadas de aceite en un wok. Pela los dientes de ajo, córtalos en láminas e introdúcelos en el wok. Rehógalos brevemente e incorpora las espinacas. Sazona las hortalizas y saltéalas brevemente durante 4 minutos. Retira las espinacas con los ajos, escúrrelas bien, pícalas finamente y añádelas al bol. Incorpora las pasas y mezcla todo bien.

Extiende las obleas sobre la encimera, rellénalas con la mezcla, dóblalas y ciérralas presionando los bordes con un tenedor.

Cubre una bandeja de horno con papel de hornear. Extiende encima las empanadillas y hornéalas a 200 ºC durante 10-12 minutos, hasta que se doren bien.

Sirve 3 empanadillas en cada plato y acompáñalas con un poco de salsa de tomate caliente. Decora los platos con unas hojas de perejil.

TARTALETAS DE HORTALIZAS GRATINADAS

INGREDIENTES (4 P.)

16 minitartaletas
2 puerros
10 espárragos verdes
200 g de champiñones
1 cebolleta
1 calabacín
120 g de tomate concentrado
125 g de queso rallado
aceite de oliva virgen extra
perejil
sal

ELABORACIÓN

Calienta una sartén grande con 3-4 cucharadas de aceite. Corta la cebolleta en daditos e introdúcela en la sartén. Limpia los puerros (retirándoles la parte inferior, la superior y 2 capas de hojas), córtalos en cuartos de luna finos y añádelos. Sazona y rehoga las hortalizas a fuego medio durante 5-6 minutos. Limpia los espárragos verdes, córtalos en rodajas de 1-2 cm de grosor, introdúcelos en la sartén y rehógalos durante 4-5 minutos. Limpia los champiñones (enjuágalos en un bol con agua y sécalos bien), córtalos en daditos, añádelos a la sartén y saltéalos durante 4-5 minutos. Corta el calabacín en daditos y agrégalo a la sartén junto con el tomate concentrado. Cocina todo a fuego medio-alto durante 10 minutos.

Extiende las minitartaletas sobre una bandeja de horno, reparte las hortalizas dentro y espolvoréalas con el queso rallado. Gratínalas en el horno hasta que el queso se funda.

Sirve y decora los platos con unas hojas de perejil.

PASTEL DE CHAMPIÑONES

INGREDIENTES (8 P.)

500 g de champiñones enteros
100 g de champiñones laminados
500 ml de nata
2 cebollas
2 puerros (la parte blanca)
2 dientes de ajo
5 huevos
1 barra de pan
harina (para el molde)
aceite de oliva virgen extra
perejil
pimienta
sal

ELABORACIÓN

Calienta 3 cucharadas de aceite en una cazuela grande. Pela los dientes de ajo y las cebollas, córtalos en dados e introdúcelos en la sartén. Limpia los puerros, córtalos en cuartos de luna y agrégalos. Sazona las verduras y cocínalas a fuego medio durante 10 minutos.

Limpia los champiñones enteros (enjuágalos en un bol con agua y sécalos bien), córtalos en cuartos, incorpóralos a la cazuela y cocínalos a fuego suave durante 10 minutos.

Pasa las hortalizas al vaso batidor, añade la nata y los huevos, salpimienta y tritura todo bien.

Calienta una sartén con 2 cucharadas de aceite. Introduce los champiñones laminados, sazónalos y saltéalos a fuego fuerte durante 4-5 minutos.

Unta un molde rectangular con un poco de aceite, coloca una tira de papel de horno de lado a lado de manera que sobresalga por los extremos. Enharina el molde, vierte la mezcla dentro, incorpora los champiñones salteados y remueve para que se repartan por todo el pastel. Hornea el pastel a 180 ºC durante 45-50 minutos. Retíralo, deja que se temple y desmóldalo.

Corta el pan en rebanadas finas y tuéstalas en el horno o en un tostador.

Corta el pastel en 8 porciones, repártelas en 4 platos y acompáñalas con las rebanadas de pan tostado. Decora con unas hojas de perejil.

BOCADOS DE QUESO DE CABRA CON CEBOLLA CONFITADA

INGREDIENTES (4 P.)

250 g de queso de cabra
2 cebollas rojas
1 lima
1 barra de pan de semillas
1 cucharada de azúcar moreno
1 cucharada de mostaza a la antigua
aceite de oliva virgen extra
10 hojas de albahaca
perejil
sal

ELABORACIÓN

Calienta 2-3 cucharadas de aceite en una sartén. Pela las cebollas, córtalas en juliana fina e introdúcelas en la sartén. Añade el azúcar y una pizca de sal y cocina a fuego medio durante 20-25 minutos.

Corta el pan en 16 rodajas finas, extiéndelas sobre una bandeja de horno y tuéstalas a 200 ºC durante 4-5 minutos. Retíralas y resérvalas.

Calienta 1 cucharada de aceite en una sartén. Corta el queso en 16 rodajas, introdúcelas (en tandas) en la sartén y dóralas por los dos lados. Retíralas a una fuente y resérvalas.

Para preparar la salsa, pica las hojas de albahaca finamente y ponlas en un bol. Ralla la piel de la lima y agrégala. Añade la mostaza y 3 cucharadas de aceite y mezcla bien.

Reparte la cebolla confitada sobre las rebanadas de pan, coloca una cuña de queso encima de cada una y alíñalas con la salsa de albahaca, mostaza y lima.

Sirve 4 tostadas en cada plato y decóralos con unas hojas de perejil.

BOCADOS DE TRUCHA AHUMADA Y QUESO

INGREDIENTES (4 P.)

200 g de trucha ahumada (en lonchas finas)

150 g de queso cremoso (de untar)

1 barra de pan

12 aceitunas negras

aceite de oliva virgen extra

6 hojas de cebollino

10 hojas de albahaca fresca

perejil

ELABORACIÓN

Corta 12 rebanadas de pan, extiéndelas sobre una bandeja de horno y hornéalas a 180 ºC hasta que se doren. Retíralas y resérvalas.

Pon el queso en un bol. Pica las hojas de albahaca finamente, agrégalas y mezcla todo bien. Unta las rebanadas de pan con la mezcla de queso y albahaca.

Pica las aceitunas finamente y ponlas en un bol. Corta el cebollino de la misma manera y agrégalo. Vierte una cucharada de aceite y mezcla bien.

Corta la trucha ahumada en porciones del mismo tamaño que las rebanadas de pan y coloca un trozo sobre cada una. Adereza los bocados con la mezcla de aceitunas y cebollino y sirve 3 en cada plato. Decóralos con unas hojas de perejil.

RULOS DE BERENJENA Y PUERRO CON MAYONESA DE PIMENTÓN

INGREDIENTES (4 P.)

6 láminas de pasta *brick*

2 berenjenas

3 puerros

1 huevo

1 cucharada de zumo de lima

aceite de oliva virgen extra

perejil

1 cucharadita de pimentón

sal

ELABORACIÓN

Para preparar la mayonesa, casca el huevo y ponlo en un vaso batidor. Agrega el zumo de lima, una pizca de sal y una buena cantidad de aceite (150 ml). Tritura los ingredientes con una batidora eléctrica hasta que emulsionen. Agrega el pimentón y mezcla bien. Reserva la mayonesa en el frigorífico.

Pela las berenjenas, córtalas en cuartos de luna finos, espárcelas sobre una fuente amplia, sazónalas y deja que reposen durante 30 minutos. Retírales el agua que suelten.

Limpia los puerros (retirándoles la parte inferior, la superior y 2-3 capas de hojas) y córtalos en cuartos de luna finos.

Calienta una sartén grande con 4-6 cucharadas de aceite. Introduce los puerros y rehógalos a fuego suave durante 4-5 minutos. Incorpora las berenjenas y cocínalas a fuego suave-medio durante 20-25 minutos. Escurre bien las hortalizas, retirándoles todo el aceite.

Corta las láminas de pasta *brick* por la mitad. Pon una pequeña porción de la mezcla de berenjena y puerro en el centro de cada media hoja, dobla dos de los lados hacia el centro y después enróllalos hasta formar unos rollitos (como si fueran rollitos de primavera).

Calienta una sartén con abundante aceite. Introduce los rollitos (en tandas) y fríelos hasta que se doren. Retíralos y escúrrelos sobre una fuente cubierta con papel absorbente.

Sirve 3 rollitos en cada plato, acompáñalos con la mayonesa de pimentón y decóralos con unas hojas de perejil.

PROFITEROLES DE *FOIE*

INGREDIENTES (6 P.)

Para la masa:

125 ml de agua
65 g de mantequilla
100 g de harina tamizada
2 huevos
1 cucharada de sésamo negro
perejil
sal

Para el relleno:

250 g de *foie micuit*
500 ml de nata líquida

CONSEJO

Para cortar los profiteroles lo mejor es utilizar un cuchillo de sierra.

ELABORACIÓN

Trocea el *foie* y ponlo a calentar en un cazo. Vierte la mitad de la nata líquida (reserva el resto en el frigorífico) y remueve los ingredientes suavemente hasta que queden bien integrados.

Pasa la mezcla a un bol grande, vierte el resto de la nata y monta los ingredientes con una batidora eléctrica de varillas. Pasa la *mousse* de *foie* a una manga pastelera con boquilla rizada, introdúcela en el frigorífico y resérvala.

Pon a calentar en una cazuela el agua, la mantequilla y una pizca de sal. Cuando se funda la mantequilla, agrega la harina de golpe y mezcla los ingredientes con una varilla manual hasta que se forme una masa compacta que se despegue de la cazuela. Pásala a un bol, agrega los huevos de uno en uno (hasta que el primer huevo no quede integrado, no tienes que añadir el segundo) y mezcla bien. Introduce la masa en una manga pastelera con boquilla lisa. Cubre una bandeja de horno con un papel de horno y forma 18 montoncitos. Hornéalos a 180 ºC durante 20 minutos. Apaga el horno, abre la puerta y déjalos dentro durante 7-8 minutos para que se sequen bien. Córtalos por la mitad, rellénalos con la *mousse* de *foie* y espolvoréalos con el sésamo negro.

Sirve 3 profiteroles en cada plato y decóralos con unas hojas de perejil.

PASTEL DE PIMIENTOS CON TOSTADAS Y MAYONESA

INGREDIENTES (6 P.)

3 pimientos morrones

1 cebolla grande

2 dientes de ajo

6 huevos

250 ml de nata líquida

1 barra de pan

200 g de mayonesa

mantequilla y harina (para untar el molde)

aceite de oliva virgen extra

perejil

sal

ELABORACIÓN

Coloca los pimientos en una fuente apta para el horno. Riégalos con 2 cucharadas de aceite, sazónalos y hornéalos a 200 ºC durante 40-45 minutos. Retíralos, deja que se templen, pélalos, córtalos en tiras, escúrrelos y resérvalos.

Calienta una sartén con 2 cucharadas de aceite. Pela la cebolla y los dientes de ajo, córtalos en dados e introdúcelos en la sartén. Sazona y rehoga las hortalizas a fuego medio durante 10 minutos. Introduce los pimientos, sazónalos y cocínalos durante 5 minutos.

Casca los huevos e introdúcelos en una jarra. Agrega la nata líquida y la mezcla de pimientos, cebolla y ajo. Tritura los ingredientes con una batidora eléctrica hasta que consigas una crema homogénea.

Coge un molde (tipo *plum cake*) y extiende una tira de papel de horno de lado a lado, dejando que sobre por ambas partes para que después sea más fácil desmoldar el pastel. Unta con un poco de mantequilla, espolvorea con harina, vierte dentro la mezcla del pastel. Hornéalo a baño maría a 190 ºC durante 30-35 minutos. Deja que se enfríe.

Corta el pan en rebanadas finas y tuéstalas en el horno o en la tostadora hasta que se doren por los dos lados.

Pon la mayonesa en una manga pastelera.

Sirve 2 porciones de pastel en cada plato, decóralas con la mayonesa y acompáñalas con las tostadas de pan. Decora los platos con unas hojas de perejil.

CONSEJO

Este pastel se puede servir templado o frío. Ya sea como entrante o como primer plato, causará sensación entre tus invitados.

ENSALADILLA DE POLLO Y BONIATO CON MAYONESA

INGREDIENTES (4 P.)

1 muslo de pollo deshuesado
2 boniatos
1 cebolleta pequeña
3 huevos
75 g de maíz en conserva
30 g de maíz frito
1 cucharada de alcaparras
24 picos de pan
aceite de oliva virgen extra
1 cucharada de vinagre
perejil
pimienta
sal

ELABORACIÓN

Calienta agua en un cazo, añade 2 huevos y cuécelos durante 10 minutos a partir del momento en el que el agua empiece a hervir. Retíralos, refréscalos, pélalos, córtalos en daditos y resérvalos

Calienta agua en una cazuela grande. Introduce los boniatos (enteros) y cuécelos a fuego medio durante 25-30 minutos. Retíralos, pélalos, córtalos en trocitos, ponlos en un bol grande y sazónalos. Agrega los huevos cocidos, el maíz en conserva, la cebolleta (finamente picada) y las alcaparras.

Corta la carne de pollo en daditos y salpimiéntalos. Calienta 2 cucharadas de aceite en una sartén. Introduce los daditos de pollo y saltéalos durante 3-4 minutos. Retíralos y añádelos al bol.

Para preparar la mayonesa, pon 1 huevo en un vaso batidor. Añade una pizca de sal, el vinagre y una buena cantidad de aceite (200 ml). Si queda muy espesa, puedes aligerarla añadiendo 1-2 cucharadas de agua.

Incorpora la mayonesa al bol con la ensaladilla y mezcla bien.

Sirve la ensaladilla y acompáñala con los picos de pan. Salpica los platos con el maíz frito aplastado y decóralos con unas hojas de perejil.

MONTADITOS DE CALABACÍN Y QUESO CON CREMA DE GUACAMOLE

INGREDIENTES (4 P.)

2 calabacines
10 lonchas de queso danés
1 aguacate
1 tomate pera
¼ de cebolleta
1 diente de ajo
1 cucharada de zumo de lima
3 huevos batidos y harina (para rebozar)
aceite de oliva virgen extra
30 hojas de cilantro
perejil
sal

ELABORACIÓN

Para preparar la crema de guacamole, pela el aguacate, trocéalo y ponlo en una picadora. Pela el tomate, trocéalo y agrégalo. Añade la cebolleta y el diente de ajo (pelado), las hojas de cilantro y el zumo de lima. Sazona la mezcla y tritura los ingredientes hasta que consigas una crema homogénea.

Corta los calabacines en 40 rodajas (de ½ centímetro de grosor). Extiende 20 rodajas sobre una fuente grande y sazónalas. Corta las lonchas de queso en cuatro y pon 2 trozos sobre cada rodaja de calabacín. Cúbrelas con las otras 20 rodajas de calabacín y sazónalas.

Calienta abundante aceite en una sartén. Pasa los montaditos por harina y huevo batido, introdúcelos (en cuatro tandas) en la sartén y fríelos por los dos lados hasta que se doren. Retíralos y escúrrelos sobre una fuente cubierta con papel absorbente.

Sirve 5 montaditos en cada plato y acompáñalos con un poco de crema de guacamole. Decora los platos con unas hojas de perejil.

BOCADOS DE BOQUERÓN Y FRESA

INGREDIENTES (4 P.)

8 boquerones frescos
8 fresas
1 naranja
50 g de azúcar
100 ml de vinagre de Jerez
50 ml de vinagre de arroz
aceite de oliva virgen extra
perejil
sal

CONSEJO

Para evitar riesgos de anisakis, te recomiendo que congeles los boquerones durante 4 días antes de prepararlos.

ELABORACIÓN

Limpia los boquerones (quitándoles las cabezas, las tripas y las espinas centrales), y sácales los filetes (2 por cada boquerón).

Mezcla en un recipiente el vinagre de Jerez y 100 ml de agua. Introduce los boquerones, sazónalos y tápalos con film transparente. Déjalos macerando durante 30 minutos.

Escúrrelos y sécalos con papel absorbente. Vierte 2 cucharadas de aceite en una fuente, extiende los boquerones (dejando la parte de la piel en contacto con la fuente), riégalos con otro poco de aceite y resérvalos.

Corta la naranja por la mitad, exprímela y pon el zumo en un bol. Añade el vinagre de arroz y el azúcar y mezcla los ingredientes con una varilla manual. Limpia las fresas, córtalas por la mitad e introdúcelas en el bol. Tápalas con film transparente y déjalas macerando durante 30 minutos.

Cuela las fresas y resérvalas. Vierte el líquido en una sartén y ponlo a reducir a fuego medio hasta que quede como un caramelo ligero.

Sirve 4 medias fresas en la base de 4 platos, coloca encima 4 lomos de boquerón doblados por la mitad (dejando 2 con la piel hacia arriba y 2 con la piel hacia dentro), pínchalos con un palillo y salséalos con el caramelo. Decora los platos con unas hojas de perejil.

ENSALADAS

COGOLLOS CON BONITO EN VINAGRETA

INGREDIENTES (4 P.)

4 cogollos
200 g de bonito en aceite
1 tomate
1 cebolleta
½ calabacín
2 pepinillos
1 cucharada de alcaparras
2 cucharadas de salsa inglesa (Worcestershire)
aceite de oliva virgen extra
perejil
sal

ELABORACIÓN

Pela el tomate, córtalo en daditos y ponlo en un bol grande. Desmenuza el bonito y añádelo. Corta los pepinillos, la cebolleta y el calabacín en daditos e incorpóralos al bol.

Agrega las alcaparras, la salsa inglesa, 6 cucharadas de aceite y una pizca de sal, y mezcla bien.

Corta los cogollos en 3 trozos (a lo ancho) y repártelos en 4 platos (3 trozos en cada uno). Coloca encima una cuarta parte de la mezcla de bonito con hortalizas y decóralos con unas hojas de perejil.

ENDIBIAS RELLENAS DE BONIATO Y QUESO

INGREDIENTES (4 P.)

4 endibias
2 boniatos
150 g de queso cremoso (de untar)
50 g de mezcla de frutos secos al gusto
aceite de oliva virgen extra
vinagre
perejil
pimienta
sal

ELABORACIÓN

Pon los boniatos en una cazuela, cúbrelos con agua y cuécelos durante 30-35 minutos. Escúrrelos, pélalos, pásalos a un bol y aplástalos con un tenedor o con un majador de patatas. Agrega el queso cremoso, salpimienta, vierte 1-2 cucharadas de aceite y mezcla bien.

Suelta las hojas de las endibias, selecciona las 6 más grandes de cada una y rellénalas con la mezcla de boniato y queso. Repártelas en 4 platos.

Mezcla en un bol 6 cucharadas de aceite con 1 cucharada de vinagre y un poco de perejil picado y vierte el aliño encima de las endibias.

Calienta una sartén sin aceite, pica los frutos secos, tuéstalos un poco y espolvorea las endibias. Decora los platos con unas hojas de perejil.

ENSALADA DE JUDÍAS VERDES, REMOLACHA Y MANZANA

INGREDIENTES (4 P.)

750 g de judías verdes
1 patata
1 remolacha
50 g de maíz cocido
1 manzana (Granny Smith)
4-6 frambuesas
aceite de oliva virgen extra
1 cucharada de vinagre
perejil
sal

CONSEJO

El sabor y el color de la remolacha son muy intensos. Aunque en esta ocasión la has cocido, también puedes disfrutarla cruda y rallada.

ELABORACIÓN

Calienta agua en la olla rápida e introduce la patata y la remolacha. Cierra la olla y cuécelas durante 8 minutos. Retira las hortalizas, deja que se templen, pélalas, córtalas en dados y resérvalas.

Retira las puntas y los hilos de las judías. Córtalas por la mitad a lo largo y después en trozos de 3 centímetros. Cuécelas al vapor durante 12-14 minutos.

Para cocinar las judías al vapor, calienta agua en una sartén o cazuela que se adapte al tamaño de tu vaporera. Pon las judías en la vaporera y esta sobre la sartén o cazuela (de manera que no toque el agua). Sazona las judías, tapa la vaporera y cocínalo durante 12-14 minutos.

Para preparar la vinagreta, trocea las frambuesas y ponlas en un bote de cristal con tapa. Añade 1 cucharada de vinagre, 4-6 de aceite y sal (al gusto). Tapa el bote y agítalo hasta que los ingredientes emulsionen.

Pela la manzana y córtala en dados.

Reparte las judías en 4 platos. Agrega los dados de remolacha, manzana y patata y el maíz cocido. Sazona las ensaladas, alíñalas con la vinagreta de frambuesa y adórnalas con unas hojas de perejil.

ENDIBIAS RELLENAS DE PERA, NUECES Y QUESO

INGREDIENTES (4 P.)

4 endibias

3 peras

18 nueces peladas

100 g de queso cremoso (de untar)

6 tomates secos en aceite

1 cucharada de vino de Oporto

aceite de oliva virgen extra

perejil

sal

ELABORACIÓN

Corta la base de las endibias, quítales las hojas más largas (20) y resérvalas. Pela las peras, retírales el corazón, trocéalas e introdúcelas en una picadora. Corta los tomates en dados y añádelos a la picadora. Agrega 10 nueces (reserva el resto para decorar), el queso cremoso, el vino, 4 cucharadas de aceite y una pizca de sal. Tritura los ingredientes y rellena las hojas de endibia con la mezcla.

Sirve 5 hojas rellenas en cada plato. Pica 8 nueces y salpica con ellas las endibias. Decora los platos con unas hojas de perejil.

ENSALADA DE AGUACATE, QUESO Y HUEVOS DE CODORNIZ

INGREDIENTES (4 P.)

1 lechuga

2 aguacates

8 huevos de codorniz

200 g de queso fresco de cabra

1 tomate

16 aceitunas negras sin hueso

1 cebolleta

aceite de oliva virgen extra

vinagre

perejil

sal

ELABORACIÓN

Pon los huevos en un cazo, cúbrelos con agua y cuécelos durante 4 minutos. Retíralos, refréscalos, pélalos y resérvalos.

Lava la lechuga, sécala, córtala en juliana fina, repártela en 4 platos y sazónala. Corta el queso en dados y añádelos.

Pela los aguacates y el tomate, córtalos en dados y repártelos en los 4 platos. Agrega también las aceitunas, los huevos de codorniz (cortados por la mitad) y la cebolleta cortada en aros.

Sazona las ensaladas. Pon 4-6 cucharadas de aceite y 2 de vinagre en un bol, bátelo bien y adereza las ensaladas con el aliño. Decora los platos con unas hojas de perejil.

ENSALADA DE PASTA CON REDUCCIÓN DE SANDÍA Y SALSA DE SOJA

INGREDIENTES (4 P.)

350 g de conchitas (pasta corta)

1 pepino

2 tomates

200 g de atún en aceite

16 aceitunas negras sin hueso

400 g de sandía

100 ml de salsa de soja

aceite de oliva virgen extra

1 cucharada de panela

10 hojas de cebollino

perejil

sal

ELABORACIÓN

Pela la sandía, trocéala, ponla en un vaso batidor y tritúrala con una batidora eléctrica. Pásala a un cazo y añade la panela y la salsa de soja. Pon la mezcla a calentar a fuego medio durante 20-30 minutos hasta que reduzca a la mitad. Agrega 4-5 cucharadas de aceite, mezcla bien y reserva el aliño.

Calienta abundante agua en una cazuela grande. Cuando empiece a hervir, sazónala y agrega la pasta. Cuécela durante el tiempo que indique el paquete (4-5 minutos). Escúrrela, refréscala y ponla en una fuente grande.

Pela el pepino, córtalo en cuartos de luna finos y ponlos en un bol. Pela los tomates, córtalos en daditos y agrégalos al bol. Desmiga el atún encima. Corta las aceitunas por la mitad e incorpóralas. Agrega la pasta y 3/4 partes del aliño y mezcla bien.

Reparte la ensalada en 4 platos. Corta las hojas de cebollino en trocitos de 2 centímetros y espolvorea los platos. Aderézalos con el resto del aliño y decóralos con unas hojas de perejil.

CONSEJO

Si no tienes panela, puedes sustituirla por azúcar blanco.

ENSALADA DE BREVAS, QUESO Y PANCETA CON VINAGRETA DE MEMBRILLO

INGREDIENTES (4 P.)

1 lechuga roja

6 brevas

150 g de panceta

100 g de queso Idiazábal suave (poco curado)

24 avellanas peladas

75 g de dulce de membrillo

aceite de oliva virgen extra

1 cucharada de vinagre

1 cucharada de salsa inglesa (Worcestershire)

perejil

sal

ELABORACIÓN

Para preparar la vinagreta, trocea el membrillo, viértele 1 cucharada de agua e introdúcelo en el microondas. Caliéntalo brevemente hasta que se deshaga, aplástalo un poco con un tenedor y ponlo en un bote que tenga tapa. Agrega 6-8 cucharadas de aceite, el vinagre, la salsa inglesa y una pizca de sal. Cierra el bote y agítalo hasta que los ingredientes queden bien integrados.

Calienta una sartén sin aceite. Aplasta las avellanas, añádelas, tuéstalas un poco y resérvalas.

Corta la panceta en dados. Calienta 1 cucharada de aceite en la sartén, introduce los dados de panceta y fríelos hasta que se doren. Escúrrelos y resérvalos en un plato.

Corta el queso en lonchas finas y resérvalo. Corta las brevas en gajos finos y resérvalos.

Suelta las hojas de la lechuga, lávalas, sécalas, trocéalas y ponlas en una fuente. Aderézalas con la vinagreta de membrillo y mezcla bien.

Reparte la lechuga, el queso, las brevas, la panceta y las avellanas en 4 platos y decóralos con unas hojas de perejil.

ENSALADA DE LECHUGAS VARIADAS, JAMÓN DE PATO Y FRUTOS ROJOS

INGREDIENTES (4 P.)

200 g de lechugas variadas

150 g de jamón de pato en lonchas

1 manzana

16 frambuesas

20 grosellas

20 arándanos

30 g de pipas de girasol (peladas)

aceite de oliva virgen extra

2 cucharadas de vinagre de frambuesa

1 cucharada de miel

perejil

sal

ELABORACIÓN

Calienta una sartén sin aceite. Introduce las pipas de girasol y tuéstalas un poco. Pásalas a un plato y resérvalas.

Para la vinagreta, pon 6-8 cucharadas de aceite en un bote que tenga tapa. Agrega la miel, el vinagre y una pizca de sal, tapa el bote y agita los ingredientes hasta que queden bien integrados.

Lava las hojas de lechuga, sécalas, alíñalas con la vinagreta y repártelas en 4 platos. Pela la manzana, córtala en láminas finas y extiéndelas sobre la lechuga. Reparte encima los frutos rojos, las pipas y las lonchas de jamón de pato. Decora los platos con unas hojas de perejil.

ENSALADA DE PIMIENTOS ROJOS CON VENTRESCA DE ATÚN

INGREDIENTES (4 P.)

3 pimientos morrones

½ barra de pan

1 cabeza de ajos

12 pepinillos en vinagre

1 cucharada grande de alcaparras

140 g de ventresca de atún en conserva

aceite de oliva virgen extra

perejil

sal

ELABORACIÓN

Pon los pimientos y la cabeza de ajos en una fuente apta para el horno. Rocíalos con un chorrito de aceite, sazónalos y hornéalos a 180 ºC durante 40-45 minutos. Retira las hortalizas y deja que se templen.

Pela los pimientos, córtalos en tiras, ponlos en un bol y sazónalos.

Extrae la pulpa de los ajos, ponla en el mortero y májala bien. Agrega 6-8 cucharadas de aceite, mezcla bien y pásala al bol donde están los pimientos.

Corta 8 rebanadas de pan, tuéstalas y resérvalas.

Reparte los pimientos en 4 platos. Separa la ventresca en lascas y repártelas por encima. Añade a cada plato 3 pepinillos, unas alcaparras y 2 rebanadas de pan tostado. Decora los platos con unas hojas de perejil.

CONSEJO

Cada vez que pongas el horno en marcha, que no se te olvide hornear 1 o 2 cabezas de ajo. Si no las vas a utilizar pronto, puedes poner la pulpa de los ajos en un bote de cristal y cubrirla con aceite.

ENSALADA DE CALABACÍN, ZANAHORIA, QUESO Y AGUACATE

INGREDIENTES (4 P.)

2 calabacines tiernos
1 zanahoria
1 aguacate
150 g de queso emmental
1 diente de ajo
40 g de anacardos
aceite de oliva virgen extra
150 ml de vinagre
perejil
sal

ELABORACIÓN

Lava los calabacines, córtalos en tiras finas (con un pelador) y ponlos en un bol. Pela la zanahoria, córtala también en tiras finas y añádela al bol. Sazónalos, riégalos con vinagre y deja que reposen durante 15 minutos. Enjuágalos, escúrrelos bien, sécalos, ponlos en un bol y riégalos con 2 cucharadas de aceite. Pela el diente de ajo, córtalo finamente e incorpóralo.

Pela el aguacate, córtalo en dados y resérvalo. Corta el queso de la misma forma y resérvalo.

Calienta una sartén, agrega los anacardos, tuéstalos un poco, pícalos y resérvalos.

Sirve los calabacines y la zanahoria en 4 platos y reparte encima los dados de aguacate y de queso. Salpícalos con los anacardos y decóralos con unas hojas de perejil.

ENSALADA DE JUDÍAS VERDES, HUEVO COCIDO Y GAMBAS

INGREDIENTES (4 P.)

600 g de judías verdes
2 huevos
20 gambas
2 zanahorias
30 g de cacahuetes pelados
aceite de oliva virgen extra
vinagre
perejil
sal

ELABORACIÓN

Pon los huevos en un cazo, cúbrelos con agua y cuécelos durante 10 minutos a partir del momento en que el agua empiece a hervir. Retíralos, refréscalos, pélalos y resérvalos.

Calienta una sartén pequeña, agrega los cacahuetes y tuéstalos un poco. Retíralos a un plato y resérvalos.

Calienta una sartén con 2 cucharadas de aceite. Pela las gambas, sazónalas, introdúcelas en la sartén y saltéalas brevemente.

Calienta una cazuela con agua. Retira las puntas de las judías, córtalas por la mitad a lo largo y después en trozos de 3 centímetros e introdúcelas en la cazuela. Pela las zanahorias y añádelas a la cazuela. Sazona, cuece las hortalizas a fuego medio durante 15 minutos y escúrrelas. Pon las judías en un bol. Corta las zanahorias en daditos y agrégalas al bol. Pica los huevos de la misma manera y añádelos al bol. Sazona, aliña la mezcla con aceite y vinagre y repártela en 4 platos.

Sirve 5 gambas en cada plato y salpícalas con los cacahuetes. Decora los platos con unas hojas de perejil.

ENSALADA DE QUESO, CECINA Y NUECES

INGREDIENTES (4 P.)

100 g de rúcula limpia

200 g de queso de oveja al *txakoli*

4-6 lonchas de cecina

16 nueces peladas

8 higos secos

1 cucharada de mostaza a la antigua

1 cucharada de miel

2 cucharadas de vinagre

aceite de oliva virgen extra

perejil

sal

ELABORACIÓN

Para preparar el aliño, pon la mostaza en un bol. Agrega la miel, el vinagre y 4-6 cucharadas de aceite y bate los ingredientes con una varilla manual hasta que queden bien integrados.

Calienta una sartén sin aceite. Introduce las nueces y tuéstalas a fuego suave durante 4-5 minutos, teniendo cuidado de que no se quemen.

Corta los higos en rodajas finas y resérvalos.

Retira la corteza del queso y córtalo en cuñas finas.

Corta cada loncha de cecina en 3 trozos y enróllalos formando unos rollitos.

Pon la rúcula en el fondo de 4 platos y sazónala. Coloca 4 cuñas de queso y 4 rollitos de cecina en cada plato. Reparte encima las rodajas de higo y las nueces tostadas. Aliña las ensaladas con la vinagreta de mostaza y miel y decora los platos con unas hojas de perejil.

CONSEJO

Es recomendable sacar el queso del frigorífico, por lo menos, 1 hora antes de consumirlo. De esta manera se potenciarán todos sus aromas.

ENSALADA DE LECHUGA ROJA, ACEITUNAS NEGRAS Y FRESAS

INGREDIENTES (4 P.)

1 lechuga roja

2 patatas

1 zanahoria

200 g de fresas

12 aceitunas negras sin hueso

30 g de piñones pelados

aceite de oliva virgen extra

vinagre de frambuesa

perejil

sal

ELABORACIÓN

Lava las patatas, colócalas en un plato, cúbrelas con film transparente (puedes agujerearlo o no, según tu costumbre), introdúcelas en el microondas y cocínalas durante 10 minutos. Retira las patatas, deja que se templen, pélalas, córtalas en dados y resérvalas.

Suelta las hojas de la lechuga, lávalas, sécalas, trocéalas y ponlas en una fuente grande.

Lava las fresas, retírales el pedúnculo, córtalas en cuartos u octavos (según el tamaño que tengan) y resérvalas.

Pela la zanahoria, rállala y resérvala.

Calienta una sartén sin aceite. Introduce los piñones y tuéstalos a fuego suave durante 5 minutos.

Sazona la lechuga y reparte encima los dados de patata, la zanahoria rallada, las fresas troceadas y las aceitunas. Salpícala con los piñones.

Adereza la ensalada con aceite y vinagre y decórala con unas hojas de perejil.

ENSALADA DE LECHUGAS VARIADAS, PATÉ Y GRANADA

INGREDIENTES (4 P.)

200 g de lechugas variadas

6 tomates deshidratados en aceite

200 g de paté de pato o de pollo

1 granada

50 g de pistachos pelados

zumo de ½ naranja

1 cucharada de salsa inglesa (Worcestershire)

aceite de oliva virgen extra

perejil

sal

ELABORACIÓN

Lava las hojas de lechuga, sécalas, trocéalas, repártelas en 4 platos y sazónalas.

Corta el paté en daditos y distribúyelos sobre las hojas.

Corta los tomates en tiras finas y repártelas en los 4 platos.

Corta la granada por la mitad y golpéala (sobre un bol) con una cuchara por la parte de la piel hasta que caigan todos los granos.

Salpica los platos con los pistachos y los granos de granada.

Para la vinagreta, pon en un bote 6 cucharadas de aceite, el zumo de naranja, la salsa inglesa y una pizca de sal. Tapa el bote y agita los ingredientes enérgicamente hasta que emulsionen. Aliña las ensaladas y decora los platos con unas hojas de perejil.

ENSALADA DE TOMATE Y BURRATINA CON PESTO

INGREDIENTES (4 P.)

4 tomates maduros
4 burratinas (de 50 g cada una)
40 g de queso parmesano
16 aceitunas negras sin hueso
7 nueces peladas
1 diente de ajo
aceite de oliva virgen extra
40 hojas de albahaca
perejil
sal

ELABORACIÓN

Para preparar el pesto, calienta una sartén sin aceite, añade las nueces, tuéstalas un poco y ponlas en una picadora. Pela el diente de ajo, córtalo en láminas y agrégalo. Añade el queso parmesano y 30 hojas de albahaca. Vierte 150 ml de aceite y tritura todos los ingredientes hasta que consigas una salsa homogénea. Reserva el pesto.

Pela los tomates, córtalos por la mitad y después en rodajas finas. Pon 1 tomate en cada plato y coloca en el centro las burratinas. Corta las aceitunas en rodajas finas y repártelas por encima de los tomates.

Sazona los tomates, adereza las ensaladas con el pesto y decóralas con unas hojas de albahaca y de perejil.

CONSEJO

Para pelar los tomates lo mejor es utilizar un pelador con estrías: facilita el trabajo y evita que dañes la pulpa.

ENSALADA DE PATATA, NARANJA Y LANGOSTINOS CON MAYONESA

INGREDIENTES (4 P.)

2-3 patatas
2 naranjas
1 cebolleta
12 langostinos
1 huevo
aceite de oliva virgen extra
1-2 cucharadas de zumo de limón
perejil
sal

ELABORACIÓN

Pon las patatas en una cazuela, cúbrelas con agua y cuécelas durante 30-35 minutos. Retíralas, pélalas, córtalas en rodajas de 0,5 centímetros y resérvalas.

Pela las naranjas, córtalas en rodajas de 0,5 centímetros y resérvalas.

Corta la cebolleta en aros y resérvalos.

Calienta agua en un cazo hasta que empiece a hervir. Sazónala e introduce los langostinos. Cuécelos durante 2 minutos, retíralos, pélalos y resérvalos.

Para hacer la mayonesa, pon el huevo en un vaso batidor, agrega el zumo de limón, una pizca de sal y 150 ml de aceite. Tritura los ingredientes con una batidora eléctrica hasta que emulsionen.

Distribuye en 4 platos, alternando, las rodajas de patata y de naranja. Coloca encima los aros de cebolleta y los langostinos. Sazona, salpica los platos con unos botones de mayonesa y decóralos con unas hojas de perejil.

ENSALADA DE PIÑA, JAMÓN DE PATO Y TOMATES CHERRY

INGREDIENTES (4 P.)

200 g de lechugas variadas
¼ de piña
16 tomates cherry
100 g de jamón de pato en lonchas
2 rebanadas de pan
1 cucharada de miel
aceite de oliva virgen extra
vinagre
perejil
sal

ELABORACIÓN

Pela la piña, retírale el tronco central, córtala en daditos y resérvala.

Corta los tomates cherry por la mitad y resérvalos.

Corta el jamón en daditos y resérvalos.

Calienta una sartén pequeña con 6-8 cucharadas de aceite. Corta las rebanadas de pan en dados, introdúcelos en la sartén y fríelos hasta que se doren. Retíralos, escúrrelos sobre un plato cubierto con papel absorbente y resérvalos.

Lava las hojas de lechuga, sécalas, trocéalas y repártelas en 4 platos. Coloca por encima los dados de piña, los tomates cherry, los dados de pan frito y los daditos de jamón.

Para preparar la vinagreta, pon la miel, el vinagre y 6 cucharadas de aceite en un bote (que tenga tapa), cierra el bote y agítalo hasta que los ingredientes emulsionen. Adereza las ensaladas y decora los platos con unas hojas de perejil.

COGOLLOS CON BRANDADA DE BACALAO

INGREDIENTES (4 P.)

4 cogollos de lechuga

500 g de bacalao desalado desmigado

5 dientes de ajo

50 ml de leche

picos de pan

2 cucharadas de huevas de trucha

250 ml de aceite de oliva virgen extra

perejil

ELABORACIÓN

Calienta aceite en un wok. Pela los dientes de ajo y confítalos en el wok a fuego suave durante 5-6 minutos con cuidado de que no se quemen.

Introduce el bacalao en el wok y cocínalo a fuego suave durante 5 minutos. Apaga el fuego, deja que el bacalao se enfríe para que suelte toda la gelatina y retira 2 dientes de ajo.

Cuela la mezcla y reserva por separado el aceite con la gelatina y el bacalao con los 3 dientes de ajo. Pon el bacalao y los dientes de ajo en un vaso batidor, agrega la leche y tritúralos con una batidora eléctrica. Vierte, poco a poco, el aceite con gelatina y sigue triturando los ingredientes hasta que emulsionen.

Corta la base de los cogollos, suelta las hojas más grandes y repártelas por el contorno de 4 platos hondos. Pon la brandada en el centro de los platos y salpícalos con las huevas de trucha y los picos de pan. Decóralos con unas hojas de perejil.

CONSEJO

Puedes sustituir los cogollos crudos enteros por cogollos cocinados: solo tienes que cortarlos por la mitad y llevarlos a la plancha.

ENSALADA DE RÚCULA, PASTA Y PERA

INGREDIENTES (4 P.)

- 100 g de rúcula
- 100 g de lechugas variadas
- 75 g de coditos
- 2 peras
- 1 tomate pera
- 30 g de almendras laminadas
- 1 cucharada de mostaza a la antigua
- 1 cucharada de vinagre
- aceite de oliva virgen extra
- perejil
- sal

ELABORACIÓN

Pon agua a calentar en un cazo. Cuando empiece a hervir, sazónala y añade los coditos. Cuécelos durante el tiempo que indique el paquete. Escúrrelos, refréscalos y resérvalos.

Calienta una sartén pequeña sin aceite, añade las almendras y tuéstalas un poco. Pásalas a un plato y resérvalas.

Pela las peras y corta cada una en 8 gajos. Calienta una sartén con 2 cucharadas de aceite, coloca los gajos y dóralos a fuego suave durante 5-6 minutos. Retíralos a un plato y resérvalos.

Para preparar la vinagreta, ralla el tomate en un bol, agrega la mostaza, el vinagre, una pizca de sal y 4-5 cucharadas de aceite. Bate los ingredientes con una varilla manual hasta que queden bien integrados.

Lava las hojas de rúcula y las lechugas y sécalas. Pásalas a un bol grande, riégalas con el aliño y mezcla bien. Reparte las hojas en 4 platos y salpícalos con los coditos y las almendras laminadas. Coloca 4 gajos de pera en cada ensalada y decora con unas hojas de perejil.

ENSALADA CON QUESO, HIGOS Y MAÍZ TOSTADO

INGREDIENTES (4 P.)

- 1 lechuga
- 50 g de hojas de rúcula limpias
- 12 tomates cherry
- 4 higos morados
- 1 rulo de queso de cabra (180 g)
- 50 g de maíz tostado
- 1 cucharada de miel
- 1-2 cucharadas de vinagre
- aceite de oliva virgen extra
- perejil
- sal

ELABORACIÓN

Lava la lechuga, sécala, trocéala y ponla en una fuente grande. Añade las hojas de rúcula y mezcla bien.

Corta los tomates por la mitad y los higos en cuartos (u octavos) y repártelos sobre las hojas.

Corta el queso de cabra en rodajas y distribúyelas por encima.

Pon el maíz en el mortero, májalo bien y salpica la ensalada.

Pon la miel, el vinagre, sal al gusto y 4-6 cucharadas de aceite en un bol y bátelos con una varilla manual hasta que liguen. Adereza la ensalada y decórala con unas hojas de perejil.

ENSALADA DE ESCAROLA, PIMIENTOS Y BACALAO AL PILPIL

INGREDIENTES (4 P.)

1 escarola (limpia y troceada)
2 lomos de bacalao desalado (500 g)
6 pimientos del piquillo
2 patatas
2 dientes de ajo
8 huevos de codorniz
1 trozo de guindilla
aceite de oliva virgen extra
perejil
sal

CONSEJO

El bacalao desalado es perfecto para las ensaladas porque su textura es mucho más firme que la del bacalao fresco.

ELABORACIÓN

Calienta abundante agua en una cazuela. Lava las patatas e introdúcelas en la cazuela. Agrega también los huevos de codorniz. Retira los huevos a los 4 minutos y cuece las patatas durante 30-35 minutos más. Deja que se enfríen y pela las patatas y los huevos. Corta las patatas en rodajas de 1 centímetro y los huevos por la mitad y resérvalos.

Calienta una sartén con 2 cucharadas de aceite. Corta los pimientos en tiras e introdúcelos en la sartén. Sazónalos y cocínalos durante 15 minutos a fuego suave.

Calienta 250 ml de aceite en una sartén. Pela los dientes de ajo, córtalos en láminas e introdúcelos en la sartén. Añade el trozo de guindilla y cocínalos a fuego medio hasta que empiecen a dorarse. Retira los ajos y la guindilla. Corta los lomos de bacalao por la mitad, introdúcelos en la sartén y cocínalos durante 2 minutos y medio por cada lado. Retira el pescado a una fuente, quítale la piel y sepáralo en lascas. Apaga el fuego y deja que el aceite se enfríe. Remueve con unas varillas hasta que espese y se forme un buen pilpil.

Reparte la escarola en 4 platos y sazónala. Coloca encima las patatas y las lascas de bacalao. Adereza las ensaladas con el pilpil y decóralas con los huevos de codorniz, los pimientos y unas hojas de perejil.

ENSALADA DE SANDÍA Y TOMATE CON POLLO EMPANADO

INGREDIENTES (4 P.)

2 tomates grandes
500 g de sandía
1 pechuga de pollo (2 medias)
harina para rebozar
huevo para rebozar
pan rallado para rebozar
2 cucharadas de orégano seco
aceite de oliva virgen extra
perejil
pimienta
sal

ELABORACIÓN

Pela los tomates, córtalos en láminas finas y extiéndelas en una fuente grande. Pela la sandía, córtala en dados y repártelos encima del tomate. Sazona y riega con 4 cucharadas de aceite.

Calienta una sartén con abundante aceite (12-14 cucharadas). Mezcla el pan rallado con 2 cucharadas de orégano. Corta el pollo en dados, salpimiéntalos y pásalos por la harina, el huevo batido y, por último, el pan rallado. Introdúcelos en la sartén y fríelos a fuego medio hasta que se hagan por dentro y se doren por fuera. Retíralos y escúrrelos sobre una fuente cubierta con papel absorbente.

Reparte los dados de pollo sobre la mezcla de tomate y sandía y decora la fuente con unas hojas de perejil.

ENSALADILLA DE PATATA, REMOLACHA Y POLLO CON ALIOLI

INGREDIENTES (4 P.)

2 patatas
1 remolacha
½ pechuga de pollo
1 huevo
1 diente de ajo
1 cucharada de alcaparras
picos de pan
aceite de oliva virgen extra
1 cucharada de vinagre
perejil
pimienta
sal

ELABORACIÓN

Lava las patatas y la remolacha y ponlas en la olla rápida. Cúbrelas con agua, cierra la olla y cuécelas durante 6-7 minutos. Cuando baje la válvula, retíralas, deja que se templen un poco, pélalas, córtalas en trocitos irregulares y ponlas en un bol grande. Sazona la mezcla y agrega las alcaparras.

Calienta una sartén con 2 cucharadas de aceite. Salpimienta la pechuga de pollo, córtala en daditos, introdúcela en la sartén y saltéala hasta que esté hecha. Retírala a un plato, deja que se temple e introdúcela en el bol.

Para preparar el alioli, pela el diente de ajo, trocéalo y ponlo en un vaso batidor. Agrega el huevo, el vinagre, una pizca de sal y 200 ml de aceite. Tritura los ingredientes hasta que emulsionen. Añade el alioli al bol y mezcla bien.

Sirve la ensaladilla en 4 platos, pínchala con los picos de pan y decórala con unas hojas de perejil.

ENSALADA DE ESPINACAS CON POLLO, ANACARDOS Y AGUACATE

INGREDIENTES (4 P.)

- 200 g de espinacas *baby* frescas
- ½ pechuga de pollo
- 1 cebolleta
- 2 aguacates
- 100 g de anacardos
- 12 tomates cherry
- 30 ml de salsa de soja
- 1 cucharada de semillas de sésamo tostado
- aceite de oliva virgen extra
- vinagre
- perejil
- sal

ELABORACIÓN

Calienta una sartén con 3 cucharadas de aceite. Corta la cebolleta en juliana fina y rehógala a fuego medio durante 5 minutos. Corta la pechuga de pollo en dados, introdúcelos en la sartén y cocínalos a fuego medio durante 3-4 minutos. Incorpora la mitad de los anacardos y la salsa de soja y cocina los ingredientes durante 3-4 minutos.

Corta los aguacates por la mitad, retírales el hueso y, con ayuda de una cuchara, sácales la pulpa. Córtalos en dados y resérvalos.

Lava los tomates cherry, córtalos por la mitad y resérvalos.

Lava las espinacas, sécalas y ponlas en un bol grande. Adérézalas con sal, aceite y vinagre, y repártelas en 4 platos. Coloca ¼ parte de la mezcla de pollo y cebolleta en el centro de cada uno. Reparte encima los dados de aguacate, los tomates, el sésamo y el resto de los anacardos. Decora los platos con unas hojas de perejil.

CONSEJO

Si no te gustan los anacardos, puedes sustituirlos por cualquier otro fruto seco, como nueces, avellanas o almendras.

ENSALADILLA DE PEPINO, ZANAHORIA Y PATATA

INGREDIENTES (4 P.)

1 pepino

6 hojas de lechuga

2 patatas

2 zanahorias

4 pepinillos

2 cucharadas de huevas de salmón

aceite de oliva virgen extra

perejil

sal

Para la mayonesa de ajo:

1 diente de ajo

1 huevo

175 ml de aceite de oliva virgen extra

1 cucharada de vinagre

sal

ELABORACIÓN

Pon las patatas y las zanahorias en una cazuela, cúbrelas con agua y cuécelas durante 35 minutos. Retíralas, deja que se enfríen, pélalas, córtalas en daditos y ponlas en un bol. Pela el pepino, córtalo de la misma manera y agrégalo al bol. Corta los pepinillos finamente y añádelos. Lava las hojas de lechuga, sécalas, córtalas en juliana fina e incorpóralas. Sazona la mezcla.

Para preparar la mayonesa, pela el diente de ajo, córtalo en láminas e introdúcelo en un vaso batidor. Añade el huevo, el vinagre, el aceite y una pizca de sal. Tritura los ingredientes con una batidora eléctrica hasta que liguen.

Añade la mayonesa al bol, mezcla bien y reparte la ensaladilla en 4 platos. Decóralos con las huevas de salmón y unas hojas de perejil.

ENSALADA DE TOMATE, PEPINO Y SARDINILLAS

INGREDIENTES (4 P.)

2 tomates grandes

2 pepinos

1 cebolleta roja

16 aceitunas negras sin hueso

12 sardinillas en conserva (con aceite)

aceite de oliva virgen extra

1 cucharada de zumo de limón

10 hojas de menta

perejil

sal

ELABORACIÓN

Pela los pepinos, córtalos en medias lunas de 1 centímetro y ponlos en una fuente grande. Pela los tomates, córtalos en trozos irregulares y agrégalos. Corta la cebolleta en juliana y añádela a la fuente. Incorpora las aceitunas. Adereza los ingredientes con el zumo de limón, 6 cucharadas de aceite y una pizca de sal. Mezcla y reparte la ensalada en 4 platos. Pon 3 sardinillas en cada uno. Pica las hojas de menta finamente y espolvorea las ensaladas. Decora los platos con unas hojas de perejil.

ENSALADA DE GARBANZOS Y BERBERECHOS

INGREDIENTES (4 P.)

300 g de garbanzos remojados desde la víspera
1 kg de berberechos
1 puerro
1 cebolla
1 tomate
1 aguacate
1 lima
1 cucharada de miel
1 cucharada de mostaza
aceite de oliva virgen extra
1 hoja de laurel
perejil
sal

CONSEJO

Si no tienes tiempo de cocer los garbanzos, puedes usar garbanzos en conserva.

ELABORACIÓN

Calienta abundante agua en una olla rápida. Cuando empiece a hervir, agrega los garbanzos (escurridos) y la hoja de laurel. Limpia el puerro (retirándole la parte inferior, la superior, y 2 capas de hojas), enjuágalo, córtalo en 3 y añádelo a la olla. Pela la cebolla, córtala en cuartos y agrégala. Sazona, cierra la olla y cuece los garbanzos durante 30 minutos. Retira los garbanzos, pásalos a un bol grande y resérvalos.

Pela el aguacate, córtalo en dados y agrégalo al bol.

Pela el tomate, córtalo en dados grandes e introdúcelos en el bol.

Para la vinagreta, pon en un bote de cristal con tapa el zumo de la lima, la mostaza, la miel, 6 cucharadas de aceite y una pizca de sal. Tapa el bote y agítalo hasta que los ingredientes emulsionen. Vierte la vinagreta sobre la ensalada y mezcla los ingredientes con suavidad. Espolvoréalos con un poco de perejil picado y vuelve a mezclarlos.

Calienta una sartén grande con 2 cucharadas de aceite. Introduce los berberechos, tápalos y cocínalos hasta que se abran. Sácalos, retírales las conchas y resérvalos.

Sirve la ensalada en 4 platos y reparte los berberechos por encima. Decora con unas hojas de perejil.

ENSALADA DE MORTADELA, ESCAROLA, AGUACATE Y GRANADA

INGREDIENTES (4 P.)

16 lonchas finas de mortadela
1 escarola limpia
1 aguacate
1 granada
zumo de ½ limón
ralladura de 2 mandarinas
1 cucharada de semillas de lino
aceite de oliva virgen extra
perejil
sal

ELABORACIÓN

Para preparar la vinagreta, pon las semillas de lino en el mortero, májalas bien y pásalas a un bote de cristal (que tenga tapa). Añade el zumo de limón, la ralladura de las mandarinas, sal y 4-6 cucharadas de aceite. Tapa el bote y agítalo hasta que los ingredientes emulsionen.

Corta la granada por la mitad y golpéala (sobre un bol) por la parte de la piel con una cuchara hasta que salgan todos los granos.

Pon la escarola en un bol grande. Agrega la granada, la mitad del aliño y mezcla todo bien.

Corta el aguacate por la mitad, retírale el hueso, córtalo en 8 láminas y resérvalo.

Extiende 2 lonchas de mortadela (superpuestas) sobre la tabla, rellénalas con 1 trozo de aguacate y un poco de ensalada de escarola y granada. Enróllalas formando un rulo. Repite el proceso hasta que consigas otros 7 rulos.

Sirve una cama de escarola y granada en la base de 4 platos y coloca encima 2 rulos. Salséalos con el resto de la vinagreta y decóralos con unas hojas de perejil.

CONSEJO

La mortadela es un embutido originario de Italia. En esta receta hemos utilizado una mortadela básica, pero puedes encontrarlas mucho más sofisticadas y condimentadas con pistacho, trufa, pimiento o aceitunas.

ENSALADA DE POLLO ESCABECHADO CON YEMA EMPANADA

INGREDIENTES (4 P.)

1 pechuga de pollo (2 medias)
1 escarola
12 tomates cherry
4 dientes de ajo
1 cebolla
1 granada
1 pera
4 yemas de huevo
30 g de avellanas tostadas
pan rallado (para empanar)
100 ml de vino blanco
aceite de oliva virgen extra
100 ml de vinagre
1 hoja de laurel
20 granos de pimienta negra
2 ramas de tomillo
perejil
sal

ELABORACIÓN

Pela la cebolla, córtala en 4 trozos e introdúcela en la olla rápida. Pela los dientes de ajo y añádelos. Agrega las ramas de tomillo, la hoja de laurel, los granos de pimienta, el vino, el vinagre y 200 ml de aceite.

Enrolla las pechugas y átalas con hilo de cocina para que no se abran durante la cocción. Introdúcelas en la olla, sazona, cierra la olla y cocina el pollo durante 5 minutos.

Retira las pechugas y deja que se templen. Retírales el hilo y con un cuchillo bien afilado córtalas en filetes finos y resérvalos. Cuela el escabeche que hay en la olla en un bol. Aplasta las avellanas con la hoja del cuchillo, introdúcelas en el bol y resérvalo.

Suelta las hojas de la escarola, lávalas, escúrrelas, sécalas y trocéalas.

Corta los tomates cherry por la mitad y resérvalos.

Corta la granada por la mitad, golpéala con una cuchara por la parte de la piel hasta que salgan todos los granos y resérvala.

Pela la pera, retírale el corazón, córtala en dados y resérvala.

Reparte la escarola en 4 platos y sazónala. Agrega a cada plato 3 tomates cherry, unos granos de granada, unos dados de pera y unos filetes de pechuga escabechados. Aliña las ensaladas con la mezcla de escabeche y avellanas.

Pon el pan rallado en un plato, coloca encima las yemas y empánalas con cuidado. Calienta una sartén pequeña con abundante aceite, introduce las yemas empanadas (de una en una) y fríelas brevemente. Retíralas y pon 1 en el centro de cada ensalada. Decora los platos con unas hojas de perejil.

CONSEJO

Si te apetece innovar, puedes utilizar panko (pan rallado japonés) para empanar las yemas de huevo.

ENSALADA DE PAVO Y MANGO

INGREDIENTES (4 P.)

½ pechuga de pavo (unos 500 g)
1 mango
½ lechuga
½ lechuga hoja de roble
8 tomates cherry
4 rebanadas de pan
2 cucharadas de salsa de soja
200 g de mayonesa
aceite de oliva virgen extra
perejil
2 cucharadas de orégano (seco)
1 cucharadita de tomillo (seco)
1 cucharadita de pimentón
½ cucharadita de salsa picante
pimienta
sal

CONSEJO

El mango es una fruta ideal para añadir a tus ensaladas. Es dulce sin ser almibarado y tiene una pulpa jugosa y un aroma embriagador.

ELABORACIÓN

Calienta una cazuela grande con abundante agua. Salpimienta la pechuga de pavo y espolvoréala con el orégano. Extiende un trozo grande de film transparente sobre la tabla, coloca encima la pechuga y envuélvela bien formando un cilindro. Introdúcela en la cazuela, tápala y cuécela durante 20 minutos. Retira la pechuga a una fuente y deja que se enfríe. Retira el film transparente, córtala en rodajas finas y resérvalas.

Pon el tomillo, el pimentón y 8 cucharadas de aceite en un bol grande y bátelos con una varilla manual. Corta el pan en dados, introdúcelos en el bol y úntalos bien en la mezcla. Escúrrelos y pásalos a un recipiente apto para el horno. Hornéalos a 200 ºC durante 6-8 minutos, hasta que se tuesten. Retíralos del horno y resérvalos.

Suelta las hojas de las lechugas, lávalas bien, sécalas, trocéalas y ponlas en un bol grande. Pela el mango, córtalo en dados y resérvalo. Corta los tomates por la mitad y resérvalos.

Para el aliño, pon la mayonesa en un bol grande, agrega la salsa picante y la salsa de soja y mezcla todo bien. Si queda una salsa muy espesa, puedes aligerarla añadiéndole 1 cucharada de agua.

Sazona las lechugas, agrega un poco del aliño y mezcla bien. Reparte las hojas de lechuga en 4 platos. Coloca, en cada uno, unas rodajas de pavo, unos dados de mango, unos tomates cherry y unos costrones de pan. Adereza las ensaladas con otro poco del aliño y decora los platos con unas hojas de perejil.

ENSALADA DE QUINOA, SALMÓN Y HABITAS

INGREDIENTES (4 P.)

300 g de quinoa
300 g de salmón
200 g de habitas frescas desgranadas
12 espárragos verdes
12 aceitunas negras sin hueso
aceite de oliva virgen extra
vinagre
perejil
3 ramas de eneldo fresco
sal

CONSEJO

En esta receta el salmón va en crudo; es por eso que, para evitar cualquier infección por anisakis, te recomiendo que lo congeles durante 4 días antes de usarlo.

ELABORACIÓN

Retira la piel del salmón, córtalo en dados de 2 centímetros y ponlos en un bol. Pica las ramas de eneldo y agrégalas al bol. Cubre los dados de salmón con aceite, sazónalos y mezcla bien. Déjalos marinando durante 4 horas. Cuela el salmón y reserva, por separado, el salmón y el aceite.

Calienta agua en un cazo. Introduce las habitas, sazónalas y cuécelas durante 6-8 minutos.

Calienta 600 ml de agua en una cazuela. Enjuaga la quinoa, introdúcela y sazónala. Tapa la cazuela y cuece la quinoa a fuego medio durante 15 minutos. Pásala a un bol grande y agrega las habitas. Corta las aceitunas en rodajas finas y añádelas al bol.

Calienta una sartén con 2 cucharadas de aceite. Retira la parte inferior de los espárragos. Córtalos en trozos de 2 centímetros, introdúcelos en la sartén, sazónalos y saltéalos durante 6-8 minutos. Añádelos al bol y vuelve a mezclar.

Sirve la mezcla de quinoa, habitas, espárragos y aceitunas en 4 platos y reparte encima los dados de salmón.

Vierte 2 cucharadas de vinagre al aceite resultante de marinar el salmón y adereza los platos con la mezcla. Decóralos con unas hojas de perejil.

ENSALADA DE JUDÍAS VERDES CON PATATA NUEVA Y VINAGRETA DE MOSTAZA

INGREDIENTES (4 P.)

500 g de judías verdes

8 patatas nuevas pequeñas (400 g)

2 huevos

½ cebolleta roja

12 lonchas finas de cecina

1 cucharada de mostaza de Dijon

1 cucharada de vinagre de vino blanco

aceite de oliva virgen extra

perejil

12 hojas de cebollino

sal

ELABORACIÓN

Calienta abundante agua en una cazuela. Cuando empiece a hervir, introduce las patatas (enteras y sin pelar) y los huevos y sazona. A los 10 minutos, retira los huevos y deja las patatas dentro durante 10 minutos más. Refresca los huevos, pélalos y resérvalos. Escurre las patatas y resérvalas.

Retira las puntas de las judías verdes, córtalas por la mitad a lo largo y después en trozos de 3-4 centímetros. Calienta agua en un cazo, introduce las judías, sazónalas, tápalas y cuécelas durante 12-15 minutos. Escúrrelas y resérvalas.

Para preparar la vinagreta, pon la mostaza en un bol, añade 4 cucharadas de aceite de oliva y el vinagre. Pica las hojas de cebollino finamente, agrégalas y mezcla todo con una varilla manual.

Pon las judías en un bol grande. Corta las patatas (peladas o sin pelar) en 4 gajos y añádelas al bol. Corta la cebolleta roja en juliana fina e incorpórala. Sazona los ingredientes, vierte la vinagreta sobre las hortalizas y mezcla suavemente.

Reparte la ensalada en 4 platos. Corta los huevos en 4 gajos y pon 2 en cada uno. Coloca 3 lonchas de cecina en cada uno y decóralos con unas hojas de perejil.

CONSEJO

La mostaza de Dijon, de sabor intenso, ligeramente picante y con una textura cremosa, combina con todo tipo de alimentos. Puedes usarla para acompañar carnes blancas, carnes rojas, pastas y huevos y para preparar vinagretas, como en esta receta.

ENSALADA DE QUESO DE CABRA Y ZANAHORIA

INGREDIENTES (4 P.)

- 2 rulos de queso de cabra con miel (200 g)
- 5 zanahorias
- 80 g de rúcula
- 80 g de canónigos
- 12 nueces peladas
- 1 cucharada de sésamo tostado
- 40 g de mantequilla
- 1 cucharada sopera de miel
- 100 ml de agua con gas
- 1 cucharada de vinagre blanco
- aceite de oliva virgen extra
- 50 ml de vinagre de Módena
- perejil
- 1 rama de romero
- 12 hojas de cebollino
- sal

ELABORACIÓN

Pon a calentar la mantequilla y 2 cucharadas de aceite en un wok. Pela las zanahorias, córtalas en cuatro bastones a lo largo y después por la mitad. Introdúcelas en el wok y cocínalas durante 5 minutos a fuego medio. Agrega el vinagre de Módena, la miel, la rama de romero, el agua con gas y una pizca de sal. Cocina las zanahorias a fuego suave durante 18-20 minutos. Apaga el fuego, pásalas a un plato y espera a que se templen. Reserva también el líquido que queda en el wok.

Para preparar la vinagreta, corta las hojas de cebollino finamente y ponlas en un bol. Añade la cucharada de vinagre blanco, 3 cucharadas de aceite, el sésamo, el líquido resultante de cocinar las zanahorias y una pizca de sal. Bate los ingredientes hasta que queden bien integrados.

Corta cada rulo de queso en 6 rodajas.

Mezcla las hojas de canónigo y de rúcula en un bol y repártelas en 4 platos. Alíñalas con un poco de vinagreta y reparte encima los bastones de zanahoria, las rodajas de queso de cabra y las nueces. Adereza los platos con otro poco de vinagreta y decóralos con unas hojas de perejil.

CONSEJO

Para cortar el queso es importante utilizar un cuchillo bien afilado y limpiarlo con una servilleta de papel después de cada loncha.

SOPAS Y CREMAS

CREMA DE BONIATO ASADO CON PESTO DE PIPAS DE GIRASOL

INGREDIENTES (4 P.)

1 kg de boniato
2 puerros
100 ml de nata líquida
200 ml de caldo de verduras
zumo de ½ limón
2 cucharadas de pipas de girasol
50 g de queso parmesano rallado
aceite de oliva virgen extra
20 g de hojas de albahaca
perejil
sal

ELABORACIÓN

Para preparar el pesto, pon las hojas de albahaca, las pipas de girasol, el zumo de limón, el queso parmesano, una pizca de sal y 2-3 cucharadas de aceite en un vaso batidor. Tritura los ingredientes con una batidora eléctrica hasta que consigas una pasta homogénea. Reserva el pesto.

Pela los boniatos, córtalos en rodajas y extiéndelos sobre una bandeja de horno. Limpia los puerros, córtalos en rodajas de 2 centímetros y colócalos al lado de los boniatos. Sazona y riega las hortalizas con 2 cucharadas de aceite y hornéalas a 180 ºC durante 25 minutos.

Pasa los ingredientes al vaso batidor, agrega la nata y el caldo y tritura todo bien hasta que consigas una crema homogénea.

Sirve la crema en 4 platos y salpícalos con el pesto de pipas de girasol. Decora con unas hojas de perejil.

CREMA DE HINOJO CON BONIATO ASADO

INGREDIENTES (4 P.)

1 hinojo
1 boniato
1 cebolleta
1 patata
1 calabacín
100 ml de nata
aceite de oliva virgen extra
perejil
pimienta
sal

ELABORACIÓN

Pela el boniato, córtalo en dados y espárcelo sobre un recipiente apto para el horno. Pulverízalo con un poco de aceite, sazónalo y hornéalo a 180 ºC durante 15-20 minutos.

Calienta una cazuela con 3 cucharadas de aceite. Corta el hinojo en dados e introdúcelos en la cazuela. Corta la cebolleta de la misma manera y añádela. Sazona y rehoga las hortalizas a fuego medio durante 5-6 minutos. Pela la patata, trocéala (cascándola) y agrégala. Pela el calabacín, trocéalo e incorpóralo. Cubre con agua (2 dedos por encima) y cocina los ingredientes a fuego medio durante 20 minutos. Pásalos al vaso batidor, agrega la nata y tritura todo bien hasta que consigas una crema homogénea.

Reparte la crema en 4 platos, muéleles encima un poco de pimienta y salpícalos con los dados de boniato. Decora los platos con unas hojas de perejil.

CREMA DE CALABACÍN Y PERA CON JAMÓN

INGREDIENTES (4 P.)

2 calabacines

2 peras

2 patatas pequeñas

1 loncha de jamón serrano (80 g)

aceite de oliva virgen extra

perejil

sal

ELABORACIÓN

Calienta 3 cucharadas de aceite en una olla rápida. Lava los calabacines, córtalos en cuartos de luna finos e introdúcelos en la olla. Pela las peras, retírales el corazón, córtalas en dados y añádelas a la olla. Pela las patatas, trocéalas (cascándolas) y agrégalas. Cubre las hortalizas con agua (2 dedos por encima), sazónalas, cierra la olla y cocínalas durante 4 minutos. Espera a que la válvula baje y abre la olla.

Pasa las hortalizas (con parte del caldo) al vaso batidor y tritúralas bien hasta conseguir una crema homogénea.

Calienta 1 cucharada de aceite en una sartén pequeña. Corta el jamón en daditos, introdúcelo en la sartén y saltéalo brevemente.

Sirve la crema en 4 platos y salpícalos con los daditos de jamón. Decora los platos con unas hojas de perejil.

CONSEJO

Si quieres amortizar el trabajo, cocina el doble de cantidad y congela lo que te sobre para otras ocasiones.

CREMA DE CALABAZA CON VIRUTAS DE JAMÓN

INGREDIENTES (4 P.)

1 kg de calabaza

1 hueso de jamón

4 lonchas finas de jamón serrano

1 cebolla

25 g de arroz

aceite de oliva virgen extra

perejil

sal

ELABORACIÓN

Cubre una bandeja de horno con una hoja grande de papel de hornear. Extiende encima las lonchas de jamón y hornéalas a 180 ºC durante 12 minutos. Retíralas y deja que se enfríen. Trocéalas y pícalas finamente con un cuchillo. Reserva las virutas de jamón para el emplatado.

Calienta una cazuela con 3 cucharadas de aceite. Corta la cebolla en dados e introdúcela en la cazuela. Sazónala y rehógala a fuego suave-medio durante 5 minutos. Pela la calabaza, córtala en dados e incorpórala. Rehoga las hortalizas a fuego suave durante 5-6 minutos. Introduce el hueso de jamón y el arroz. Cubre con 1 ½ litros de agua, tapa y cuece todo a fuego medio durante 20 minutos.

Retira el hueso de jamón, pasa el resto de los ingredientes a un vaso batidor y tritúralos bien hasta conseguir una crema homogénea.

Reparte la crema en 4 platos hondos y salpícalos con las virutas de jamón. Decora con unas hojas de perejil.

SOPA DE INVIERNO CON ALUBIAS BLANCAS Y FIDEOS

INGREDIENTES (4 P.)

200 g de alubias blancas cocidas

100 g de fideos gruesos

1 cebolla roja

2 hojas de acelga

12 coles de Bruselas

1 rodaja de calabaza (200 g)

200 ml de salsa de tomate

60 g de queso parmesano rallado

aceite de oliva virgen extra

perejil

sal

ELABORACIÓN

Calienta 4 cucharadas de aceite en una cazuela grande. Corta la cebolla en daditos, introdúcela en la cazuela y rehógala a fuego medio durante 6-8 minutos. Añade la salsa de tomate y mezcla bien.

Limpia las hojas de acelga, separa las pencas y retírales los hilos con una puntilla. Córtalas en dados e incorpóralas. Corta las hojas en juliana fina y añádelas. Retira las hojas exteriores de las coles de Bruselas, córtalas en juliana e introdúcelas en la cazuela. Pela la calabaza, córtala en dados e incorpórala a la cazuela. Sazona y rehoga las hortalizas a fuego medio durante 6-8 minutos. Cubre todo con abundante agua y sazona. Tapa la cazuela y cuece los ingredientes a fuego medio durante 15 minutos.

Añade las alubias y los fideos y mezcla bien. Cuece los ingredientes durante el tiempo que indique el paquete de los fideos.

Sirve, espolvorea los platos con el queso y decóralos con unas hojas de perejil.

CREMA DE CALABAZA Y GAMBAS

INGREDIENTES (4 P.)

1 kg de calabaza
1 cebolla
20 g de arroz
24 gambas
aceite de oliva virgen extra
perejil
sal

CONSEJO

La piel de la calabaza es muy dura, por lo que, si con un pelador te resulta complicado, ayúdate de un cuchillo bien afilado.

ELABORACIÓN

Calienta 4 cucharadas de aceite en una cazuela. Pela las gambas e introduce las cabezas y las cáscaras en la cazuela. Reserva el resto. Rehógalas durante 4-5 minutos, cúbrelas con abundante agua (1,2 l), sazónalas y cuécelas durante 20 minutos. Retira la espuma, cuela el caldo y resérvalo.

Calienta una cazuela grande con 2-3 cucharadas de aceite. Pela la cebolla, córtala en dados, añádela a la cazuela y rehógala durante 6-8 minutos a fuego medio. Pela la calabaza, trocéala de la misma manera e incorpórala. Sazona y cocina durante 5 minutos. Añade el arroz, vierte el caldo de las gambas y cocina la calabaza a fuego medio durante 20 minutos. Tritura los ingredientes con una batidora eléctrica hasta conseguir una crema homogénea.

Calienta una sartén con 2 cucharadas de aceite. Trocea las gambas, sazónalas, incorpóralas a la sartén y saltéalas brevemente.

Sirve la crema en 4 platos, reparte por encima las gambas y salpícalas con unas gotas del aceite de la sartén donde las has salteado. Decora los platos con unas hojas de perejil.

SOPA DE BERZA, MORCILLA Y CODITOS

INGREDIENTES (4 P.)

½ berza

1 morcilla de verdura

2 huevos

60 g de coditos (pasta pequeña)

aceite de oliva virgen extra

perejil

sal

ELABORACIÓN

Pon los huevos en un cazo, cúbrelos con agua y cuécelos durante 10 minutos (contados a partir del momento en que el agua empiece a hervir). Retíralos, refréscalos, pélalos, córtalos en daditos y resérvalos.

Calienta agua en una cazuela y sazónala. Introduce la morcilla, tápala y cuécela a fuego medio durante 15 minutos. Sácala, retírale la piel y resérvala.

Calienta 2-3 cucharadas de aceite en una cazuela grande. Retira el tronco de la berza y córtala en daditos. Introdúcela en la cazuela y rehógala a fuego medio durante 6-8 minutos. Cúbrela con abundante agua, sazónala, tápala y cuécela a fuego suave-medio durante 20 minutos más.

Añade los coditos y la morcilla, mezcla suavemente y cuece todo junto durante 10 minutos.

Sirve la sopa en 4 platos y salpícalos con los daditos de huevo. Decora con unas hojas de perejil.

CREMA DE COLIFLOR Y PATATA CON BACALAO REBOZADO

INGREDIENTES (4 P.)

1 coliflor pequeña

400 g de bacalao desalado

2 puerros

1 patata

4 dientes de ajo

2 huevos batidos y harina (para rebozar)

aceite de oliva virgen extra

perejil

sal

ELABORACIÓN

Calienta 3 cucharadas de aceite en la olla rápida. Limpia los puerros (eliminándoles la parte superior, la inferior y 2-3 capas de hojas), lávalos, córtalos en medias lunas e introdúcelos en la olla. Suelta la coliflor en ramilletes y agrégalos. Sazona y rehoga las hortalizas a fuego suave durante 6-8 minutos.

Pela la patata, trocéala (cascándola) y añádela a la olla. Cubre las hortalizas con agua, sazónalas y cierra la olla. Cocina los ingredientes durante 5-6 minutos. Apaga el fuego y espera a que la válvula baje. Pásalo todo al vaso batidor y tritura los ingredientes hasta que consigas una crema homogénea.

Calienta una sartén con abundante aceite. Pela los ajos y agrégalos (enteros). Corta el bacalao en dados, pásalos por harina y huevo batido, introdúcelos en la sartén y fríelos hasta que se doren un poco. Retíralos y escúrrelos sobre un plato cubierto con papel absorbente.

Sirve la crema en 4 platos y coloca un diente de ajo en cada uno. Reparte por encima los daditos de bacalao y decóralos con unas hojas de perejil.

CREMA DE ESPINACAS, CALABACÍN Y QUESO

INGREDIENTES (4 P.)

500 g de espinacas limpias
1 cebolla
1 calabacín
100 g de arroz
200 g de queso de tetilla
1,5 l de caldo de pollo (o de verduras)
8 rebanadas de pan
30 g de almendras laminadas
aceite de oliva virgen extra
perejil
sal

ELABORACIÓN

Calienta una cazuela grande con 3 cucharadas de aceite. Pela la cebolla, córtala en dados, agrégala a la cazuela y rehógala a fuego medio durante 2-3 minutos. Corta el calabacín en cuartos de luna, incorpóralo y rehógalo durante 3-4 minutos. Añade el arroz, vierte el caldo, sazona y cuece todo durante 15 minutos. Pica las espinacas e incorpóralas. Corta 75 g de queso en dados y añádelo. Mezcla bien y cocina todo junto durante 5 minutos más. Tritura los ingredientes con una batidora eléctrica hasta conseguir una crema homogénea.

Tuesta un poco las rebanadas de pan. Corta el resto del queso en lonchas finas y cubre con él las rebanadas. Colócalas en una bandeja de horno y gratínalas hasta que el queso se funda.

Calienta una sartén sin aceite, agrega las almendras laminadas y tuéstalas un poco (teniendo cuidado de que no se quemen).

Reparte la crema en 4 platos hondos y pon 2 tostadas de queso en cada uno. Salpica los platos con las almendras laminadas y decóralos con unas hojas de perejil.

SOPA DE RAPE

INGREDIENTES (4 P.)

1 cabeza de rape

1 rape pequeño

1 cebolla

2 zanahorias

3 puerros

100 g de pan para sopa (o ½ barra de pan viejo)

150 ml de tomate triturado

aceite de oliva virgen extra

perejil

1 hoja de laurel

½ cucharada de pimentón dulce

pimienta

sal

ELABORACIÓN

Pon la cabeza de rape, la hoja de laurel y unas ramas de perejil en una cazuela grande. Corta la cabeza del rape pequeño y añádela. Cúbrelo todo con abundante agua (2 litros), sazona y cuece a fuego suave durante 20 minutos. Cuela y reserva el caldo. Retira la carne de las cabezas de rape y resérvala.

Calienta una cazuela grande con 3 cucharadas de aceite. Pela la cebolla, córtala en dados e introdúcela en la cazuela. Limpia los puerros (retirándoles la parte inferior, la superior y 2-3 capas de hojas), enjuágalos, córtalos en medias lunas e introdúcelos en la cazuela. Pela las zanahorias, córtalas de la misma manera y añádelas. Sazona y rehoga las hortalizas a fuego suave-medio durante 15 minutos.

Pica el pan, añádelo a la cazuela y rehógalo brevemente. Vierte el caldo de pescado, el tomate triturado y el pimentón y cocina los ingredientes a fuego suave durante 25 minutos. Pásalos al vaso batidor, agrega la carne de las cabezas de rape y tritura todo bien.

Calienta una sartén con 2 cucharadas de aceite. Corta los lomos del rape en dados, salpiméntalos, añádelos a la sartén, saltéalos brevemente y agrégalos a la cazuela. Cocínalos en la sopa durante 2 minutos y sirve. Decora los platos con unas hojas de perejil.

CREMA DE MEJILLONES

INGREDIENTES (4-6 P.)

1 kg de mejillones

3 puerros

1 cebolla

1 pimiento verde

2 zanahorias

1 tomate grande

75 g de arroz

75 ml de vino tinto

75 ml de nata líquida

aceite de oliva virgen extra

perejil

sal

ELABORACIÓN

Calienta 2 litros de agua en una cazuela grande. Limpia los mejillones, introdúcelos en la cazuela y cuécelos hasta que se abran. Sácalos, retírales las conchas y resérvalos. Cuela el caldo y resérvalo.

Calienta una cazuela grande con 4 cucharadas de aceite. Pela la cebolla y las zanahorias, córtalas en dados e introdúcelas en la cazuela. Retira el tallo y las semillas del pimiento, córtalo de la misma manera y agrégalo. Limpia los puerros (retirándoles la parte inferior, la superior y 2 capas de hojas), córtalos en cuartos de luna e introdúcelos en la cazuela. Sazona las hortalizas y rehógalas a fuego medio durante 20-25 minutos. Corta el tomate por la mitad, rállalo, introdúcelo en la cazuela y cocínalo durante 5 minutos.

Vierte el vino y dale un hervor. Vierte el caldo, el arroz y la mitad de los mejillones. Cuece todo durante 20 minutos. Pasa los ingredientes al vaso batidor, agrega la nata y tritúralos bien. Pasa la crema a una cazuela y caliéntala.

Pica el resto de los mejillones en daditos, añádelos a la crema y sirve. Decora los platos con unas hojas de perejil.

SOPA DE POLLO Y TRIGO

INGREDIENTES (4 P.)

2 zanahorias
2 puerros
1 rama de apio
½ pechuga de pollo
60 g de trigo en grano
2 huevos
1,5 l de caldo de pollo
aceite de oliva virgen extra
10 hojas de cebollino picadas finamente
perejil
pimienta
sal

CONSEJO

Puedes sustituir el trigo por cualquier otro cereal que sea de tu agrado.

ELABORACIÓN

La víspera, pon el trigo a remojo en un bol con agua.

Pon los huevos en un cazo, cúbrelos con agua y cuécelos durante 10 minutos a partir del momento en que el agua empiece a hervir. Refréscalos, pélalos, córtalos en daditos y resérvalos.

Calienta 2-3 cucharadas de aceite en una olla rápida. Pela las zanahorias y limpia los puerros (retirándoles la parte inferior, la superior y 1-2 capas de hojas). Corta las hortalizas en daditos e introdúcelos en la olla. Corta la rama de apio de la misma manera y agrégala. Sazona y rehoga las hortalizas a fuego suave durante 5-6 minutos.

Escurre el agua del trigo, introdúcelo en la olla, rehógalo brevemente y cúbrelo con el caldo de pollo. Cierra la olla y cocina los ingredientes durante 10-12 minutos.

Calienta una sartén con 2 cucharadas de aceite. Corta la pechuga de pollo en daditos, salpiméntala, introdúcela en la sartén y saltéala a fuego fuerte durante 3-4 minutos. Espolvoréala con un poco de perejil picado, introdúcela (sin la grasa) en la olla, mezcla bien y cocínala en la sopa durante 2-3 minutos sin cerrar la olla. Incorpora los huevos picados y mezcla bien.

Sirve la sopa en 4 platos, salpícalos con el cebollino picado y decóralos con unas hojas de perejil.

GAZPACHO DE FRESA Y TOMATE

INGREDIENTES (4 P.)

1.200 g de tomate pera maduro

250 g de fresas

50 g de miga de pan

750 g de jamón ibérico (4 lonchas finas)

2 huevos

2 cucharadas de vinagre

aceite de oliva virgen extra

perejil

sal

ELABORACIÓN

Calienta agua en un cazo, introduce los huevos y cuécelos durante 10 minutos (contados a partir del momento en que el agua empiece a hervir). Retíralos, refréscalos, pélalos y pícalos en daditos.

Calienta agua en una cazuela. Haz un corte en cruz en la parte inferior de los tomates (reserva 2 tomates para decorar), introdúcelos (en tandas) en la cazuela y escáldalos brevemente. Retíralos, pélalos, trocéalos y ponlos en un bol. Lava las fresas (reserva 6 para decorar), trocéalas y añádelas al bol. Vierte 2 cucharadas de vinagre, 6 cucharadas de aceite y la miga de pan troceada. Sazona la mezcla y deja que repose durante 30 minutos.

Pasa los ingredientes al vaso batidor y tritúralos bien. Introduce el gazpacho en el frigorífico hasta que esté bien frío.

Pela los tomates reservados y córtalos en daditos Corta las fresas reservadas de la misma manera. Corta el jamón en tiras finas.

Sirve el gazpacho en 4 platos hondos y decóralos con los daditos de huevo, tomate y fresa y las tiras de jamón. Adorna con unas hojas de perejil.

CREMA FRÍA DE PEPINO Y MELÓN

INGREDIENTES (4 P.)

1 pepino

1 kg de melón

12 tomates cherry

3-4 rebanadas de pan

100 g de *crème fraîche* (nata fresca cremosa)

aceite de oliva virgen extra

perejil

sal

ELABORACIÓN

Pela el pepino, trocéalo y ponlo en un vaso batidor. Pela el melón, retírale las pepitas, trocéalo e incorpóralo al vaso batidor. Añade también la *crème fraîche*, 3 cucharadas de aceite y una pizca de sal. Tritura los ingredientes hasta que consigas una crema homogénea.

Calienta una sartén con bastante aceite. Corta el pan en dados, introdúcelos en la sartén y fríelos hasta que se doren. Retíralos y escúrrelos sobre un plato cubierto con papel absorbente.

Lava los tomates cherry y córtalos por la mitad.

Sirve la crema en 4 platos hondos y reparte encima los tomates y los dados de pan.

SOPA DE TRUCHA

INGREDIENTES (4 P.)

3 truchas de ración

100 g de pan de hogaza (de la víspera)

4 dientes de ajo

1 pimiento verde italiano

80 g de tocino de cerdo ibérico

1 pastilla de caldo de pescado

aceite de oliva virgen extra

perejil

1 hoja de laurel

4 cucharaditas de pimentón picante

sal (fina y gruesa)

ELABORACIÓN

Calienta abundante agua en una tartera (cazuela amplia y baja) e introduce las truchas. Retira el tallo y las semillas del pimiento, córtalo en 6 trozos y agrégalo. Introduce también la hoja de laurel, la panceta ibérica troceada, 1 pastilla de caldo de pescado y una pizca de sal.

Pela los dientes de ajo, pícalos un poco, introdúcelos en el mortero, añade una pizca de sal gruesa y májalos bien. Incorpora el pimentón y 3-4 cucharadas de aceite y mezcla. Añade el majado a la tartera y cuece todo a fuego suave durante 1 hora.

Retira las truchas y los trozos de pimiento a una fuente y cuela el caldo a una cazuela grande. Pela los trozos de pimiento, aplástalos con un tenedor y agrega el puré a la cazuela donde está el caldo. Corta el pan en rebanadas finas e introdúcelas en la cazuela. Retira la cabeza y la piel de las truchas, retírales las espinas, desmígalas e introdúcelas en la cazuela. Cuece todo durante 4-5 minutos.

Sirve y decora los platos con unas hojas de perejil.

CONSEJO

Para adelantar el trabajo puedes cocer las truchas y preparar el caldo la víspera.

CREMA DE ZANAHORIA Y CALABAZA AL JENGIBRE CON COSTRONES DE PAN

INGREDIENTES (4 P.)

500 g de zanahorias
500 g de calabaza
1 cebolla
1 trozo de jengibre fresco (2-3 cm)
3 quesitos
3-4 rebanadas de pan
aceite de oliva virgen extra
perejil
1 cucharadita de jengibre en polvo
sal

ELABORACIÓN

Calienta 3 cucharadas de aceite en la olla rápida. Pela la cebolla, córtala en dados e introdúcela en la olla. Pela las zanahorias y la calabaza, córtalas en dados y añádelas a la olla. Trocea el jengibre e incorpóralo. Sazona y rehoga las hortalizas a fuego medio durante 10 minutos. Cubre todo con agua (1 dedo por encima), cierra la olla y cocina las hortalizas durante 6-8 minutos.

Cuando baje la válvula, abre la olla y, si ves que tiene mucho caldo, retira 2 cazos a un bol y resérvalos por si hiciera falta aligerar la crema.

Introduce los quesitos en la olla y tritúralo todo bien con una batidora eléctrica hasta que consigas una crema homogénea.

Corta las rebanadas de pan en daditos. Calienta una sartén con bastante aceite, agrega el jengibre en polvo y los daditos de pan y fríelos hasta que empiecen a dorarse. Retíralos y escúrrelos sobre una fuente cubierta con papel absorbente.

Sirve la crema en 4 platos y salpícalos con los daditos de pan. Decora los platos con unas hojas de perejil.

CREMA DE CALABACINES ASADOS CON TOMATES CHERRY Y MEJILLONES EN ESCABECHE

INGREDIENTES (4 P.)

2-3 calabacines
1 cebolla blanca
12 tomates cherry
1 lata de mejillones en escabeche
250 ml de caldo de verduras
aceite de oliva virgen extra
20 hojas de albahaca fresca
perejil
sal

ELABORACIÓN

Calienta un cazo con agua. Cuando empiece a hervir, introduce los tomates cherry y escáldalos durante 1 minuto. Retíralos a un plato, refréscalos, pélalos y ponlos en un bol. Sazónalos, riégalos con un poco de aceite y resérvalos.

Riega una bandeja grande de horno con un poco de aceite. Corta los calabacines en rodajas finas y extiéndelas sobre la bandeja. Pela la cebolla, córtala en juliana y espárcela sobre los calabacines. Riega las hortalizas con otro poco de aceite y sazónalas. Introduce la bandeja en el horno y hornea las hortalizas a 180 ºC durante 25 minutos.

Pasa los ingredientes al vaso batidor, vierte el caldo y añade las hojas de albahaca. Tritura los ingredientes hasta que consigas una crema homogénea.

Reparte la crema en 4 platos y coloca 3 tomates escaldados y 3 mejillones en cada uno. Decora con unas hojas de perejil.

SOPA FRÍA DE MELÓN Y AGUACATE CON JAMÓN

INGREDIENTES (4 P.)

½ melón (1.600 g)

1 aguacate

100 g de jamón serrano (1-2 lonchas)

1 yogur griego

zumo de 1 limón

aceite de oliva virgen extra

perejil

sal

ELABORACIÓN

Pela el melón, retírale las pepitas, trocéalo (reserva un trozo para decorar) y ponlo en un vaso batidor. Pela el aguacate, trocéalo, reserva un trozo (para decorar) y agrega el resto al vaso batidor. Añade el yogur, el zumo de limón, una pizca de sal y 3 cucharadas de aceite. Tritura los ingredientes hasta conseguir una sopa homogénea.

Corta los trozos de melón y aguacate que has reservado en dados o triángulos. Pica el jamón en dados.

Reparte la sopa en 4 platos hondos y acompáñalos con los trocitos de melón, aguacate y jamón. Decora con unas hojas de perejil.

CONSEJO

Si te gusta la sopa muy fría, te recomiendo que la guardes en el frigorífico por lo menos durante 2 horas.

SOPA DE PISTO CON JAMÓN Y HUEVO COCIDO

INGREDIENTES (4 P.)

1 calabacín
1 cebolla
1 pimiento verde
1 pimiento rojo
1 tomate maduro
2 lonchas de jamón serrano
2 huevos
aceite de oliva virgen extra
perejil
sal

ELABORACIÓN

Pon 2 huevos en un cazo, cúbrelos con agua y cuécelos durante 10 minutos (contados a partir del momento en que el agua empiece a hervir). Retíralos, refréscalos, pélalos, córtalos en daditos y resérvalos.

Calienta una sartén pequeña con 2 cucharadas de aceite. Corta el jamón en daditos, introdúcelos en la sartén, saltéalos brevemente, escúrrelos sobre un plato cubierto con papel absorbente y resérvalos.

Calienta una cazuela grande con 3 cucharadas de aceite. Pela la cebolla, córtala en daditos y añádela a la cazuela. Retira el tallo y las semillas de los pimientos y pela el rojo. Córtalos en daditos e introdúcelos en la cazuela. Sazona y rehoga las hortalizas a fuego medio durante 15 minutos. Corta el calabacín de la misma manera, incorpóralo y rehógalo durante 5-6 minutos más. Pela el tomate, córtalo en daditos y añádelo. Rehoga las hortalizas durante 10 minutos. Vierte abundante agua (1 ½ litros) y cuece los ingredientes a fuego suave-medio durante 15 minutos.

Sirve la sopa en 4 platos, salpícalos con los daditos de jamón y los daditos de huevo cocido y decóralos con unas hojas de perejil.

CREMA DE REMOLACHA Y LECHUGA CON GUISANTES SALTEADOS

INGREDIENTES (4 P.)

2 remolachas
2 lechugas grandes
100 g de guisantes (desgranados)
2 cebolletas
100 ml de nata líquida
aceite de oliva virgen extra
perejil
sal

ELABORACIÓN

Calienta la olla rápida con 4 cucharadas de aceite. Corta las cebolletas en dados, agrégalas y rehógalas a fuego medio durante 5 minutos. Suelta las hojas de lechuga, lávalas, córtalas en juliana fina y añádelas a la olla. Pela las remolachas, trocéalas e incorpóralas. Mezcla bien, cubre con agua (a ras), sazona, cierra la olla y cocina los ingredientes durante 6 minutos.

Retira parte del caldo y resérvalo por si hiciera falta aligerar la crema. Pasa los ingredientes a un vaso batidor, añade la nata y tritúralos con una batidora eléctrica hasta que consigas una crema homogénea.

Calienta una sartén con 2 cucharadas de aceite. Agrega los guisantes, sazónalos y saltéalos durante 2-3 minutos.

Reparte la crema en 4 platos, salpícalos con los guisantes y decóralos con unas hojas de perejil.

CREMA DE BORRAJA CON *BRICKS* DE QUESO

INGREDIENTES (4 P.)

750 g de borraja

2 patatas

3 dientes de ajo

4 hojas de pasta *brick*

200 g de queso de oveja curado

aceite de oliva virgen extra

perejil

sal

CONSEJO

No hace falta pelar los tallos de las borrajas para quitarles los pelillos, ya que desaparecerán tras la cocción.

ELABORACIÓN

Calienta 750 ml de agua en una olla rápida hasta que empiece a hervir. Pela las patatas, trocéalas (cascándolas) e introdúcelas en la olla. Corta las borrajas (tallos y hojas) en trozos de unos 3 centímetros y lávalas bien en un bol grande con agua. Escúrrelas, añádelas a la olla y sazónalas. Cierra la olla y cuécelas durante 5 minutos. Cuando baje la válvula, abre la olla, pasa parte del caldo a un bol y resérvalo por si hiciera falta aligerar la crema.

Calienta una sartén con 3-4 cucharadas de aceite. Pela los dientes de ajo, córtalos en láminas, introdúcelos en la sartén y dóralos un poco. Vierte el refrito a la olla, mezcla bien y tritura los ingredientes con una batidora eléctrica hasta conseguir una crema homogénea.

Retira la corteza de la cuña de queso y córtalo en dados. Corta las hojas de pasta *brick* por la mitad y extiéndelas sobre una superficie lisa. Coloca unos dados de queso en el centro de cada media hoja y envuélvelos con la pasta *brick* formando un paquetito. Pon los *bricks* sobre una bandeja de horno y hornéalos a 220 ºC durante unos 8 minutos.

Sirve la crema en 4 platos, riégalos con un chorrito de aceite y acompáñalos con los *bricks* de queso. Decora con unas hojas de perejil.

CREMA DE COL LOMBARDA

INGREDIENTES (4 P.)

1 col lombarda (pequeña)

1 cebolla morada

2 peras

1 patata

1,5 l de caldo de verduras

1 cucharada de pasas de Corinto

1 cucharada de pipas de girasol

1 cucharada de pipas de calabaza

aceite de oliva virgen extra

perejil

sal

ELABORACIÓN

Calienta 3 cucharadas de aceite en una cazuela grande. Pela la cebolla, córtala en dados, introdúcela en la cazuela y rehógala a fuego medio durante 6-8 minutos. Corta la lombarda en juliana, agrégala y rehógala brevemente. Pela la patata, lávala, trocéala (cascándola) e incorpórala a la cazuela. Cubre las hortalizas con el caldo, sazona, tapa y cuece a fuego medio durante 25-30 minutos. Pela las peras, trocéalas, añádelas a la cazuela, tápalas y cocina todo durante otros 8-10 minutos.

Retira parte del caldo y resérvalo por si hiciera falta aligerar la crema. Tritura los ingredientes con una batidora eléctrica hasta que consigas una crema homogénea.

Calienta una sartén sin aceite. Añade las pipas de calabaza y de girasol y tuéstalas un poco.

Reparte la crema en 4 platos hondos, salpícalos con las pipas y las pasas y decóralos con unas hojas de perejil.

CONSEJO

Si te sobra mucho caldo puedes aprovecharlo para hacer un arroz morado muy vistoso.

CREMA DE ARROZ CON POLLO

INGREDIENTES (4 P.)

200 g de arroz

2 muslos de pollo (sin piel)

1 carcasa de pollo (sin piel)

2 puerros

3 zanahorias

2 cebollas

aceite de oliva virgen extra

2 ramas de tomillo

perejil

sal

ELABORACIÓN

Calienta una olla rápida con abundante agua (1 ½ litros). Limpia los puerros (retirándoles la parte inferior, la superior y 2-3 capas de hojas), córtales la parte verde e introdúcela en la olla. Reserva la parte blanca para hacer la crema. Pela 1 cebolla, córtala en 4 y añádela a la olla. Añade también los muslos de pollo (cortados en 2), la carcasa y unas ramas de perejil. Sazona, cierra la olla y cocina los ingredientes durante 5-6 minutos. Abre la olla, cuela el caldo y resérvalo. Retira los huesos de los muslos de pollo. Pica uno de los muslos finamente y resérvalo para el momento del emplatado. Desmenuza la carne del otro y resérvalo para hacer la crema.

Calienta 3 cucharadas de aceite en una cazuela. Pela la otra cebolla, córtala en dados e introdúcela en la cazuela. Corta la parte blanca de los puerros en rodajas e incorpóralos a la cazuela. Pela las zanahorias, córtalas de la misma manera y añádelas. Sazona y rehoga las hortalizas a fuego medio durante 5-6 minutos. Agrega el arroz, la carne de 1 muslo de pollo y una rama de tomillo. Cubre todo con el caldo y cuece los ingredientes a fuego suave-medio durante 20 minutos. Pasa los ingredientes al vaso batidor y tritúralos bien hasta que consigas una crema homogénea.

Reparte la crema y la carne del muslo de pollo (picada finamente) en 4 platos. Pica la otra rama de tomillo finamente y espolvorea los platos. Decora los platos con unas hojas de perejil.

SOPA DE PESCADO CON CALABAZA

INGREDIENTES (6 P.)

1 cola de pescadilla (500 g)
24 gambas
12 langostinos
2 rodajas de calabaza (600 g)
3 dientes de ajo
1 cebolla
2 puerros
150 ml de salsa de tomate
2 pimientos choriceros
aceite de oliva virgen extra
1 cucharadita de estragón seco
perejil
sal

ELABORACIÓN

Retira el tallo y las semillas de los pimientos choriceros, ponlos en un bol, cúbrelos con agua caliente y deja que se hidraten bien (unas 2 horas). Ábrelos, retírales la pulpa y resérvala.

Calienta una cazuela grande con 3 cucharadas de aceite. Retira las cabezas de las gambas y de los langostinos e introdúcelas en la cazuela. Pela las colas y añade las cáscaras a la cazuela. Rehógalas a fuego medio durante 6-8 minutos y cúbrelas con 2 litros de agua. Saca los lomos de la pescadilla, elimínales la piel y la espina central y reserva la carne. Introduce la piel y la espina de la pescadilla en la cazuela y cuece a todo a fuego suave durante 30 minutos. Retira la espuma de la superficie del caldo.

Calienta 3 cucharadas de aceite en otra cazuela grande. Pela los dientes de ajo, córtalos en daditos e introdúcelos en la cazuela. Pela la cebolla, córtala en dados y agrégala. Limpia los puerros (retirándoles la parte inferior, la superior y 2 capas de hojas), lávalos, córtalos en medias lunas y añádelos a la cazuela. Pela las rodajas de calabaza, córtalas en dados y agrégalas. Sazona y rehoga las hortalizas a fuego medio durante 20 minutos. Incorpora el estragón, la salsa de tomate y la pulpa de los pimientos choriceros. Cuela el caldo sobre las hortalizas y cuécelas a fuego suave durante 10-12 minutos. Tritura los ingredientes con una batidora eléctrica.

Calienta 2 cucharadas de aceite en una sartén. Corta los langostinos por la mitad, sazónalos y añádelos a la sartén, junto con las gambas enteras. Saltéalos brevemente (1 minuto), espolvoréalos con un poco de perejil picado e incorpóralos a la cazuela de la sopa. Corta la pescadilla en dados, sazónala y agrégala a la cazuela. Apaga el fuego y deja que el pescado repose durante 2 minutos.

Sirve y decora los platos con unas hojas de perejil.

CONSEJO

Si quieres que la sopa quede más espesa puedes añadir un poco de pan tostado al sofrito de hortalizas.

SOPA DE AJO CON JAMÓN Y HUEVO ESCALFADO

INGREDIENTES (4 P.)

200 g de pan sopako
1 loncha de jamón serrano (80 g)
4 huevos
1 cabeza de ajos
2 l de caldo de pollo y jamón
aceite de oliva virgen extra
perejil
1 ½ cucharadas de pimentón
1 guindilla cayena
sal

ELABORACIÓN

Calienta 3-4 cucharadas de aceite en una cazuela grande. Pela los dientes de ajo, introdúcelos (enteros) en la cazuela y dóralos un poco. Corta el jamón en daditos, añádelos y rehógalos un poco. Agrega también la guindilla.

Con un cuchillo de sierra corta el pan en rebanadas finas e incorpóralas a la cazuela. Añade 1 cucharada de pimentón y el caldo. Mezcla bien y cuece los ingredientes a fuego suave durante 25-30 minutos. Retira la guindilla y remueve los ingredientes con una varilla manual hasta que el pan se deshaga. Prueba y pon a punto de sal.

Calienta una tartera (cazuela amplia y baja) con abundante agua y una pizca de sal. Cuando empiece a hervir, casca sobre ella los huevos y escálfalos durante 3-4 minutos. Retíralos a un plato y resérvalos.

Reparte la sopa en 4 platos, coloca un huevo en el centro de cada uno, espolvoréalos con un poco de pimentón y decóralos con unas hojas de perejil.

CONSEJO

El pan sopako es un pan autóctono del País Vasco que se usa para espesar y dar consistencia a las sopas. En caso de que no lo consigas, puedes sustituirlo por pan de víspera tostado.

SOPA DE ARROZ INTEGRAL CON VERDURAS Y JAMÓN

INGREDIENTES (4 P.)

80 g de arroz integral
2 puerros
2 zanahorias
½ pimiento rojo
100 g de judías verdes
1 patata
200 g de brócoli
100 g de jamón serrano
1 pastilla de caldo de pollo
aceite de oliva virgen extra
1 cucharadita de cúrcuma
perejil
sal

ELABORACIÓN

Calienta 3-4 cucharadas de aceite en una olla rápida. Limpia los puerros (retirándoles la parte inferior, la superior y 2-3 capas de hojas) y córtalos en cuartos de luna finos. Pela las zanahorias y córtalas en daditos. Pela el pimiento rojo y córtalo en daditos. Introduce las hortalizas en la olla, sazónalas y rehógalas a fuego medio durante 10 minutos.

Corta el jamón en daditos, incorpóralo a la olla y rehógalo brevemente. Retira las puntas de las judías y córtalas en rodajas de ½ centímetro. Pela la patata y córtala en daditos.

Añade las judías y la patata a la olla y mezcla todo bien. Agrega el arroz y la cúrcuma y desmenuza encima la pastilla de caldo de pollo. Cubre con abundante agua (1.500-1.700 ml), cierra la olla y cocina los ingredientes durante 13 minutos. Apaga el fuego y deja que baje la válvula.

Suelta el brócoli en ramilletes muy pequeños, introdúcelos en la olla y cuécelos durante 3 minutos (sin tapa).

Reparte la sopa en 4 platos hondos y decóralos con unas hojas de perejil.

CONSEJO

El arroz integral tiene carbohidratos de absorción lenta, por lo que ayuda a prevenir los altibajos de glucosa.

SOPA DE CEBOLLA TRADICIONAL

INGREDIENTES (4 P.)

- 4 cebollas rojas grandes
- 1 barra de pan de la víspera
- 2 l de caldo de pollo y jamón
- 150 ml de vino blanco
- 100 g de queso emmental rallado
- 30 g de mantequilla
- aceite de oliva virgen extra
- perejil
- sal

CONSEJO

Puedes sustituir las cebollas rojas por cebollas blancas o chalotas.

ELABORACIÓN

Corta la barra de pan en rebanadas finas, extiéndelas sobre una bandeja de horno y tuéstalas a 200 ºC durante 4-5 minutos hasta que se doren un poco. Retíralas y resérvalas.

Calienta a fuego suave una cazuela con 4 cucharadas de aceite. Agrega la mantequilla y espera a que se funda.

Pela las cebollas, córtalas en juliana fina, introdúcelas en la cazuela, sazónalas y rehógalas a fuego medio durante 40-45 minutos.

Vierte el vino blanco y dale un hervor fuerte. Reserva 8 rebanadas de pan tostado, trocea el resto y agrégalas a la cazuela. Vierte 2 litros de caldo de pollo y jamón y cocina los ingredientes durante 20-30 minutos a fuego suave-medio. Para que el pan se deshaga, bate la sopa con una varilla manual.

Extiende las 8 tostadas de pan (reservadas anteriormente) sobre una bandeja de horno y cúbrelas con el queso rallado. Introduce la bandeja en el horno y gratina las tostadas hasta que se funda el queso.

Reparte la sopa en 4 platos soperos, coloca 2 tostadas de queso sobre cada uno y decóralos con unas hojas de perejil.

SOPA DE ESPÁRRAGOS BLANCOS CON HUEVO ESCALFADO

INGREDIENTES (4 P.)

1 kg de espárragos blancos frescos

4 huevos

80 g de arroz

aceite de oliva virgen extra

perejil

sal

CONSEJO

Puedes espesar la sopa con 1 patata en lugar de con arroz.

ELABORACIÓN

Calienta una cazuela con 3 cucharadas de aceite. Elimina la parte inferior del tallo de los espárragos y, con un pelador de verduras, pélalos desde la base de la yema hasta el final del tallo. Corta las puntas de los espárragos y resérvalas. Corta el resto de los tallos de los espárragos en medias lunas (de unos 3 centímetros de grosor). Introdúcelos en la cazuela y rehógalos a fuego suave-medio durante 5-6 minutos.

Agrega el arroz a la cazuela, cúbrelo con 2 litros de agua, sazona y cuece los ingredientes a fuego medio durante 20 minutos.

Pásalos al vaso batidor y tritúralos bien hasta que consigas un puré homogéneo.

Calienta agua en un cazo y sazónala. Introduce las puntas de los espárragos y cuécelas durante 5 minutos.

Calienta una tartera (cazuela amplia y baja) con agua. Cuando empiece a hervir, casca sobre ella los huevos y escálfalos durante 3-4 minutos.

Reparte la crema en 4 platos y coloca 1 huevo escalfado y unas puntas de espárrago en cada uno. Decora los platos con unas hojas de perejil picado y un chorrito de aceite.

SOPA DE PAN Y ALMEJAS

INGREDIENTES (4-6 P.)

500 g de almejas
½ barra de pan
5 dientes de ajo
2 pastillas de caldo de pollo
aceite de oliva virgen extra
perejil
1 guindilla cayena

ELABORACIÓN

Corta el pan en rebanadas finas, extiéndelas sobre una bandeja de horno y hornéalas a 200 ºC hasta que se tuesten. Retíralas y trocéalas.

Calienta 3 cucharadas de aceite en una cazuela grande. Pela los dientes de ajo, córtalos en láminas, introdúcelos en la cazuela y rehógalos un poco. Añade la cayena y el pan troceado. Vierte 2 l de agua, desmenuza encima las pastillas de caldo de pollo, tapa y cocina a fuego suave durante 40-45 minutos. Bate los ingredientes con una varilla manual, tapa la cazuela de nuevo y cuece todo durante 10 minutos más. Retira la cayena.

Espolvorea la sopa con un poco de perejil picado, introduce las almejas en la cazuela y cocínalas hasta que se abran.

Reparte la sopa en los platos y decóralos con unas hojas de perejil.

CONSEJO

Si quieres darle un toque especial a la sopa puedes agregarle unas gotas de jerez en el plato.

SOPA BURGALESA

INGREDIENTES (6 P.)

- 350 g de carne de pierna de cordero
- 1 kg de cangrejos de río (cocidos)
- 2 cucharadas de manteca de cerdo
- 1 cebolla
- 1 cucharada de harina
- 2 l de caldo de carne
- perejil
- sal

ELABORACIÓN

Retira las cabezas de los cangrejos y reserva las colas.

Funde la manteca de cerdo en una olla rápida. Corta la carne de cordero en trozos muy pequeños, sazónalos, introdúcelos en la olla y fríelos a fuego fuerte durante 3-4 minutos.

Pela la cebolla, córtala en daditos y rehógala durante 5-6 minutos.

Agrega la harina y rehógala brevemente (1 minuto). Incorpora 1 cucharada de perejil picado y el caldo de carne. Cierra la olla y cocina la carne durante 20 minutos. Cuando la válvula baje, abre la olla, desgrasa el caldo y pon a punto de sal.

Añade las colas de cangrejo y cocina todo a fuego suave durante 2-3 minutos.

Sirve y decora los platos con un poco de perejil picado y unas hojas de perejil.

CONSEJO

Si cocinas la carne de cordero en una cazuela normal, necesitarás 1 hora.

CREMA DE ESPÁRRAGOS VERDES Y GUISANTES

INGREDIENTES (4 P.)

- 20 espárragos verdes
- 150 g de guisantes frescos (desgranados)
- 3 puerros
- 1 patata
- 2 lonchas finas de jamón serrano
- 2 rebanadas de pan
- 1 cucharada de semillas de sésamo tostado
- 1 l de caldo de verduras
- aceite de oliva virgen extra
- perejil
- sal

CONSEJO

Lo ideal es que tanto los espárragos como los guisantes sean frescos. Sin embargo, si no es temporada, puedes utilizarlos congelados, siempre que sean de buena calidad.

ELABORACIÓN

Calienta 3-4 cucharadas de aceite en la olla rápida. Limpia los puerros (retirándoles la parte inferior, la superior y 2-3 capas de hojas), córtalos en rodajas, introdúcelos en la olla y rehógalos durante 4-5 minutos. Corta 18 espárragos en rodajas de 2 centímetros y añádelos a la olla. Pela la patata, trocéala (cascándola) y agrégala a la olla. Añade los guisantes, vierte el caldo, sazona y cierra la olla. Cocina los ingredientes durante 4 minutos.

Cuando baje la válvula, abre la olla, pasa los ingredientes al vaso batidor y tritúralos hasta que consigas una crema fina y homogénea.

Calienta aceite en una sartén pequeña. Corta el pan en daditos, introdúcelos en la sartén y fríelos hasta que se doren. Retíralos y escúrrelos sobre un plato cubierto con papel absorbente.

Corta el jamón en tiras finas. Mezcla el jamón con el pan frito y las semillas de sésamo en un recipiente hondo.

Reparte la crema en 4 platos hondos y pon un poco de la mezcla de pan, jamón y sésamo en el centro de cada uno. Con un pelador de verduras, corta los 2 espárragos en tiras finas y repártelas en los 4 platos. Aderézalos con un chorrito de aceite y decóralos con unas hojas de perejil.

GAZPACHO DE PATATA

INGREDIENTE (4 P.)

1 kg de patatas

500 g de tomate (maduro)

1 pimiento verde italiano (150 g)

1 pimiento morrón rojo

1 pimiento morrón verde

2 dientes de ajo

aceite de oliva virgen extra

perejil

sal

CONSEJO

Un dornillo es un utensilio de madera o de barro parecido a un mortero que, al igual que este, se utiliza para majar y servir alimentos.

ELABORACIÓN

Coloca los pimientos morrones (rojo y verde) en una fuente apta para el horno. Riégalos con un chorrito de aceite, sazónalos y hornéalos a 185 ºC durante 40-45 minutos. Retíralos, deja que se templen un poco, quítales el tallo y las semillas, pélalos, córtalos en tiras y resérvalos.

Calienta abundante agua en una cazuela. Cuando empiece a hervir, pela las patatas e introdúcelas en la cazuela. Añade también los tomates. Tapa y cuece las hortalizas durante 15 minutos. Retira los tomates, resérvalos, y cuece las patatas durante 15-20 minutos más.

Pela los dientes de ajo, córtalos en dados e introdúcelos en un mortero. Corta el pimiento italiano de la misma manera y agrégalo al mortero. Sazona y maja los ingredientes hasta que queden reducidos a una pasta. Pela los tomates, trocéalos, añádelos (de uno en uno) y sigue majándolos hasta que se integren bien. Pasa el majado al dornillo (si no tienes, puedes ponerlo en una cazuela de barro).

Trocea las patatas, introdúcelas de una en una en el mortero y májalas bien. A medida que las vayas majando, pásalas al dornillo. Sazona el gazpacho, adeérzalo con un chorrito de aceite y mezcla bien.

Sirve y decora los platos con unas tiras de pimiento (rojo y verde) y unas hojas de perejil.

SOPA DE HORTALIZAS Y ALBÓNDIGAS DE POLLO

INGREDIENTES (6 P.)

250 g de carne picada de pollo
2 puerros
2 zanahorias
1 diente de ajo
12 espárragos verdes
2 ramilletes de coliflor
1 patata
100 ml de salsa de tomate
2 l de caldo de pollo y jamón
1 huevo
1-2 cucharadas de pan rallado
harina
aceite de oliva virgen extra
2 ramas de tomillo
perejil
pimienta
sal

ELABORACIÓN

Calienta 3-4 cucharadas de aceite en una cazuela. Pela el diente de ajo, córtalo en daditos e introdúcelo en la cazuela. Pela las zanahorias, córtalas en dados e incorpóralas. Limpia los puerros (retirándoles la parte superior, la inferior y 2-3 capas de hojas), córtalos en cuartos de luna finos y agrégalos. Retira la parte inferior de los espárragos, córtalos en rodajas de 1 centímetro y añádelos. Sazona y rehoga las hortalizas a fuego medio durante 6-8 minutos. Suelta la coliflor en flores pequeñas. Pela la patata y córtala en daditos. Incorpora los dados de patata y las flores de coliflor a la cazuela y mezcla bien. Añade también las ramas de tomillo, la salsa de tomate y el caldo. Tapa la cazuela y cuece las hortalizas durante 20 minutos. Retira las ramas de tomillo.

Pon la carne picada en un bol, agrega el huevo, 1-2 cucharadas de pan rallado, salpimienta, mezcla bien y deja que repose durante 15 minutos. Coge pequeñas porciones de la mezcla, redondéalas y pásalas por harina. Calienta una sartén con abundante aceite, introduce las albóndigas y fríelas hasta que se doren. Escúrrelas sobre un plato cubierto con papel absorbente. Introdúcelas en la sopa y cuécelas durante 2 minutos.

Reparte la sopa en 6 platos, colocando 2-3 albondiguillas en cada uno. Decóralos con unas hojas de perejil.

CONSEJO

Si quieres dar un toque especial a tu sopa, puedes servirla con un poco de queso rallado.

GAZPACHO DE SANDÍA Y TOMATE

INGREDIENTES (4 P.)

500 g de sandía
300 g de tomates
150 g de pan duro
1 pimiento verde
1 diente de ajo (pequeño)
1 cebolleta
80 g de atún en aceite
2 huevos
aceite de oliva virgen extra
1-2 cucharadas de vinagre
perejil
sal

CONSEJO

El gazpacho es una bebida o un primer plato muy refrescante, por lo que es ideal para los meses de verano.

ELABORACIÓN

Calienta agua en un cazo, introduce los huevos y cuécelos durante 10 minutos (contados a partir del momento en el que el agua empieza a hervir). Refréscalos, pélalos, pícalos y resérvalos.

Corta el pan en trozos, ponlos en un bol y cúbrelos con agua fría. Déjalos en remojo durante 10 minutos hasta que se ablanden.

Pela la sandía (reserva un trozo para el emplatado), trocéala e introdúcela en el vaso batidor. Lava los tomates, trocéalos y añádelos al vaso batidor. Pela la cebolleta y el diente de ajo, trocéalos e incorpóralos. Retira el tallo y las semillas del pimiento, trocéalo y agrégalo. Escurre el pan y añádelo al vaso. Tritura los ingredientes hasta que consigas una crema homogénea. Condimenta el gazpacho con sal, un chorrito de vinagre y 3-4 cucharadas de aceite y vuelve a triturar. Introdúcelo en el frigorífico hasta que se enfríe.

Corta el trozo de sandía reservado anteriormente en daditos.

Reparte el gazpacho en 4 platos hondos y acompáñalos (formando una media luna) con un poco de atún desmigado, daditos de sandía y huevo picado. Decóralos con unas hojas de perejil.

SOPA FRÍA DE MELÓN, JAMÓN Y MENTA

INGREDIENTES (4 P.)

2 melones cantalupo

4 lonchas finas de jamón serrano

1 yogur griego

50 g de piñones

aceite de oliva virgen extra

2 cucharadas de vinagre de manzana

perejil

15-20 hojas de menta

sal

ELABORACIÓN

Calienta una sartén sin aceite. Introduce los piñones y tuéstalos un poco. Retíralos a un plato y resérvalos.

Corta los melones en rodajas, pélalos, trocéalos, ponlos en un vaso batidor y tritúralos bien. Añade 3 cucharadas de aceite, el vinagre y una pizca de sal y vuelve a triturar hasta que los ingredientes se integren. Corta 10 hojas de menta finamente y añádelas a la sopa. Introduce la jarra en el frigorífico hasta que la sopa esté fría (1 hora como mínimo).

Corta el jamón en tiras y resérvalo.

Sirve la sopa en 4 platos, salpícalos con los piñones, el jamón y el yogur, y decóralos con unas hojas de menta y unas hojas de perejil.

CONSEJO

Las sopas frías son perfectas para el verano, ya que además de refrescar, hidratan.

VERDURAS Y HORTALIZAS

BERENJENAS RELLENAS DE BACALAO CON BECHAMEL

INGREDIENTES (4 P.)

- 500 g de bacalao desmigado desalado
- 2 berenjenas grandes
- 1 cebolla grande
- 3 dientes de ajo
- 4 tomates deshidratados en aceite
- 400-500 ml de leche
- 40 g de harina
- 25 g de queso parmesano
- aceite de oliva virgen extra
- perejil
- sal

ELABORACIÓN

Corta las berenjenas por la mitad a lo largo. Con una puntilla, bordea el contorno por la parte interior y hazles unos cortes en la pulpa (sin llegar a la piel). Sazónalas, colócalas en un bol grande, tápalas con film transparente e introdúcelas en el microondas durante 8-10 minutos. Retíralas y vacíalas con una cuchara teniendo cuidado de no romperles la piel. Reserva por separado la pulpa y las pieles.

Calienta una sartén grande con 3-4 cucharadas de aceite. Pela los dientes de ajo y la cebolla, córtalos en daditos e incorpóralos. Sazona y rehoga las hortalizas a fuego medio durante 6-8 minutos.

Corta los tomates deshidratados en daditos e incorpóralos a la sartén. Corta la pulpa de las berenjenas en daditos y agrégala a la sartén. Rehoga conjuntamente durante 6-8 minutos más. Añade el bacalao desmigado, mezcla bien y cocina todo durante 4-5 minutos.

Para la bechamel, calienta 3-4 cucharadas de aceite en una cazuela, agrega la harina y rehógala bien. Vierte la leche poco a poco sin dejar de remover. Sazona y cocina la salsa bechamel a fuego suave durante 8-10 minutos. Espolvoréala con un poco de perejil picado.

Añade 4 cucharadas de bechamel a la sartén donde está la farsa y mezcla bien.

Rellena las pieles de las berenjenas con la farsa de bacalao. Nápalas con el resto de la bechamel, ralla el queso encima y hornéalas a 180 ºC durante 10 minutos, hasta que se doren un poco. Sirve media berenjena en cada plato y decóralas con unas hojas de perejil.

CONSEJO

Puedes escoger cualquier variedad de berenjena, pero, para hacerlas rellenas, es mejor utilizar las que son ovaladas y de mayor tamaño.

CALABACINES RELLENOS DE MERLUZA CON BECHAMEL

INGREDIENTES (4 P.)

4 calabacines redondos
400 g de merluza
2 cebolletas
1 zanahoria
500 ml de leche
40 g de harina
40 g de queso parmesano rallado
aceite de oliva virgen extra
perejil
pimienta
sal

ELABORACIÓN

Lava los calabacines, córtalos por la mitad a lo largo y vacíalos con cuidado de no romperles la piel. Pica la pulpa y resérvala.

Calienta agua en una cazuela grande, introduce los calabacines vaciados y cuécelos durante 5 minutos. Retíralos y escúrrelos boca abajo sobre una fuente cubierta con papel absorbente.

Para hacer la bechamel, calienta 3 cucharadas de aceite en una cazuela. Agrega la harina y rehógala bien. Vierte la leche (poco a poco) y sazónala. Cocina la salsa a fuego suave, sin dejar de remover, durante 10 minutos.

Calienta una cazuela con 3 cucharadas de aceite.

Corta las cebolletas en daditos y agrégalas. Pela la zanahoria, córtala de la misma manera e incorpórala. Sazona y rehoga las hortalizas a fuego medio durante 5-6 minutos. Añade la pulpa de los calabacines, mezcla bien y rehógala a fuego medio durante 5-6 minutos más. Corta la merluza en daditos, salpiميéntala, incorpórala a la cazuela y rehógala brevemente. Vierte la salsa bechamel y mezcla todo bien.

Rellena los calabacines con la farsa, colócalos sobre una fuente apta para el horno, espolvoréalos con el queso y hornéalos hasta que el queso se dore un poco. Sirve 1 calabacín en cada plato y decóralo con unas hojas de perejil.

ALCACHOFAS FRITAS CON PURÉ DE PATATA Y QUESO AZUL

INGREDIENTES (4 P.)

12 alcachofas
4 patatas
150 ml de leche
100 g de queso azul
aceite de oliva virgen extra
pimienta
perejil
sal

ELABORACIÓN

Calienta una sartén con abundante aceite. Retira el tallo de las alcachofas, pélalas (retirándoles 2-3 capas de hojas), córtalas en gajos, introdúcelas en la sartén (en tandas) y fríelas a fuego medio hasta que se hagan por dentro y se doren un poco. Retíralas, escúrrelas sobre una fuente cubierta con papel absorbente y sazónalas.

Calienta 1 litro de agua y la leche en la olla rápida. Pela las patatas, trocéalas (cascándolas) e introdúcelas en la olla.

Agrega una pizca de sal y otra de pimienta. Cierra la olla y cuece las patatas durante 5 minutos. Retira las patatas y reserva parte del agua de la cocción. Pasa las patatas por el pasapurés sobre un bol. Añade el queso azul y mezcla bien hasta que quede incorporado.

Sirve el puré de patata en la base de 4 platos y reparte encima los gajos de alcachofas. Decora los platos con unas hojas de perejil

PIMIENTOS RELLENOS DE MORCILLA

INGREDIENTES (4 P.)

16 pimientos del piquillo en conserva

2 morcillas de verdura

1 cebolla

1 puerro

2-3 huevos batidos

aceite de oliva virgen extra

perejil

sal

CONSEJO

Si quieres asegurarte de que la morcilla no se saldrá de los pimientos, los puedes cerrar con un palillo. Por otro lado, al estar rebozados solo con huevo, son perfectos para que los consuman las personas celiacas.

ELABORACIÓN

Calienta una sartén grande con 4 cucharadas de aceite. Extiende los pimientos en la sartén, sazónalos y cocínalos a fuego suave durante 2-3 minutos por cada lado. Retíralos y resérvalos.

Pon agua a calentar en una cazuela grande e introduce las morcillas. Pela la cebolla, córtala en dados grandes e introdúcela en la cazuela. Limpia el puerro (retirándole la parte inferior, la superior y 2 capas de hojas), córtalo en rodajas de 3 centímetros e introdúcelo en la cazuela. Sazona y cuece las morcillas a fuego suave durante 30 minutos. Retira las morcillas y resérvalas. Escurre las verduras, ponlas en un vaso batidor y tritúralas con una batidora eléctrica hasta conseguir una crema homogénea. Reserva el puré.

Elimina la piel de las morcillas, pon la pulpa en un bol, mezcla bien y rellena los pimientos. Calienta una sartén con abundante aceite. Reboza los pimientos con huevo batido e introdúcelos (en tandas) en la sartén. Fríelos brevemente por los dos lados y retíralos a una fuente.

Sirve el puré en la base de los platos y reparte encima los pimientos. Decora con unas hojas de perejil.

CANELONES DE CALABACÍN RELLENOS DE VERDURAS Y LANGOSTINOS

INGREDIENTES (4 P.)

2 calabacines
6-8 langostinos
2 cebollas
1 pimiento rojo
2 zanahorias
6 espárragos verdes
150 ml de salsa de tomate
400 ml de caldo de verduras
2 cucharadas de harina de maíz refinada
aceite de oliva virgen extra
perejil
sal

ELABORACIÓN

Para la salsa, calienta 3 cucharadas de aceite en un cazo grande. Pela 1 cebolla, córtala en dados e introdúcela en el cazo. Retira el tallo y las semillas del pimiento, córtalo en dados y añádelo. Sazona y rehoga las hortalizas a fuego medio durante 15 minutos. Agrega 1 cucharada de harina de maíz refinada y rehógala bien. Vierte el caldo y cocina las hortalizas a fuego medio durante 15-20 minutos. Pasa los ingredientes al vaso batidor y tritúralos hasta conseguir una salsa homogénea.

Calienta agua en una tartera (cazuela amplia y baja). Lava los calabacines y con ayuda de una mandolina corta 16 láminas finas a lo largo, introdúcelas en la tartera y escáldalas durante 30-45 segundos. Retíralas, escúrrelas sobre una fuente y resérvalas. Pica finamente las partes restantes de los calabacines y resérvalas para el relleno.

Para la farsa, calienta un wok grande con 4 cucharadas de aceite. Pela los langostinos, corta las colas finamente, sazónalas, introdúcelas en el wok, saltéalas brevemente, retíralas a un plato y resérvalas. Pela la otra cebolla y las zanahorias, córtalas en daditos e introdúcelas en el wok. Pica los espárragos verdes de la misma manera y añádelos. Agrega también los restos de los calabacines, sazona y rehoga las hortalizas a fuego medio durante 10-15 minutos. Incorpora 1 cucharada de harina de maíz refinada, rehógala un poco y vierte la salsa de tomate. Incorpora los langostinos, mezcla bien y cocina todo junto durante 2 minutos. Pasa la farsa a un plato y deja que se temple.

Extiende las tiras de calabacín sobre la tabla, pon un poco de farsa sobre cada lámina y enróllalas. Coloca los canelones de calabacín sobre una bandeja de horno cubierta con papel de horno y caliéntalos a 200 ºC durante 5 minutos.

Calienta la salsa y sírvela en el fondo de los platos, coloca los canelones encima y decóralos con unas hojas de perejil.

CONSEJO

Si no quieres manipular demasiado los canelones, puedes montarlos directamente sobre 4 platos alargados aptos para el horno, salsearlos y hornearlos hasta que se calienten.

BERENJENAS RELLENAS DE ARROZ, HINOJO Y QUESO AZUL

INGREDIENTES (4 P.)

4 berenjenas
150-200 g de arroz cocido
1 cebolla
2 dientes de ajo
1 hinojo pequeño
150 ml de salsa de tomate
100 g de queso azul
8 nueces peladas
aceite de oliva virgen extra
perejil
sal

ELABORACIÓN

Calienta una sartén pequeña sin aceite. Pica las nueces, introdúcelas en la sartén y tuéstalas un poco. Retíralas a un plato y resérvalas.

Vierte 2 cucharadas de aceite a una bandeja de horno y espárcelo bien por toda la superficie. Corta las berenjenas por la mitad, hazles unos cortes en zigzag por la parte interior, sazónalas y colócalas boca abajo sobre la bandeja. Hornéalas a 180 ºC durante 15-20 minutos. Vacíalas con cuidado de no romperles la piel. Reserva por un lado las pieles y por otro la pulpa.

Calienta una sartén grande con 3 cucharadas de aceite. Pela la cebolla y los dientes de ajo, córtalos en dados e introdúcelos en la sartén. Corta el hinojo de la misma manera y añádelo. Sazona y cocina las hortalizas a fuego medio durante 6-8 minutos. Pica finamente la pulpa de las berenjenas, añádela y cocina todo junto a fuego medio durante 5-6 minutos.

Incorpora la salsa de tomate y mezcla bien. Agrega el queso y cocínalo brevemente hasta que se funda. Añade el arroz y mezcla bien.

Rellena las berenjenas vaciadas con la farsa de arroz y hortalizas y salpícalas con las nueces tostadas. Sirve una berenjena en cada plato y decora con unas hojas de perejil.

BERENJENAS ASADAS CON AVELLANAS Y VINAGRETA DE MIEL

INGREDIENTES (4 P.)

4 berenjenas
40 g de avellanas peladas
2 cucharadas de miel
1 cucharadita de salsa de soja
aceite de oliva virgen extra
1 cucharada de tomillo
perejil
sal

ELABORACIÓN

Calienta una sartén sin aceite. Aplasta las avellanas, introdúcelas en la sartén y tuéstalas un poco. Retíralas y resérvalas en un plato.

Calienta el horno a 200 ºC y lava las berenjenas. Unta la bandeja del horno con un poco de aceite y espolvoréala con el tomillo. Corta las berenjenas por la mitad, hazles unos cortes en zigzag por la parte interior, sazónalas y colócalas boca abajo sobre la bandeja. Riégalas con un poco de aceite y hornéalas durante 35-40 minutos.

Retíralas del horno, pélalas, córtalas en tiras y repártelas en 4 platos.

Pon la miel con la salsa de soja y 4-6 cucharadas de aceite en un bote de cristal que tenga tapa. Tápalo y agita los ingredientes hasta que se integren.

Adereza las berenjenas con la vinagreta, salpícalas con las avellanas y decora los platos con unas hojas de perejil.

CALABACINES RELLENOS DE PISTO, HUEVO Y QUESO

INGREDIENTES (4 P.)

2 calabacines

1 cebolla

1 pimiento verde

½ pimiento rojo

2 dientes de ajo

100 ml de salsa de tomate

4 huevos pequeños

150 g de queso cremoso de vaca

aceite de oliva virgen extra

perejil

sal

CONSEJO

Si te sobra algo de pisto, puedes reservarlo para preparar una tortilla o un revuelto, o simplemente para servirlo como guarnición de unos huevos fritos.

ELABORACIÓN

Corta los calabacines por la mitad a lo largo y vacíalos con una cuchara teniendo cuidado de no romperles la piel. Pica la pulpa finamente y resérvala. Reserva también las pieles.

Calienta una sartén grande con 3-4 cucharadas de aceite. Pela la cebolla y los ajos, córtalos en daditos, introdúcelos en la sartén y rehógalos a fuego medio durante 6-8 minutos. Pela el pimiento rojo, córtalo en daditos y agrégalo a la sartén. Retira el tallo y las semillas del pimiento verde, córtalo de la misma manera y añádelo. Sazona las hortalizas y rehógalas durante 8-10 minutos más.

Incorpora la pulpa de los calabacines y cocina todo durante 6-8 minutos más. Vierte la salsa de tomate, mezcla bien y cocínala durante 2 minutos a fuego fuerte.

Calienta abundante agua con una pizca de sal en una cazuela grande. Introduce los calabacines vaciados y cuécelos durante 3-4 minutos. Retíralos, escúrrelos y ponlos boca abajo sobre una fuente cubierta con papel absorbente.

Retira la corteza del queso, córtalo en dados y resérvalo.

Coloca los calabacines vacíos sobre una bandeja de horno. Rellena los extremos con el pisto y reparte encima los dados de queso. Casca los huevos, pon 1 en el centro de cada uno y sazónalos. Hornéalos a 200 ºC durante 10 minutos, hasta que los huevos cuajen a tu gusto.

Sirve medio calabacín relleno en cada plato y decóralo con unas hojas de perejil.

BRÓCOLI CON AJO, PANCETA Y PIÑONES

INGREDIENTES (4 P.)

2 brócolis
3-4 dientes de ajo
150 g de panceta
25 g de piñones
aceite de oliva virgen extra
perejil
sal

ELABORACIÓN

Calienta una sartén sin aceite. Añade los piñones y tuéstalos un poco. Retíralos a un plato y resérvalos.

Calienta agua en una cazuela grande y sazónala. Suelta los brócolis en ramilletes, introdúcelos en la cazuela y cuécelos durante 10-12 minutos. Retíralos y escúrrelos sobre una bandeja cubierta con papel absorbente.

Pela los dientes de ajo y pícalos finamente. Corta la panceta en trocitos.

Calienta el wok con 4 cucharadas de aceite. Agrega los ajos y la panceta y saltéalos brevemente. Incorpora los ramilletes de brócoli y saltéalos durante 2-3 minutos.

Reparte el brócoli en 4 platos y salpícalos con los piñones. Decora con unas hojas de perejil.

PENCAS RELLENAS DE *VELOUTÉ* DE CHAMPIÑONES

INGREDIENTES (4 P.)

8 acelgas
1 cebolleta
2 dientes de ajo
250 g de champiñones
2 cucharadas de harina
400-500 ml de caldo de verdura
150 ml de salsa de tomate
aceite de oliva virgen extra
perejil
sal

Para rebozar:
harina
3 huevos batidos

ELABORACIÓN

Calienta agua en una tartera (cazuela amplia y baja) y sazónala. Retira las hojas de las acelgas y resérvalas para otra ocasión. Elimina los hilos de las pencas, córtalas por la mitad, introdúcelas en la tartera y cuécelas durante 10 minutos. Escúrrelas y resérvalas.

Calienta una cazuela con 3 cucharadas de aceite. Corta la cebolleta y los ajos en daditos, introdúcelos en la cazuela y rehógalos a fuego medio durante 5 minutos. Limpia los champiñones, pícalos finamente e incorpóralos. Sazona y rehoga todo a fuego medio durante 10 minutos. Incorpora la harina y rehógala brevemente. Vierte el caldo poco a poco, sin dejar de remover hasta que los ingredientes se integren. Cocina la *velouté* a fuego suave, sin dejar de remover, durante 6-8 minutos. Pasa la *velouté* a una fuente amplia y deja que se enfríe.

Extiende 8 trozos de penca sobre la tabla. Corta la *velouté* de champiñones en 8 trozos del mismo tamaño que las pencas, colócalos sobre las pencas y cúbrelos con los otros 8 trozos de penca.

Calienta una sartén grande con abundante aceite. Reboza las pencas pasándolas por harina y huevo batido, introdúcelas (en tandas) en la sartén y fríelas por los dos lados hasta que se doren. Retíralas y escúrrelas sobre un plato cubierto con papel absorbente.

Calienta la salsa de tomate.

Sirve 2 pencas rellena en cada plato y acompáñalas con un poco de salsa de tomate. Decora con unas hojas de perejil.

COLIFLOR EN AJOPOLLO

INGREDIENTES (4 P.)

1 coliflor

6 almendras crudas

2 rebanadas de pan

2 dientes de ajo

¼ de cucharadita de azafrán molido

aceite de oliva virgen extra

perejil

sal

ELABORACIÓN

Calienta agua en una cazuela y sazónala. Separa la coliflor en ramilletes, enjuágalos e introdúcelos en la cazuela. Tapa la cazuela y cuece la coliflor durante 10-12 minutos.

Calienta 3 cucharadas de aceite en una sartén. Pela los dientes de ajo, córtalos en láminas e introdúcelos en la sartén. Pica las almendras e incorpóralas. Corta el pan en dados y agrégalos. Rehoga los ingredientes hasta que se doren un poco. Pasa la mezcla (escurrida) a un mortero y maja todo bien. Añade un poco del agua de la cocción de la coliflor y el azafrán y sigue majando.

Incorpora el majado a la cazuela de la coliflor, tápala y cuécela durante 8-10 minutos más.

Sirve la coliflor en 4 platos y decóralos con unas hojas de perejil.

CONSEJO

La salsa ajopollo es una aliada perfecta para la cocina, ya que mejora cualquier plato que prepares con ella. Pruébala con patatas, huevos, pescados, carnes, vísceras o sopas.

PURÉ DE PATATA CON JUDÍAS VERDES AL PIMENTÓN

INGREDIENTES (4 P.)

700 g de judías verdes

3 patatas (800 g)

1 zanahoria

3 dientes de ajo

aceite de oliva virgen extra

1 cucharadita de pimentón (dulce o picante)

perejil

sal

CONSEJO

Para evitar que el pimentón se queme es recomendable añadirlo al final de los sofritos.

ELABORACIÓN

Calienta abundante agua en una cazuela. Pela las patatas, trocéalas (cascándolas), introdúcelas en la cazuela y sazónalas. Tápalas y cuécelas durante 18 minutos. Pásalas a una jarra con un poco del agua de la cocción y tritúralas con una batidora eléctrica.

Calienta agua en la olla rápida. Retira las puntas de las judías, córtalas por la mitad a lo largo y después en trozos de 4 centímetros e introdúcelas en la olla. Pela la zanahoria, córtala en bastones de un tamaño parecido al de las judías y agrégala. Sazona, cierra la olla y cuece las hortalizas durante 3-5 minutos.

Calienta una sartén con 4 cucharadas de aceite. Pela los dientes de ajo, córtalos en bastones finos, introdúcelos en la sartén y fríelos a fuego suave durante 3-4 minutos. Añade el pimentón y aparta la sartén del fuego.

Sirve el puré de patata en 4 platos, reparte encima las judías con zanahoria y riégalas con el sofrito de ajos y pimentón. Decora con unas hojas de perejil.

COLIFLOR CON BOLETOS SALTEADOS

INGREDIENTES (4 P.)

1 coliflor

250 g de boletos

1 cebolleta

12 ajos frescos

aceite de oliva virgen extra

pimienta

perejil

sal

ELABORACIÓN

Calienta un poco de agua en una cazuela (que se adapte al tamaño de la vaporera). Suelta la coliflor en ramilletes, ponla en la vaporera, colócala sobre la cazuela, tápala y cuécela durante 20 minutos.

Calienta un wok con 4 cucharadas de aceite. Corta la cebolleta en daditos e introdúcela en el wok, sazónala y saltéala a fuego medio durante 4-5 minutos. Limpia los ajos frescos (quitándoles la parte inferior, la superior y 1-2 capas de hojas), córtalos en rodajas de 1 centímetro y agrégalos. Limpia los boletos, córtalos en dados y añádelos. Sazona y cocina todo durante 4-5 minutos.

Reparte la coliflor en 4 platos y salpimiéntala. Esparce por encima el salteado de boletos y decora los platos con unas hojas de perejil.

ESPÁRRAGOS VERDES CON BECHAMEL DE JAMÓN

INGREDIENTES (4 P.)

24 espárragos verdes
1 cebolleta
1 diente de ajo
100 g de jamón serrano (2 lonchas)
500 ml de leche
40 g de harina
aceite de oliva virgen extra
perejil
sal

ELABORACIÓN

Calienta un cazo con 4 cucharadas de aceite. Pela el diente de ajo, pícalo finamente e introdúcelo en el cazo. Corta la cebolleta de la misma manera y agrégala. Sazona y rehoga las hortalizas a fuego suave durante 5-6 minutos. Corta el jamón en daditos, agrégalo y rehógalo brevemente. Añade la harina y rehógala durante 2 minutos. Vierte la leche poco a poco (sin dejar de remover) y cocina la salsa a fuego suave durante 8-10 minutos, removiéndola a menudo, hasta que los ingredientes queden bien integrados.

Calienta abundante agua en una tartera (cazuela amplia y baja) y sazónala. Retira la parte inferior del tallo de los espárragos (unos 2 centímetros), introdúcelos en la tartera, tápalos y cuécelos durante 8-10 minutos.

Reparte los espárragos en 4 platos aptos para el horno, nápalos (dejando las puntas sin salsa) con la salsa bechamel y gratínalos hasta que la bechamel se dore (4-5 minutos).

Sirve y decora los platos con unas hojas de perejil.

CONSEJO

Si quieres hacer la bechamel sin lácteos, solo tienes que utilizar tu bebida vegetal preferida, pero asegúrate de que no está endulzada.

SALTEADO DE VERDURAS CON SALSA DE SOJA

INGREDIENTES (4 P.)

16 coles de Bruselas

1 cebolla

1 zanahoria

2 pimientos verdes

1 pimiento morrón rojo

1 pimiento morrón amarillo

6 setas shitake frescas

4 cucharadas de salsa de soja

aceite de oliva virgen extra

1 trozo de jengibre fresco (3 cm)

1 guindilla cayena

2 cucharadas de sésamo blanco tostado

perejil

sal

ELABORACIÓN

Calienta agua en un cazo. Limpia las coles de Bruselas retirándoles 1-2 capas de hojas, introdúcelas en el cazo, sazónalas, tápalas y cuécelas durante 10-12 minutos. Escurre las coles, córtalas por la mitad y resérvalas.

Con un pelador de verduras, pela la zanahoria, el pimiento rojo y el amarillo. Corta los pimientos (rojo, amarillo y verde) en bastones de unos 3 centímetros. Corta la zanahoria en trozos de un tamaño parecido al de los pimientos. Pela la cebolla y córtala de la misma manera. Corta las setas en 6 trozos.

Calienta 4-5 cucharadas de aceite en un wok e introduce la guindilla. Pela el jengibre y rállalo sobre el wok.

Agrega las hortalizas, sazónalas y saltéalas a fuego fuerte durante 10 minutos aproximadamente. Añade las coles y saltéalas brevemente durante 1-2 minutos. Vierte 4 cucharadas de salsa de soja, remueve los ingredientes y saltéalos durante 3-4 minutos.

Reparte las hortalizas en 4 platos, espolvoréalos con el sésamo y decóralos con unas hojas de perejil.

CONSEJO

Si quieres disfrutar de una comida ligera, sana y baja en calorías, nada como un salteado de verduras. Además, esta receta permite jugar con los ingredientes que tengas por casa y con productos de temporada.

PUERROS Y PATATAS CON MAYONESA DE MOSTAZA

INGREDIENTES (4 P.)

- 6 puerros de grosor medio
- 12 patatas *baby*
- 1 huevo
- 1 cucharada de mostaza a la antigua
- vinagre
- aceite de oliva virgen extra
- perejil
- sal negra
- sal

ELABORACIÓN

Para hacer la mayonesa, casca el huevo en un vaso batidor. Agrega 1 cucharada de vinagre, una pizca de sal y 175 ml de aceite. Tritura los ingredientes con una batidora eléctrica hasta que emulsionen. Agrega la mostaza, mezcla bien, introduce la mayonesa en un biberón de cocina y resérvala.

Calienta una cazuela con agua. Lava las patatas, introdúcelas en la cazuela, tápalas y cuécelas 20 minutos aproximadamente.

Calienta agua en una cazuela (apta para el tamaño de la vaporera). Limpia los puerros (retirándoles la parte inferior, la superior y 1-2 capas de hojas), córtalos en 4 trozos y colócalos en la vaporera. Introdúcela en la cazuela, tápala y cocina al vapor los puerros durante 10-12 minutos.

Sirve 3 patatas (cortadas por la mitad) y 6 trozos de puerro en cada plato. Pon pequeños puntos de mayonesa de mostaza sobre las patatas y los puerros y sazónalos con una pizca de sal negra. Decora los platos con unas hojas de perejil.

ROLLITOS DE COL RELLENOS DE HORTALIZAS Y ARROZ

INGREDIENTES (4 P.)

- 8 hojas de col
- 150 g de arroz cocido
- 1 pimiento rojo
- 1 cebolleta
- 1 calabacín
- 2 cucharadas de soja
- aceite de oliva virgen extra
- perejil
- sal

ELABORACIÓN

Calienta una tartera (cazuela amplia y baja) con abundante agua y sazónala. Introduce las hojas de col y cuécelas durante 3-4 minutos. Retíralas, escúrrelas bien y resérvalas.

Calienta una sartén grande con 3 cucharadas de aceite. Pela la cebolleta, córtala en daditos, introdúcela en la sartén y rehógala a fuego medio durante 10 minutos. Pela el pimiento rojo, córtalo de la misma manera y añádelo. Cocínalo todo junto durante 10 minutos. Lava el calabacín, córtalo de la misma manera e incorpóralo. Sazona y rehoga las hortalizas a fuego medio durante 15 minutos más. Escúrrelas y ponlas en un bol. Incorpora el arroz y la salsa de soja y mezcla bien.

Extiende 1 hoja de col sobre la tabla y pon encima ⅛ parte de la farsa. Enrolla la hoja de col, cerrando los bordes, hasta formar un paquete. Repite el proceso con el resto de las hojas de col y de la farsa.

Calienta una plancha con 1-2 cucharadas de aceite. Coloca encima los paquetes de col y cocínalos por los dos lados hasta que se doren.

Sirve 2 hojas de col rellenas en cada plato y decóralas con unas hojas de perejil.

PATATAS COCIDAS CON SETAS EN ESCABECHE

INGREDIENTES (4 P.)

3 patatas
500 g de setas de cultivo
1 cebolla
2 zanahorias
8 dientes de ajo
150 ml de vino blanco
150 ml de vinagre
aceite de oliva virgen extra
1 hoja de laurel
2 ramas de tomillo
1 rama de romero
20 granos de pimenta
perejil
sal

CONSEJO

Si te gusta el escabeche con un sabor más intenso, puedes aumentar la cantidad de vinagre.

ELABORACIÓN

Calienta abundante agua en una cazuela. Introduce las patatas, agrega una pizca de sal, tápalas y cuécelas durante 35-40 minutos. Retíralas, refréscalas y pélalas.

Calienta 300 ml de aceite en una tartera. Pela los dientes de ajo e introdúcelos en la tartera. Pela la cebolla, córtala en 4 gajos y añádela. Pela las zanahorias, córtalas en rodajas e incorpóralas. Agrega el vinagre, el vino, la hoja de laurel, las ramas de tomillo, la de romero, los granos de pimienta negra y una pizca de sal. Tapa la tartera y cocina los ingredientes del escabeche a fuego medio durante 20 minutos aproximadamente.

Calienta una sartén grande con unas gotas de aceite, añade las setas, sazónalas y cocínalas (en tandas) brevemente por los dos lados hasta que se doren un poco. Introduce las setas en la tartera del escabeche y cocínalas a fuego medio durante 5 minutos. Deja que reposen en el escabeche durante 1 hora como mínimo (lo ideal son 12 horas).

Corta las patatas en rodajas gruesas y repártelas en la base de 4 platos. Reparte las setas, las cebollas y las zanahorias por encima. Riega los platos con el escabeche, espolvoréalos con un poco de perejil picado y adórnalos con unas hojas de perejil.

ALCACHOFAS GUISADAS CON HUEVO Y JAMÓN AL ESTILO DE ENCARNITA

INGREDIENTES (4 P.)

8 alcachofas
3 cebolletas
8 ajos frescos
4 huevos
4 lonchas finas de jamón serrano
2 limones
250 ml de agua
aceite de oliva virgen extra
perejil
pimienta
sal

ELABORACIÓN

Pon abundante agua en un bol grande. Corta 1 limón, exprímelo y agrega el zumo y las pieles al bol. Pela las alcachofas (eliminándoles 3-4 capas de hojas y cortándoles la parte superior), córtalas en cuartos, introdúcelas en el bol y resérvalas durante unos 15 minutos.

Pela los ajos frescos (retirándoles la parte inferior, la superior y 2 capas de hojas) y córtalos por la mitad. Retira la primera capa de las cebolletas y córtalas a lo largo en cuartos.

Escurre las alcachofas y ponlas en una tartera (cazuela amplia y baja). Agrega las cebolletas y los ajos frescos. Añade 125 ml de aceite, salpimienta al gusto y vierte 250 ml de agua. Corta el otro limón por la mitad y exprime el zumo sobre las hortalizas. Tapa la tartera y cocina las hortalizas durante 30-35 minutos. De vez en cuando, remueve la cazuela.

Calienta abundante agua en una sartén grande. Cuando empiece a hervir, casca los huevos y escálfalos durante 3-4 minutos.

Reparte las hortalizas en 4 platos y coloca 1 loncha de jamón y 1 huevo escalfado en cada uno. Sazona los huevos y riégalos con un poco de aceite. Decora los platos con unas hojas de perejil.

CONSEJO

En esta receta hemos escalfado los huevos en abundante agua, pero, si te apetece, también puedes cocinarlos directamente en la tartera. Solo tienes que cascarlos, colocarlos sobre las hortalizas, tapar la tartera y dejar que se cocinen durante los últimos 3 o 4 minutos.

HOJAS DE LOMBARDA RELLENAS DE MANZANA Y MORCILLA

INGREDIENTES (4 P.)

8 hojas de lombarda

1 morcilla de verdura

1 patata mediana

2 manzanas

1 cucharada de salsa inglesa (Worcestershire)

aceite de oliva virgen extra

perejil

pimienta

sal

ELABORACIÓN

Lava la patata, ponla en un plato y tápala con film transparente. Pincha el film con un cuchillo, introduce la patata en el microondas y cocínala durante 5-6 minutos. Retírala, pélala y aplástala bien con un tenedor hasta que quede prácticamente reducida a puré.

Calienta una cazuela grande con abundante agua y una pizca de sal. Cuando empiece a hervir, introduce las hojas de lombarda y cuécelas durante 4 minutos. Escúrrelas, extiéndelas sobre un paño limpio de cocina y resérvalas.

Calienta una sartén con 4 cucharadas de aceite. Pela las manzanas, córtalas en dados y cocínalas a fuego medio durante 10 minutos. Incorpora la patata aplastada, salpimienta y mezcla bien.

Calienta una cazuela con agua y una pizca de sal. Cuando empiece a hervir, introduce la morcilla y cuécela durante 10 minutos. Sácala, retírale la piel, desmenúzala, incorpórala a la sartén donde están la manzana y la patata y mezcla bien.

Rellena las hojas de lombarda con la mezcla de manzana, morcilla y patata y ciérralas formando unos paquetitos. Colócalos sobre la bandeja de horno, riégalos con un chorrito de aceite y hornéalos hasta que se calienten.

Sirve 2 hojas de lombarda rellenas en cada plato. Mezcla la salsa inglesa con 3 cucharadas de aceite y salpica la lombarda. Decora con unas hojas de perejil.

BRÓCOLI SALTEADO CON PASAS, PISTACHOS Y GRANADA

INGREDIENTES (4 P.)

1 brócoli

1 cebolleta pequeña

40 g de pasas sin semillas

50 g de pistachos tostados con sal (pelados)

1 granada

ralladura de 1 lima

1 cucharada de miel

aceite de oliva virgen extra

1 cucharada de vinagre

perejil

sal

ELABORACIÓN

Calienta el wok con 2-3 cucharadas de aceite. Suelta los ramilletes del brócoli y pícalos finamente. Introdúcelos en el wok, sazónalos y saltéalos a fuego medio durante 10-12 minutos. Pásalos a un bol grande y resérvalos.

Corta la cebolleta en daditos y agrégala al bol.

Corta la granada por la mitad, golpéala con una cuchara por la parte de la piel hasta que salgan todos los granos y añádelos al bol.

Incorpora también las pasas y los pistachos.

Mezcla en un bote (que tenga tapa) 4-6 cucharadas de aceite, el vinagre, la miel y la ralladura de la lima. Tápalo y agita los ingredientes hasta que emulsionen. Vierte el aderezo en el bol con las hortalizas y repártelas en 4 platos. Decóralos con unas hojas de perejil.

SALTEADO DE COL CON ARROZ

INGREDIENTES (4 P.)

1 col pequeña (800 g)

300 g de arroz

1 cebolla

2 dientes de ajo

1 cucharada de pasta de tomate

700 ml de caldo de verduras

aceite de oliva virgen extra

1 cucharada de cúrcuma

12 hojas de cebollino

perejil

sal

ELABORACIÓN

Calienta 4 cucharadas de aceite en una tartera (cazuela amplia y baja). Pela la cebolla, córtala en daditos, introdúcela en la tartera y rehógala a fuego medio durante 6-8 minutos. Retira las hojas exteriores de la col, córtala en juliana fina e incorpórala. Sazona, tapa la tartera y cocina todo a fuego medio durante 5 minutos. Agrega la cúrcuma, mezcla bien, tapa la tartera de nuevo y cocina la col a fuego suave durante 18 minutos más.

Calienta una cazuela con 2 cucharadas de aceite. Pela los dientes de ajo, córtalos en dados, introdúcelos en la cazuela y dóralos un poco. Incorpora el arroz, rehógalo brevemente, vierte el caldo (el doble y un poco más que de arroz), la pasta de tomate y una pizca de sal. Mezcla bien y cocínalo a fuego medio durante 18 minutos. Corta el cebollino finamente, añádelo al arroz y mezcla bien.

Reparte el arroz y la col en 4 platos y decóralos con unas hojas de perejil.

CONSEJO

La pasta de tomate también se conoce como tomate concentrado, y se obtiene al cocinar los tomates durante mucho tiempo, hasta que alcanzan esa consistencia espesa y llena de sabor.

HORTALIZAS AL VAPOR CON SALSA HOLANDESA

INGREDIENTES (4 P.)

6 alcachofas

4 puerros

1 rodaja de calabaza de 2 cm de grosor

1 calabacín

200 g de borraja

4 ramilletes de coliflor

4 ramilletes de romanesco

200 g de mantequilla

4 yemas de huevo

zumo de ½ limón

perejil

sal

ELABORACIÓN

Calienta agua en la olla rápida y sazónala. Corta el tallo de las alcachofas, pélalas y córtales la parte superior. Introdúcelas en la olla, tápala y cuécelas durante 4 minutos. Retíralas, escúrrelas bien, córtalas por la mitad y resérvalas.

Limpia los puerros y córtalos en trozos de unos 3 centímetros. Pela la calabaza y córtala en 4. Lava el calabacín y córtalo en rodajas de 2 centímetros de grosor. Lava los tallos de la borraja y córtalos en bastones de 4 centímetros de largo.

Calienta una cazuela grande (que se adapte al tamaño de la vaporera) con un poco de agua. Coloca las hortalizas (puerros, calabaza, calabacín y borraja) en la vaporera y sazónalas. Coloca la vaporera sobre la cazuela, tápala y cuece al vapor las hortalizas durante 10 minutos aproximadamente. Retíralas y repártelas en 4 platos aptos para el horno.

Pon de nuevo la cazuela al fuego, coloca los ramilletes de coliflor y romanesco encima de la vaporera y sazónalos. Tapa la cazuela y cocínalos durante 10 minutos. Reparte los ramilletes y las alcachofas en los 4 platos.

Para hacer la salsa holandesa, funde la mantequilla en un cazo y retírale la espuma que aparece en la superficie. Deja que la mantequilla se temple. Pon las yemas de huevo en un bol grande y bátelas con una batidora de varillas eléctrica. Cuando empiecen a montar, vierte poco a poco la mantequilla fundida (sin echar el suero que queda en la base del cazo) sin dejar de batir hasta que emulsione la salsa. Agrega el zumo de limón y una pizca de sal y bate los ingredientes brevemente hasta que se integren.

Salsea las hortalizas con la salsa holandesa, introduce los platos en el horno y gratínalas hasta que se doren.

Sirve y decora los platos con unas hojas de perejil.

TARTALETA DE BERENJENA, PIMIENTO Y BECHAMEL

INGREDIENTES (4 P.)

1 lámina de pasta quebrada
2 berenjenas
1 cebolla
1 pimiento rojo
500 ml de leche
70 g de harina
40 g de queso *mozzarella* rallado
aceite de oliva virgen extra
perejil
pimienta
sal

CONSEJO

Hoy en día puedes encontrar la salsa bechamel envasada lista para consumir.

ELABORACIÓN

Extiende la pasta quebrada sobre un molde (cuadrado o redondo) de silicona o con base desmontable. Cubre la masa con un trozo de papel de horno y, para que no suba, coloca encima unos garbanzos crudos. Hornea la masa a 180 ºC durante 15 minutos. Sácala del horno, retírale los garbanzos, espera a que se enfríe y resérvala.

Calienta una sartén con 4 cucharadas de aceite. Pela la cebolla, córtala en dados, agrégala y rehógala a fuego medio durante 5 minutos. Pela el pimiento, córtalo en dados e incorpóralo. Pela las berenjenas, córtalas en cuartos de luna finos y añádelas. Sazona y rehoga las hortalizas a fuego medio durante 20-25 minutos. Muele encima un poco de pimienta.

Para hacer la bechamel, calienta 3 cucharadas de aceite en un cazo, añade la harina y rehógala bien. Vierte la leche poco a poco, sin dejar de remover, hasta que los ingredientes se integren bien. Cocina la bechamel a fuego medio durante 10 minutos y sazónala.

Vierte la bechamel sobre las hortalizas, espolvoréalas con un poco de perejil picado, mezcla y rellena la tartaleta de pasta quebrada. Espolvoréala con el queso, introdúcela en el horno y gratínala hasta que el queso se dore un poco.

Sirve y decora con unas hojas de perejil.

JUDÍAS VERDES CON SALSA DE ALMENDRAS

INGREDIENTES (4 P.)

800 g de judías verdes
50 g de almendras molidas
25 g de almendras laminadas
1 cebolleta
1 diente de ajo
100 ml de nata
aceite de oliva virgen extra
perejil
sal

ELABORACIÓN

Calienta una sartén sin aceite. Agrega las almendras laminadas y tuéstalas un poco. Pásalas a un plato y resérvalas.

Calienta agua en una cazuela. Lava las judías bajo el grifo, retírales las puntas, córtalas por la mitad a lo largo y después en trozos de 3 centímetros. Cuando el agua empiece a hervir, sazónala, introduce las judías y cuécelas a fuego medio durante 8-10 minutos. Escúrrelas y resérvalas en una fuente. Reserva también el caldo de la cocción.

Para preparar la salsa de almendras, calienta 2-3 cucharadas de aceite en una cazuela. Corta la cebolleta en daditos y añádela. Pela el diente de ajo, pícalo finamente y agrégalo. Rehoga las hortalizas a fuego suave durante 5-6 minutos. Añade la almendra molida, la nata y 150-200 ml de caldo de la cocción de las judías. Cocina los ingredientes a fuego suave durante 10 minutos. Pásalos a un vaso batidor y tritúralos bien con una batidora eléctrica. Reserva la salsa caliente.

Calienta el wok con 2 cucharadas de aceite. Añade las judías (en dos tandas) y saltéalas brevemente. Repártelas en 4 platos, riégalas con la salsa de almendras y salpícalas con las almendras laminadas. Decora los platos con unas hojas de perejil.

PUERROS GRATINADOS CON BECHAMEL DE JAMÓN

INGREDIENTES (4 P.)

8 puerros
1 cebolleta
2 dientes de ajo
100 g de jamón serrano
500 ml de leche
40 g de harina
aceite de oliva virgen extra
perejil
pimienta
sal

ELABORACIÓN

Calienta agua en una cazuela (apta para el tamaño de la vaporera). Limpia los puerros (retirándoles la parte inferior, la superior y 2-3 capas de hojas), córtalos en trozos de 5 centímetros y colócalos en la vaporera. Introdúcela en la cazuela, tápala y cocina al vapor los puerros durante 15 minutos.

Reparte los puerros en 4 platos aptos para el horno.

Calienta una cazuela con 3-4 cucharadas de aceite. Corta la cebolleta y los dientes de ajo en daditos, introdúcelos en la cazuela y rehógalos a fuego suave durante 10 minutos. Corta el jamón en daditos, añádelo y rehógalo brevemente. Incorpora la harina y rehógala bien. Vierte la leche poco a poco, sin dejar de remover, hasta que los ingredientes se integren. Salpimienta la mezcla y cocínala a fuego suave (removiéndola a menudo) durante 6-8 minutos.

Napa los puerros con la bechamel de jamón, introduce los platos en el horno y gratínalos hasta que empiecen a dorarse.

Sirve y decora los platos con unas hojas de perejil.

BONIATO CON POLLO Y VERDURAS

INGREDIENTES (4 P.)

4 boniatos
1 pechuga de pollo (2 medias)
1 cebolla roja
1 pimiento verde
1 zanahoria
150 ml de salsa de tomate
1 aguacate
1 yogur natural
½ limón
aceite de oliva virgen extra
perejil
sal

CONSEJO

Para conservar los boniatos en casa, lo mejor es guardarlos en un lugar fresco, seco, oscuro y bien aireado. La temperatura no debe superar los 15 ºC, ya que podrían germinar. Tampoco hay que guardarlos en el frigorífico, ya que el frío altera su sabor.

ELABORACIÓN

Limpia los boniatos con agua y córtalos por la mitad sin separarlos del todo. Ponlos en una bandeja de horno, sazónalos, riégalos con 2 cucharadas de aceite y hornéalos a 180 ºC durante 35-40 minutos.

Calienta agua en una cazuela. Cuando empiece a hervir, introduce las medias pechugas de pollo y un manojo de perejil. Sazónalas y cuécelas a fuego medio durante 15-20 minutos. Retíralas, deja que se templen, desmenúzalas y resérvalas.

Calienta 3 cucharadas de aceite en una sartén. Pela la cebolla, córtala en juliana fina y rehógala a fuego medio durante 5 minutos. Retira el tallo y las semillas del pimiento y córtalo en juliana fina. Pela la zanahoria y córtala de la misma manera. Agrega el pimiento y la zanahoria a la sartén, sazona y rehoga las hortalizas a fuego medio durante 15-20 minutos. Incorpora el pollo y la salsa de tomate. Mezcla bien y cocina todo a fuego medio durante 5 minutos.

Corta el aguacate por la mitad, sácale la pulpa, pásala a un plato, aplástala con un tenedor y ponla en un bol. Agrega el yogur, el zumo de limón, una pizca de sal y una cucharada de aceite y mezcla bien.

Retira los boniatos del horno y cubre la pulpa con la mezcla de hortalizas y pollo.

Sirve 1 boniato en cada plato y aderézalos con la salsa de yogur y aguacate. Decora los platos con unas hojas de perejil.

HOJALDRES DE CALABACÍN CON PESTO

INGREDIENTES (4 P.)

2 calabacines pequeños
2 láminas de hojaldre
100 g de queso tierno de vaca
1 diente de ajo
40 g de queso parmesano
100 g de avellanas (peladas)
aceite de oliva virgen extra
30 hojas de albahaca
1 cucharadita de orégano
perejil
sal

ELABORACIÓN

Con ayuda de una mandolina, corta los calabacines en lonchas finas. Sazónalas y deja que reposen sobre un colador durante 30 minutos para que suelten parte de su agua.

Calienta una sartén con 1-2 cucharadas de aceite. Aplasta las avellanas, introdúcelas en la sartén, sazónalas y tuéstalas un poco. Retíralas a un plato y resérvalas.

Para preparar el pesto, pon ⅓ parte de las avellanas en una picadora. Pela el diente de ajo, córtalo en láminas e introdúcelo en la picadora. Añade también el queso tierno troceado y las hojas de albahaca en juliana fina. Vierte 150 ml de aceite y tritura todos los ingredientes hasta que consigas una salsa homogénea.

Cubre una bandeja de horno con papel de horno. Corta cada lámina de hojaldre en 2 trozos, extiéndelos sobre la bandeja y úntalos con el pesto. Seca las rodajas de calabacín y colócalas encima. Espolvoréalas con el orégano y hornéalas a 180 ºC durante 15 minutos. Corta el queso parmesano en daditos, repártelo encima de los hojaldres y hornéalos a 180 ºC durante 5 minutos más.

Sirve una mitad de hojaldre en cada plato, espolvoréalo con el resto de las avellanas y decóralo con unas hojas de perejil.

ROMANESCO CON PATATAS Y SOFRITO

INGREDIENTES (4 P.)

1 romanesco
2 patatas grandes
3 dientes de ajo
2 cucharadas de vinagre
aceite de oliva virgen extra
1 cucharadita de pimentón dulce
perejil
sal

ELABORACIÓN

Calienta abundante agua en 2 cazuelas. Pela las patatas, trocéalas (cascándolas) e introdúcelas en una de ellas. Sazona, tapa la cazuela y cuece las patatas a fuego medio durante 25 minutos.

Limpia el romanesco, suéltalo en ramilletes y agrégalos a la otra cazuela. Sazona el agua, tapa la cazuela y cuece el romanesco a fuego medio durante 15 minutos.

Reparte las patatas y el romanesco en 4 platos.

Calienta 4-6 cucharadas de aceite en una sartén. Pela los dientes de ajo, córtalos en láminas, introdúcelos en la sartén y rehógalos brevemente. Retira la sartén del fuego, añade el pimentón y el vinagre. Tapa la sartén (para que no salpique), remuévela un poco, vierte el sofrito sobre los 4 platos y decóralos con unas hojas de perejil.

BORRAJAS DE MORRO

INGREDIENTES (4 P.)

1.200 g de borraja
16 gambones
100 g de arroz
4 dientes de ajo
aceite de oliva virgen extra
perejil
sal

ELABORACIÓN

Calienta abundante agua en una cazuela. Introduce el arroz y una pizca de sal, tápalo y cuécelo a fuego medio durante 15 minutos. Escúrrelo y resérvalo.

Retira las hojas de las borrajas, corta los tallos en trozos de 3-4 centímetros y enjuágalos bien en un bol con abundante agua. Calienta agua en una cazuela grande. Cuando empiece a hervir, introduce la borraja, sazónala y cuécela a fuego medio durante 10 minutos. Reserva 1 vaso del agua de la cocción (250 ml) y escurre los tallos.

Retira las cabezas de los gambones, pélalos y resérvalos.

Calienta una tartera (cazuela amplia y baja) con 4 cucharadas de aceite. Pela los dientes de ajo, córtalos en láminas e introdúcelos en la tartera. Sazona las colas de los gambones y añádelas.

Incorpora también las borrajas, el arroz (escurrido) y el caldo de la cocción que has reservado. Mezcla, cocina todo junto a fuego fuerte durante 3 minutos y sirve. Decora los platos con unas hojas de perejil.

CONSEJO

Ni se te ocurra tirar las cabezas de los gambones. Te recomiendo que las congeles y las aproveches para hacer un caldo.

SETAS SALTEADAS CON YEMA DE HUEVO

INGREDIENTES (4 P.)

600 g de setas de cultivo variadas (shitake, enoki, cardo, ostra...)

4 yemas de huevo

4 dientes de ajo

250 g de judías verdes

2 zanahorias

aceite de oliva virgen extra

perejil

sal

ELABORACIÓN

Calienta una cazuela con abundante agua. Pela las zanahorias, córtalas en cuartos a lo largo y después en trozos de unos 2 centímetros e introdúcelos en la cazuela. Retira las puntas de las judías, córtalas por la mitad a lo largo y después en trozos de unos 5 centímetros y añádelas a la cazuela. Sazona, tapa y cuece las hortalizas a fuego medio durante 10 minutos. Retíralas, refréscalas y resérvalas.

Calienta un wok grande con 4 cucharadas de aceite. Pela los dientes de ajo, agrégalos (enteros) y rehógalos hasta que se doren un poco. Añade las setas (troceadas o cortadas en láminas), sazónalas y cocínalas durante 4-5 minutos (si no caben bien en el wok, cocínalas en dos tandas).

Pon agua caliente en un bol e introduce las yemas para que se templen.

Reparte las setas en 4 platos y salpícalos con los trocitos de judía y de zanahoria. Coloca 1 yema de huevo en el centro de cada uno. Sazona las yemas y decora los platos con unas hojas de perejil.

TEMPURA DE HORTALIZAS CON MERMELADA DE TOMATE

INGREDIENTES (4 P.)

1 calabacín

1 pimiento rojo

2 pimientos verdes

3 zanahorias

250 g de harina

agua fría (200 ml aprox.)

aceite de oliva virgen extra

perejil

sal

Para la mermelada de tomate:

1.200 g de tomate maduro

300 g de azúcar

zumo de ½ limón

½ cucharadita de sal

ELABORACIÓN

Para preparar la mermelada, pela los tomates, córtalos en dados y ponlos a calentar en una cazuela. Añade el azúcar, el zumo de limón y la sal y cocina los ingredientes a fuego medio (sin tapar) durante 40-45 minutos, hasta que la mezcla reduzca y se concentren los sabores.

Lava el calabacín y los pimientos verdes, córtalos en bastones y resérvalos. Pela las zanahorias y el pimiento rojo y córtalos de la misma manera.

Para hacer la tempura, pon la harina en un bol. Añade un poco de sal y el agua fría poco a poco, sin dejar de remover con una varilla, hasta conseguir una masa ligera sin grumos. Introduce los bastones en la tempura y embadúrnalos bien.

Calienta abundante aceite en una sartén grande. Introduce (en tandas) los bastones de las hortalizas y fríelos hasta que se hagan por dentro y se doren por fuera. Retíralos y escúrrelos sobre una fuente cubierta con papel absorbente.

Sirve las hortalizas en 4 platos y acompáñalas con la mermelada de tomate. Decora los platos con unas hojas de perejil.

BRÓCOLI CON PATATAS Y BECHAMEL DE JAMÓN Y QUESO

INGREDIENTES (4 P.)

2 brócolis
3 patatas
1 loncha de jamón serrano (100 g)
200 g de queso curado de oveja
40 g de harina
600 ml de leche
aceite de oliva virgen extra
perejil
sal

ELABORACIÓN

Pela las patatas, córtalas en dados y ponlas en una fuente apta para el horno. Sazónalas, riégalas con 3 cucharadas de aceite y mezcla bien. Hornéalas a 200 ºC durante 20-25 minutos.

Calienta abundante agua en una cazuela. Limpia los brócolis, sepáralos en ramilletes e introdúcelos en la cazuela. Sazónalos, tápalos y cuécelos a fuego medio durante 5 minutos.

Para preparar la bechamel, calienta 3 cucharadas de aceite en una cazuela. Pica el jamón en daditos, introdúcelos en la cazuela y rehógalos un poco. Agrega la harina, rehógala un poco y vierte la leche, poco a poco, sin dejar de remover con una varilla manual. Cocínala a fuego medio durante 6-8 minutos. Corta el queso en dados pequeños, incorpóralos a la bechamel y cocínala hasta que el queso se funda.

Sirve los ramilletes de brócoli y las patatas en 4 platos, nápalos con la bechamel y decóralos con unas hojas de perejil.

CONSEJO

La bechamel es una salsa suave y cremosa, muy utilizada en la cocina. El punto de la bechamel dependerá de la receta que vayas a preparar. Por ejemplo, para napar unas hortalizas, deberá ser ligera; en cambio, para hacer unas croquetas, tendrá que ser más espesa.

CALDO DE PATATA EXTREMEÑO

INGREDIENTES (4 P.)

5 patatas

2 dientes de ajo

750 ml de agua

aceite de oliva virgen extra

1 hoja de laurel

1 cucharada de pimentón dulce

20 granos de pimienta

perejil

sal

ELABORACIÓN

Pela las patatas y córtalas en cuartos de luna finos (como si fueras a cortarlas para cocinar una tortilla de patata). Calienta una cazuela grande con 4 cucharadas de aceite. Introduce las patatas y rehógalas a fuego medio durante 6-8 minutos.

Pela los dientes de ajo, córtalos en dados y agrégalos a la cazuela. Añade la hoja de laurel, el pimentón y los granos de pimienta y mezcla bien. Cubre las patatas con el agua, sazona, tapa y cocínalas a fuego medio durante 20-25 minutos. Si quieres espesar el caldo, retira unas cuantas patatas, aplástalas con un tenedor y vuelve a introducirlas en la cazuela.

Espolvorea las patatas con un poco de perejil picado y sirve. Decora los platos con unas hojas de perejil.

CONSEJO

El plato es delicioso, pero si lo acompañas con higos frescos, uvas, aceitunas aliñadas, queso o huevo cocido, será incluso mejor.

COL CON PATATAS Y BUTIFARRA

INGREDIENTES (4 P.)

1 col
3 butifarras (300 g)
2 patatas
2 zanahorias
1 cebolla
2 dientes de ajo
aceite de oliva virgen extra
perejil
sal

ELABORACIÓN

Calienta 2-3 cucharadas de aceite en una cazuela grande. Introduce las butifarras y rehógalas a fuego suave-medio durante 4-5 minutos, hasta que se doren. Retíralas a un plato y resérvalas.

Pela los dientes de ajo y la cebolla. Corta las hortalizas en daditos y agrégalas a la cazuela (donde has rehogado las butifarras). Pela las zanahorias, córtalas en rodajas de 1 centímetro y añádelas. Rehógalo todo a fuego medio durante 5-6 minutos.

Corta la col por la mitad, retírale el tallo, córtala en dados, incorpórala a la cazuela y rehógala durante 5 minutos.

Pela las patatas, trocéalas (cascándolas) y añádelas a la cazuela. Agrega también las butifarras. Cubre las hortalizas y la butifarra con agua, sazona, tapa y cocina los ingredientes a fuego medio durante 30-35 minutos.

Retira las butifarras y corta cada una en 4 trozos. Reparte el guiso en 4 platos, coloca 3 trozos de butifarra encima de cada uno y decóralos con unas hojas de perejil.

CONSEJO

La col es una verdura que admite bien la congelación. Solo hay que picarla, darle un escaldado rápido, enfriarla y congelarla en porciones.

COLES DE BRUSELAS ASADAS CON PURÉ DE BONIATO

INGREDIENTES (4 P.)

800 g de coles de Bruselas
2 boniatos (medianos)
1 puerro
1 manzana
1 lima
2 cucharadas de mostaza a la antigua
aceite de oliva virgen extra
perejil
sal

CONSEJO

Hay algunas personas que no digieren bien las coles de Bruselas. Para aliviar los síntomas, te recomiendo que tomes alguna infusión digestiva, como manzanilla, poleo o anís verde.

ELABORACIÓN

Limpia las coles de Bruselas, retirándoles el tallo y las hojas exteriores. Córtalas por la mitad y ponlas en un bol grande.

Mezcla la mostaza con 4-5 cucharadas de aceite y una pizca de sal en otro bol. Vierte la mezcla sobre las coles y remuévelas hasta que queden bien impregnadas. Extiéndelas sobre una bandeja de horno y hornéalas a 200 ºC durante 15 minutos.

Calienta una cazuela con 2 cucharadas de aceite. Limpia el puerro (retirándole la parte inferior, la superior y 2 capas de hojas) y enjuágalo. Córtalo en medias lunas finas, introdúcelo en la cazuela y rehógalo a fuego medio-suave durante 5 minutos. Pela los boniatos y la manzana, trocéalos e incorpóralos a la cazuela. Cubre todo con agua, sazona, tapa y cuece los ingredientes durante 12-15 minutos.

Pasa los ingredientes (con un poco del caldo de la cocción) al vaso batidor, ralla encima un poco de la piel de la lima y tritúralo todo bien hasta que consigas un puré homogéneo.

Sirve el puré de boniato en el fondo de 4 platos, reparte encima las coles de Bruselas y decóralos con unas hojas de perejil.

COLIFLOR CON PURÉ DE PATATA Y QUESO

INGREDIENTES (4 P.)

1 coliflor
3 patatas
200 g de queso curado de oveja
200 ml de leche
2 cucharadas de vinagre
perejil
pimienta
sal

ELABORACIÓN

Calienta abundante agua en una cazuela. Pela las patatas, trocéalas (cascándolas) e introdúcelas en la cazuela. Sazona, tapa y cuece a fuego medio durante 20 minutos.

Calienta una sartén grande (apta para el tamaño de la vaporera) con agua y añade el vinagre y una pizca de sal. Suelta la coliflor en ramilletes, colócalos en una vaporera, tápala y ponla sobre la sartén. Cocina la coliflor al vapor durante 15 minutos aproximadamente.

Retira la corteza del queso, rállalo y resérvalo.

Pasa las patatas por el pasapurés sobre un bol. Añade la mitad del queso y la leche y mezcla los ingredientes con una varilla manual. Agrega un poco de perejil picado, muele encima un poco de pimienta y mezcla bien.

Reparte la coliflor en 4 platos, nápalos con el puré de patata, espolvoréalos con el resto del queso y gratínalos en el horno hasta que se doren (unos 5 minutos). Decora los platos con unas hojas de perejil.

CONSEJO

El queso que se usa en esta receta es perfecto para degustar solo, acompañado de membrillo y nueces o como ingrediente de tus platos preferidos.

GUISO DE ACELGAS CON PENCAS RELLENAS DE JAMÓN Y QUESO

INGREDIENTES (4 P.)

1 kg de acelgas

100 g de queso emmental en lonchas

100 g de jamón cocido en lonchas

2 zanahorias

2 patatas

2 dientes de ajo

harina

2-3 huevos batidos

aceite de oliva virgen extra

1 cucharadita de pimentón

perejil

sal

ELABORACIÓN

Calienta abundante agua en una cazuela. Limpia las acelgas y separa las pencas de las hojas. Reserva las hojas. Con una puntilla (cuchillo pequeño), retira los hilos de las pencas, introdúcelas en la cazuela y sazónalas. Tápalas y cuécelas a fuego medio durante 12-15 minutos. Retira las pencas a un plato y resérvalas.

Calienta abundante agua en otra cazuela. Pela las patatas y las zanahorias. Trocea las patatas (cascándolas) e introdúcelas en la cazuela. Corta las zanahorias en medias lunas de 1 centímetro de grosor y agrégalas a la cazuela. Corta las hojas de las acelgas en juliana fina y añádelas. Sazona las hortalizas y cuécelas a fuego medio durante 12-15 minutos. Cuela y reserva las hortalizas y el caldo por separado.

Calienta un wok (o sartén grande) con 3-4 cucharadas de aceite. Pela los dientes de ajo, córtalos en láminas, introdúcelos en el wok y dóralos un poco. Añade 1 cucharada de harina y rehógala un poco. Agrega el pimentón, las hortalizas (acelgas, patata y zanahoria) y 125 ml del caldo de la cocción de las hortalizas. Cocina la mezcla durante 3-4 minutos.

Corta las pencas en trozos de unos 8 centímetros. Corta las lonchas de jamón y las de queso en trozos un poco más pequeños que las pencas. Extiende la mitad de los trozos de penca sobre la tabla de cocina, cúbrelas con trozos de jamón y queso, y tápalas con el resto de los trozos de penca.

Calienta una sartén con abundante aceite. Pasa las pencas rellenas por harina y huevo batido, introdúcelas (en tandas) en la sartén y fríelas por los dos lados hasta que se funda el queso y se doren por fuera. Retíralas y escúrrelas sobre una fuente cubierta con papel absorbente.

Reparte el guiso de acelgas en la base de 4 platos y coloca encima las pencas rellenas. Decora los platos con unas hojas de perejil.

CONSEJO

Puedes cambiar el relleno de las pencas y ponerle atún, tomate y huevo, pimiento y jamón, pisto..., las posibilidades son muchísimas. Tras formar los paquetitos y rebozarlos, estarán listos para freír o incluso para congelar.

PORRUSALDA DE MERLUZA

INGREDIENTES (4 P.)

500 g de merluza
6 puerros
2 dientes de ajo
3 patatas
2 zanahorias
aceite de oliva virgen extra
½ guindilla
perejil
sal

ELABORACIÓN

Calienta una cazuela con 3-4 cucharadas de aceite. Limpia los puerros (retirándoles la parte superior, la inferior y 2 capas de hojas), enjuágalos, córtalos en rodajas de 2 centímetros de grosor e introdúcelos en la cazuela. Pela las zanahorias, córtalas en rodajas de 1 centímetro de grosor y añádelas. Rehoga las hortalizas a fuego suave durante 5 minutos.

Pela las patatas, trocéalas (cascándolas) e incorpóralas. Cubre todo con agua, sazona, tapa y cocina los ingredientes a fuego suave durante 30-35 minutos. Remueve un poco la cazuela para que las esquinas de las patatas se vayan soltando y espesen el caldo.

Calienta una sartén con 2 cucharadas de aceite. Pela los dientes de ajo, córtalos en láminas, introdúcelos en la sartén junto con la guindilla y rehógalos brevemente. Corta la merluza en trozos de bocado, sazónalos, agrégalos a la sartén, espolvoréalos con un poco de perejil picado y saltéalos brevemente. Agrega los trozos de pescado a la cazuela, mezcla bien y cocínalos durante 2 minutos.

Sirve y decora los platos con unas hojas de perejil.

CONSEJO

Si quieres un caldo con más cuerpo, retira unos trozos de patata y aplástalos con un tenedor. Agrega el puré a la cazuela y mezcla bien.

PUERROS AL VAPOR CON VINAGRETA DE NUECES

INGREDIENTES (4 P.)

- 8 puerros
- 8 nueces peladas
- 4 tomates deshidratados
- aceite de oliva virgen extra
- 1-2 cucharadas de vinagre de manzana
- perejil
- sal

ELABORACIÓN

Calienta un poco de agua en una cazuela (apta para el tamaño de la vaporera) y sazónala.

Limpia los puerros (retira la parte inferior, la superior y 1-2 capas de hojas), enjuágalos, córtalos en 3 trozos y colócalos en una vaporera. Pon la vaporera sobre la cazuela, tápala y cuece los puerros durante 13-15 minutos. Deja que se templen un poco.

Para preparar la vinagreta, pon las nueces en la picadora, añade los tomates deshidratados, 90 ml de aceite, el vinagre y una pizca de sal. Tritura los ingredientes a tu gusto.

Sirve 6 trozos de puerro en cada plato y aderézalos con la vinagreta. Decora los platos con unas hojas de perejil.

CONSEJOS

1. Escoge siempre puerros con el tallo firme y recto, sin arañazos ni malformaciones.
2. Puedes conservarlos en la nevera hasta 10 días si están crudos, pero una vez cocinados, no más de dos.

BERZA CON GUISANTES

INGREDIENTES (4 P.)

1 berza

300 g de guisantes frescos (desgranados)

1 pimiento verde

6 dientes de ajo

aceite de oliva virgen extra

perejil

60 hojas de cilantro fresco

1 cucharadita de semillas de mostaza

1 cucharadita de cúrcuma en polvo

1 guindilla cayena

sal

ELABORACIÓN

Retira las hojas externas de la berza, córtala en juliana fina y resérvala.

Calienta 3-4 cucharadas de aceite en una olla rápida, añade las semillas de mostaza y fríelas durante 3-4 minutos. Pela los dientes de ajo, córtalos en daditos e introdúcelos en la olla. Retira el tallo del pimiento, córtalo en dados e incorpóralo. Sazona y rehoga las hortalizas a fuego medio durante 5 minutos.

Agrega la cúrcuma, la guindilla cayena y la berza a la olla. Sazona y añade 150 ml de agua. Pica la mitad de las hojas de cilantro y agrégalas. Cierra la olla y cocina la berza durante 3 minutos. Apaga el fuego, espera a que baje la válvula y abre la olla.

Calienta agua en un cazo, introduce los guisantes y cuécelos durante 6-8 minutos. Escúrrelos, incorpóralos a la olla rápida y mezcla todo bien.

Reparte el guiso en 4 platos. Pica el resto de las hojas de cilantro finamente y espolvorea los platos. Decóralos con unas hojas de perejil.

CONSEJO

La berza está llena de nutrientes y, además, solo aporta 36 calorías por cada 100 gramos, por lo que es ideal si estás a dieta.

COLIFLOR ASADA CON QUESO FETA Y JAMÓN

INGREDIENTES (4 P.)

1 coliflor

150 g de queso feta

8 lonchas finas de jamón serrano

200 ml de salsa de tomate

150 ml de nata líquida

aceite de oliva virgen extra

perejil

sal

ELABORACIÓN

Calienta abundante agua en una cazuela grande. Cuando empiece a hervir, introduce la coliflor (entera), sazónala, tapa la cazuela y cuécela durante 15 minutos. Sácala de la cazuela y deja que escurra toda el agua.

Corta la coliflor en 4 y extiende los trozos sobre una bandeja de horno cubierta con papel de hornear. Riega los trozos con un poco de aceite y hornéalos a 200 ºC durante 15 minutos.

Coloca la salsa de tomate y la nata en un cazo y pon la mezcla a reducir a fuego suave durante 15 minutos.

Corta el queso feta en daditos.

Reparte la salsa en 4 platos y pon un trozo de coliflor encima de cada uno. Reparte los dados de queso y las lonchas de jamón, espolvoréalos con un poco de perejil picado y decóralos con unas hojas de perejil.

CONSEJO

Para que la coliflor se cueza mejor, puedes darle la vuelta a mitad de la cocción.

SALTEADO DE ESPÁRRAGOS Y TOMATITOS CON VINAGRETA DE MANGO

INGREDIENTES (4 P.)

20 espárragos verdes
20 tomates cherry
½ mango
¼ de pimiento rojo
½ limón
½ cucharadita de salsa picante
aceite de oliva virgen extra
perejil
sal

ELABORACIÓN

Para preparar la vinagreta, pela el mango, córtalo en dados, ponlo en un vaso batidor y tritúralo con una batidora eléctrica hasta que quede reducido a puré. Pásalo a un bol y agrega la salsa picante y el zumo de limón. Pela el pimiento rojo, córtalo en daditos e incorpóralo al bol. Vierte 3 cucharadas de aceite y una pizca de sal, mezcla todo bien y reserva la vinagreta.

Calienta un wok con 2-3 cucharadas de aceite. Corta los espárragos en 3-4 trozos, introdúcelos en el wok, sazónalos y cocínalos a fuego medio durante 6-8 minutos. Corta los tomates por la mitad y añádelos al wok. Sube el fuego y saltea todo conjuntamente durante 2-3 minutos.

Sirve la vinagreta en la base de 4 platos y reparte encima el salteado de espárragos y tomates. Decora con unas hojas de perejil.

CONSEJO

A la hora de saltear hortalizas es importante que estén cortadas en trozos del mismo tamaño.

HABITAS CON GUISANTES A LA MENTA

INGREDIENTES (4 P.)

- 300 g de habitas frescas (desgranadas)
- 400 g de guisantes frescos (desgranados)
- 8 ajos frescos
- 1 cebolleta
- 200 g de panceta fresca
- 40 ml de aguardiente
- 1 cucharadita de harina
- aceite de oliva virgen extra
- 25 hojas de menta
- perejil
- sal

CONSEJO

Aunque la menta se puede consumir tanto fresca como seca, si quieres que su aroma y frescor se multipliquen úsala fresca.

ELABORACIÓN

Calienta abundante agua en una cazuela. Cuando empiece a hervir, sazónala e introduce las habas y los guisantes. Tapa la cazuela y cuece todo a fuego medio durante 10 minutos. Reserva los guisantes y las habas y, por separado un poco del agua de la cocción.

Calienta 3-4 cucharadas de aceite en una tartera (cazuela amplia y baja). Corta la cebolleta en daditos, introdúcela en la cazuela, sazónala y cocínala a fuego medio durante 5 minutos.

Corta la panceta en dados, agrégala y rehógala a fuego medio durante 4-5 minutos, hasta que se dore un poco.

Limpia los ajos frescos, retirándoles la parte inferior, la superior y 2-3 capas de hojas. Córtalos en cilindros, incorpóralos a la tartera y cocínalos durante 3-4 minutos.

Agrega la harina y rehógala bien. Vierte el aguardiente y dale un hervor fuerte para que se evapore el alcohol. Añade las habas, los guisantes y un poco del caldo de la cocción. Pica las hojas de menta finamente e incorpóralas. Cocina los ingredientes a fuego suave-medio durante 5 minutos.

Sirve y decora los platos con unas hojas de perejil.

MENESTRA DE HABITAS CON HUEVO FRITO

INGREDIENTES (4 P.)

- 600 g de habitas frescas (peladas)
- 4 huevos
- 8 alcachofas
- 12 espárragos verdes
- 2 cebolletas
- 1 loncha de jamón serrano (80 g)
- aceite de oliva virgen extra
- perejil
- sal

ELABORACIÓN

Calienta una tartera (cazuela amplia y baja) con 3-4 cucharadas de aceite. Corta las cebolletas en juliana gruesa e introdúcelas en la tartera. Retira la parte inferior de los espárragos, córtalos en 3 trozos y añádelos a la tartera. Agrega también las habas, mezcla bien y cocina las hortalizas a fuego suave-medio durante 6-8 minutos

Pela las alcachofas (retirándoles el tallo, la punta y 3-4 capas de hojas), córtalas en cuartos e introdúcelas en la tartera. Vierte 250 ml de agua, sazona, tapa y cocina todo a fuego suave-medio durante 18-20 minutos.

Corta el jamón en dados y resérvalo.

Calienta abundante aceite en un cazo. Casca 1 huevo, añádelo y fríelo brevemente (40 segundos). Retíralo a un plato y resérvalo. Fríe los otros 3 huevos de la misma manera.

Reparte la menestra en 4 platos, coloca un huevo frito en el centro de cada uno y salpícalos con unos dados de jamón. Decora con unas hojas de perejil.

CONSEJO

Las habas, los espárragos y las alcachofas aportan mucha fibra. Si quieres mejorar tu tránsito intestinal, te animo a que los consumas con asiduidad.

PIMIENTOS RELLENOS DE HORTALIZAS

INGREDIENTES (4 P.)

16 pimientos del piquillo
1 cebolleta
2 puerros
3 zanahorias
1 pimiento verde
10 champiñones
1 diente de ajo
1-2 cucharadas de harina
300 ml de caldo de verduras
harina y huevo batido (para rebozar)
aceite de oliva virgen extra
perejil
sal

CONSEJO

Siempre viene bien tener 2 latas de pimientos del piquillo en casa para poder improvisar un aperitivo o una guarnición de lujo.

ELABORACIÓN

Calienta un wok con 4 cucharadas de aceite. Corta la cebolleta en daditos e introdúcela en el wok. Limpia los puerros (retirándoles la parte inferior, la superior y 2-3 capas de hojas), córtalos en cuartos de luna finos y agrégalos. Pela las zanahorias, córtalas en daditos e incorpóralas. Retira el tallo y las semillas del pimiento, córtalo en daditos y añádelo al wok. Sazona y rehoga las hortalizas a fuego medio durante 10 minutos.

Limpia los champiñones (enjuágalos en un bol con agua y sécalos bien), pícalos finamente e incorpóralos al wok. Cocina todo junto durante 15-20 minutos más. Incorpora la harina y rehógala un poco. Vierte el caldo de verduras, mezcla bien y cocina todo a fuego medio (sin dejar de remover) durante 5 minutos. Pasa la mezcla a un bol y deja que se enfríe. Rellena los pimientos con la farsa.

Calienta una sartén con abundante aceite. Aplasta el diente de ajo (con piel) y añádelo a la sartén. Cuando el aceite empiece a burbujear, retira el ajo. Pasa los pimientos por harina y huevo batido, introdúcelos en la sartén (en tandas) y fríelos durante unos 3 minutos. Retíralos y escúrrelos sobre una fuente cubierta con papel absorbente.

Sirve 4 pimientos en cada plato y decóralos con unas hojas de perejil.

AGUACATE RELLENO CON SALMÓN AHUMADO

INGREDIENTES (4 P.)

- 4 aguacates
- 4 lonchas de salmón ahumado (100 g)
- 1 zanahoria
- ½ cebolleta
- ½ pimiento verde
- 6 hojas de lechuga
- zumo de 1 limón
- 2 huevos
- 1 cucharada de mostaza a la antigua
- aceite de oliva virgen extra
- perejil
- sal

ELABORACIÓN

Pon los huevos en un cazo, cúbrelos con agua y cuécelos durante 10 minutos (contados a partir del momento en que el agua empiece a hervir). Retíralos, refréscalos, pélalos y resérvalos.

Corta la cebolleta en daditos e introdúcela en un bol grande. Corta el pimiento verde de la misma manera y añádelo al bol. Pela la zanahoria, córtala (con el pelador) en tiras finas, pícala finamente e incorpórala al bol. Corta las hojas de lechuga en juliana fina e introdúcelas en el bol. Corta los huevos en daditos y agrégalos al bol.

Corta los aguacates por la mitad, retírales los huesos, sácales la pulpa y reserva las cáscaras.

Corta la pulpa de los aguacates en dados e introdúcelos en el bol. Corta 2 lonchas de salmón también en dados e incorpóralas al bol. Sazona y mezcla bien.

Exprime el zumo de limón en un bol pequeño, añade la mostaza y 2-3 cucharadas de aceite y mezcla los ingredientes con una varilla manual. Vierte la vinagreta al bol grande y mezcla bien.

Rellena las cáscaras con la farsa. Corta las otras 2 lonchas de salmón en tiras y decora los aguacates.

Sirve un aguacate en cada plato y adórnalos con unas hojas de perejil.

CONSEJO

A la hora de elegir aguacates, evita los que estén muy duros o que tengan manchas oscuras en la piel.

PATATAS CON PESTO DE ALBAHACA Y PIPAS DE CALABAZA

INGREDIENTES (4 P.)

- 4 patatas grandes
- 40 g de hojas de albahaca
- 4 cucharadas de pipas de calabaza peladas
- zumo de ½ limón
- aceite de oliva virgen extra
- perejil
- pimienta
- sal

ELABORACIÓN

Calienta agua en una cazuela y sazónala. Lava y pela las patatas, trocéalas (cascándolas), introdúcelas en la cazuela y cuécelas durante 15 minutos. Retíralas y escúrrelas bien.

Calienta 100 ml de aceite en una sartén, introduce las patatas y fríelas durante 3-4 minutos hasta que se doren un poco.

Para preparar el pesto, trocea las hojas de albahaca y ponlas en un vaso batidor. Agrega las pipas de calabaza, 125 ml de aceite y el zumo de limón. Salpimienta la mezcla y tritura los ingredientes hasta que consigas una salsa homogénea.

Reparte las patatas en 4 platos y aderézalas con el pesto de albahaca y calabaza. Decora los platos con unas hojas de perejil.

BRÓCOLI CON CHAMPIÑONES Y *VELOUTÉ* DE PANCETA

INGREDIENTES (4 P.)

2 brócolis

150 g de champiñones frescos (limpios)

100 g de panceta ahumada

1 cebolla

1 cucharada de harina

aceite de oliva virgen extra

perejil

sal

CONSEJO

La panceta y los champiñones combinan de maravilla, y la mezcla es ideal como guarnición, tanto para carnes como para pescados. También es perfecta para añadir a ensaladas, platos de pasta, arroces o huevos.

ELABORACIÓN

Calienta abundante agua en una cazuela grande. Separa los brócolis en ramilletes e introdúcelos en la cazuela. Sazona, tapa la cazuela y cuécelos durante 8-10 minutos. Reserva el brócoli y el caldo de la cocción.

Calienta 2-3 cucharadas de aceite en un wok. Pela la cebolla, córtala en dados, introdúcela en el wok y rehógala a fuego medio durante 6-8 minutos.

Corta la panceta en dados, incorpórala al wok y fríela a fuego medio durante 3-4 minutos. Agrega la harina y cocínala un poco. Vierte unos 200-250 ml del caldo de la cocción del brócoli y cocina la *velouté* a fuego suave medio durante 6-8 minutos, removiéndola de vez en cuando.

Calienta una sartén con 2-3 cucharadas de aceite. Corta los champiñones en láminas, introdúcelos, sazónalos y saltéalos durante 4-5 minutos.

Escurre los ramilletes de brócoli y repártelos en 4 platos. Nápalos con la *velouté* y reparte encima los champiñones. Decora los platos con unas hojas de perejil.

PUERROS A LA PLANCHA CON PURÉ DE CALABAZA Y VINAGRETA DE PISTACHOS

INGREDIENTES (4 P.)

8 puerros
200 g de calabaza
1 patata
16 pistachos pelados
aceite de oliva virgen extra
1 cucharada de vinagre
perejil
sal

CONSEJO

A la hora de cortar los puerros cocidos, es muy importante que el cuchillo esté bien afilado.

ELABORACIÓN

Calienta 750 ml de agua en una cazuela. Pela la calabaza, córtala en dados e introdúcela en la cazuela. Pela la patata, trocéala (cascándola) y añádela. Sazona, tapa y cocina los ingredientes durante 10-12 minutos.

Escurre las hortalizas, ponlas en un vaso batidor y viérteles un poco del caldo de la cocción. Tritúralas con una batidora eléctrica hasta que consigas un puré homogéneo. Resérvalo.

Calienta abundante agua en una cazuela grande. Limpia bien los puerros (retirándoles la parte inferior, la superior y 3 capas de hojas), introdúcelos en la cazuela, sazónalos, tápalos y cuécelos a fuego suave durante 10-12 minutos. Retíralos y corta cada uno en 3 trozos.

Calienta una plancha con 2 cucharadas de aceite. Extiende los trozos de puerro y cocínalos durante 2 minutos por cada lado.

Pon los pistachos en un mortero y májalos bien. Vierte el vinagre, 3 cucharadas de aceite y una pizca de sal. Mezcla los ingredientes y reserva la vinagreta.

Sirve la crema de calabaza y patata en la base de 4 platos. Pon 6 trozos de puerro en cada uno y alíñalos con la vinagreta. Decora los platos con unas hojas de perejil.

ROLLITOS DE REPOLLO CON SALSA DE TOMATE

INGREDIENTES (4 P.)

12 hojas de repollo
150 g de arroz redondo
2 zanahorias
1 pimiento verde
1 puerro
4 setas de cultivo
2 dientes de ajo
400 ml de salsa de tomate
400 ml de caldo de verduras
aceite de oliva virgen extra
perejil
sal

ELABORACIÓN

Calienta una tartera (cazuela amplia y baja) con 3 cucharadas de aceite. Pela los dientes de ajo y las zanahorias y córtalos en daditos. Retira el tallo y las semillas del pimiento y córtalo de la misma manera. Limpia el puerro (retirándole la parte inferior, la superior y 2-3 capas de hojas) y córtalo en daditos. Introduce las hortalizas en la tartera, sazónalas y rehógalas a fuego suave-medio durante 10 minutos.

Corta las setas en daditos, incorpóralas a la tartera y cocínalas junto con el resto de las hortalizas durante 5 minutos.

Añade el arroz, rehógalo ligeramente y vierte el caldo. Mezcla bien y cocina el arroz durante 18 minutos. Apaga el fuego y deja que repose durante 4-5 minutos.

Calienta abundante agua con una pizca de sal en una cazuela grande. Suelta 12 hojas del repollo, introdúcelas en la cazuela y cuécelas durante 5 minutos. Retíralas, escúrrelas bien y deja que se templen.

Extiende una hoja de repollo sobre la tabla y córtale el nervio central. Rellénala con un par de cucharadas del arroz con hortalizas y forma un rollito cerrando bien los laterales. Colócalo en un recipiente apto para el horno. Repite el proceso con el resto de los ingredientes (relleno y hojas de repollo) hasta que consigas otros 11 rollitos. Introduce la fuente en el horno y hornea los rollitos a 200 ºC durante 6-8 minutos.

Pon la salsa de tomate a calentar en un cazo.

Sirve la salsa de tomate en el fondo de 4 platos y coloca 3 rollitos en cada uno. Decora con unas hojas de perejil.

CONSEJO

El repollo es una hortaliza muy versátil. Se puede cocinar asado, cocido o rehogado con otros alimentos, y puede formar parte de ensaladas, sopas, guisos y rellenos.

SALTEADO DE ACELGAS CON GAMBAS Y JAMÓN

INGREDIENTES (4 P.)

1 kg de acelgas
250 g de gambas
2 lonchas de jamón serrano (100 g)
3 dientes de ajo
2 cucharadas de salsa de soja
1 cucharada de harina
aceite de oliva virgen extra
perejil

ELABORACIÓN

Calienta abundante agua en una cazuela grande hasta que empiece a hervir. Lava las acelgas, corta las pencas en dados, introdúcelas en la cazuela y cuécelas durante 10-12 minutos. Corta las hojas en juliana, introdúcelas en la cazuela y cuece todo durante 3-4 minutos más. Escúrrelas y reserva, por un lado, las acelgas y, por otro, el caldo de la cocción.

Pela los dientes de ajo y córtalos en láminas. Corta el jamón en daditos. Pela las gambas (congela las cabezas y las cáscaras para hacer un caldo en otro momento).

Calienta una tartera (amplia y baja) con 4 cucharadas de aceite. Introduce los dientes de ajo y rehógalos un poco hasta que empiecen a dorarse. Añade los dados de jamón y las gambas y saltéalos brevemente. Agrega la harina y rehógala durante 2 minutos. Incorpora las acelgas y 150 ml del caldo de la cocción. Vierte la salsa de soja y cocina la mezcla durante 3 minutos.

Sirve y decora los platos con unas hojas de perejil.

CONSEJO

Generalmente las acelgas se consumen cocinadas, pero si son muy tiernas también se pueden comer crudas.

COLIFLOR AL HORNO CON MAYONESA DE AJO NEGRO

INGREDIENTES (4 P.)

½ coliflor
1 huevo
1 cucharada de zumo de limón
20 g de almendras laminadas
2 ajos negros
aceite de oliva virgen extra
1 cucharadita de orégano seco
1 cucharadita de pimentón
perejil
sal

ELABORACIÓN

Corta la media coliflor en 4 rodajas de unos 2 centímetros de grosor.

Mezcla 125 ml de aceite con el orégano, el pimentón y una pizca de sal. Unta las rodajas de coliflor con la mezcla y extiéndelas sobre una bandeja de horno cubierta con papel de horno. Hornea la coliflor a 200 ºC durante 30 minutos.

Para preparar la mayonesa, pela los ajos negros y ponlos en un vaso batidor, agrega el huevo, el zumo de limón, 175 ml de aceite y una pizca de sal. Tritura los ingredientes con una batidora eléctrica hasta que emulsionen.

Calienta una sartén sin aceite, agrega las almendras laminadas y tuéstalas hasta que se doren.

Sirve 1 rodaja de coliflor en cada plato y espolvoréala con las almendras laminadas. Acompáñala con la mayonesa de ajo negro y decora los platos con unas hojas de perejil.

JUDÍAS VERDES A LA JARDINERA

INGREDIENTES (4 P.)

600 g de judías verdes
2 zanahorias
1 cebolleta
2 patatas
2 dientes de ajo
3 tomates pera
1 rama pequeña de apio
1 loncha gruesa de jamón serrano (80 g)
aceite de oliva virgen extra
perejil
12-15 hojas de albahaca
sal

ELABORACIÓN

Calienta una cazuela con 3 cucharadas de aceite. Pela la cebolleta y 1 diente de ajo, pica todo finamente e introdúcelos en la cazuela. Corta la rama de apio en daditos e incorpórala. Sazona las hortalizas y rehógalas a fuego suave durante 10 minutos.

Pela los tomates, córtalos en daditos y agrégalos a la cazuela. Pica las hojas de albahaca e incorpóralas. Cocina todo a fuego medio durante 15 minutos.

Retira las puntas de las judías verdes y córtalas en trozos de unos 3-4 centímetros. Pela las zanahorias y córtalas en rodajas finas. Pela las patatas y trocéalas (cascándolas). Incorpora las hortalizas (judías, zanahorias y patatas) a la cazuela, cúbrelas con agua (1-2 dedos por encima), pon a punto de sal y cocina los ingredientes durante 20-25 minutos.

Calienta una sartén con 2-3 cucharadas de aceite. Pela el otro diente de ajo, córtalo en láminas e introdúcelo en la sartén. Corta el jamón en daditos, agrégalo a la sartén y rehógalo brevemente.

Reparte el guiso en 4 platos, aderézalos con el salteado de jamón y ajo y decóralos con unas hojas de perejil.

CONSEJO

Si las judías verdes son muy grandes, deberás eliminarles las hebras que tienen a lo largo de toda la vaina. Para hacerlo, nada mejor que utilizar un pelador de verduras.

ESPÁRRAGOS FRESCOS EN PAPILLOTE

INGREDIENTES (4 P.)

16 espárragos blancos frescos
aceite de oliva virgen extra
perejil
10 hojas de cebollino
sal

Para la salsa de aguacate:

1 aguacate
zumo de 1 lima
1 diente de ajo
100 ml de bebida de soja (sin azúcar)
75 ml de aceite de oliva suave
sal

ELABORACIÓN

Retira la parte inferior de los espárragos y pélalos con un pelador de verduras.

Extiende un trozo grande de papel de aluminio sobre la tabla, coloca encima 8 espárragos, riégalos con un chorrito de aceite y sazónalos. Cierra el papel de aluminio sobre los espárragos, formando un paquete (tipo papillote). Monta otro paquete (con el resto de los espárragos) de la misma manera.

Coloca los paquetes sobre una bandeja de horno y hornéalos a 180 ºC durante 15-20 minutos.

Para preparar la salsa de aguacate, pela el aguacate, trocea la pulpa e introdúcela en el vaso batidor. Agrega el zumo de la lima, el diente de ajo (pelado y picado), la bebida de soja y una pizca de sal. Tritura los ingredientes con una batidora eléctrica. Cuando estén bien triturados, vierte el aceite (75 ml) poco a poco y sigue triturando hasta que quede bien integrado.

Saca los paquetes del horno, ábrelos con cuidado y sirve 4 espárragos en cada plato. Acompáñalos con la salsa de aguacate y espolvoréalos con las hojas de cebollino picadas. Decora los platos con unas hojas de perejil.

CONSEJO

El papillote es una de las técnicas de cocina más agradecidas que puedes aplicar en tu día a día. Es sencilla, rápida y muy saludable, no requiere ningún equipamiento especial y permite preparar platos muy variados.

LEGUMBRES

ALUBIAS BLANCAS CON MOLLEJAS DE PATO

INGREDIENTES (4 P.)

300 g de alubias arrocinas (remojadas desde la víspera)

8 mollejas de pato confitadas (con su grasa)

1 patata

1 cebolla

1 zanahoria

1 puerro

2 dientes de ajo

16 tomates cherry

2 tomates maduros

aceite de oliva virgen extra

perejil

sal

ELABORACIÓN

Pon las alubias en la olla rápida y cúbrelas con agua (3 dedos por encima). Pela la cebolla y la zanahoria, trocéalas en cuartos e introdúcelas en una red de cocina. Limpia el puerro (retirándole la parte inferior, la superior y 2 capas de hojas), enjuágalo, córtalo en rodajas de 2 centímetros e introdúcelo en la red. Cierra la red y métela en la olla. Sazona, cierra la olla y cuece las alubias durante 5-6 minutos.

Cuando baje la válvula, retira las hortalizas, pásalas a un vaso batidor, vierte encima 1 cacillo del agua de la cocción de las alubias y tritúralas con la batidora eléctrica hasta que consigas un puré homogéneo. Resérvalo.

Calienta 2 cucharadas de aceite y 2 cucharadas de la grasa de las mollejas en un wok. Para separar las mollejas de la grasa, puedes hacerlo con las manos o con una cuchara. Pela los dientes de ajo, córtalos en dados e introdúcelos en el wok. Pela los tomates maduros, córtalos de la misma manera, introdúcelos en el wok, sazónalos y cocínalos a fuego medio durante 10 minutos.

Escurre las alubias y añádelas al wok donde está el tomate con el ajo. Agrega también el puré de hortalizas, mezcla suavemente y cocina los ingredientes conjuntamente durante 10 minutos.

Calienta una cazuela con agua. Haz un corte superficial en la parte inferior de los tomates cherry y, cuando el agua empiece a hervir, introdúcelos en la cazuela y escáldalos brevemente (30 segundos). Retíralos, deja que se templen, pélalos y resérvalos.

Calienta el resto de la grasa de las mollejas en una sartén. Pela la patata, córtala en daditos, introdúcelos en la sartén y fríelos hasta que estén hechos por dentro y dorados por fuera. Retira el aceite y deja las patatas en la sartén. Corta las mollejas en rodajas y agrégalas a la sartén, espolvoréalas con un poco de perejil picado y saltéalas junto con las patatas.

Reparte las alubias en 4 platos y coloca encima una porción de patatas con mollejas y 4 tomates cherry. Decora con unas hojas de perejil.

CONSEJO

La alubia arrocina es pequeña y tiene una textura muy mantecosa, por lo que es perfecta para iniciar a los más jóvenes en el consumo de legumbres.

POCHAS CON PANCETA Y PUERRO CRUJIENTE

INGREDIENTES (4 P.)

500 g de pochas peladas (alubia blanca fresca)

300 g de panceta fresca

1 cebolleta

1 zanahoria

1 tomate pera

2 dientes de ajo

½ pimiento verde

1 puerro grande

aceite de oliva virgen extra

perejil

sal

ELABORACIÓN

Pon las pochas en la olla rápida, cúbrelas con agua y sazónalas. Corta la panceta en 4 trozos e introdúcela en la olla.

Corta la cebolleta por la mitad e introdúcela en una red de cocina. Pela los ajos y la zanahoria, trocéalos y añádelos a la red. Agrega también el pimiento y el tomate pelado. Cierra la red e introdúcela en la olla. Sazona y cuece las pochas durante 3-4 minutos.

Cuando la olla pierda presión, retira los trozos de panceta y resérvalos. Retira la red, pasa las hortalizas a un vaso batidor y tritúralas con una batidora eléctrica hasta que queden reducidas a puré. Vierte el puré sobre las pochas y remueve la olla.

Calienta 12 cucharadas de aceite en una sartén. Limpia el puerro (retirándole la parte inferior, la superior y 2-3 capas de hojas), córtalo en aros finos, introdúcelos (en tandas) en la sartén y fríelos a fuego medio hasta que queden crujientes. Retíralos, escúrrelos sobre una fuente cubierta con papel absorbente y sazónalos.

Calienta una sartén con 1 cucharada de aceite, coloca los trozos de panceta y dóralos bien.

Reparte las pochas en 4 platos, pon un trozo de panceta en el centro de cada uno y salpícalos con el puerro crujiente. Decora con unas hojas de perejil.

SOJA VERDE CON CHORIZO Y ARROZ

INGREDIENTES (4 P.)

200 g de soja verde (remojada desde la víspera)

200 g de arroz

100 g de chorizo fresco

1 cebolleta

1 pimiento verde

2 zanahorias

2 dientes de ajo

aceite de oliva virgen

perejil

sal

ELABORACIÓN

Calienta una cazuela con agua. Corta el chorizo en rodajas, introdúcelas en la cazuela y cuécelas a fuego medio durante 10 minutos. Retira el chorizo y resérvalo.

Calienta 3 cucharadas de aceite en una olla rápida. Corta la cebolleta y el pimiento en daditos e introdúcelos en la olla. Pela las zanahorias, córtalas de la misma manera y agrégalas a la olla. Pela los dientes de ajo, pícalos finamente y añádelos. Sazona las hortalizas y rehógalas a fuego medio durante 15 minutos. Introduce los granos de soja (escurridos), cúbrelos con abundante agua (1.200 ml), cierra la olla y cuécelos durante 12 minutos.

Cuando baje la válvula, abre la olla e incorpora las rodajas de chorizo y el arroz (si notas que hace falta, puedes añadir un poco más de agua). Mezcla bien, pon a punto de sal, cierra la olla y cuece todo durante 5-7 minutos más.

Reparte el guiso en 4 platos y decóralos con unas hojas de perejil.

CREMA DE LENTEJAS AL *CURRY*

INGREDIENTES (4 P.)

300 g de lentejas rojas
1 cebolla
1 zanahoria
1 puerro
2 rebanadas de pan
1 l de caldo de pollo
1 hoja de laurel
1 cucharadita de *curry*
1-2 cucharadas de sésamo blanco
cebollino
aceite de oliva virgen extra
perejil
sal

ELABORACIÓN

Calienta 3 cucharadas de aceite en una cazuela grande. Pela la cebolla y la zanahoria y limpia el puerro (retirándole la parte inferior, la superior y 2-3 capas de hojas). Corta las hortalizas en daditos, introdúcelas en la cazuela, sazónalas y rehógalas durante 6-8 minutos.

Añade las lentejas, el *curry* y la hoja de laurel y mezcla bien. Cubre con el caldo de pollo, tapa la cazuela y cocina las lentejas a fuego suave durante unos 15 minutos. Retira la hoja de laurel, pasa las lentejas al vaso batidor y tritúralas bien hasta conseguir una crema homogénea.

Calienta una sartén con abundante aceite. Corta el pan en dados pequeños, introdúcelos en la sartén y fríelos hasta que se doren. Retíralos y escúrrelos sobre un plato cubierto con papel absorbente. Pica el cebollino finamente y agrégalo al plato del pan. Añade también las semillas de sésamo y mezcla todo bien.

Reparte la crema de lentejas en 4 platos hondos y decóralos con unas hileras de pan frito con cebollino y sésamo. Adorna los platos con unas hojas de perejil.

CONSEJO

No te olvides de usar verduras de temporada para preparar tus cremas, así te saldrán mucho más sabrosas y económicas.

POCHAS CON SETAS

INGREDIENTES (4 P.)

500 g de pochas (alubia blanca fresca)
250 g de setas enoki
1 calabacín
2 zanahorias
1 cebolla
2 dientes de ajo
aceite de oliva virgen extra
1 guindilla cayena
perejil
sal

ELABORACIÓN

Calienta una cazuela con 3 cucharadas de aceite. Pela la cebolla, córtala en daditos e introdúcela en la cazuela. Pela las zanahorias, córtalas en cuartos de luna finos y agrégalas. Corta el calabacín (con piel) de la misma manera y añádelo a la cazuela. Rehoga las hortalizas a fuego suave durante 6-8 minutos. Añade las pochas, cúbrelas con abundante agua (4 dedos por encima) y sazónalas. Tápalas y cuécelas a fuego suave-medio durante 30 minutos.

Calienta 2 cucharadas de aceite en un wok. Pela los dientes de ajo, pícalos finamente e introdúcelos en el wok. Añade la cayena y las setas enoki, sazona y saltea las setas a fuego vivo durante 3-5 minutos.

Incorpora las setas a la cazuela, mezcla suavemente y cocina todo junto durante 4-5 minutos. Espolvorea las pochas con un poco de perejil picado y sirve. Decora los platos con unas hojas de perejil.

LENTEJAS CON REMOLACHA Y VINAGRETA DE MIEL

INGREDIENTES (4 P.)

300 g de lentejas
1 puerro
2 remolachas
2 dientes de ajo
1 cucharada de pasas
30 g de piñones pelados
1 cucharada de vinagre de frambuesa
2 cucharadas de miel
aceite de oliva virgen extra
perejil
sal

ELABORACIÓN

Pon las pasas en un bol, cúbrelas con agua y déjalas a remojo durante 20 minutos.

Pon las lentejas en una cazuela y cúbrelas con abundante agua. Limpia el puerro (retirándole la parte inferior, la superior y 2 capas de hojas), trocéalo e introdúcelo en la cazuela. Sazona y cuece las lentejas a fuego suave durante 25-30 minutos. Retira el puerro, escurre las lentejas, refréscalas y pásalas a una fuente grande.

Lava las remolachas, introdúcelas en la olla rápida, cúbrelas con agua, cierra la olla y cuécelas durante 6-8 minutos. Retíralas, pélalas (la piel se desprende a mano fácilmente), córtalas en dados y resérvalas.

Calienta una sartén pequeña (sin aceite). Introduce los piñones y tuéstalos durante 4-5 minutos a fuego suave. Retíralos a un plato y resérvalos.

Para preparar la vinagreta, pela los dientes de ajo, pícalos finamente y ponlos en un bol. Añade el vinagre, la miel y 6 cucharadas de aceite y bate todo bien.

Pon 1 cucharada de aceite en la misma sartén donde has tostado los piñones, escurre las pasas y agrégalas. Saltéalas durante 2 minutos, retíralas y pásalas a la fuente con las lentejas

Para montar la ensalada, mezcla las pasas con las lentejas y adérezalas con la vinagreta. Coloca encima los dados de remolacha y salpícalos con los piñones. Decora con unas hojas de perejil.

GARBANZOS CON ASADILLO MANCHEGO

INGREDIENTES (4 P.)

250 g de garbanzos (remojados desde la víspera)

1 cebolla

3 pimientos rojos

600 g de tomate maduro

4 dientes de ajo

2 huevos

aceite de oliva virgen extra

1 cucharadita de comino en polvo

perejil

sal

CONSEJO

En lugar de cocinarlos al wok, también puedes asar los tomates en el horno con los pimientos.

ELABORACIÓN

Pon los pimientos en una bandeja apta para el horno, riégalos con un poco de aceite y sazónalos. Ásalos a 180 ºC durante 40-45 minutos. Retíralos y, cuando se templen, pélalos, córtalos en dados y resérvalos.

Calienta agua en la olla rápida. Cuando empiece a hervir, introduce los garbanzos escurridos. Pela la cebolla, córtala por la mitad e introdúcela en la olla. Sazona, cierra la olla y cuece los garbanzos durante 20 minutos. Cuando baje la válvula, escurre los garbanzos y resérvalos en un plato.

Calienta agua en un cazo, introduce los huevos y cuécelos durante 10 minutos a partir del momento en que el agua empiece a hervir. Refréscalos, pélalos y resérvalos.

Calienta 3 cucharadas de aceite en un wok. Pela 2 dientes de ajo, córtalos en daditos y agrégalos al wok. Pela los tomates, córtalos en dados, incorpóralos a la sartén, sazónalos y cocínalos a fuego medio durante 20 minutos. Añade el comino y los pimientos, pon a punto de sal y mezcla bien.

Calienta 3 cucharadas de aceite en una sartén. Pela los otros 2 dientes de ajo, pícalos finamente e introdúcelos en la sartén. Cuando empiecen a dorarse, agrega los garbanzos y un poco de perejil picado. Saltéalos durante 2-3 minutos.

Sirve el asadillo en la base de 4 platos y reparte encima los garbanzos salteados. Corta los huevos en cuartos y coloca 2 en cada plato. Decora los platos con unas hojas de perejil.

POCHAS CON BONITO

INGREDIENTES (4 P.)

500 g de pochas (alubia blanca fresca)
500 g de bonito fresco
1 cebolleta
1 pimiento verde
2 dientes de ajo
1 tomate
aceite de oliva virgen extra
perejil
pimienta
sal

ELABORACIÓN

Pon agua a calentar en una cazuela. Corta la cebolleta por la mitad e introdúcela en una red de cocina. Retira el tallo y las semillas del pimiento, córtalo en 3 trozos e introdúcelo en la red. Pela los ajos y agrégalos. Pela el tomate, córtalo por la mitad y añádelo. Cierra la red e introdúcela en la cazuela. Agrega las pochas, sazónalas, cúbrelas con agua (4 dedos por encima) y cuécelas durante 40-45 minutos.

Saca la red de la cazuela, ábrela y pasa las hortalizas a un vaso batidor. Vierte un poco del líquido de la cocción y tritúralas hasta conseguir un puré homogéneo. Vierte el puré en la cazuela donde están las pochas y remuévela hasta que los ingredientes queden bien integrados.

Calienta 3 cucharadas de aceite en un wok. Corta el bonito en trozos de bocado, salpimiéntalos, introdúcelos en el wok y saltéalos brevemente. Incorpóralos a la cazuela de las pochas y mezcla suavemente.

Sirve las pochas y decora los platos con unas hojas de perejil.

ALUBIAS NEGRAS CON COLIFLOR

INGREDIENTES (4 P.)

300 g de alubias negras (remojadas desde la víspera)
1 puerro
1 zanahoria
1 cebolla
1 patata
1 coliflor
2 dientes de ajo
aceite de oliva virgen extra
perejil
sal

ELABORACIÓN

Pon las alubias en la olla rápida. Limpia el puerro y pela la zanahoria, la cebolla y la patata. Corta las hortalizas en daditos e introdúcelas en la olla. Cubre con abundante agua (2 dedos por encima), sazona, vierte 2 cucharadas de aceite, cierra la olla y cuece las alubias durante 15-20 minutos. Abre la olla y, si observas que el caldo ha quedado ligero, calienta la olla a fuego suave y remuévela de vez en cuando hasta que el caldo espese.

Pon agua a calentar en una cazuela y sazónala. Separa la coliflor en ramilletes, introdúcelos en la cazuela y cuécelos durante 20 minutos. Escurre la coliflor y resérvala en una fuente.

Pela los dientes de ajo y córtalos en láminas. Calienta 3 cucharadas de aceite en una sartén, añade los ajos y rehógalos hasta que empiecen a dorarse. Reserva los ajos y riega la coliflor con el aceite.

Reparte las alubias en 4 platos, reparte la coliflor encima y decóralos con las láminas de ajo y unas hojas de perejil.

POCHAS CON VIEIRAS

INGREDIENTES (4 P.)

500 g de pochas (alubia blanca fresca)

12 vieiras pequeñas

1 cebolleta

1 pimiento verde

1 tomate

1 diente de ajo

aceite de oliva virgen extra

perejil

sal

ELABORACIÓN

Pon las pochas en la olla rápida y cúbrelas con agua. Corta la cebolleta, el tomate y el pimiento en 4 trozos, mételos en una red de cocina e introdúcelos en la olla. Sazona, cierra la olla y cuece las pochas con las hortalizas durante 5 minutos. Cuando baje la válvula, abre la olla y pon las hortalizas en un vaso batidor. Viérteles encima un poco del agua de la cocción y tritúralas con una batidora eléctrica hasta conseguir un puré homogéneo. Añádelo a la olla y mezcla suavemente.

Con ayuda de un cuchillo, separa las vieiras de las conchas y sazónalas. Pela el diente de ajo y pícalo finamente. Calienta 2 cucharadas de aceite en una sartén, añade el diente de ajo y las vieiras y saltéalas brevemente. Espolvoréalas con un poco de perejil picado y resérvalas.

Reparte las pochas y las vieiras en 4 platos y riégalos con el aceite resultante de saltear las vieiras. Decora con unas hojas de perejil.

CONSEJO

Si no es temporada de pochas, puedes hacer la receta utilizando pochas congeladas o en conserva. En el caso de que sean en conserva, no será necesario cocerlas, bastará con preparar un sofrito de hortalizas, agregar las pochas y cocinarlas conjuntamente (para que se integren los sabores) durante 4-5 minutos.

ALUBIAS CARILLAS CON ARROZ Y BACALAO

INGREDIENTES (4 P.)

300 g de alubias carillas (remojadas desde la víspera)

50 g de arroz

2 dientes de ajo

1 cebolla

1 zanahoria

1 pimiento rojo

1 tomate

250 g de bacalao desalado

aceite de oliva virgen extra

1 cucharada de pimentón dulce

1 hoja de laurel

perejil

sal

ELABORACIÓN

Pon las alubias y el arroz en una cazuela. Cúbrelos con agua (3 dedos por encima), sazona, tapa y cuece a fuego suave durante 20 minutos.

Calienta 3 cucharadas de aceite en una tartera (cazuela amplia y baja). Pela los ajos, la cebolla, la zanahoria y el pimiento. Corta las hortalizas en daditos e introdúcelas en la tartera. Sazona y rehógalas a fuego suave durante 15 minutos. Pela el tomate, córtalo en dados, incorpóralo y rehógalo a fuego medio durante 5 minutos.

Corta el bacalao en dados y añádelo a la tartera. Mezcla bien y cocínalo durante 5 minutos. Incorpora las alubias con arroz, la hoja de laurel y el pimentón. Vierte parte del líquido de la cocción de las alubias con arroz y cocina todo junto durante 10 minutos a fuego suave.

Espolvorea las alubias con un poco de perejil picado y sírvelas. Decora los platos con unas hojas de perejil.

ALUBIAS ROJAS CON CODILLO Y BRÓCOLI

INGREDIENTES (4 P.)

300 g de alubias rojas (remojadas desde la víspera)

1 codillo de cerdo

1 brócoli

1 cebolla

1 zanahoria

aceite de oliva virgen extra

perejil

sal

ELABORACIÓN

Calienta 3 cucharadas de aceite en una olla rápida. Pela la cebolla y la zanahoria, córtalas en dados, introdúcelas en la olla y rehógalas a fuego suave-medio durante 8-10 minutos.

Añade el codillo y las alubias. Cubre con agua (3 dedos por encima) y pon a punto de sal. Cierra la olla y cuece las alubias durante 15 minutos.

Retira el codillo, desmenúzalo e incorpóralo de nuevo a la olla.

Calienta agua en una sartén y sazónala. Lava el brócoli, suéltalo en ramilletes, colócalos en el accesorio para cocer al vapor y ponlo sobre la sartén. Tápalo y cuece el brócoli al vapor durante 12 minutos.

Reparte las alubias con codillo en 4 platos. Coloca los ramilletes de brócoli en el centro y sazónalos. Decora con unas hojas de perejil.

ALUBIAS BLANCAS CON RAPE Y ALCACHOFAS

INGREDIENTES (4 P.)

400 g de alubias blancas arrocinas (remojadas desde la víspera)

400 g de rape (limpio)

cabeza y espinas de rape

4 alcachofas

1 cebolla

1 pimiento verde

1 zanahoria

1 tomate

aceite de oliva virgen extra

perejil

pimienta

sal

CONSEJO

Las alubias mejoran con el reposo, así que te recomiendo prepararlas con antelación el mismo día que las vayas a consumir, o, aún mejor, el día anterior.

ELABORACIÓN

Calienta agua (1.200 ml) en una cazuela. Agrega unas hojas de perejil, la cabeza y las espinas del rape y una pizca de sal. Cuece los ingredientes a fuego medio durante 20 minutos.

Pon las alubias (escurridas) en la olla rápida y cuela encima el caldo de pescado.

Pela la zanahoria y la cebolla, córtalas en 4 trozos e introdúcelos en la red de cocina. Retira el tallo y las semillas del pimiento, trocéalo y añádelo a la red. Corta el tomate en 8 gajos e incorpóralos. Cierra la red e introdúcela en la olla rápida. Sazona las alubias, cierra la olla y cocínalas durante 8-10 minutos. Apaga el fuego, deja que baje la válvula y abre la olla.

Pasa las hortalizas a un vaso batidor y tritúralas con una batidora eléctrica. Vierte el puré a la olla de las alubias y mezcla bien.

Calienta una sartén con 2-3 cucharadas de aceite. Corta el pescado en filetes, salpimiéntalos, introdúcelos en la sartén y cocínalos durante 30 segundos por cada lado. Apaga el fuego, espolvorea el pescado con un poco de perejil picado y agrégalo a la olla.

Calienta 2 cucharadas de aceite en una sartén. Pela las alcachofas (cortándoles la parte superior y retirándoles 3-4 capas de hojas), córtalas en gajos, introdúcelas en la sartén, sazónalas y cocínalas durante 6-8 minutos.

Reparte las alubias con el rape en 4 platos y coloca encima los gajos de alcachofa. Decora con unas hojas de perejil.

ALUBIAS PINTAS CON ESPINACAS Y BERBERECHOS

INGREDIENTES (4 P.)

300 g de alubias pintas (remojadas desde la víspera)
250 g de espinacas
600 g de berberechos
1 cebolleta grande
2 dientes de ajo
75 ml de vino blanco
aceite de oliva virgen extra
perejil
sal

ELABORACIÓN

Pon las alubias en la olla rápida, cúbrelas con agua (2 dedos por encima), sazónalas y cuécelas durante 15-20 minutos. Retíralas, escúrrelas y resérvalas.

Calienta agua en una cazuela. Introduce las espinacas y cuécelas brevemente (2-3 minutos). Retíralas, escúrrelas bien, pícalas finamente y resérvalas.

Calienta 4 cucharadas de aceite en una tartera (cazuela amplia y baja). Pica la cebolleta finamente y rehógala a fuego suave durante 5-6 minutos. Pela los dientes de ajo, córtalos en daditos, agrégalos y rehógalos brevemente. Vierte el vino e introduce los berberechos. Tapa la tartera y cuécelos hasta que se abran. Retira los berberechos a una fuente y resérvalos.

Introduce las alubias y las espinacas en la tartera en la que has abierto los berberechos y mezcla los ingredientes suavemente.

Reparte las alubias con las espinacas en 4 platos, coloca encima los berberechos y decora con unas hojas de perejil.

ALUBIAS VERDINAS CON CALABACÍN Y ALMEJAS

INGREDIENTES (4 P.)

300 g de alubias verdinas (remojadas desde la víspera)
500 g de almejas
1 calabacín
1 cebolleta
2 dientes de ajo
50 ml de vino blanco
aceite de oliva virgen extra
1 guindilla cayena
perejil
sal

ELABORACIÓN

Calienta una sartén con 2 cucharadas de aceite. Pela los dientes de ajo, pícalos finamente y añádelos a la sartén. Introduce las almejas, el vino y la guindilla. Tapa la sartén y cocina las almejas hasta que se abran. Retira la guindilla y reserva las almejas con el jugo que hayan soltado.

Pon las alubias en una cazuela. Cúbrelas con agua (3 dedos por encima), sazónalas y cuécelas a fuego suave-medio durante 50 minutos. Resérvalas.

Calienta 3 cucharadas de aceite en una tartera (cazuela amplia y baja). Corta la cebolleta en daditos, añádela a la tartera y rehógala a fuego medio durante 5 minutos. Lava el calabacín, córtalo en cuartos de luna finos e incorpóralo. Sazona y rehoga las hortalizas a fuego medio durante 15 minutos.

Incorpora las alubias verdinas y las almejas (con su jugo) a la tartera y remueve hasta que se integren los ingredientes. Sirve las alubias con las almejas y adorna los platos con unas hojas de perejil.

PUCHERO DE ADEMUZ

INGREDIENTES (4 P.)

- 500 g de alubias canela (remojadas desde la víspera)
- 500 g de costilla de cerdo (troceada)
- 125 g de panceta fresca
- 1 morcilla de arroz
- 1 cebolla
- 1 diente de ajo
- 1 tomate maduro
- 2 patatas
- 1 penca de cardo
- aceite de oliva virgen extra
- 1 hoja de laurel
- perejil
- sal

ELABORACIÓN

Calienta 3 cucharadas de aceite en una olla rápida e introduce la costilla. Corta la panceta en trozos de bocado y añádela a la olla. Cocina las carnes a fuego medio y dóralas bien.

Pela la cebolla y el diente de ajo, córtalos en daditos e introdúcelos en la olla. Rehoga las carnes y las hortalizas a fuego medio durante 10 minutos. Corta el tomate por la mitad, rállalo, incorpóralo a la olla y cocínalo durante 3-4 minutos. Pela las patatas, trocéalas (cascándolas) y añádelas a la olla.

Escurre las alubias e introdúcelas en la olla. Cúbrelas con agua, sazónalas y añade la hoja de laurel. Limpia la penca de cardo, trocéala e incorpórala. Cierra la olla y cocina los ingredientes durante 10 minutos. Espera a que baje la válvula, abre la olla y desgrasa el guiso.

Calienta una sartén con abundante aceite. Retira la piel de la morcilla, córtala en 12 rodajas y fríelas por los dos lados hasta que se doren.

Reparte el guiso en 4 platos y coloca 3 rodajas de morcilla en cada uno. Decora con unas hojas de perejil.

CONSEJO

Si no es temporada de cardo, puedes hacer la receta con cardo en conserva. La única condición es que lo añadas al final de la cocción.

ALUBIAS PINTAS CON ACELGAS Y MORCILLA

INGREDIENTES (4 P.)

300 g de alubias pintas (remojadas desde la víspera)

3 hojas de acelga

8 morcillas pequeñas de cebolla

1 zanahoria

1 pimiento verde

1 puerro

2 dientes de ajo

aceite de oliva virgen extra

1 hoja de laurel

perejil

sal

ELABORACIÓN

Calienta 3 cucharadas de aceite en la olla rápida. Pela los dientes de ajo, córtalos en láminas e introdúcelos en la olla. Agrega las alubias y cúbrelas con agua (3 dedos por encima). Retira el tallo del pimiento, limpia el puerro y pela la zanahoria. Corta las hortalizas en 4 trozos e introdúcelas en una red de cocina. Cierra la red e incorpórala a la olla. Sazona y agrega la hoja de laurel. Cierra la olla y cuece las alubias durante 7-8 minutos.

Cuando la olla pierda presión, retira la hoja de laurel y la red. Pasa las verduras a un vaso batidor, vierte un poco del agua de la cocción de las alubias y tritúralas con una batidora eléctrica hasta que queden reducidas a puré.

Lava las acelgas y separa las pencas de las hojas. Retira los hilos de las pencas y córtalas en dados. Pica las hojas en juliana fina y resérvalas.

Introduce las acelgas en la olla (si notas que las alubias están un poco secas, añade 1 vaso de agua) y cuécelas a fuego suave durante 8-9 minutos. Agrega el puré de las hortalizas a la olla y mezcla bien.

Calienta agua en una cazuela. Introduce las morcillas y cuécelas a fuego suave durante 6-8 minutos.

Reparte las alubias con acelgas en 4 platos y acompáñalas con las morcillas. Decora con unas hojas de perejil.

CONSEJO

Si es la primera vez que consumes esta variedad de alubias, te sugiero cocerlas durante poco tiempo y comprobar si ya están en su punto. Si no lo están, siempre puedes dejarlas unos minutos más al fuego.

FABES CON TOCINO FRESCO Y CALAMARES

INGREDIENTES (4 P.)

300 g de *fabes* (alubia blanca)
3 calamares medianos limpios (600 g)
300 g de tocino fresco
1 tomate
½ pimiento rojo
1 zanahoria
1 cebolleta
2 dientes de ajo
aceite de oliva virgen extra
perejil
sal

ELABORACIÓN

Pon las *fabes* a remojo desde la víspera. Escúrrelas, ponlas en una olla rápida, sazónalas y cúbrelas con agua (3 dedos por encima).

Pela el tomate, la zanahoria y el pimiento rojo, trocéalos y ponlos en una red de cocina. Corta la cebolleta en cuartos, introdúcela en la red, ciérrala e incorpórala a la olla rápida. Corta el tocino en 4 trozos, añádelos a la olla y ciérrala. Cocina las *fabes* durante 15 minutos.

Pasa las *fabes* y los trozos de tocino a una tartera (cazuela amplia y baja). Pon las hortalizas en un vaso batidor, vierte un poco del agua de la cocción y tritúralas hasta que consigas un puré homogéneo. Viértelo sobre las *fabes* y mezcla suavemente.

Calienta el wok con 3 cucharadas de aceite. Pela los ajos, córtalos por la mitad y saltéalos brevemente. Corta los calamares en aros, sazónalos, introdúcelos en el wok y saltéalos también brevemente. Introduce los calamares en la tartera, mezcla y calienta los ingredientes a fuego suave.

Sirve y decora los platos con unas hojas de perejil.

GARBANZOS CON ESPÁRRAGOS VERDES Y MOLLEJAS DE PATO

INGREDIENTES (4 P.)

300 g de garbanzos (remojados desde la víspera)
8 mollejas de pato confitadas
12 espárragos verdes
16 ajos frescos
1 calabacín
1 zanahoria
1 cebolleta
aceite de oliva virgen extra
perejil
sal

ELABORACIÓN

Calienta abundante agua en la olla rápida. Cuando empiece a hervir, introduce los garbanzos. Pela la zanahoria, trocéala y ponla en una red de cocina. Corta el calabacín y la cebolleta en 4 trozos e introdúcelos en la red. Cierra la red y ponla en la olla. Sazona, vierte 1 cucharada de aceite, cierra la olla y cuece los garbanzos durante 15-20 minutos.

Abre la olla, pasa las hortalizas a un vaso batidor y tritúralas con una batidora eléctrica. Agrega el puré a la olla y mezcla bien.

Calienta una sartén con 2 cucharadas de aceite. Retira la parte inferior de los espárragos, córtalos en trozos de 2 centímetros, añádelos a la sartén y rehógalos a fuego medio durante 5 minutos. Retíralos y pásalos a la olla.

Calienta 2 cucharadas de aceite en la misma sartén donde has salteado los espárragos. Pela los ajos frescos, córtalos en rodajas de 1 centímetro y saltéalos a fuego suave durante 3 minutos. Corta las mollejas en filetes, incorpóralas a la sartén y saltéalas durante 2-3 minutos.

Reparte los garbanzos en 4 platos, coloca encima las mollejas con los ajos frescos y decora con unas hojas de perejil.

GARBANZOS A LO POBRE

INGREDIENTES (4 P.)

300 g de garbanzos (remojados desde la víspera)
1 puerro
1 zanahoria
4 patatas
1 cebolla
1 pimiento verde
2 dientes de ajo
aceite de oliva virgen extra
1 cucharada de orégano
perejil
sal

ELABORACIÓN

Pon agua a calentar en la olla rápida y, cuando empiece a hervir, introduce los garbanzos. Pela la zanahoria y limpia el puerro. Corta las hortalizas en 4 trozos, mételos en una red de cocina e introdúcelos en la olla. Sazona, cierra la olla y cuécelos durante 25 minutos. Escurre los garbanzos y resérvalos en una fuente.

Calienta una sartén con abundante aceite. Pela los dientes de ajo, córtalos en láminas e introdúcelos en la sartén. Pela la cebolla, córtala en juliana y agrégala. Retira el tallo y las semillas del pimiento, córtalo en dados grandes y añádelo a la sartén. Pela las patatas, córtalas en rodajas de medio centímetro, introdúcelas en la sartén, sazónalas y fríe las hortalizas a fuego medio durante unos 25 minutos. Retira la mezcla de ajos, patatas, cebolla y pimiento, escúrrela y resérvala en una fuente. Cuela el aceite para utilizarlo en otra ocasión.

Calienta la misma sartén con 1 cucharada de aceite, introduce los garbanzos, espolvoréalos con un poco de perejil picado y el orégano y saltéalos durante 3-4 minutos.

Sirve las patatas y los garbanzos en 4 platos y decóralos con unas hojas de perejil.

CONSEJO

El tiempo del remojo de los garbanzos puede oscilar entre 12 y 24 horas. No es recomendable utilizar el agua del remojo.

GARBANZOS CON COSTILLA DE CERDO Y REPOLLO

INGREDIENTES (4 P.)

300 g de garbanzos pedrosillanos (remojados desde la víspera)

12 costillas de cerdo

½ repollo

4 dientes de ajo

aceite de oliva virgen extra

perejil

pimentón

sal

ELABORACIÓN

Pon las costillas en la olla rápida, cúbrelas con agua y sazónalas. Cierra la olla y cuécelas durante 15 minutos. Abre la olla y retira el exceso de grasa con un cacillo. Introduce los garbanzos en la olla, ciérrala y cuece todo durante 15-20 minutos más.

Corta el repollo en juliana fina, introdúcelo en la olla, ciérrala y cuece los garbanzos durante 5 minutos más.

Calienta una sartén con 4 cucharadas de aceite. Pela los dientes de ajo, introdúcelos (enteros) en la sartén y dóralos un poco. Agrega el pimentón y mezcla bien. Riega los ingredientes de la olla con el refrito de ajo y mezcla bien.

Reparte los garbanzos en 4 platos y decóralos con unas hojas de perejil.

GARBANZOS CON PIMIENTOS, HUEVOS Y MELVA

INGREDIENTES (4 P.)

300 g de garbanzos (remojados desde la víspera)

1 cebolla

2 pimientos verdes

2 huevos

150 g de melva en aceite

12 aceitunas negras (sin hueso)

aceite de oliva virgen extra

1 hoja de laurel

perejil

sal

ELABORACIÓN

Pon los huevos en un cazo, cúbrelos con agua y cuécelos durante 10 minutos a partir del momento en que el agua empiece a hervir. Retíralos, refréscalos, pélalos y resérvalos.

Pon a calentar abundante agua en la olla rápida. Cuando empiece a hervir, introduce los garbanzos, la cebolla y la hoja de laurel. Sazónalos, cierra la olla y cuécelos durante 15 minutos. Cuando la olla pierda presión, ábrela, retira la cebolla y la hoja de laurel, escurre los garbanzos y resérvalos.

Retira el tallo y las semillas de los pimientos y córtalos en dados. Calienta una sartén con 4 cucharadas de aceite, introduce los pimientos y saltéalos a fuego medio durante 6-8 minutos.

Mezcla los garbanzos con los pimientos y repártelos en 4 platos. Corta los huevos en daditos y salpica con ellos los platos. Desmenuza la melva y repártela por encima. Agrega las aceitunas y decora los platos con unas hojas de perejil.

GARBANZOS CON ARROZ Y PELLEJO

INGREDIENTES (6 P.)

500 g de garbanzos (remojados desde la víspera)

1 codillo de cerdo

2 ramas de apio

2 boniatos

50 g de arroz

2 morcillas de arroz

perejil

sal

ELABORACIÓN

Calienta una cazuela grande con abundante agua. Escurre los garbanzos y añádelos a la cazuela. Corta las ramas de apio por la mitad e introdúcelas, junto con el codillo. Pela los boniatos e incorpóralos. Sazona, tapa la cazuela y cocina los ingredientes durante 2 horas. Retira los boniatos y las ramas de apio, trocéalos y resérvalos.

Agrega el arroz a la cazuela y cuécelo durante 20 minutos. Retira el codillo, trocéalo y resérvalo.

Retira la piel de las morcillas, córtalas en rodajas de 2-3 centímetros e introdúcelas en la cazuela. Agrega también los trozos de boniato y de apio. Cuece todo a fuego suave durante 4-5 minutos.

Reparte el guiso en 4 platos, sirve unos trozos de codillo en cada uno y decóralos con unas hojas de perejil.

CONSEJO

Combinar legumbres con cereales es una buena manera de obtener todos los aminoácidos necesarios para conseguir proteínas completas.

GARBANZOS CON TOMATE Y SALCHICHAS

INGREDIENTES (4 P.)

300 g de garbanzos (remojados desde la víspera)
8 salchichas frescas
1.200 g de tomates pera
1 cebolla
3 dientes de ajo
½ pimiento verde
100 ml de sidra
aceite de oliva virgen extra
1 cucharada de orégano seco
perejil
sal

ELABORACIÓN

Calienta una cazuela con 3 cucharadas de aceite. Pela los ajos y la cebolla, córtalos en dados e introdúcelos en la cazuela. Corta el pimiento de la misma manera e incorpóralo. Rehoga las hortalizas a fuego medio durante 10 minutos. Corta los tomates en cuartos y agrégalos a la cazuela. Sazona y cocina a fuego suave-medio durante 35-40 minutos. Pasa las hortalizas por el pasapurés y reserva la salsa.

Calienta abundante agua en una olla rápida. Cuando empiece a hervir, añade los garbanzos, la cucharada de orégano y una pizca de sal. Cierra la olla y cuece los garbanzos durante 15 minutos. Abre la olla, escúrrelos y resérvalos.

Calienta 2 cucharadas de aceite en una sartén grande, introduce las salchichas y dóralas un poco. Vierte la sidra y cocínalas a fuego suave durante 5 minutos. Retíralas y córtalas en trozos de bocado.

Pon la salsa de tomate a calentar en una tartera (cazuela amplia y baja), introduce los garbanzos y las salchichas y cocínalo todo junto durante 5 minutos.

Sirve y decora los platos con unas hojas de perejil.

GARBANZOS CON CALABACÍN Y *TAPENADE*

INGREDIENTES (4 P.)

200 g de garbanzos (remojados desde la víspera)
1 cebolla
2 calabacines pequeños tiernos
100 g de *tapenade* (pasta de aceitunas, alcaparras y anchoas)
20 aceitunas arbequinas
1 cucharada de alcaparras
aceite de oliva virgen extra
perejil
pimienta
sal

ELABORACIÓN

Calienta agua en una olla rápida y, cuando empiece a hervir, escurre los garbanzos e introdúcelos en la olla. Pela la cebolla, córtala por la mitad y añádela. Sazona, cierra la olla y cuece los garbanzos durante 20 minutos. Cuando baje la válvula, retira los garbanzos, escúrrelos y ponlos en un bol grande.

Lava los calabacines, córtalos en dados pequeños (del mismo tamaño que los garbanzos) y añádelos al bol. Agrega también la *tapenade*, las aceitunas y las alcaparras. Adereza la mezcla con 2 cucharadas de aceite, sal y pimienta a tu gusto.

Sirve y decora los platos con unas hojas de perejil.

LENTEJAS CON CARRILLERAS DE CERDO

INGREDIENTES (4 P.)

300 g de lentejas
8 carrilleras de cerdo
1 rodaja de calabaza
1 cebolla
1 pimiento verde
4 tomates deshidratados en aceite
aceite de oliva virgen extra
perejil
pimienta
sal

CONSEJO

Para que las legumbres nos sienten bien es importante comer sin prisa y masticarlas mucho.

ELABORACIÓN

Calienta la olla rápida con 3-4 cucharadas de aceite. Salpimienta las carrilleras de cerdo, introdúcelas en la olla y dóralas bien.

Pela la cebolla, trocéala y ponla en una red de cocina. Retira el tallo y las semillas del pimiento, trocéalo y añádelo a la red. Agrega también los tomates deshidratados. Cierra la red e introdúcela en la olla.

Añade las lentejas a la olla, cúbrelas con abundante agua (1 ½ l aproximadamente) y sazónalas. Cierra la olla y cocina las lentejas y las carrilleras durante 10-12 minutos.

Espera a que la válvula baje y ábrela. Pasa las hortalizas a un vaso batidor y tritúralas con una batidora eléctrica hasta que queden reducidas a puré. Vierte el puré a la olla y remueve bien hasta que el puré se integre con las lentejas y las carrilleras.

Calienta 1 cucharada de aceite en una sartén. Pela la calabaza, córtala en dados y añádela a la sartén. Sazónala y saltéala a fuego medio durante 5-7 minutos.

Reparte las lentejas y las carrilleras en 4 platos, salpícalos con los dados de calabaza y decóralos con unas hojas de perejil.

HUMMUS DE LENTEJAS Y BERENJENAS

INGREDIENTES (4 P.)

175 g de lentejas
2 berenjenas
2 dientes de ajo
25 g de avellanas peladas
1 cucharadita de zumo de limón
1 cucharada de tahín tostado
½ cucharadita de comino en polvo
1 cucharada de sésamo tostado
pimentón
picos de pan
aceite de oliva virgen extra
perejil
sal

ELABORACIÓN

Pela las berenjenas, córtalas en rodajas de 2 centímetros de grosor y extiéndelas sobre una bandeja de horno. Coloca al lado los dientes de ajo. Sazona las hortalizas, riégalas con 2 cucharadas de aceite y hornéalas a 180 ºC durante 20-25 minutos. Pela los ajos y trocea las berenjenas. Introduce las hortalizas en la picadora, agrega las avellanas, el zumo de limón, el comino y el tahín. Tritura los ingredientes hasta conseguir una pasta homogénea y pasa la mezcla a un bol.

Pon las lentejas en la olla rápida, cúbrelas con agua y sazónalas. Cierra la olla y cuécelas durante 5-7 minutos. Escúrelas bien y ponlas en la picadora, vierte una cucharada de aceite y tritúralas bien. Añade las legumbres al bol de del puré de berenjena. Remueve los ingredientes hasta que queden bien integrados.

Reparte el hummus en 4 platos, riégalos con un chorrito de aceite y espolvoréalos con el pimentón y las semillas de sésamo tostado. Acompaña el hummus con los picos de pan y decora los platos con unas hojas de perejil.

LENTEJAS CON ACELGAS Y BACALAO

INGREDIENTES (4 P.)

300 g de lentejas
250 g de bacalao desmigado desalado
4 hojas de acelga
1 cebolleta
2 puerros (la parte blanca)
2 zanahorias
1 cucharada de pimentón
aceite de oliva virgen extra
perejil
sal

ELABORACIÓN

Calienta 3 cucharadas de aceite en una olla rápida. Corta la cebolleta en daditos e introdúcela en la olla. Pica los puerros finamente e incorpóralos. Pela las zanahorias, córtalas en daditos y añádelas a la olla. Rehoga las hortalizas a fuego suave durante 15 minutos.

Lava las acelgas y separa las pencas de las hojas. Corta las pencas en daditos y añádelos a la olla. Corta las hojas en juliana fina y resérvalas. Introduce las lentejas con el pimentón en la olla, cúbrelas con agua (3 dedos por encima) y sazónalas. Cierra la olla y cocínalas durante 10 minutos.

Abre la olla, añade el bacalao y las hojas de las acelgas. Mezcla bien y cocina todo junto durante 5 minutos.

Sirve y decora los platos con unas hojas de perejil.

GARBANZOS MARINERA CON BACALAO

INGREDIENTES (4 P.)

400 g de garbanzos (remojados desde la víspera)

2 lomos de bacalao desalado (500 g)

2 huevos

1 puerro

1 cebolleta

1 pimiento verde

2 dientes de ajo

100 ml de salsa de tomate

1 l de fumet de pescado de roca y marisco

aceite de oliva virgen extra

perejil

sal

ELABORACIÓN

Pon los huevos en un cazo, cúbrelos con agua y cuécelos durante 10 minutos a partir del momento en que el agua empiece a hervir. Refréscalos, pélalos, córtalos en gajos (cada uno en 4) y resérvalos.

Calienta 4 cucharadas de aceite en la olla rápida. Pela los dientes de ajo, córtalos en daditos e introdúcelos en la olla. Corta la cebolleta en dados y agrégala a la olla. Retira el tallo y las semillas del pimiento, córtalo de la misma manera e incorpóralo. Limpia el puerro (retirándole la parte inferior, la superior y 2-3 capas de hojas), córtalo en cuartos de luna finos y añádelo. Sazona y rehoga las hortalizas a fuego medio durante 10-12 minutos. Añade la salsa de tomate y mezcla bien. Vierte el fumet y caliéntalo hasta que empiece a hervir. Escurre los garbanzos e incorpóralos a la olla. Ciérrala y cocina las legumbres durante 35 minutos.

Cuando baje la válvula, abre la olla y pasa los garbanzos a una tartera (cazuela amplia y baja). Corta los lomos de bacalao en bastones gruesos, colócalos encima de los garbanzos, tapa la tartera y cocina todo a fuego suave durante 5-6 minutos.

Reparte el guiso en 4 platos y decóralos con los gajos de huevo. Adorna con unas hojas de perejil.

CONSEJO

Puedes preparar los guisos con agua, pero si la sustituyes por caldo, el resultado mejorará notablemente.

LENTEJAS AL *CURRY* CON POLLO Y CUSCÚS

INGREDIENTES (4 P.)

300 g de lentejas
4 cuartos traseros de pollo (muslos y contramuslos)
150 g de cuscús
1 cebolla
1 pimiento verde
1 zanahoria
2 dientes de ajo
100 ml de tomate natural triturado
1 litro de caldo de pollo con jamón
aceite de oliva virgen extra
1 cucharadita de pimienta negra (en polvo)
1 cucharadita de comino (en polvo)
1 cucharadita de pimentón dulce
1 cucharadita de canela (en polvo)
1 cucharadita de cúrcuma (en polvo)
1 cucharadita de jengibre fresco (rallado)
perejil
sal

ELABORACIÓN

Calienta 4 cucharadas de aceite en una cazuela grande. Separa los muslos y los contramuslos, sazónalos, introdúcelos en la cazuela y dóralos bien. Retira el pollo a un plato y resérvalo.

Pela los dientes de ajo, la cebolla y la zanahoria. Retira el tallo y las semillas del pimiento. Corta las hortalizas en daditos e introdúcelas en la cazuela. Sazónalas y rehógalas a fuego medio durante 10 minutos.

Añade la pimienta, el comino, el pimentón, la canela, la cúrcuma, el jengibre, el tomate, el caldo, 500 ml de agua, las lentejas y el pollo. Pon a punto de sal, tapa la cazuela y cocina los ingredientes a fuego suave durante 45 minutos.

Pon el cuscús en un bol grande. Calienta en un cazo 300 ml de agua con una pizca de sal y, cuando el agua empiece a hervir, viértela sobre el cuscús. Tapa el bol con film transparente y déjalo reposar durante unos 10 minutos. Retira el film, añade un poco de perejil picado y mezcla bien.

Reparte las lentejas con pollo y el cuscús en 4 platos y decóralos con unas hojas de perejil.

CONSEJO

Las lentejas guisadas son una opción estupenda para dejarlas preparadas de un día para otro. Además, como se congelan muy bien, puedes hacer el doble de cantidad y guardar lo que te sobre para otro momento.

POCHAS CON PEPINO Y TOMATE

INGREDIENTES (4 P.)

500 g de pochas peladas (alubia blanca fresca)
1 tomate
1 pepino
1 cebolleta
1 diente de ajo
1 cucharada de alcaparras
aceite de oliva virgen extra
vinagre
perejil
sal

ELABORACIÓN

Pon las pochas en una cazuela, cúbrelas con abundante agua, sazónalas y cuécelas a fuego suave durante 30 minutos. Escúrrelas y colócalas en un bol.

Pela el tomate, córtalo en daditos y agrégalo al bol. Pela el pepino, córtalo de la misma manera y añádelo. Pela el diente de ajo finamente e incorpóralo al mismo recipiente. Adereza con aceite y vinagre, mezcla suavemente y reparte las pochas en 4 platos.

Corta la cebolleta en aros y espárcelos sobre los platos. Reparte encima las alcaparras y decóralos con unas hojas de perejil.

LENTEJAS CON CHALOTAS Y MUSLOS DE CODORNIZ

INGREDIENTES (4 P.)

300 g de lentejas
16 muslos de codorniz
8 chalotas
100 ml de vino de Oporto
4 dientes de ajo
1 calabacín
aceite de oliva virgen extra
perejil
pimienta
sal

ELABORACIÓN

Pela los dientes de ajo y pícalos finamente. Corta el calabacín en cuartos de luna. Calienta 2 cucharadas de aceite en la olla rápida, introduce las hortalizas y rehógalas a fuego suave durante 4-5 minutos. Vierte el vino y dale un hervor fuerte hasta que se evapore. Introduce las lentejas, cúbrelas con agua (3 dedos por encima), sazona, cierra la olla y cuécelas durante 10-12 minutos.

Calienta 10 cucharadas de aceite en una sartén. Pela las chalotas, introdúcelas en la sartén y confítalas (dándoles la vuelta de vez en cuando) a fuego suave durante 15-20 minutos. Retíralas a un plato y resérvalas. Retira también casi todo el aceite (reserva 3 cucharadas en la sartén).

Pon la misma sartén (con las 3 cucharadas de aceite reservadas) a calentar. Salpimienta los muslos de codorniz y rehógalos a fuego medio durante 6-8 minutos.

Sirve las lentejas en 4 platos y coloca 4 muslos de codorniz y 2 chalotas en cada uno. Decora los platos con unas hojas de perejil.

ESTOFADO DE LENTEJAS Y TERNERA

INGREDIENTES (4 P.)

- 250 g de lentejas pardinas
- 600 g de filetes de aguja de ternera
- 4 patatas grandes
- 1 cebolla grande
- 1 pimiento verde
- 4 zanahorias medianas
- 3 dientes de ajo
- 150 ml de cava
- 1 hueso de jamón mediano
- 2 pastillas de caldo de carne
- aceite de oliva virgen extra
- 2 hojas de laurel
- perejil
- pimienta
- sal

ELABORACIÓN

Calienta 3 cucharadas de aceite en una cazuela grande. Corta la carne en trozos de bocado, salpiméntalos, introdúcelos en la cazuela y dóralos bien.

Pela la cebolla y córtala en dados. Retira el tallo y las semillas del pimiento y córtalo de la misma manera. Pela las zanahorias y córtalas en medias lunas. Pela los dientes de ajo y córtalos en láminas. Introduce las hortalizas en la cazuela, mezcla bien y rehoga todo a fuego medio durante 8-10 minutos.

Vierte el cava. Pela las patatas, trocéalas (cascándolas) e introdúcelas en la olla. Agrega el hueso de jamón, las hojas de laurel, las lentejas y las 2 pastillas de caldo de carne. Cubre con agua (2 ½ l), mezcla bien, tapa la cazuela y cocina las lentejas a fuego suave durante 45 minutos.

Sirve y decora los platos con unas hojas de perejil.

CONSEJO

Para hacer un buen estofado de lentejas puedes variar las hortalizas y las carnes adaptándolas a tus gustos.

POTAJE DE ALUBIAS NEGRAS CON CALABAZA

INGREDIENTES (4 P.)

300 g de alubias negras (remojadas desde la víspera)
400 g de calabaza
1 zanahoria
1 pimiento choricero
1 cebolla
1 pimiento verde
4 dientes de ajo
aceite de oliva virgen extra
1 hoja de laurel
perejil
sal

ELABORACIÓN

Pon las alubias con el agua del remojo en una cazuela grande. Vierte más agua hasta cubrirlas (2-3 dedos por encima). Pela la zanahoria e introdúcela en la cazuela. Retira el tallo y las semillas del pimiento choricero y agrégalo. Pela 2 dientes de ajo y añádelos. Agrega también la hoja de laurel. Tapa la cazuela y cocina las alubias a fuego suave durante 40-45 minutos. Cada 15 minutos, *asústalas* añadiéndoles medio vaso de agua fría.

Retira de la cazuela el pimiento choricero, la zanahoria, la hoja de laurel y los dientes de ajo y resérvalos. Pela la calabaza, córtala en dados e incorpórala a la cazuela. Cuécela junto a las alubias durante 15 minutos.

Calienta una sartén con 2 cucharadas de aceite. Pela los otros 2 dientes de ajo, córtalos en dados e introdúcelos en la sartén. Pela la cebolla, córtala en dados y añádela. Retira el tallo y las semillas del pimiento verde, córtalo de la misma manera y agrégalo. Sazona y cocina las hortalizas a fuego suave-medio durante 15 minutos.

Trocea la zanahoria y ponla en un vaso batidor. Agrega los ajos, la pulpa del pimiento choricero y las hortalizas rehogadas (ajos, cebolla y pimiento). Vierte un poco del caldo de la cocción de las alubias y tritúralo todo bien con una batidora eléctrica. Vierte el puré en la cazuela de las alubias, prueba, pon a punto de sal y remueve hasta que los ingredientes queden bien integrados.

Reparte el potaje en 4 platos y decóralos con unas hojas de perejil.

CONSEJO

Si las alubias quedan muy espesas, puedes añadirles un poco de agua.

LENTEJAS CON COSTILLA DE CERDO Y ESPINACAS

INGREDIENTES (4 P.)

300 g de lentejas

500 g de costilla de cerdo (troceada)

200 g de espinacas

1 cebolleta

1 tomate maduro

aceite de oliva virgen extra

perejil

sal

CONSEJO

Si las lentejas quedan muy caldosas, puedes arreglarlas removiendo la olla durante 2 minutos antes de servirlas.

ELABORACIÓN

Calienta 1-2 cucharadas de aceite en la olla rápida. Introduce los trozos de costilla en la olla, sazónalos y rehógalos un poco. Cubre las costillas con 1 litro de agua, cierra la olla y cuécelas durante 10 minutos. Cuando la válvula baje, abre la olla, retira la costilla a una fuente y resérvala. Pasa el caldo a una jarra, desgrásalo y resérvalo.

Corta la cebolleta en dados. Pela el tomate y córtalo de la misma manera.

Calienta la olla rápida con 2 cucharadas de aceite. Agrega la cebolleta y las costillas y rehógalas a fuego medio durante 5 minutos. Incorpora el tomate y cocina todo durante 3-4 minutos. Agrega las lentejas, sazónalas y mezcla bien. Cúbrelas con el caldo reservado anteriormente, cierra la olla y cocina las lentejas con la costilla durante 12-15 minutos.

Apaga el fuego, espera a que la válvula baje y abre la olla. Ponla de nuevo al fuego. Lava las espinacas, córtalas en juliana, introdúcelas en la olla y cuécelas a fuego suave durante 3-4 minutos.

Sirve y decora los platos con unas hojas de perejil.

GARBANZOS CON BERBERECHOS

INGREDIENTES (4 P.)

300 g de garbanzos (remojados desde la víspera)
600 g de berberechos
1 cebolla
1 puerro
1 zanahoria
1 cebolleta
2 dientes de ajo
1 pimiento verde
80 ml de vino blanco
aceite de oliva virgen extra
perejil
sal

CONSEJO

Si quieres que la salsa quede más espesa, te recomiendo que tritures la cebolla, la zanahoria y el puerro y viertas el puré sobre los garbanzos.

ELABORACIÓN

Calienta agua en la olla rápida. Cuando empiece a hervir, escurre los garbanzos e introdúcelos en la olla. Pela la cebolla y la zanahoria y córtalas en cuartos. Limpia el puerro (retirándole la parte inferior, la superior y 2-3 capas de hojas) y córtalo en 3 trozos. Pon las hortalizas en una red de cocina, ciérrala e incorpórala a la olla. Sazona los garbanzos, cierra la olla y cuécelos durante 40 minutos.

Apaga el fuego y espera a que la válvula baje. Abre la olla yretira la red con las verduras. Reserva los garbanzos y congela el caldo de la cocción para hacer una sopa en cualquier otra ocasión.

Calienta un wok con 3 cucharadas de aceite. Pica la cebolleta en daditos y añádela al wok. Pela los dientes de ajo, pícalos finamente e incorpóralos. Retira el tallo y las semillas del pimiento, córtalo en daditos y añádelo. Sazona las hortalizas y cocínalas a fuego suave durante 10 minutos. Escurre los garbanzos, introdúcelos en el wok y cocínalos durante 5-6 minutos.

Calienta el vino en una sartén grande. Añade los berberechos y tápalos. A medida que se vayan abriendo, retíralos a una fuente y resérvalos.

Cuela el jugo de los berberechos sobre los garbanzos y mezcla bien.

Sirve los garbanzos en 4 platos hondos y reparte los berberechos por encima. Decora los platos con un poco de perejil picado y unas hojas de perejil.

HUEVOS

HUEVOS FRITOS CON PATATAS Y CHAMPIÑONES A LO POBRE

INGREDIENTES (4 P.)

8 huevos
3 patatas
1 cebolla
1 pimiento verde
200 g de champiñones
4 dientes de ajo
aceite de oliva virgen extra
perejil
sal

ELABORACIÓN

Calienta abundante aceite (200 ml) en una sartén grande.

Pela las patatas, córtalas en medias lunas finas e introdúcelas en la sartén. Pela la cebolla, córtala en dados e incorpórala a la sartén. Retira el tallo y las semillas del pimiento, córtalo en daditos y agrégalo. Sazona y rehoga las hortalizas a fuego medio durante 15 minutos.

Limpia los champiñones (enjuágalos en un bol con agua y sécalos bien), córtalos en láminas e introdúcelos en la sartén. Mezcla y fríe todo junto durante 10 minutos más.

Calienta una sartén pequeña con 6 cucharadas del aceite resultante de freír las patatas y los champiñones. Aplasta 1 diente de ajo, introdúcelo en la sartén y dóralo un poco. Casca 2 huevos, añádelos a la sartén, fríelos a tu gusto, retíralos y sazónalos. Repite el proceso con el resto de los ajos y de los huevos.

Sirve 2 huevos fritos y 1 porción de hortalizas en cada plato. Decora con unas hojas de perejil.

TORTILLA RELLENA DE SETAS Y ESPÁRRAGOS VERDES

INGREDIENTES (4 P.)

8 huevos
12 espárragos verdes
12 setas de cultivo
1 cebolleta
2 rebanadas de pan
2 tomates grandes maduros
1 diente de ajo
aceite de oliva virgen extra
1 cucharada de vinagre
10 hojas de albahaca
perejil
sal

ELABORACIÓN

Calienta 4 cucharadas de aceite en una sartén. Corta la cebolleta en daditos, agrégala a la sartén y rehógala a fuego medio durante 5 minutos. Corta las setas en dados e incorpóralas a la sartén. Sazónalo y rehógalo todo junto durante 5 minutos más. Retira la mezcla a un plato y resérvala.

Añade 1 cucharada de aceite a la sartén donde has cocinado la cebolleta y las setas, y ponla a calentar. Corta los espárragos en rodajas de 1 cm e introdúcelos en la sartén. Sazónalos y cocínalos a fuego medio durante 5-6 minutos. Retíralos, añádelos al plato donde están las setas con la cebolleta y resérvalos.

Casca 2 huevos en un bol, sazónalos y bátelos bien. Calienta una sartén mediana con 1 cucharadita de aceite. Vierte los huevos en la sartén y cocínalos como si fueras a hacer un crepe: primero por un lado y luego por el otro, de manera que quede una tortilla plana. Retira la tortilla a un plato y repite el proceso con el resto de los huevos.

Pela los tomates, córtalos en trozos irregulares y ponlos en una fuente. Pela el diente de ajo, pícalo finamente e incorpóralo. Pica finamente las hojas de albahaca y espolvorea con ella los tomates. Aderézalos con 4 cucharadas de aceite, vinagre y sal. En el momento de servir, corta el pan en dados grandes y agrégalos a la fuente.

Sirve una tortilla plana en cada plato y cúbrela con la mezcla de setas y espárragos. Acompáñala con la ensalada de tomate y decora los platos con unas hojas de perejil.

TORTILLA DE BACALAO Y PUERRO

INGREDIENTES (4 P.)

400 g de bacalao desmigado desalado

2 puerros

8 huevos

250 ml de salsa de tomate

aceite de oliva virgen extra

perejil

sal

CONSEJO

Según la temporada del año, podrás encontrar diferentes tipos de puerro. Los de otoño e invierno son más gruesos y tienen un sabor más intenso, mientras que los de verano son más pequeños, tiernos y de sabor más delicado.

ELABORACIÓN

Calienta 3 cucharadas de aceite en una sartén. Limpia los puerros, retirándoles la parte inferior, la superior y 2-3 capas de hojas. Córtalos en cuartos de luna de 1 centímetro, introdúcelos en la sartén, sazónalos y rehógalos a fuego suave durante 6-8 minutos. Retíralos a un plato y resérvalos.

Vierte 1 cucharada de aceite en la misma sartén, agrega el bacalao desmigado y saltéalo a fuego medio durante 2-3 minutos. Retira el bacalao y escúrrelo bien.

Calienta la sartén de nuevo, agrega el bacalao y los puerros y saltéalos hasta que queden bien integrados.

Calienta una sartén pequeña con 1 cucharadita de aceite. Bate 2 huevos en un bol, agrega un poco de perejil picado y bátelos un poco más. Agrega ¼ parte de la farsa de bacalao y puerro y mezcla bien. Vierte la mezcla a la sartén y cuaja la tortilla por los dos lados dándole forma de media luna. Repite el proceso hasta conseguir 3 tortillas más.

Calienta la salsa de tomate en el microondas o en un cazo.

Sirve en cada plato 1 tortilla y un poco de salsa de tomate. Decora con unas hojas de perejil.

TORTILLA DE CHISTORRA RELLENA DE QUESO

INGREDIENTES (4 P.)

8 huevos
100 g de chistorra
6 lonchas de queso danés
1 lechuga
1 cebolleta
aceite de oliva virgen extra
vinagre
perejil
sal

ELABORACIÓN

Calienta una sartén sin aceite. Retira la piel de la chistorra, desmenúzala y saltéala brevemente. Escúrrela y retírala a un plato.

Casca 2 huevos y ponlos en un bol. Agrega una pizca de sal y un poco de perejil picado y bátelos bien. Añade ¼ parte de la chistorra y vuelve a batirlos.

Calienta 1 cucharadita de aceite en una sartén pequeña, vierte en ella la mezcla y cuájala por los dos lados como si fuera una crepe. Repite el proceso con el resto de los huevos y de la chistorra hasta conseguir otras 3 tortillas.

Extiende las tortillas sobre la tabla de cocina, pon una loncha y media de queso sobre cada una y enróllalas. Colócalas sobre una bandeja de horno y hornéalas a 200 ºC hasta que se funda el queso.

Suelta las hojas de la lechuga, lávalas, sécalas, trocéalas y ponlas en un bol. Corta la cebolleta en juliana fina y añádela. Aliña con aceite, vinagre y sal.

Sirve 1 tortilla en cada plato y acompáñala con un poco de ensalada.

TOSTAS DE HUEVOS ESCALFADOS CON BERENJENAS Y PIMIENTOS

INGREDIENTES (4 P.)

8 huevos
2 berenjenas
2 pimientos rojos morrones
1 diente de ajo
8 rebanadas de pan medianas
1 cucharada de vino blanco seco
aceite de oliva virgen extra
perejil
sal

ELABORACIÓN

Pon las berenjenas y los pimientos en una bandeja apta para el horno. Hornea las hortalizas a 180 ºC durante 35-40 minutos. Retíralas, deja que se templen un poco, pélalas, córtalas en tiras y ponlas en un bol. Pela el diente de ajo, pícalo finamente y añádelo al bol. Vierte 2 cucharadas de aceite y el vino, sazona y mezcla bien.

Tuesta las rebanadas de pan y resérvalas.

Calienta una tartera (cazuela amplia y baja) con agua. Cuando empiece a hervir, casca sobre ella 4 huevos y escálfalos durante 3 minutos. Retíralos a un plato y repite el proceso con los otros 4 huevos. Resérvalos.

Cubre las rebanadas de pan con la mezcla de berenjena y pimiento y pon 1 huevo escalfado sobre cada una. Sirve 2 tostas en cada plato y sazónalas. Decora con unas hojas de perejil.

HUEVO ESCALFADO CON SETAS, ESPÁRRAGOS VERDES Y PATATAS

INGREDIENTES (4 P.)

4 huevos
400 g de setas shitake
12 espárragos verdes
4 dientes de ajo
2 patatas
perejil
aceite de oliva virgen extra
sal

CONSEJO

En el caso de que los huevos no sean muy frescos, puedes echar un chorrito de vinagre al agua. De esta manera, contribuirás a que la clara se coagule sin disolverse.

ELABORACIÓN

Calienta abundante aceite en una sartén. Pela las patatas, córtalas en dados, introdúcelas en la sartén y fríelas hasta que se hagan por dentro y se doren por fuera. Retíralas, escúrrelas bien y resérvalas.

Calienta un wok con 3 cucharadas de aceite. Aplasta los dientes de ajo (con piel) e introdúcelos en el wok. Corta los espárragos en trozos de 2 centímetros, añádelos y rehógalos durante 3-4 minutos. Corta las setas en 4-6 trozos, introdúcelas en el wok, sazónalas y rehógalas durante 4-5 minutos. Incorpora los dados de patata y saltéalo todo durante 3-4 minutos.

Calienta abundante agua en una tartera (cazuela amplia y baja). Cuando empiece a hervir, casca sobre ella los huevos y escálfalos durante 3 minutos. Retíralos y escúrrelos bien.

Reparte el salteado en el fondo de 4 platos y coloca 1 huevo en el centro de cada uno. Sazona los huevos y espolvoréalos con un poco de perejil picado. Decora con unas hojas de perejil.

CAZUELITAS DE CALABACÍN Y HUEVO

INGREDIENTES (4 P.)

8 huevos

3 calabacines

1 cebolla

4 dientes de ajo

1 cucharada de harina

75 ml de vino blanco

aceite de oliva virgen extra

1 guindilla cayena

perejil

sal

ELABORACIÓN

Calienta 4 cucharadas de aceite en una cazuela. Pela los dientes de ajo y la cebolla, córtalos en daditos y añádelos. Sazona las hortalizas y rehógalas a fuego suave-medio durante 10 minutos. Agrega la cayena y la harina, y cocínala un poco. Vierte el vino y dale un hervor fuerte. Corta los calabacines en cuartos de luna de 3 cm e introdúcelos en la cazuela.

Pon a punto de sal y cocina las hortalizas a fuego medio durante 12-15 minutos.

Retira la cayena y reparte los calabacines en 4 cazuelitas individuales aptas para el horno. Casca 2 huevos sobre cada una de ellas, introdúcelas en el horno y hornéalas a 220 ºC durante 4-5 minutos.

Sirve y decora las cazuelitas con unas hojas de perejil.

CALABACINES REBOZADOS CON HUEVOS FLOR

INGREDIENTES (4 P.)

8 huevos

2 calabacines

2 huevos batidos y harina (para rebozar)

aceite de oliva virgen extra

perejil

sal

ELABORACIÓN

Corta los calabacines en rodajas de ½ cm, extiéndelas sobre una fuente y sazónalas. Déjalas reposar durante 15 minutos.

Calienta una sartén con abundante aceite. Escurre las rodajas de calabacín y sécalas. Pásalas por harina y huevo batido, introdúcelas en la sartén y fríelas por los dos lados. Retíralas y escúrrelas sobre una fuente cubierta con papel absorbente de cocina.

Para montar los huevos flor, corta 1 trozo grande de film transparente, ponlo sobre una taza, vierte en ella unas gotas de aceite, casca 1 huevo encima y sazónalo. Toma las puntas del film, júntalas, enróscalas y átalas con un trozo de cuerda de cocina. Haz lo mismo con los otros 7 huevos y resérvalos.

Calienta abundante agua en una cazuela y, cuando empiece a hervir, introduce los huevos envueltos. Cuécelos a fuego suave-medio durante 4-5 minutos. Sácalos del agua y retira el film con cuidado de no romperlos.

Sirve las rodajas de calabacín en 4 platos y colócalas formando una flor con pétalos. Coloca 2 huevos en el centro de cada plato y decóralos con unas hojas de perejil.

HUEVOS AL PLATO CON CARNE PICADA

INGREDIENTES (4 P.)

4 huevos

500 g de carne picada (ternera y cerdo)

1 cebolla

3 dientes de ajo

1 pimiento verde

1 pimiento rojo

4 cucharadas de tomate concentrado

2 rebanadas de pan de molde (sin corteza)

aceite de oliva virgen extra

1 cucharadita de orégano

1 cucharadita de comino en polvo

1 guindilla cayena

10 hojas de cebollino

perejil

sal

ELABORACIÓN

Calienta una tartera (cazuela amplia y baja) con 3 cucharadas de aceite. Pela los dientes de ajo, córtalos en dados y agrégalos a la tartera. Pela la cebolla, córtala en daditos y añádela. Rehoga las hortalizas a fuego medio durante 5-6 minutos.

Retira el tallo y las semillas del pimiento verde y córtalo en daditos. Retira el tallo y las semillas del pimiento rojo, pélalo y córtalo de la misma manera. Agrega los pimientos y la guindilla a la tartera y sazónalos. Rehoga las hortalizas a fuego medio durante 10-12 minutos. Retira la guindilla e incorpora la carne picada. Sazónala y cocínala a fuego medio durante 5 minutos. Agrega el comino, el orégano y el tomate concentrado y mezcla bien. Con la base de un cazo, presiona la mezcla de carne y hortalizas marcando 4 hondonadas. Casca los huevos, ponlos en las hondonadas, sazónalos, tapa la tartera y cocina los huevos a fuego medio durante 4 minutos aproximadamente.

Calienta abundante aceite en una sartén. Corta las rebanadas de pan en dados, introdúcelos en la sartén y fríelos hasta que se doren. Retíralos, escúrrelos sobre una fuente cubierta con papel absorbente y resérvalos.

Pica las hojas de cebollino finamente y espolvorea con ellas los dados de pan.

Reparte el contenido de la tartera en 4 platos, salpícalos con los dados de pan frito y decóralos con unas hojas de perejil.

CONSEJO

Los huevos al plato son una receta muy versátil, ya que te ofrecen un sinfín de posibilidades. Solo tienes que adaptar las hortalizas y las carnes a tu gusto.

PATATAS CON PIMIENTOS Y HUEVOS AL HORNO

INGREDIENTES (4 P.)

8 huevos

3 patatas

1 pimiento rojo

4 dientes de ajo

4 lonchas finas de jamón ibérico

aceite de oliva virgen extra

perejil

sal

ELABORACIÓN

Cubre una bandeja de horno con papel sulfurizado, extiende las lonchas de jamón y hornéalas a 200 ºC durante 10-12 minutos. Retíralas y deja que se enfríen.

Calienta abundante aceite (150 ml) en una sartén grande. Pela las patatas, córtalas en dados e introdúcelas en la sartén. Fríelas a fuego suave-medio durante 10-12 minutos. Pela el pimiento rojo, córtalo en dados e incorpóralo a la sartén. Aplasta los dientes de ajo (con piel) y añádelos. Sazónalo y fríelo todo durante 10 minutos más.

Escurre las hortalizas y repártelas en 4 recipientes aptos para el horno. Casca 2 huevos encima de cada uno. Introduce los recipientes en el horno a 200 ºC durante 4-5 minutos.

Corta las lonchas de jamón crujiente en 2 trozos y colócalas sobre los huevos. Sirve y decora con unas hojas de perejil.

TORTILLA DE MORCILLA Y PUERRO CON PIMIENTOS

INGREDIENTES (4 P.)

8 huevos

1 morcilla de cebolla

2 cebollas

2 puerros

16 pimientos del piquillo

2 dientes de ajo

aceite de oliva virgen extra

perejil

sal

ELABORACIÓN

Calienta una sartén con 2-3 cucharadas de aceite. Pela los dientes de ajo, córtalos en láminas, introdúcelos en la sartén y dóralos un poco. Extiende los pimientos en la sartén, sazónalos y cocínalos a fuego suave durante 12-15 minutos. Resérvalos.

Pela las cebollas y córtalas en daditos. Limpia los puerros (retirándoles la parte inferior, la superior y 2 capas de hojas), lávalos bien y córtalos de la misma manera.

Calienta una sartén grande con 4 cucharadas de aceite. Introduce las hortalizas, sazónalas y rehógalas a fuego suave durante 20 minutos.

Retira la piel de la morcilla, incorpórala a la sartén, desmenúzala con la ayuda de una cuchara de madera, rehógala un poco y mezcla bien. Escurre y reserva la mezcla.

Bate 2 huevos con una pizca de sal en un bol, añade ¼ parte de la mezcla de hortalizas y morcilla, y vuelve a batir hasta que los ingredientes queden bien integrados.

Calienta una sartén pequeña con 1 cucharadita de aceite y extiéndelo bien. Vierte en ella la mezcla de huevos, hortalizas y morcilla. Cuaja la tortilla por los dos lados y pásala a un plato. Prepara otras 3 tortillas de la misma manera.

Sirve en cada plato 1 tortilla y 4 pimientos. Decora con unas hojas de perejil.

HUEVOS RELLENOS DE ATÚN CON LACTONESA

INGREDIENTES (4 P.)

6 huevos
125 g de atún en aceite
1 cebolleta
6 aceitunas verdes rellenas
aceite de oliva virgen extra
perejil
sal

Para la lactonesa:

100 ml de leche
½ limón
250 ml de aceite de oliva suave
sal

ELABORACIÓN

Calienta una sartén con 2 cucharadas de aceite. Corta la cebolleta en daditos, introdúcela en la sartén, sazónala y rehógala a fuego suave durante 8-10 minutos. Resérvala.

Pon agua a calentar en un cazo. Cuando empiece a hervir, remuévela en círculos, introduce los huevos y cuécelos durante 10 minutos. Retíralos del cazo, refréscalos, pélalos y córtalos por la mitad a lo largo. Separa las claras de las yemas y resérvalas.

Pon las yemas en una picadora. Añade el atún y la cebolleta y tritura todo bien hasta que consigas una pasta homogénea.

Para la lactonesa, pon la leche en un vaso batidor y sazónala. Vierte el zumo de limón y ¼ parte del aceite. Tritura los ingredientes con una batidora eléctrica hasta que empiecen a emulsionar. Vierte, poco a poco, el resto del aceite y sigue triturando hasta que la mezcla espese bien.

Corta las aceitunas por la mitad y resérvalas.

Rellena las claras con la mezcla, cúbrelas con la lactonesa y pon media aceituna encima de cada una. Sirve 3 medios huevos en cada plato y decóralos con unas hojas de perejil.

CONSEJO

La lactonesa es una buena alternativa a la mayonesa, ya que, al no contener huevo, es apta para las personas alérgicas o intolerantes al huevo.

HUEVOS COCIDOS CON BONITO Y MAYONESA

INGREDIENTES (4 P.)

7 huevos
150 g de bonito en aceite
1 lechuga
12 aceitunas rellenas
12 gambas
aceite de oliva virgen extra
vinagre
perejil
sal

ELABORACIÓN

Pon 6 huevos en un cazo, cúbrelos con agua y cuécelos durante 10 minutos contados desde el momento en que el agua empiece a hervir. Retíralos, refréscalos, pélalos y resérvalos.

Calienta un cazo con agua. Cuando empiece a hervir, introduce las gambas y cuécelas durante 1-2 minutos. Pélalas y resérvalas.

Para preparar la mayonesa, pon 1 huevo en un vaso batidor, agrega 2 cucharadas de vinagre, una pizca de sal y 200 ml de aceite. Tritura los ingredientes con una batidora eléctrica hasta que liguen.

Desmenuza el bonito y ponlo en un bol. Añade la mayonesa y mezcla bien.

Suelta las hojas de la lechuga, lávalas, sécalas, córtalas en juliana fina y repártelas en 4 platos. Corta los huevos por la mitad, cúbrelos con una cucharada de bonito con mayonesa y pon 3 mitades en cada plato. Coloca una aceituna y una gamba encima de cada mitad y espolvoréalos con un poco de perejil picado. Decora los platos con unas hojas de perejil.

HUEVOS CON PURÉ DE PATATA AL PIMENTÓN

INGREDIENTES (4 P.)

8 huevos
4 patatas
16 ajos frescos
100 ml de leche
4 rebanadas de pan
aceite de oliva virgen extra
1 ½ cucharadas de pimentón
perejil
sal

ELABORACIÓN

Limpia los ajos frescos y córtalos en rodajas finas de 1 cm. Calienta una sartén con 2 cucharadas de aceite, introduce los ajos frescos, saltéalos durante 2-3 minutos y resérvalos.

Calienta la leche con abundante agua en una cazuela. Pela las patatas, trocéalas (cascándolas), introdúcelas en la cazuela, sazónalas y cuécelas durante 15 minutos. Escúrrelas y pásalas por el pasapurés. Agrega el pimentón y los ajos frescos con el aceite de la sartén y mezcla bien.

Calienta una sartén con 4-6 cucharadas de aceite. Corta el pan en dados y añádelos. Fríelos hasta que se doren. Retíralos, escúrrelos sobre una fuente cubierta con papel absorbente de cocina y resérvalos.

Calienta agua en una tartera (cazuela amplia y baja). Cuando empiece a hervir, baja el fuego un poco, casca 4 huevos, introdúcelos en 2 tandas en la tartera y escálfalos durante 3 minutos. Retíralos a un plato y repite el proceso con los otros 4 huevos. Resérvalos.

Reparte el puré en 4 platos hondos, pon 2 huevos en el centro de cada plato y unos costrones de pan frito. Decora los platos con unas hojas de perejil.

TORTILLA DE MORCILLA Y CEBOLLA CARAMELIZADA

INGREDIENTES (4 P.)

8 huevos
1 morcilla de arroz
2 cebollas
1 escarola
1 granada
aceite de oliva virgen extra
vinagre
perejil
sal

CONSEJO

El huevo no aumenta los niveles de colesterol en sangre, así que puedes tomar hasta siete a la semana. De hecho, algunos estudios indican que una persona sana podría comer entre uno y tres al día sin ningún problema.

ELABORACIÓN

Suelta las hojas de la escarola, lávalas bajo el grifo de agua, sécalas, trocéalas, ponlas en un bol y resérvalas.

Corta la granada por la mitad y golpéala (sobre un bol) por la parte de la piel con una cuchara hasta que salgan todos los granos. Resérvalos.

Calienta una sartén con 4-6 cucharadas de aceite. Pela las cebollas, córtalas en dados e introdúcelas en la sartén. Sazónalas y rehógalas a fuego suave-medio durante 30 minutos. Pásalas a una fuente y resérvalas.

Retira la piel de la morcilla, desmenúzala, introdúcela en la sartén y rehógala a fuego medio durante 5 minutos. Incorpora las cebollas caramelizadas y mezcla bien.

Calienta una sartén pequeña con 1 cucharadita de aceite.

Casca 2 huevos en un bol, sazónalos, agrega un poco de perejil picado y bátelos bien. Añade ¼ parte de la mezcla de morcilla y cebolla y remueve bien. Vierte la mezcla a la sartén y cuaja la tortilla a tu gusto. Repite el proceso con el resto de los huevos y de la mezcla de cebolla y morcilla hasta que consigas otras 3 tortillas.

Sirve 1 tortilla en el centro de cada plato. Reparte la escarola aliñada con aceite, vinagre y sal alrededor y salpícala con los granos de granada.

Decora los platos con unas hojas de perejil.

HUEVOS GRATINADOS CON BECHAMEL DE JAMÓN

INGREDIENTES (4 P.)

8 huevos
100 g de jamón serrano
12 ajos frescos
600 ml de leche
50 g de harina
60 g de queso rallado
aceite de oliva virgen extra
perejil
sal

ELABORACIÓN

Calienta agua en una tartera (cazuela amplia y baja). Cuando empiece a hervir, casca 4 huevos, introdúcelos en la tartera y escálfalos durante 3 minutos. Retíralos a un plato y resérvalos.

Calienta otra tartera con 4 cucharadas de aceite. Limpia los ajos frescos, córtalos en rodajas finas de 1 cm, introdúcelos en la tartera y rehógalos a fuego suave durante 4-5 minutos. Corta el jamón en daditos, incorpóralo y rehógalo brevemente. Añade la harina y cocínala un poco. Vierte encima la leche poco a poco y sin parar de remover. Cocina la bechamel a fuego suave durante 10 minutos.

Reparte los huevos en 4 recipientes aptos para el horno, sazónalos y nápalos con la bechamel. Cúbrelos con el queso rallado, introdúcelos en el horno y gratínalos hasta que se funda el queso y se doren un poco.

Sirve y decora los platos con unas hojas de perejil.

REVUELTO DE TOMATE Y BEICON

INGREDIENTES (4 P.)

8 huevos
8 lonchas de beicon
1 tomate
4 tomates deshidratados
aceite de oliva virgen extra
perejil
pimienta
sal

ELABORACIÓN

Calienta una sartén con 1 cucharada de aceite, corta las lonchas de beicon en dados e incorpóralos a la sartén. Saltéalos hasta que se doren, retíralos y resérvalos.

Corta los tomates deshidratados en dados, introdúcelos en la sartén y saltéalos durante 2 minutos. Retíralos y resérvalos en un plato.

Agrega 2 cucharadas de aceite a la sartén y caliéntalo. Pela el tomate, retírale las pepitas, córtalo en dados y saltéalo a fuego fuerte durante 3-4 minutos. Retíralo a un plato y escúrrelo bien.

Bate 2 huevos en un bol, salpiméntalos y añádeles la mitad de los tomates y el beicon. Calienta 1 cucharada de aceite en una sartén. Baja el fuego, vierte la mezcla de huevos, tomate y beicon, y cocínalos sin dejar de remover hasta que cuajen a tu gusto. Retira el revuelto y resérvalo en un plato. Repite el proceso hasta conseguir 3 revueltos más.

Sirve y decora los platos con unas hojas de perejil.

REVUELTO DE PIMIENTOS Y LANGOSTINOS

INGREDIENTES (4 P.)

8 huevos
12 langostinos
2 pimientos rojos
1 cebolleta
10 ajos frescos
1 diente de ajo
8 rebanadas de pan
aceite de oliva virgen extra
perejil
sal

ELABORACIÓN

Corta los pimientos por la mitad a lo largo y retírales el tallo y las semillas. Coloca los pimientos (dejando la parte de la piel hacia arriba) en una bandeja de horno, riégalos con 1-2 cucharadas de aceite y sazónalos. Hornéalos a 180 ºC durante 35-40 minutos. Retíralos, deja que se templen, pélalos, córtalos en tiras (de 2 centímetros por 3 centímetros) y resérvalos.

Pon las rebanadas de pan en otra bandeja de horno y hornéalas hasta que se tuesten (unos 4-5 minutos) Retíralas y resérvalas.

Retira las cabezas de los langostinos. Pela las colas y resérvalas.

Calienta una sartén con 3 cucharadas de aceite. Corta la cebolleta en juliana fina, introdúcela en la sartén y rehógala a fuego suave durante 5 minutos. Limpia los ajos frescos (retirándoles la parte inferior, la superior y 2 capas de hojas), córtalos en trozos de 2 centímetros e introdúcelos en la sartén. Sazona y rehoga las hortalizas a fuego suave durante 4-5 minutos.

Corta los langostinos en trozos de 2 centímetros, sazónalos, añádelos a la sartén y saltéalos brevemente. Incorpora las tiras de pimiento y rehógalo todo junto durante 2 minutos.

Bate los huevos en un bol y sazónalos. Agrega la farsa de cebolleta, ajos frescos, pimientos y langostinos, espolvoréala con un poco de perejil picado y mezcla bien.

Calienta una sartén grande con 1 cucharada de aceite. Vierte la mezcla del bol y remueve los ingredientes a fuego suave hasta que los huevos cuajen a tu gusto.

Reparte el revuelto en 4 platos. Pela el diente de ajo, unta las rebanadas de pan y sirve 2 tostadas en cada plato. Decora con unas hojas de perejil.

CONSEJO

Hoy hemos hecho el revuelto en una sartén antiadherente, pero que sepas que también puedes prepararlo en un bol al baño maría. La única pega es que tardará más tiempo en cuajar.

SÁNDWICH DE HUEVO, AGUACATE, TOMATE, QUESO Y PANCETA

INGREDIENTES (4 P.)

4 huevos
2 aguacates
1 tomate grande
4 lonchas de queso
8 lonchas finas de panceta ibérica
8 rebanadas grandes de pan de molde
aceite de oliva virgen extra
perejil
pimienta
sal

ELABORACIÓN

Tuesta las rebanadas de pan y resérvalas.

Pela el tomate y córtalo en rodajas finas. Pela los aguacates y córtalos en rodajas finas.

Calienta una sartén sin aceite, introduce las lonchas de panceta y dóralas por los dos lados. Retíralas a un plato y resérvalas.

Calienta una sartén con 1 cucharada de aceite. Casca 1 huevo, introdúcelo en la sartén y fríelo un poco; dale la vuelta y fríelo brevemente por el otro lado. Retíralo a un plato, salpimiéntalo y resérvalo. Repite el proceso con los otros 3 huevos.

Para montar los sándwiches, extiende 4 rebanadas de pan sobre la tabla de cocina. Reparte encima las lonchas de queso, las rodajas de aguacate y de tomate, los huevos y las lonchas de panceta. Cúbrelas con las 4 rebanadas de pan y sirve un sándwich en cada plato. Decora con unas hojas de perejil.

HUEVO *MOLLET* CON NIDO DE CALABACÍN, PATATA Y ZANAHORIA

INGREDIENTES (4 P.)

4 huevos
2 patatas
1 calabacín
2 zanahorias
30 g de mantequilla
aceite de oliva virgen extra
perejil
pimienta
sal

ELABORACIÓN

Llena un cazo con abundante agua. Cuando empiece a hervir, introduce los huevos, baja el fuego y cuécelos durante 5 minutos. Retíralos, pásalos a un bol con agua fría y unos hielos y deja que se enfríen un poco. Cuando estén fríos, sácalos del bol y golpéalos con suavidad sobre la encimera para que se agriete la cáscara. Pélalos con cuidado. Resérvalos.

Pon las patatas en una cazuela. Cúbrelas con agua y cuécelas a fuego medio durante 35 minutos. Pélalas, ponlas en un bol, salpimiéntalas, agrega la mantequilla y aplástalas con un tenedor hasta que queden reducidas a puré.

Pela las zanahorias y córtalas en lonchas finas con el pelador de hortalizas. Calienta una sartén con 3-4 cucharadas de aceite e introduce en ella las zanahorias loncheadas. Corta el calabacín en bastones finos de 5 cm y añádelos a la sartén. Sazona y rehoga las hortalizas a fuego suave durante 8-10 minutos. Escúrrelas bien, introdúcelas en el bol donde está el puré de patatas y mezcla bien.

Sirve una porción de puré de patata, zanahoria y calabacín en cada plato, formando un nido. Coloca 1 huevo *mollet* en el centro de cada nido y decora los platos con unas hojas de perejil.

HUEVOS CON PATATAS Y CHISTORRA

INGREDIENTES (4 P.)

8 huevos
3 patatas
1 cebolleta
12 ajos frescos
250 g de chistorra
aceite de oliva virgen extra
perejil
sal

ELABORACIÓN

Calienta una sartén con abundante aceite. Pela las patatas, córtalas en medias lunas finas e introdúcelas en la sartén. Corta la cebolleta en juliana gruesa e incorpórala. Sazona y fríe los ingredientes a fuego medio durante 15 minutos. Limpia los ajos frescos (retirándoles la parte inferior, la superior y 1-2 capas de hojas), córtalos en trozos de 2 centímetros e introdúcelos en la sartén. Fríelo todo durante 5 minutos. Escurre la mezcla y resérvala.

Calienta una sartén sin aceite. Corta la chistorra en trozos de 3 centímetros y fríelos bien (durante 5-6 minutos). Escurre los trozos de chistorra y mézclalos con las patatas.

Reparte la mezcla en 4 cazuelitas de barro aptas para el horno. Agrega 2 huevos a cada una y sazónalos.

Hornea las cazuelitas a 220 ºC durante 6-8 minutos, hasta que los huevos cuajen.

Retira los recipientes del horno y decóralos con unas hojas de perejil.

CONSEJO

Si no consigues chistorra, puedes preparar esta receta con chorizo fresco, *txitxikis* o picadillo.

TORTILLA DE HORTALIZAS CON ENSALADA DE TOMATE

INGREDIENTES (4 P.)

8 huevos
1 calabacín
1 cebolleta
1 zanahoria
1 patata
½ pimiento rojo
2 tomates
3 dientes de ajo
aceite de oliva virgen extra
vinagre
perejil
sal

ELABORACIÓN

Calienta abundante aceite (175 ml) en una sartén. Pela la patata, córtala en cuartos de luna finos e incorpórala a la sartén. Pela el calabacín y la zanahoria, córtalos de la misma manera e incorpóralos. Corta la cebolleta en dados y agrégala a la sartén. Pela el pimiento rojo y 2 dientes de ajo, córtalos en dados y añádelos. Sazona las hortalizas y rehógalas a fuego medio durante 20 minutos aproximadamente. Escúrrelas y resérvalas.

Calienta una sartén pequeña con 1 cucharada del aceite resultante de freír las hortalizas. Bate 2 huevos en un bol, agrega ¼ parte de las hortalizas y mezcla bien. Vierte la mezcla en la sartén y cuaja la tortilla por los dos lados. Retírala y resérvala en un plato. Repite el proceso con el resto de los huevos y de las hortalizas hasta conseguir 3 tortillas más.

Pela los tomates, córtalos en trozos irregulares y ponlos en un bol. Pela el otro diente de ajo, pícalo finamente y agrégalo al bol. Aderézalo con aceite, vinagre y sal.

Sirve 1 tortilla en cada plato y acompáñala con un poco de tomate aliñado. Decora los platos con unas hojas de perejil.

HUEVOS FRITOS CON PURÉ DE PATATA GRATINADO

INGREDIENTES (4 P.)

4 huevos
4 patatas
2 pimientos verdes
16 ajos frescos
100 ml de leche
125 g de queso *mozzarella* rallado
aceite de oliva virgen extra
perejil
pimienta
sal

ELABORACIÓN

Lava las patatas y ponlas en una olla rápida. Cúbrelas con agua, cierra la olla y cuécelas durante 6-8 minutos a partir del momento en que suba la válvula. Apaga el fuego y espera a que la válvula baje. Abre la olla, retira las patatas, deja que se templen un poco, pélalas y pásalas por el pasapurés sobre un bol. Salpimienta, añade la leche, mezcla bien y reserva el puré.

Retira los tallos y las semillas de los pimientos y córtalos en juliana fina. Limpia los ajos frescos (retirándoles la parte inferior, la superior y 1-2 capas de hojas) y córtalos en cilindros. Calienta una sartén con 5 cucharadas de aceite. Agrega los pimientos y los ajos frescos, y fríelos a fuego medio durante 8-10 minutos. Retira las hortalizas a un plato y resérvalas.

Pasa el aceite sobrante a una sartén pequeña. Casca 1 huevo, introdúcelo en la sartén y fríelo a tu gusto. Retira y resérvalo. Repite el proceso con los otros 3 huevos.

Coloca los huevos en 4 cazuelitas de barro, reparte las verduras por encima, cúbrelos con el puré de patatas y espolvoréalos con el queso. Introduce las cazuelitas en el horno y gratínalas hasta que el queso se funda y se dore un poco.

Sirve y decora los platos con unas hojas de perejil.

TORTILLA VAGA DE GAMBAS

INGREDIENTES (4 P.)

8 huevos
32 gambas
3 dientes de ajo
aceite de oliva virgen extra
perejil
1 guindilla cayena
sal

ELABORACIÓN

Para preparar las gambas al ajillo, calienta 75 ml de aceite en una sartén y añade la guindilla. Pela los dientes de ajo, córtalos en láminas, incorpóralos a la sartén y rehógalos un poco. Pela las gambas y, antes de que el ajo empiece a dorarse, sazónalas, agrégalas a la sartén, saltéalas brevemente y añádeles un poco de perejil picado.

Calienta otra sartén (de 15 cm de diámetro) con 1 cucharadita de aceite. Casca 2 huevos, pásalos a un bol, sazónalos, bátelos bien y viértelos en la sartén. Deja que cuajen (sin removerlos) a fuego suave solo por un lado.

Retira la tortilla (tipo crepe) a un plato llano y coloca encima 8 gambas al ajillo y un poco del aceite de la sartén. Repite el proceso con el resto de los huevos y de las gambas hasta que consigas otras 3 tortillas.

Sirve una tortilla en cada plato y decóralas con unas hojas de perejil.

CONSEJO

Se llama «tortilla vaga» porque no tienes que darle la vuelta. Si se te resiste el momento de girar la tortilla, esta manera de prepararla es una gran solución.

HUEVOS GRATINADOS CON BECHAMEL DE BACALAO

INGREDIENTES (4 P.)

8 huevos

½ l de leche

35 g de harina

200 g de bacalao desmigado salado

1 cebolleta

2 dientes de ajo

½ pimiento rojo

aceite de oliva virgen extra

perejil

sal

ELABORACIÓN

Pon el bacalao desmigado en un bol, cúbrelo con agua y déjalo a remojo durante 15 minutos. Enjuágalo bien bajo el agua del grifo, escúrrelo y resérvalo.

Calienta una cazuela con 3 cucharadas de aceite. Corta la cebolleta y los dientes de ajo en daditos e introdúcelos en la cazuela. Pela el pimiento, córtalo de la misma manera y añádelo a la cazuela. Rehoga las hortalizas a fuego suave-medio durante 15 minutos. Incorpora el bacalao y mézclalo bien. Agrega la harina a la cazuela, rehógala brevemente y vierte la leche poco a poco, sin dejar de remover. Cocina la bechamel a fuego suave durante 10 minutos sin dejar de remover.

Calienta agua en una tartera (cazuela amplia y baja). Cuando empiece a hervir, baja un poco el fuego, casca los huevos e introdúcelos en la tartera. Escálfalos durante 3 minutos. Retíralos y ponlos de 2 en 2 en 4 recipientes aptos para el horno. Sazónalos, nápalos con la bechamel y gratínalos en el horno hasta que se doren un poco.

Sirve y decora los recipientes con unas hojas de perejil.

REVUELTO DE SALMÓN Y QUESO DE CABRA

INGREDIENTES (4 P.)

8 huevos

400 g de salmón fresco sin espinas

1 cebolleta

12 aceitunas negras

100 g de queso fresco de cabra

picos de pan

aceite de oliva virgen extra

1 cucharadita de cebollino picado

perejil

pimienta

sal

ELABORACIÓN

Corta la cebolleta en dados, introdúcela en la sartén y rehógala a fuego suave-medio con un chorrito de aceite durante 6-8 minutos. Corta el salmón en daditos, salpimiéntalos, incorpóralos a la sartén y rehógalos durante 1-2 minutos. Retira la mezcla y resérvala en un plato.

Bate 2 huevos en un bol y salpimiéntalos. Corta el queso en daditos y agrega la mitad al bol. Añade la mitad de la mezcla de salmón y cebolleta, y bate bien.

Calienta una sartén con 1-2 cucharadas de aceite. Cuando esté caliente, baja el fuego y vierte la mezcla de huevos, cebolleta y salmón. Cocina los ingredientes (sin dejar de remover) hasta que cuajen a tu gusto. Retira el revuelto a un plato y resérvalo. Repite el proceso con el resto de los ingredientes.

Sirve los revueltos en 4 platos, coloca 3 aceitunas en cada uno, espolvoréalos con el cebollino picado y decóralos con unas hojas de perejil. Acompáñalos con los picos de pan.

NIDOS DE PASTA *BRICK* Y HUEVO

INGREDIENTES (4 P.)

4 láminas de pasta *brick*
2 patatas
100 g de jamón serrano
8-12 hojas de lechuga
4 huevos
aceite de oliva virgen extra
10 hojas de albahaca
1 cucharadita de sésamo tostado
perejil
pimienta
sal

ELABORACIÓN

Pon agua a calentar en la olla rápida, introduce las patatas, cierra la olla y cuécelas durante 6-8 minutos a partir del momento en que suba la válvula. Apaga el fuego y espera a que la válvula baje. Abre la olla, retira las patatas y deja que se templen. Pélalas, salpimiéntalas y aplástalas con un tenedor hasta reducirlas a puré.

Calienta una sartén con 2 cucharadas de aceite. Corta el jamón en daditos, agrégalo a la sartén, saltéalo brevemente, añádelo (con su aceite) al puré de patata y mezcla bien.

Coloca las láminas de pasta *brick* de una en una (como si fueras a preparar unos nidos) en 4 platos hondos o cuencos aptos para el horno. Introdúcelos en el horno y hornéalos a 180 ºC durante 10 minutos aproximadamente.

Sácalos, deja que se enfríen, retira con cuidado los nidos de pasta *brick* y pon 1 en cada plato.

Reparte el puré de patata en la base de los nidos de pasta *brick*.

Lava las hojas de lechuga, sécalas bien y córtalas en juliana fina. Corta también las hojas de albahaca, mézclalas con las hojas de lechuga y repártelas sobre el puré de patata.

Calienta 6 cucharadas de aceite en una sartén pequeña. Casca 1 huevo, fríelo y resérvalo. Fríe los otros 3 huevos de la misma manera. Colócalos sobre las hojas de lechuga y albahaca, sazónalos y espolvoréalos con el sésamo tostado.

Sirve y decora los platos con unas hojas de perejil.

ARROCES

ARROZ CON CONEJO Y GAMBAS

INGREDIENTES (4 P.)

300 g de arroz
½ conejo troceado
24 gambas
1 calabacín
4 tomates pera
3 puerros
aceite de oliva virgen extra
perejil
pimienta
sal

ELABORACIÓN

Pela las gambas y reserva las colas. Calienta una cazuela con 2 cucharadas de aceite, introduce las cabezas y las cáscaras y rehógalas a fuego vivo durante 3-4 minutos. Cúbrelas con 1 litro de agua y cuécelas durante 15 minutos a fuego suave-medio. Retira la espuma del caldo, cuélalo y resérvalo.

Pon a calentar una tartera con 4 cucharadas de aceite. Salpimienta el conejo, introdúcelo en la tartera y dóralo bien. Retíralo a un plato y resérvalo.

Limpia los puerros (retirando la parte inferior, la superior y 2 capas de hojas), córtalos en cuartos de luna finos e introdúcelos en la tartera. Sazónalos y rehógalos a fuego suave durante 6-8 minutos. Ralla los tomates, incorpóralos y cocina a fuego medio durante 5 minutos.

Corta el calabacín en dados y agrégalo a la tartera. Introduce el arroz y los trozos de conejo. Vierte el caldo (el doble y un poco más que de arroz), pon a punto de sal y cocina a fuego medio durante 16 minutos.

Sazona las gambas y repártelas encima del arroz. Cocina durante 2 minutos más y sirve. Decora los platos con unas hojas de perejil.

ARROZ AL TOMILLO CON PANCETA, ALITAS DE POLLO Y PIMIENTOS ROJOS

INGREDIENTES (4 P.)

300 g de arroz
200 g de panceta fresca
8 alitas de pollo
2 pimientos rojos
2 dientes de ajo
750 ml de caldo de pollo
aceite de oliva virgen extra
3 ramas de tomillo
perejil
pimienta
sal

ELABORACIÓN

Pon los pimientos en una fuente apta para el horno y hornéalos a 180 ºC durante 40 minutos. Retíralos, espera a que se templen, pélalos, córtalos en tiras, sazónalos, riégalos con 2 cucharadas de aceite y resérvalos.

Calienta una tartera (cazuela amplia y baja) con 4 cucharadas de aceite. Corta la panceta en dados y sazónalos. Introdúcelos en la tartera y rehógalos bien (2-3 minutos). Retíralos a un plato y resérvalos.

Retira las puntas de las alitas y córtalas en dos por la coyuntura. Salpimiéntalas, añádelas a la tartera y fríelas bien hasta que estén doradas por fuera y hechas por dentro. Retíralas a un plato y resérvalas.

Introduce las ramas de tomillo en la tartera. Pela los dientes de ajo, córtalos por la mitad y rehógalos brevemente. Incorpora el arroz, rehógalo durante 1 minuto y vierte el caldo. Pon a punto de sal y cocínalo a fuego fuerte durante 5 minutos. Baja el fuego a una temperatura media y sigue cocinándolo durante 10-12 minutos más.

Retira las ramas de tomillo, agrega la panceta y las alitas a la tartera, mezcla bien y sirve. Decora los platos con unas tiras de pimiento y unas hojas de perejil.

ARROZ CON CHAMPIÑONES, JAMÓN Y SALSA DE SOJA

INGREDIENTES (4 P.)

300 g de arroz
300 g de champiñones
150 g de jamón serrano
1 cebolleta
4 dientes de ajo
100 ml de vino blanco
2 cucharadas de salsa de soja
aceite de oliva virgen extra
perejil
sal

CONSEJO

Si no quieres que el arroz quede pegajoso, te recomiendo que lo laves antes, ya que el exceso de almidón puede influir en la textura final del plato.

ELABORACIÓN

Calienta 2-3 cucharadas de aceite en un cazo. Pela 2 dientes de ajo, córtalos en dados e introdúcelos en el cazo. Corta la cebolleta en daditos y agrégala. Sazona las hortalizas y rehógalas a fuego suave-medio durante 6-8 minutos.

Limpia los champiñones (enjuágalos en un bol con agua y sécalos bien) y córtalos en cuartos. Introdúcelos en el cazo y rehógalos brevemente (2-3 minutos). Vierte encima el vino y dale un hervor fuerte. Agrega 100 ml de agua, sazona, añade un poco de perejil picado, mezcla bien y cocina los champiñones a fuego suave durante 18 minutos.

Calienta una tartera (cazuela amplia y baja) con 2-3 cucharadas de aceite. Corta el jamón en dados, añádelos a la tartera y saltéalos brevemente. Escúrrelos, retíralos a un plato y resérvalos.

Agrega 1 cucharada de aceite a la tartera. Aplasta los otros 2 dientes de ajo (con piel), introdúcelos en la tartera y rehógalos brevemente. Añade el arroz, el agua (el doble y un poco más que de arroz), una pizca de sal y la salsa de soja. Cocínalo a fuego medio durante 18 minutos. Retira los ajos. Agrega los champiñones y el jamón a la tartera, mezcla bien y sirve. Decora los platos con unas hojas de perejil.

ARROZ CON ALMEJAS Y SETAS

INGREDIENTES (4 P.)

300 g de arroz
24 almejas
250 g de setas de cultivo
100 g de guisantes frescos desgranados
6 chalotas
2 dientes de ajo
100 ml de *txakoli*
aceite de oliva virgen extra
perejil
sal

ELABORACIÓN

Calienta una sartén con 2 cucharadas de aceite. Pela los dientes de ajo, pícalos finamente, añádelos a la sartén y rehógalos brevemente. Agrega el *txakoli* y las almejas, tapa la sartén y espera a que se abran. Reserva por separado las almejas y el jugo de la cocción.

Calienta una tartera (cazuela amplia y baja) con 3 cucharadas de aceite. Pela las chalotas, córtalas en daditos y añádelas a la tartera. Sazona y rehoga a fuego suave-medio durante 6-8 minutos. Agrega los guisantes. Corta las setas en tiras finas, incorpóralas y rehógalas durante 2 minutos. Añade el arroz y mezcla bien. Vierte el jugo que han soltado las almejas y 600 ml de agua. Pon a punto de sal y cocínalo a fuego medio durante 16 minutos. Coloca las almejas encima y cocínalo durante 2 minutos más.

Sirve y decora los platos con unas hojas de perejil.

ARROZ NEGRO CON GAMBAS Y ALIOLI

INGREDIENTES (4 P.)

300 g de arroz redondo
32 gambas
2 puerros
16 ajos frescos
2 sobres de tinta de calamar
aceite de oliva virgen extra
perejil
pimienta
sal

Para el alioli:

1 huevo
1 diente de ajo
175 ml de aceite de oliva virgen extra
1 cucharada de vinagre
1 pizca de sal

ELABORACIÓN

Pela las gambas, reserva las colas y pon las cabezas en una cazuela. Cúbrelas con agua (1 litro), sazónalas y cuécelas a fuego medio durante 15-20 minutos. Cuela el caldo y resérvalo.

Calienta una tartera (cazuela amplia y baja) con 3 cucharadas de aceite. Limpia los puerros (retirándoles la parte inferior, la superior y 2 capas de hojas), pícalos finamente e incorpóralos a la tartera. Limpia los ajos frescos (retirándoles la parte inferior, la superior y 1-2 capas de hojas), córtalos en rodajas de 1 cm e incorpóralos. Sazona las hortalizas y rehógalas a fuego suave durante 15 minutos.

Incorpora el arroz y las tintas de calamar a la tartera y mezcla bien. Cúbrelo con el caldo de las cabezas de las gambas y cocínalo a fuego suave-medio durante 18 minutos. Tápalo y deja que repose durante 2-3 minutos.

Salpimienta las colas de las gambas. Calienta una sartén con 1-2 cucharadas de aceite y saltéalas brevemente. Añádelas a la tartera y mézclalas con el arroz.

Para preparar el alioli, pela el diente de ajo, córtalo en daditos y ponlo en un vaso batidor. Añade el huevo, el vinagre, el aceite y la sal y tritura los ingredientes con una batidora eléctrica hasta que emulsionen.

Sirve el arroz acompañado del alioli y decóralo con unas hojas de perejil.

ARROZ CON RABO DE TERNERA

INGREDIENTES (4 P.)

300 g de arroz bomba
1 rabo de ternera troceado
1 pimiento verde
1 pimiento rojo
1 diente de ajo
3 cebollas moradas
4 tomates en rama maduros
200 ml de vino tinto
aceite de oliva virgen extra
1 cucharadita de colorante alimentario
perejil
pimienta
sal

CONSEJO

Si para hacer el arroz te falta algo de caldo, puedes agregar un poco de agua.

ELABORACIÓN

Calienta 4-5 cucharadas de aceite en una sartén. Salpimienta los trozos de rabo, introdúcelos en la sartén y dóralos bien. Retíralos e introdúcelos en una olla rápida.

Retira el tallo y las semillas del pimiento verde y córtalo en daditos. Retira el tallo y las semillas del pimiento rojo, pélalo y córtalo de la misma manera. Introduce los pimientos en la sartén (donde has dorado el rabo), sazónalos y rehógalos a fuego medio durante 5 minutos. Pásalos a la olla rápida.

Pela el diente de ajo y las cebollas, y córtalos en dados. Introduce las hortalizas en la misma sartén, sazónalas, rehógalas a fuego medio durante 5-6 minutos y agrégalas a la olla rápida. Vierte encima el vino tinto y 500 ml de agua.

Corta los tomates por la mitad, rállalos y añádelos a la sartén. Rehógalos a fuego fuerte durante 3-4 minutos y viértelos a la olla. Sazona, cierra la olla y cocina el rabo durante 40 minutos a partir del momento en que suba la válvula. Retira el rabo a una fuente, desmígalo y resérvalo. Cuela lo que queda en la olla y reserva, por separado, las hortalizas y el caldo.

Pon las hortalizas en una tartera (cazuela amplia y baja), vierte encima el caldo y mezcla bien. Cuando empiece a hervir, incorpora el arroz, el rabo desmigado y el colorante. Mezcla bien y cocina todo junto durante 15 minutos.

Introduce la tartera en el horno a 200 ºC durante 4-5 minutos. Pasado ese tiempo, retira la tartera del horno, tápala con un paño limpio y deja que el arroz repose durante 2-3 minutos. Sirve y decora los platos con unas hojas de perejil

ARROZ CALDOSO CON GARBANZOS Y MEJILLONES

INGREDIENTES (4 P.)

200 g de arroz
100 g de garbanzos cocidos
1 kg de mejillones limpios
4 tomates pera
6 chalotas
1 pimiento verde
4 dientes de ajo
100 ml de vino blanco
aceite de oliva virgen extra
10 hebras de azafrán
perejil
sal

ELABORACIÓN

Calienta una tartera (cazuela amplia y baja) con 2 cucharadas de aceite. Pela los dientes de ajo, córtalos por la mitad y añádelos. Rehógalos hasta que empiecen a dorarse. Retíralos, ponlos en un vaso batidor y resérvalos. Vierte el vino en la tartera. Introduce los mejillones, tápalos y cuécelos hasta que se abran. Retira las conchas y reserva la carne. Cuela el agua de la cocción de los mejillones y ponla en el vaso batidor donde están los ajos. Tritura los ingredientes con una batidora eléctrica y reserva la salsa resultante.

Calienta otra tartera con 3 cucharadas de aceite. Pela las chalotas, córtalas en daditos y agrégalas a la tartera. Retira el tallo y las semillas del pimiento, córtalo de la misma manera e incorpóralo. Rehoga las hortalizas a fuego suave durante 12 minutos. Ralla los tomates y agrega la pulpa a la tartera. Sazona y rehoga las hortalizas durante 10 minutos más. Añade las hebras de azafrán, el arroz, la salsa de los mejillones y 800 ml de agua. Pon a punto de sal y cocina el arroz a fuego medio durante 15 minutos. Incorpora los garbanzos y los mejillones, mezcla bien y cocínalo a fuego medio durante 3-4 minutos más.

Sirve y decora los platos con unas hojas de perejil.

ARROZ CON MORCILLA Y PIMIENTOS

INGREDIENTES (4 P.)

300 g de arroz
1 morcilla de arroz
3 pimientos morrones (1 rojo, 1 verde y 1 amarillo)
2 cebolletas
aceite de oliva virgen extra
perejil
sal

ELABORACIÓN

Calienta 3 cucharadas de aceite en una tartera (cazuela amplia y baja). Pela las cebolletas, córtalas en daditos e introdúcelas en la tartera. Rehógalas a fuego suave durante 15 minutos. Pela los pimientos, córtalos en dados, añádelos a la tartera y rehógalos a fuego suave durante 5 minutos.

Añade el arroz a la tartera, cúbrelo con agua (el doble y un poco más que de arroz), ponlo a punto de sal y cocínalo a fuego suave-medio durante 18-20 minutos.

Calienta una sartén con 1-2 cucharadas de aceite. Retira la piel de la morcilla, córtala en 8 rodajas y dóralas por los dos lados (2-3 minutos por cada lado).

Sirve el arroz, coloca 2 rodajas de morcilla en cada plato y decóralos con unas hojas de perejil.

ARROZ CON VERDURAS Y GUINDILLAS

INGREDIENTES (4 P.)

300 g de arroz
3 dientes de ajo
1 cebolleta
100 g de judías verdes
1 pimiento morrón rojo
½ calabacín
1 berenjena pequeña
100 g de guindillas frescas
1 tomate
700-750 ml de caldo de verduras
aceite de oliva virgen extra
perejil
sal

CONSEJO

El arroz no contiene gluten, por lo que es un alimento apto para celiacos e intolerantes al gluten.

ELABORACIÓN

Calienta una tartera (cazuela amplia y baja) con 3-4 cucharadas de aceite. Pela los dientes de ajo, córtalos en daditos e introdúcelos en la tartera. Corta la cebolleta en daditos, añádela y cocínala a fuego medio durante 5-6 minutos.

Retira las puntas y los hilos laterales de las judías verdes, y córtalas en trozos de 1 cm. Pela el pimiento, retírale el tallo y las semillas, y córtalo en dados. Retira el tallo de la mitad de las guindillas y córtalas en rodajas de 1 cm. Introduce todas las hortalizas en la tartera y rehógalas a fuego medio durante 8-10 minutos.

Corta el calabacín y la berenjena en dados e incorpóralos a la tartera. Sazona y cocina las hortalizas a fuego medio durante 10-12 minutos. Ralla el tomate, incorpóralo y rehógalo brevemente. Agrega el arroz, mezcla bien, vierte el caldo (el doble y un poco más que de arroz) y cocínalo a fuego fuerte durante 5 minutos.

Introduce la tartera en el horno. Hornéalo durante 13 minutos.

Retira el arroz del horno, cúbrelo con un paño de cocina limpio y deja que repose durante 2-3 minutos.

Calienta una sartén con 3 cucharadas de aceite, introduce el resto de las guindillas y fríelas a tu gusto. Retíralas a un plato y sazónalas.

Reparte el arroz en 4 platos, coloca 3-4 guindillas en cada uno y decóralos con unas hojas de perejil.

ARROZ CON PANCETA, ALCACHOFAS Y ESPÁRRAGOS

INGREDIENTES (4 P.)

300 g de arroz
300 g de panceta fresca
6 alcachofas
8 espárragos verdes
1 cebolla
2 dientes de ajo
50 g de tomate concentrado
750 ml de caldo de pollo
aceite de oliva virgen extra
perejil
pimienta
sal

ELABORACIÓN

Calienta una tartera (cazuela amplia y baja) con 3-4 cucharadas de aceite. Corta la panceta en dados, salpimiéntala, añádela a la tartera y rehógala hasta que se dore. Retírala a un plato y resérvala.

Pela la cebolla y los dientes de ajo, pica ambos ingredientes en daditos e introdúcelos en la tartera. Sazona y rehoga las hortalizas a fuego medio durante 4-5 minutos. Pela 4 alcachofas (retirándoles el tallo, las puntas y 2-3 capas de hojas), córtalas en octavos e incorpóralas a la tartera. Corta los espárragos verdes en trozos de 2 cm y añádelos. Mezcla bien y rehoga todo junto durante 2 minutos. Agrega el tomate concentrado, la panceta y el arroz. Vierte el caldo y cocínalo a fuego medio durante 18-20 minutos. Apaga el fuego y deja que repose 2 minutos antes de servir.

Calienta una sartén con abundante aceite. Pela las otras 2 alcachofas, cortándoles la parte inferior y la superior y retirando 2-3 capas de hojas; córtalas en láminas finas y fríelas en la sartén hasta que se doren. Retíralas y escúrrelas sobre un plato cubierto con papel absorbente.

Sirve el arroz y coloca encima las alcachofas fritas. Decora los platos con unas hojas de perejil.

ARROZ CON PIMIENTOS Y BONITO

INGREDIENTES (4 P.)

300 g de arroz redondo
2 pimientos rojos grandes
500 g de bonito limpio
4 tomates deshidratados
aceite de oliva virgen extra
perejil
pimienta
sal

ELABORACIÓN

Retira el tallo y las semillas de los pimientos, colócalos en una fuente apta para el horno y hornéalos a 190 ºC durante 35-40 minutos. Retíralos del horno y deja que se templen. Una vez templados, pélalos, córtalos en tiras, ponlos en un bol, riégalos con 2 cucharadas de aceite, sazónalos y resérvalos.

Calienta una cazuela con 2 cucharadas de aceite. Corta los tomates en daditos e introdúcelos en la cazuela. Añade el arroz, sazónalo, cúbrelo con agua (el doble y un poco más que de arroz) y cuécelo a fuego medio durante 18 minutos.

Coloca un molde cuadrado (tipo cortapastas) sobre un plato y llénalo con una porción de arroz. Retira el molde y monta otros 3 platos de la misma manera. Reparte los pimientos por encima.

Calienta una plancha con 2 cucharadas de aceite. Corta el bonito en 4-8 filetes, salpiméntalos y cocínalos brevemente por los dos lados. Pon los filetes encima de los pimientos y decora los platos con unas hojas de perejil.

ARROZ INTEGRAL CON *KOKOTXAS* DE BACALAO Y VERDURAS

INGREDIENTES (4 P.)

300 g de arroz integral

16 *kokotxas* de bacalao desaladas

1 cebolleta

1 pimiento verde

2 zanahorias

6 alcachofas

125 g de champiñones *baby*

1 tomate

2 huevos

2 dientes de ajo

625 ml de caldo de verduras

aceite de oliva virgen extra

1 cucharadita de *curry*

perejil

sal

CONSEJO

Si quieres acortar el tiempo de cocción, puedes remojar el arroz en agua durante 2 horas. Sin embargo, perderá algunos nutrientes y parte de su sabor.

ELABORACIÓN

Calienta 2-3 cucharadas de aceite en la olla rápida. Corta la cebolleta en dados, introdúcela en la olla y rehógala durante 5 minutos a fuego medio. Retira el tallo y las semillas del pimiento y córtalo de la misma manera. Pela las zanahorias y córtalas en cuartos de luna. Incorpora el pimiento verde y las zanahorias a la olla. Retira las hojas externas de las alcachofas, córtales los tallos y las puntas, córtalas en 6 gajos e introdúcelas en la olla. Sazona las hortalizas y rehógalas a fuego medio durante 4-5 minutos. Enjuaga los champiñones, añádelos a la olla y rehógalos durante 2-3 minutos. Corta el tomate por la mitad, rállalo e incorpóralo. Añade el *curry*, el arroz, el caldo de verduras y una pizca de sal, y mezcla bien. Cierra la olla y cocina el arroz durante 13-14 minutos. Apaga el fuego y espera a que la válvula baje.

Calienta una sartén con 6-8 cucharadas de aceite. Aplasta los dientes de ajo (con piel) y añádelos a la sartén. Casca los huevos en un bol, bátelos bien, incorpora las *kokotxas* y embadúrnalas con el huevo. Introdúcelas en la sartén (en tandas) y fríelas brevemente por los dos lados. Retíralas y escúrrelas sobre una fuente cubierta con papel absorbente.

Reparte el arroz y las *kokotxas* en 4 platos y decóralos con unas hojas de perejil.

RISOTTO DE CALABAZA

INGREDIENTES (4 P.)

350 g de arroz carnaroli o bomba

½ calabaza cacahuete (750 g)

1 cebolla pelada

1 puerro limpio

1 rama de apio limpia

1 cabeza de ajos

2 chalotas

200 ml de nata líquida

125 ml de vino blanco

150 g de queso parmesano rallado

75 g de mantequilla

aceite de oliva virgen extra

4 ramas de tomillo

4 ramas de romero

perejil

pimienta

sal

ELABORACIÓN

Para preparar el caldo, calienta 2 l de agua en una cazuela. Trocea la cebolla, el puerro y el apio, e introdúcelos en la cazuela. Aplasta los ajos (con piel) y añádelos. Agrega también 2 ramas de romero, 2 ramas de tomillo y una pizca de sal. Cuece los ingredientes a fuego suave-medio durante 20-25 minutos. Cuela y reserva el caldo para cocinar el *risotto*.

Pela la calabaza, córtala en 4 gajos, ponla en una fuente apta para el horno, sazónala, agrega las otras 2 ramas de romero y de tomillo, riégala con un par de cucharadas de aceite y hornéala a 180 ºC durante 25-30 minutos. Retira las hierbas aromáticas, introduce la calabaza en una jarra, vierte encima la nata y tritúrala con una batidora eléctrica hasta conseguir una crema homogénea. Resérvala.

Calienta 2 cucharadas de aceite en una tartera (cazuela amplia y baja). Pela las chalotas, pícalas finamente, introdúcelas en la tartera y rehógalas durante 1 minuto. Añade el arroz y rehógalo durante 1 minuto. Vierte el vino y dale un hervor fuerte para que se evapore el alcohol. Sazona el arroz y vierte encima 2-3 cacillos de caldo. A medida que se vaya evaporando el caldo, ve agregando más. Cocínalo sin dejar de remover durante 15 minutos.

Agrega la crema de calabaza y mezcla bien. Incorpora la mantequilla y la mitad del queso, y remueve los ingredientes a fuego medio durante 2-3 minutos más.

Sirve el *risotto* en 4 platos, espolvoréalos con el resto de queso, gratínalos con un soplete y muele encima un poco de pimienta. Decora los platos con unas hojas de perejil.

CONSEJO

El arroz del *risotto* no se debe enjuagar, ya que el lavado eliminaría gran parte del almidón, indispensable para que adquiera una textura cremosa.

ARROZ CON GUACAMOLE

INGREDIENTES (4 P.)

400 g de arroz
900 ml de agua
5 dientes de ajo
1 cebolleta
2 pastillas de caldo de pollo
3-4 cucharadas de salsa de tomate
50 ml de vino blanco seco
1 cucharadita de comino molido
1 guindilla cayena
1 cucharadita de colorante alimentario
1 hoja de laurel
15 hojas de orégano fresco
sal

Para el guacamole:

2 aguacates
2 dientes de ajo
1 cebolleta
zumo de ½ limón
25 hojas de cilantro
sal

Para acompañar y decorar:

1 plátano macho
1 pepino
aceite de oliva virgen extra
perejil
sal

ELABORACIÓN

Calienta 900 ml de agua en una cazuela y desmenuza encima las pastillas de caldo de pollo. Calienta el agua hasta que las pastillas se disuelvan.

Enjuaga el arroz bajo el grifo de agua y agrégalo a la cazuela.

Corta la cebolleta en daditos. Pela los dientes de ajo y córtalos de la misma manera. Añade a la cazuela la cebolleta y el ajo, la salsa de tomate, el comino, la guindilla cayena, el colorante, la hoja de laurel y las hojas de orégano picadas. Sazona y cocina el arroz durante 18 minutos. Apaga el fuego, tápalo con un paño limpio y deja que repose durante 5 minutos. Retira la hoja de laurel y la guindilla cayena. Vierte el vino y mezcla bien.

Para preparar el guacamole, corta los aguacates por la mitad y retírales el hueso. Sácales la pulpa y ponla en una picadora. Trocea la cebolleta y añádela a la picadora. Pela los dientes de ajo, pícalos y agrégalos, junto con el zumo de ½ limón, las hojas de cilantro y una pizca de sal. Tritura los ingredientes y reserva el guacamole.

Calienta abundante aceite en una sartén. Pela el plátano, córtalo en rodajas finas y agrégalas (en tandas). Fríelas hasta que se doren por fuera y se hagan por dentro. Retíralas, escúrrelas sobre una fuente cubierta con papel absorbente y resérvalas.

Corta el pepino en rodajas finas y resérvalas.

Para servir, pon ¼ parte del arroz en un cuenco individual y presiónalo con una cuchara para que quede compacto. Dale la vuelta al cuenco sobre un plato, presiona la parte central del arroz para que forme una hondonada y coloca dentro una porción de guacamole. Repite el proceso para montar los otros 3 platos de la misma manera.

Coloca las rodajas de plátano y de pepino alrededor de cada plato y sazónalas. Decora con unas hojas de perejil.

CONSEJO

Si quieres que el plátano quede muy crujiente, te recomiendo que lo cortes en rodajas muy finas.

ARROZ CON POLLO Y PIÑA

INGREDIENTES (4 P.)

- 300 g de arroz basmati
- 1 pechuga de pollo (en 2 medias pechugas)
- 400 g de piña fresca
- 30 g de pasas
- 40 g de nueces pecanas peladas
- 1 diente de ajo
- aceite de oliva virgen extra
- perejil
- pimienta
- sal

ELABORACIÓN

Calienta 2 cucharadas de aceite en una cazuela. Pela el diente de ajo, córtalo por la mitad y dóralo un poco. Enjuaga el arroz bajo el grifo hasta que el agua salga clara, agrégalo a la cazuela, cúbrelo con agua (la misma cantidad y un poco más que de arroz) y sazónalo. Llévalo a ebullición, baja el fuego al mínimo, tápalo y cocínalo durante 10-12 minutos. Retíralo y deja que repose durante 10 minutos.

Calienta un wok sin aceite. Agrega las nueces, tuéstalas un poco, retíralas a un plato y resérvalas.

Añade 3 cucharadas de aceite al wok. Corta el pollo en dados de bocado, salpimiéntalos, introdúcelos en el wok y saltéalos durante 3-4 minutos. Pásalos a un plato y resérvalos.

Pela la piña y córtala en dados. Añade un par de cucharadas de aceite al wok, y saltea los dados de piña y las pasas hasta que se doren un poco.

Incorpora el pollo, el arroz y las nueces en el wok, y saltea conjuntamente. Sirve y decora los platos con unas hojas de perejil.

ARROZ CON ALITAS DE POLLO Y JUDÍAS VERDES

INGREDIENTES (4 P.)

- 300 g de arroz
- 10 alitas de pollo
- 300 g de judías verdes
- 1 cebolleta
- 2 dientes de ajo
- 1 pimiento verde
- aceite de oliva virgen extra
- perejil
- 1 cucharadita de pimentón
- pimienta
- sal

ELABORACIÓN

Calienta una tartera (cazuela amplia y baja) con 3-4 cucharadas de aceite.

Retira la punta de las alitas y córtalas por la mitad, separando las blanquetas de los alones.

Salpimienta las alitas, introdúcelas en la tartera y fríelas hasta que se doren. Retíralas y resérvalas en un plato.

Corta la cebolleta y los ajos en daditos, y añádelos a la tartera donde has dorado las alitas. Retira el tallo y las semillas del pimiento, córtalo de la misma manera y agrégalo. Sazona y rehoga las hortalizas a fuego suave durante 6-8 minutos.

Retira las puntas de las judías y córtalas en trozos de 3 cm. Incorpóralas a la tartera junto con las alitas de pollo y mezcla suavemente. Agrega el arroz y el pimentón, remueve bien, cúbrelo todo con agua (el doble y un poco más que de arroz), pon a punto de sal y cocínalo a fuego medio durante 18-20 minutos.

Sirve y adorna los platos con unas hojas de perejil.

ARROZ CON ACELGAS

INGREDIENTES (4 P.)

240 g de arroz bomba

4 acelgas

400 g de alubia blanca cocida

1 cebolla

3 dientes de ajo

4 patatas medianas

aceite de oliva virgen extra

1 cucharada de pimentón

1 cucharadita de colorante alimentario

perejil

sal

ELABORACIÓN

Calienta 4 cucharadas de aceite en una cazuela. Pela los dientes de ajo e introdúcelos enteros en la cazuela. Pela la cebolla, córtala en daditos y añádela. Sazona y rehoga las hortalizas a fuego suave durante 6-8 minutos.

Lava las acelgas y separa las hojas de las pencas. Retira los hilos de las pencas y córtalas en dados. Corta las hojas en juliana fina. Introduce las pencas y las hojas de las acelgas en la cazuela y rehógalas brevemente durante 2-3 minutos. Pela las patatas, trocéalas (cascándolas) y agrégalas. Añade el pimentón y el colorante. Cubre todo con 2 litros de agua, pon a punto de sal, tapa y cocina los ingredientes a fuego suave durante 25-30 minutos.

Agrega el arroz, tápalo y cocínalo durante 18 minutos. Añade las alubias y cocina todo junto durante 5 minutos más. Para que el guiso espese, retira los ajos y 3-4 trozos de patata, aplástalos con un tenedor hasta que queden reducidos a una pasta, introdúcela en la cazuela y mezcla bien.

Sirve y decora los platos con unas hojas de perejil.

CONSEJO

Es un plato de cocción lenta, pero siempre se pueden acortar los tiempos utilizando la olla rápida.

ARROZ INTEGRAL CON HORTALIZAS Y MAYONESA DE PIQUILLOS

INGREDIENTES (4 P.)

300 g de arroz integral
4 pimientos del piquillo
1 huevo
150 g de judías verdes
150 g de brócoli
1 cebolleta
2 dientes de ajo
1 pimiento verde
1 tomate
1.200 ml de caldo de hortalizas
aceite de oliva virgen extra
1 cucharada de vinagre
perejil
sal

ELABORACIÓN

Pon el arroz integral a remojo durante 2 horas.

Pela los ajos y córtalos finamente. Corta la cebolleta y el pimiento verde en daditos. Calienta 4 cucharadas de aceite en una tartera (cazuela amplia y baja), agrega las hortalizas y rehógalas a fuego suave durante 15 minutos. Ralla el tomate y añádelo a la tartera. Sazona y rehoga todo durante 5 minutos más.

Retira las puntas de las judías verdes, córtalas en trozos de 2 cm y agrégalas a la tartera. Separa el brócoli en ramilletes pequeños y añádelos. Cocina las judías y el brócoli durante 2-3 minutos. Agrega el arroz escurrido, mezcla bien, pon a punto de sal, cúbrelo con el caldo y cocínalo a fuego medio durante 30 minutos aproximadamente. Deja que repose durante 2 minutos.

Para hacer la mayonesa, pon el huevo, una pizca de sal, 1 cucharada de vinagre y 150 ml de aceite en un vaso batidor. Tritura los ingredientes con una batidora eléctrica hasta que liguen. Trocea los pimientos del piquillo, incorpóralos y tritura de nuevo hasta que queden bien integrados.

Sirve el arroz y decóralo con unos botones de mayonesa de piquillos y unas hojas de perejil.

ARROZ CON MUSLOS DE CODORNIZ Y CALABACÍN

INGREDIENTES (4 P.)

300 g de arroz
16 muslos de codorniz
1 calabacín
1 cebolleta
30 g de pasas
1 l de caldo de pollo
100 ml de salsa de soja
aceite de oliva virgen extra
perejil
sal

ELABORACIÓN

Pon los muslos de codorniz en un bol, riégalos con la salsa de soja y mezcla bien. Déjalos macerando durante 15 minutos.

Calienta una tartera (cazuela amplia y baja) con 3 cucharadas de aceite. Corta la cebolleta en daditos y añádela. Corta el calabacín en dados y agrégalos. Sazona y rehoga las hortalizas a fuego suave-medio durante 8-10 minutos.

Escurre los muslos de codorniz, incorpóralos a la tartera y dóralos un poco. Introduce el arroz y las pasas, mezcla bien y vierte el caldo. Cocina el arroz a fuego suave-medio durante 18-20 minutos.

Sirve y decora los platos con unas hojas de perejil.

ARROZ CON ALCACHOFAS Y ALMEJAS

INGREDIENTES (4 P.)

300 g de arroz
24 almejas
7 alcachofas
16 ajos frescos
1 cebolleta
2 dientes de ajo
50 ml de vino blanco
aceite de oliva virgen extra
perejil
sal

CONSEJO

Para que las almejas no queden correosas es importante no cocinarlas demasiado.

ELABORACIÓN

Calienta 3 cucharadas de aceite en una tartera. Corta la cebolleta y los 2 dientes de ajo en daditos e introdúcelos en la tartera.

Limpia los ajos frescos (retirándoles la parte inferior, la superior y 1-2 capas de hojas), córtalos en rodajas de 1 cm y agrégalos. Sazona y cocina las hortalizas a fuego suave durante 4-5 minutos. Pela 3 alcachofas (cortándoles la parte inferior y la superior, y retirándoles 2-3 capas de hojas), córtalas en dados, incorpóralas a la tartera y rehógalo todo durante 3-4 minutos más. Vierte encima el vino y dale un hervor fuerte. Agrega el arroz, mezcla bien, cúbrelo con agua (el doble y un poco más que de arroz), sazónalo y cocínalo a fuego medio durante 15-18 minutos.

Calienta 2 cucharadas de aceite en una sartén. Introduce las almejas, tápalas, espera a que se abran y espolvoréalas con un poco de perejil picado. Agrégalas con su caldo a la tartera del arroz, tápala con un paño limpio y deja que el arroz repose durante 3 minutos.

Calienta abundante aceite en una sartén. Retira el tallo y las puntas del resto de las alcachofas, pélalas (retirándoles 2-3 capas de hojas) y córtalas en rodajas finas. Introdúcelas en la sartén y fríelas (en tandas) hasta que queden crujientes y se doren un poco. Retíralas, escúrrelas sobre un plato cubierto con papel absorbente y sazónalas.

Sirve el arroz con almejas en 4 platos y decóralos con unas láminas de alcachofa frita. Decora los platos con unas hojas de perejil.

ARROZ SALTEADO CON HORTALIZAS Y GAMBAS

INGREDIENTES (4 P.)

300 g de arroz basmati
24 gambas
½ bulbo de hinojo
1 cebolleta
2 zanahorias
1 berenjena
2 cucharadas de salsa de soja
aceite de oliva virgen extra
perejil
pimienta
sal

ELABORACIÓN

Calienta 2 cucharadas de aceite en una cazuela. Pela las gambas, reserva las colas, introduce las cabezas y las cáscaras en la cazuela y rehógalas durante 3-4 minutos. Cúbrelas con 800 ml de agua, sazónalas y cuécelas durante 20 minutos a fuego suave-medio. Retira la espuma del caldo, cuélalo y resérvalo.

Calienta 4 cucharadas de aceite en un wok. Corta el hinojo y la cebolleta en dados, agrégalos al wok y saltéalos a fuego medio durante 6-8 minutos. Salpimienta las colas de las gambas, incorpóralas y saltéalas brevemente. Retira todos los ingredientes, ponlos en un plato y resérvalos.

Calienta una tartera con 3 cucharadas de aceite. Pela la berenjena y las zanahorias, córtalas en cuartos de luna finos y rehógalas a fuego medio durante 10 minutos. Añade el arroz, rehógalo brevemente, cúbrelo con el caldo de las gambas y cocínalo a fuego medio durante 12-15 minutos.

Agrega el hinojo, la cebolleta, las colas de las gambas y la salsa de soja al arroz, y mezcla bien.

Sirve y decora los platos con unas hojas de perejil.

ARROZ SALTEADO CON PATO Y MANZANA

INGREDIENTES (4 P.)

300 g de arroz de grano largo
1 *magret* de pato
2 manzanas
20 ajos frescos
2 dientes de ajo
aceite de oliva virgen extra
perejil
pimienta
sal

ELABORACIÓN

Calienta una cazuela con 2 cucharadas de aceite. Pela los dientes de ajo, introdúcelos en la cazuela y fríelos brevemente. Añade el arroz, cúbrelo con agua (el doble y un poco más que de arroz), sazónalo y cocínalo a fuego medio durante 18-20 minutos. Pásalo a una fuente y deja que se temple un poco.

Calienta una sartén con 4 cucharadas de aceite. Pela las manzanas, córtalas en dados y saltéalas durante 4-6 minutos. Retíralas a una fuente y resérvalas.

Calienta un wok con 2-3 cucharadas de aceite. Limpia los ajos frescos (retirándoles la parte inferior, la superior y 1-2 capas de hojas) y córtalos en rodajas de 1 cm. Introdúcelos en el wok y saltéalos durante un par de minutos.

Corta el *magret* en dados de bocado, salpimiéntalos y saltéalos en el wok durante 2-4 minutos (según cómo te guste el punto de la carne).

Incorpora el arroz, las manzanas y un poco de perejil picado y saltea brevemente.

Sirve y decora los platos con unas hojas de perejil.

ARROZ CON JAMÓN, SETAS Y QUESO

INGREDIENTES (4 P.)

300 g de arroz

250 g de setas de cultivo

125 g de jamón serrano (1 loncha gruesa)

150 g de queso curado de cabra

1 hueso de jamón

2 cebolletas

2 dientes de ajo

1 zanahoria

800 ml de agua

aceite de oliva virgen extra

perejil

sal

CONSEJO

En esta receta, el queso se ralla para espolvorear los platos con él. De esta manera, sin llegar a la untuosidad de un *risotto*, adquiere un toque cremoso muy interesante.

ELABORACIÓN

Calienta el agua en una cazuela. Corta 1 cebolleta en 4 trozos e introdúcela en la cazuela. Agrega el hueso de jamón. Pela los dientes de ajo, córtalos en láminas y añádelos. Corta 4 setas en tiras e incorpóralas. Sazona y cuece todo a fuego medio durante 15-20 minutos.

Retira el hueso de jamón y pasa el caldo con los ajos, la cebolleta y las setas a una batidora de vaso. Tritura las hortalizas hasta conseguir un caldo homogéneo.

Calienta 2-3 cucharadas de aceite en una tartera. Corta la otra cebolleta en daditos e introdúcela en la tartera. Pela la zanahoria, córtala de la misma manera y agrégala. Sazona y rehoga las hortalizas a fuego medio durante 15 minutos aproximadamente.

Incorpora el arroz y el caldo a la tartera, mezcla bien y cocina el arroz a fuego medio durante 12 minutos.

Calienta una sartén con 1 cucharada de aceite. Corta el jamón en dados, saltéalo brevemente y añádelo a la tartera con el arroz. Vierte 2 cucharadas de aceite a la sartén donde has salteado el jamón. Corta el resto de las setas en dados y saltéalas durante 3-4 minutos. Añade las setas al arroz, mezcla suavemente y cocina todo junto durante 3-4 minutos más.

Reparte el arroz en 4 platos, ralla el queso por encima, espolvorea un poco de perejil picado y sirve. Decora los platos con unas hojas de perejil.

BOLITAS DE ARROZ Y JAMÓN CON ALIOLI

INGREDIENTES (4 P.)

300 g de arroz

150 g de jamón serrano en lonchas finas

1 cebolleta

2 dientes de ajo

1 huevo

harina y 2 huevos batidos (para rebozar)

aceite de oliva virgen extra

perejil

sal

Para el alioli:

1 diente de ajo

1 huevo

175 ml de aceite de oliva virgen extra

1-2 cucharadas de vinagre

1 pizca de sal

ELABORACIÓN

Calienta 2-3 cucharadas de aceite en una cazuela. Pela 2 dientes de ajo y pícalos finamente. Corta la cebolleta en daditos. Introduce los ajos y la cebolleta en la cazuela, y rehógalos a fuego suave-medio durante 10 minutos. Añade el arroz, rehógalo brevemente y cúbrelo con agua (el doble y un poco más que de arroz). Sazónalo y cocínalo a fuego medio durante 15 minutos.

Pica el jamón finamente. Calienta 1 cucharada de aceite en una sartén, añade el jamón, saltéalo brevemente y agrégalo a la cazuela del arroz. Mezcla bien y cocina el arroz durante 3 minutos más. Pásalo a un bol y deja que se temple. Bate 1 huevo, incorpóralo al bol y mezcla bien.

Coge pequeñas porciones de masa, redondéalas y pásalas por harina y huevo batido.

Calienta en una sartén abundante aceite (12 cucharadas), introduce las bolitas a tandas y fríelas hasta que se doren. Retíralas y escúrrelas sobre una fuente cubierta con papel absorbente.

Para preparar el alioli, pon el huevo en un vaso batidor. Pela 1 diente de ajo, pícalo un poco y agrégalo. Añade también 1-2 cucharadas de vinagre, el aceite y una pizca de sal. Tritura los ingredientes con una batidora eléctrica hasta que emulsionen.

Sirve las bolitas de arroz y jamón, y acompáñalas con el alioli. Decora los platos con unas hojas de perejil.

CAZUELA DE ARROZ, ESPINACAS Y BACALAO

INGREDIENTES (4 P.)

300 g de arroz

300 g de espinacas

200 g de bacalao desmigado desalado

1 nabo pequeño

1 cebolla

4 dientes de ajo

1 rodaja de calabaza (200 g)

1 l de caldo de verduras

aceite de oliva virgen extra

perejil

sal

ELABORACIÓN

Calienta 4 cucharadas de aceite en una cazuela grande. Pela la cebolla y 2 dientes de ajo, córtalos en daditos, añádelos a la cazuela y rehógalos a fuego suave durante 5 minutos. Pela el nabo y la calabaza, córtalos en dados, incorpóralos y cocínalos durante 5 minutos. Agrega el arroz, cúbrelo con el caldo y cuécelo a fuego suave-medio durante 14 minutos.

Calienta 3 cucharadas de aceite en una sartén amplia. Pela los otros 2 dientes de ajo, pícalos finamente y agrégalos a la sartén. Añade el bacalao y saltéalo brevemente. Corta las espinacas en juliana fina e incorpóralas. Saltea los ingredientes brevemente y añádelos a la cazuela del arroz. Pon a punto de sal y cuece todo durante 4-6 minutos más.

Sirve y decora los platos con unas hojas de perejil.

ARROZ CALDOSO DE POLLO

INGREDIENTES (4 P.)

300 g de arroz

2 muslos de pollo (deshuesados)

1 cebolleta

1 puerro

1 pimiento verde

1 zanahoria

3 alcachofas

8 champiñones

2 dientes de ajo

1 cucharada de tomate concentrado

100 ml de vino blanco

1.200 ml de caldo de pollo

aceite de oliva virgen extra

perejil

1 cucharadita de pimentón

pimienta

sal

ELABORACIÓN

Calienta una tartera (cazuela amplia y baja) con 3-4 cucharadas de aceite. Pela los dientes de ajo, córtalos en daditos e introdúcelos en la tartera. Corta la cebolleta en daditos, incorpórala y rehógala a fuego medio durante 5-6 minutos.

Pela la zanahoria y córtala en cuartos de luna finos. Retira el tallo del pimiento y córtalo en dados. Limpia el puerro (retirándole la parte inferior, la superior y 2-3 capas de hojas) y córtalo en cuartos de luna finos. Pela las alcachofas y córtalas en dados. Introduce las hortalizas en la tartera, sazónalas y rehógalas a fuego medio durante 10 minutos.

Limpia los champiñones (enjuágalos en un bol con agua y sécalos bien), córtalos en daditos, añádelos a la tartera y cocínalos durante 3-4 minutos.

Corta el pollo en dados, salpiméntalos e incorpóralos a la tartera. Agrega el tomate concentrado, el pimentón y el vino. Añade el arroz y el caldo, pon a punto de sal y cocínalo a fuego medio durante 18-20 minutos.

Reparte el arroz en 4 platos y decóralos con unas hojas de perejil.

CONSEJOS

Para que el arroz caldoso no siga absorbiendo caldo, es importante que lo sirvas nada más cocinarlo.

GUISO DE ARROZ Y RAPE

INGREDIENTES (4 P.)

200 g de arroz redondo
500 g de rape limpio
1 cabeza de rape
1 cabeza de merluza
1 puerro
2 cebolletas
2 zanahorias
100 g de guisantes frescos desgranados
75 ml de vino blanco
aceite de oliva virgen extra
perejil
pimienta
sal

ELABORACIÓN

Para el caldo, pon las cabezas de los pescados en una cazuela. Limpia el puerro (retirándole la inferior, la parte superior y 2-3 capas de hojas), trocéalo e introdúcelo en la cazuela. Cubre con 1 litro de agua, sazona y cuece todo a fuego suave-medio durante 20 minutos.

Calienta una cazuela con 4 cucharadas de aceite. Corta las cebolletas en daditos y añádelas a la cazuela. Pela las zanahorias, córtalas en cuartos de luna finos y agrégalas. Sazona y rehoga las hortalizas a fuego medio durante 10-12 minutos. Incorpora los guisantes y el arroz. Vierte el vino y dale un hervor. Añade el caldo, mezcla bien y cocina todo a fuego suave durante 20 minutos.

Corta el rape en trozos de bocado, salpimiéntalos e introdúcelos en la cazuela. Cuece conjuntamente durante 2 minutos más y espolvorea el guiso con un poco de perejil picado.

Sirve y decora los platos con unas hojas de perejil.

TORTITAS DE ARROZ Y HORTALIZAS AL *CURRY*

INGREDIENTES (4 P.)

300 g de arroz
1 cebolleta
1 calabacín pequeño
1 pimiento verde
1 zanahoria
2 dientes de ajo
1 huevo
200 ml de salsa de tomate
aceite de oliva virgen extra
1 cucharada de *curry*
perejil
sal

ELABORACIÓN

Calienta agua en una cazuela. Cuando empiece a hervir, agrega el arroz, sazónalo, mezcla bien y cuécelo a fuego medio durante 18 minutos. Escúrrelo y ponlo en un bol.

Pela los dientes de ajo, tritúralos con un prensador de ajos o rállalos, y agrégalos al arroz.

Calienta una sartén grande con 4 cucharadas de aceite. Corta la cebolleta y el calabacín en daditos e introdúcelos en la sartén. Retira el tallo del pimiento verde y pela la zanahoria, córtalos en daditos y añádelos. Sazona las hortalizas y cocínalas a fuego medio durante 12 minutos. Agrega el *curry* y cocínalas durante 3 minutos más. Escúrrelas e incorpóralas al bol. Añade 1 huevo y mezcla bien todos los ingredientes.

Coge pequeñas porciones de masa y forma unas tortitas (tipo hamburguesas). Calienta una plancha con 2 cucharadas de aceite, coloca las tortitas y cocínalas por los dos lados hasta que se doren.

Sirve las tortitas, acompáñalas con la salsa de tomate y decora los platos con unas hojas de perejil.

ARROZ CON MORCILLA, HUEVOS FRITOS Y PIMIENTOS ROJOS

INGREDIENTES (4 P.)

250 g de arroz
4 huevos
2 pimientos rojos
1 cebolleta
1 puerro
3 dientes de ajo
1 morcilla de verdura
aceite de oliva virgen extra
perejil
sal

CONSEJO

Si quieres que el arroz pierda algo de almidón y quede más suelto, lávalo antes de cocinarlo.

ELABORACIÓN

Calienta 3-4 cucharadas de aceite en una tartera (cazuela amplia y baja). Corta la cebolleta en daditos y añádela a la tartera. Pela los dientes de ajo, córtalos en daditos y agrégalos a la tartera. Limpia el puerro (retirándole la parte inferior, la superior y 2-3 capas de hojas), córtalo en cuartos de luna finos e incorpóralo. Sazona y rehoga las hortalizas a fuego suave-medio durante 8-10 minutos.

Agrega el arroz, rehógalo un poco y vierte el agua (el doble y un poco más). Sazona y cocínalo a fuego medio durante 8-10 minutos. Retira la piel de la morcilla, desmenúzala e incorpórala a la tartera. Mezcla bien y cocina todo junto a fuego suave durante 8-10 minutos más. Tápalo con un paño limpio y deja que repose durante 5 minutos.

Calienta 2-3 cucharadas de aceite en un wok. Pela los pimientos, córtalos en bastones de 5 x 2 centímetros, introdúcelos en el wok y saltéalos durante 6-8 minutos a fuego medio-alto.

Calienta bastante aceite en una sartén pequeña. Casca 1 huevo y fríelo brevemente de manera que se cuaje la clara y la yema quede líquida. Retíralo a un plato, sazónalo y resérvalo. Repite el proceso con los otros 3 huevos.

Reparte el arroz en 4 platos y coloca 1 huevo y una cuarta parte de los pimientos en cada uno. Decora con unas hojas de perejil.

ARROZ CON LANGOSTINOS Y SALSA AMERICANA

INGREDIENTES (4 P.)

20 langostinos congelados
200 g de arroz
1 cebolleta
4 chalotas
4 dientes de ajo
1 puerro
8 tomates deshidratados en aceite
100 ml de *brandy*
25 g de harina
aceite de oliva virgen extra
2-3 ramitas de estragón
30 hebras de azafrán
perejil
sal

ELABORACIÓN

Saca los langostinos del congelador, pásalos al frigorífico y deja que se descongelen durante 12 horas.

Para la salsa, calienta 3 cucharadas de aceite en una cazuela. Pela 2 ajos, córtalos en láminas e introdúcelos en la cazuela. Pela las chalotas, córtalas en dados y añádelas. Corta la cebolleta en dados e incorpórala. Limpia el puerro, córtalo en cuartos de luna (de 1 cm) y agrégalo. Sazona y rehoga las hortalizas a fuego medio durante 10 minutos. Pela los langostinos (reserva las colas), introduce las cabezas y las cáscaras en la cazuela y rehógalas durante 3-4 minutos. Vierte el *brandy* y flambéalo. Cuando se apague el fuego, agrega la harina y rehógala brevemente. Incorpora los tomates y el estragón, y cubre todo con agua (½ litro aproximadamente). Sazona y cuece todo a fuego medio durante 20 minutos. Cuela y tritura la salsa con una batidora eléctrica.

Calienta 2-3 cucharadas de aceite en un cazo. Aplasta los otros 2 dientes de ajo (con piel) y rehógalos brevemente. Incorpora el arroz y cúbrelo con agua (el doble y un poco más que de arroz). Sazona y añade las hebras de azafrán. Cocínalo a fuego medio durante 18-20 minutos.

Calienta una sartén con 2 cucharadas de aceite. Sazona las colas de los langostinos y saltéalas brevemente.

Para servir, pon un aro de emplatar en el centro de un plato y llénalo con una porción de arroz. Retira el aro y monta otros 3 platos de la misma manera. Reparte encima los langostinos y salséalos. Decora los platos con unas hojas de perejil.

CONSEJO

Flambear consiste en agregar una bebida alcohólica de alta graduación a las hortalizas rehogadas de un guiso o de una salsa y prenderle fuego. El alcohol se evapora y el aroma y el sabor de la bebida pasan al plato.

ARROZ AL HORNO CON CHIPIRONES Y ALMEJAS

INGREDIENTES (4 P.)

300 g de arroz
12 chipirones (limpios)
16 almejas
4 pimientos choriceros
4 tomates pera
2 cebolletas
4 dientes de ajo
100 ml de vino blanco
600 ml de caldo para paella
aceite de oliva virgen extra
perejil
10 hojas de cebollino (picadas)
sal

ELABORACIÓN

Pon los pimientos choriceros y los tomates en una fuente apta para el horno, sazónalos y riégalos con 2 cucharadas de aceite. Hornéalos a 220 ºC durante 10 minutos. Retíralos, pásalos al vaso batidor y tritúralos bien hasta que consigas una salsa homogénea.

Calienta una tartera apta para el horno con 3-4 cucharadas de aceite. Pela los dientes de ajo, córtalos en daditos e introdúcelos en la tartera. Corta las cebolletas en daditos y añádelas. Sazona y rehoga las hortalizas a fuego medio durante 5 minutos. Sazona los chipirones, introdúcelos en la tartera y rehógalos a fuego medio durante 5-6 minutos. Agrega el arroz, la salsa de tomate y pimiento choricero, el vino blanco y el caldo para paella (el doble y un poco más que de arroz). Cocina los ingredientes durante 5 minutos.

Introduce la tartera en el horno y cocina el arroz a 220 ºC durante 12 minutos. Abre el horno, incorpora las almejas y cocina el arroz durante 3 minutos más (hasta que las almejas se abran).

Retira la tartera del fuego, tápala con un paño limpio y deja que repose durante 4-5 minutos.

Reparte el arroz en 4 platos, espolvoréalos con el cebollino picado y decóralos con unas hojas de perejil.

CONSEJO

A la hora de cocinar almejas, es imprescindible que estén vivas. Antes de cocinarlas, descarta las que tengan la concha rota o las que estén abiertas y no se cierren al darles un golpecito. Una vez cocinadas, retira las que no se hayan abierto.

PASTAS y MASAS

QUICHE DE ARROZ, JAMÓN COCIDO, ESPINACAS Y QUESO

INGREDIENTES (4 P.)

1 lámina de pasta quebrada
200 g de arroz cocido
200 g de espinacas
20 g de mantequilla
3 huevos
50 ml de nata líquida (35 % de materia grasa)
12 lonchas de jamón cocido (150 g)
75 g de queso *mozzarella* rallado
perejil
pimienta
sal

ELABORACIÓN

Cubre un molde redondo de fondo desmontable (18 cm) con la pasta quebrada y hornéalo a 190 ºC durante 12-15 minutos. Retíralo del horno y deja que se temple.

Calienta una sartén con la mantequilla. Corta las espinacas en juliana fina y saltéalas hasta que se ablanden. Retíralas, escúrrelas bien y resérvalas.

Bate los huevos y la nata en un bol. Salpimienta la mezcla e incorpora el arroz cocido y las espinacas. Corta el jamón en daditos y agrégalos.

Vierte la mezcla encima de la tartaleta, cubre la superficie con el queso y hornéala a 190 ºC durante 15 minutos aproximadamente.

Retírala, deja que se temple un poco y desmóldala. Córtala en porciones y sirve. Decora los platos con unas hojas de perejil.

FIDEOS CON VERDURAS Y PANCETA

INGREDIENTES (4 P.)

300 g de fideos gruesos
400 g de panceta fresca
1 cebolleta
10 judías verdes
1 pimiento verde
1 puerro
500-600 ml de caldo
aceite de oliva virgen extra
perejil
sal

ELABORACIÓN

Tuesta los fideos en una sartén sin aceite. Es importante que los remuevas de vez en cuando para que no se quemen. Cuando se doren, sácalos y resérvalos en un plato.

Calienta 3 cucharadas de aceite en una tartera. Corta la panceta en dados y rehógala a fuego medio durante 5 minutos. Retírala a un plato y resérvala.

Limpia el puerro (eliminándole la parte inferior, la superior y 2 capas de hojas), córtalo en cuartos de luna finos e incorpóralo a la tartera. Corta la cebolleta en daditos y añádela. Retira el tallo y las semillas del pimiento, córtalo en dados e incorpóralo. Retira las puntas de las judías verdes, córtalas en trocitos de 2 centímetros y agrégalas. Sazona y rehoga las hortalizas a fuego suave-medio durante 8-10 minutos. Introduce la panceta y los fideos, mezcla bien, pon a punto de sal, cúbrelos con el caldo y cocínalos a fuego medio durante 10 minutos.

Sirve y decora los platos con unas hojas de perejil.

ESPAGUETIS CON CALABACÍN A LA CARBONARA

INGREDIENTES (4 P.)

380 g de espaguetis

1 calabacín

4 yemas de huevo

150 g de panceta fresca (3 lonchas gruesas)

130 g de queso pecorino rallado

aceite de oliva virgen extra

perejil

pimienta

sal

CONSEJO

Para hacer la salsa carbonara solo has utilizado las yemas. Te recomiendo que reserves las claras, que puedes utilizar para preparar un buen merengue.

ELABORACIÓN

Calienta 3 cucharadas de aceite en una sartén grande. Corta la panceta en tiras de 1 centímetro, introdúcelas en la sartén y fríelas hasta que se doren. Escúrrelas, ponlas en una fuente y sazónalas. Lava el calabacín, córtalo en 3 trozos y después en bastones. Introdúcelos en la sartén y saltéalos durante 4-5 minutos. Retíralos y resérvalos.

Calienta abundante agua en una cazuela grande. Cuando empiece a hervir, sazónala, introduce los espaguetis y cuécelos durante el tiempo que indique el paquete.

Para preparar la carbonara, pon las yemas en un bol grande, bátelas bien y agrega el queso pecorino poco a poco, sin dejar de remover, hasta que los ingredientes queden bien integrados. Vierte un cazo (250 ml) del agua de la cocción de los espaguetis, muele encima un poco de pimienta y mezcla bien.

Escurre los espaguetis, introdúcelos en la sartén donde has rehogado la panceta y salteado los bastones de calabacín y saltéalos brevemente. Introdúcelos en el bol de la carbonara junto con la panceta y la mitad de los bastones de calabacín salteados. Mezcla suavemente, sirve la pasta en 4 platos y decora con el resto de los bastones de calabacín y unas hojas de perejil.

HOJALDRES DE CALABAZA, SETAS, PANCETA Y QUESO

INGREDIENTES (4 P.)

1 lámina de hojaldre

700 g de calabaza

250 g de setas de cultivo (champiñón, shitake)

100 g de panceta fresca

1 cebolla roja

30 g de piñones tostados

80 g de queso de oveja madurado a la cerveza tostada

aceite de oliva virgen extra

¼ de cucharadita de canela en polvo

perejil

sal

CONSEJO

Si no quieres pelar la calabaza, puedes usar una de la variedad potimarrón, ya que su piel es comestible.

ELABORACIÓN

Pela la calabaza, córtala en dados y ponla sobre una fuente apta para el horno. Sazónala, espolvoréala con la canela, cúbrela con papel de aluminio y hornéala a 200 ºC durante 20 minutos. Pásala a un vaso batidor, tritúrala con una batidora eléctrica hasta que quede reducida a puré y resérvala.

Cubre una bandeja de horno con papel de hornear. Corta la lámina de hojaldre en 4 trozos y extiéndelos sobre la bandeja. Dobla el contorno de los 4 trozos formando un ligero borde. Pincha las bases de los hojaldres con un tenedor y hornéalos a 180 ºC durante 10 minutos. Retíralos y deja que se enfríen.

Calienta 2-3 cucharadas de aceite en una sartén. Corta la panceta en dados e introdúcela en la sartén. Corta la cebolla en juliana fina y añádela. Rehoga todo a fuego medio durante 5-6 minutos. Limpia las setas, córtalas en dados, introdúcelas en la sartén, sazónalas y saltéalas a fuego medio durante 4-5 minutos.

Unta las bases de los hojaldres con el puré de calabaza y reparte encima las setas con la cebolla y la panceta. Ralla el queso por encima y salpícalos con los piñones.

Sirve un hojaldre en cada plato y decóralos con unas hojas de perejil.

MACARRONES CON CALABACÍN, CHAMPIÑONES Y CHISTORRA

INGREDIENTES (4 P.)

400 g de macarrones

200 g de champiñones

1 calabacín

1 cebolleta

150 g de chistorra

aceite de oliva virgen extra

1 cucharadita de orégano

perejil

sal

ELABORACIÓN

Calienta abundante agua en una cazuela grande. Cuando empiece a hervir, sazónala, introduce los macarrones y cuécelos durante el tiempo que indique el paquete. Escúrrelos y resérvalos.

Calienta un wok con 4 cucharadas de aceite. Corta la cebolleta en daditos, introdúcela en el wok y rehógala durante 5 minutos. Corta el calabacín en cuartos de luna finos e incorpóralos al wok. Limpia los champiñones, córtalos en láminas y añádelos. Sazona las hortalizas, sube el fuego y saltéalas durante 5 minutos más.

Retira la piel de la chistorra, desmenúzala, introdúcela en el wok y fríela un poco. Incorpora los macarrones y mezcla bien.

Reparte los macarrones en 4 platos, espolvoréalos con el orégano y decóralos con unas hojas de perejil.

MACARRONES CON CHORIZO Y SALSA AURORA

INGREDIENTES (4 P.)

400 g de macarrones
200 g de chorizo fresco
600 ml de leche
125 ml de salsa de tomate
25 g de harina
30 g de mantequilla
aceite de oliva virgen extra
nuez moscada
perejil
pimienta
sal

CONSEJO

Si la salsa aurora te queda un poco espesa, puedes aligerarla añadiendo un poco de leche o un poco del agua de cocción de los macarrones.

ELABORACIÓN

Para preparar la salsa aurora, funde la mantequilla en una cazuela. Añade la harina, rehógala bien y vierte 500 ml (reserva el resto) de leche, poco a poco, sin dejar de remover. Sazona y cocina la bechamel durante 8-10 minutos (sin dejar de remover). Vierte la salsa de tomate sobre la bechamel y mezcla bien hasta que consigas una salsa homogénea. Condiméntala con un poco de nuez moscada y sigue removiendo.

Calienta abundante agua en una cazuela grande, sazónala, introduce los macarrones y cuécelos durante el tiempo que indique el paquete. Escúrrelos y ponlos otra vez en la misma cazuela. Vierte encima la salsa aurora y mezcla bien.

Calienta una sartén con 1-2 cucharadas de aceite. Retira la piel del chorizo, desmenuza la carne, introdúcela en la sartén y fríela hasta que se dore. Incorpora la carne de los chorizos (bien escurrida) y la leche reservada anteriormente (100 ml) a la cazuela donde están los macarrones. Muele encima un poco de pimienta y mezcla bien.

Sirve y decora los platos con unas hojas de perejil.

MACARRONES CON SANDÍA Y BONITO

INGREDIENTES (4 P.)

400 g de macarrones pequeños
500 g de bonito fresco
300 g de sandía
150 g de queso feta de cabra
16 aceitunas negras
1 lima
2 dientes de ajo
2 cucharadas de vinagre
aceite de oliva virgen extra
20 hojas de albahaca
perejil
pimienta
sal

ELABORACIÓN

Calienta abundante agua en una cazuela. Cuando empiece a hervir, sazónala, introduce los macarrones y cuécelos durante 10 minutos. Escúrrelos, refréscalos y resérvalos en una fuente amplia.

Pela la sandía, córtala en dados, salpimiéntala e incorpórala a la fuente. Corta el queso en daditos y añádelo a la fuente.

Corta el bonito en dados y ponlos en un bol. Maja los ajos y agrégalos al bol. Vierte el zumo de la lima y 4 cucharadas de aceite. Mezcla bien y déjalo macerando durante 15 minutos.

Pon las hojas de albahaca, 100 ml de aceite, el vinagre y una pizca de sal en un vaso batidor. Tritura los ingredientes y reserva el aliño.

Calienta un wok con 3 cucharadas de aceite. Escurre el bonito, sazónalo, introdúcelo en el wok, saltéalo brevemente y añádelo a la fuente. Incorpora las aceitunas, vierte el aliño y mézclalo todo suavemente.

Sirve y adorna los platos con unas hojas de perejil.

CANELONES DE TERNERA, MANZANA Y QUESO

INGREDIENTES (4 P.)

20 láminas para canelones
500 g de ternera
1 cebolla roja
2 manzanas
2 dientes de ajo
40 g de harina
500 ml de leche
150 ml de salsa de tomate
150 g de *mozzarella* rallada
aceite de oliva virgen extra
1 cucharadita de tomillo
perejil
pimienta
sal

ELABORACIÓN

Calienta abundante agua en una tartera. Cuando empiece a hervir, sazónala, introduce en ella las láminas de pasta y cuécelas el tiempo que indique el paquete. Escúrrelas, refréscalas y extiéndelas sobre un paño limpio de cocina. Resérvalas.

Calienta una cazuela con 3 cucharadas de aceite. Agrega la harina y rehógala bien. Vierte la leche poco a poco, sazona y cocina la salsa a fuego suave durante 10 minutos. Añade la mitad de la *mozzarella* y mezcla bien.

Calienta 3 cucharadas de aceite en una sartén grande. Pela la cebolla y las manzanas, córtalas en dados e introdúcelas en la sartén. Sazónalas y rehógalas a fuego medio durante 10-12 minutos. Salpimienta la carne e introdúcela en la sartén. Pela los dientes de ajo, májalos e incorpóralos a la sartén. Rehoga las hortalizas y la carne a fuego vivo durante 4-5 minutos. Incorpora el tomillo, la salsa de tomate, el resto del queso y 6-8 cucharadas de bechamel y mezcla todo bien.

Rellena los canelones y ponlos en una fuente apta para el horno. Nápalos con el resto de la bechamel y hornéalos a 180 ºC durante 10 minutos.

Sirve y adorna los platos con unas hojas de perejil.

CANELONES DE BACALAO, CEBOLLA Y PIMIENTO

INGREDIENTES (4 P.)

20 láminas para canelones
500 g de bacalao desmigado desalado
2 cebollas rojas
2 dientes de ajo
2 pimientos verdes
30 g de harina
400 ml de salsa de tomate
300 ml de caldo de verduras
aceite de oliva virgen extra
perejil
sal

ELABORACIÓN

Calienta abundante agua en una tartera. Cuando empiece a hervir, sazónala, introduce las láminas de pasta y cuécelas durante el tiempo que indique el paquete. Escúrrelas, refréscalas y extiéndelas sobre un paño limpio de cocina. Resérvalas.

Calienta una sartén grande con 5-6 cucharadas de aceite. Pela las cebollas y los ajos, córtalos en dados e introdúcelos en la sartén. Retira el tallo y las semillas de los pimientos, córtalos de la misma manera y añádelos. Rehoga las hortalizas a fuego medio durante 20 minutos.

Agrega el bacalao a la sartén y cocínalo durante 3-4 minutos. Introduce la harina y cocínala un poco. Vierte el caldo y cocina todo durante 5 minutos removiendo los ingredientes a menudo. Pasa la farsa a una fuente y espera a que se temple un poco.

Rellena los canelones y ponlos en una fuente apta para el horno. Nápalos con la salsa de tomate y hornéalos a 180 ºC durante 10 minutos.

Sirve y decora los platos con unas hojas de perejil.

PASTA ORZO CON MEJILLONES

INGREDIENTES (4 P.)

400 g de pasta (orzo)
1 kg de mejillones
1 cebolleta
3 chalotas
1 pimiento verde
1 zanahoria
1 puerro limpio
75 ml de vino blanco
aceite de oliva virgen extra
20 hebras de azafrán
perejil
sal

ELABORACIÓN

Pon a calentar 1 litro de agua en una cazuela grande. Agrega un ramillete de perejil y el puerro cortado en tres trozos. Limpia los mejillones, introdúcelos en la cazuela y espera a que se abran. A medida que se vayan abriendo, retíralos a una fuente. Desecha, de cada mejillón, la mitad de la concha que no tiene carne. Cuela el caldo y resérvalo.

Calienta una tartera (cazuela amplia y baja) con 4 cucharadas de aceite. Corta la cebolleta en daditos y agrégala. Pela las chalotas, córtalas de la misma manera e incorpóralas. Sazónalas y rehógalas a fuego suave-medio durante 5-6 minutos. Pela la zanahoria y retira el tallo y las semillas del pimiento. Corta las hortalizas en daditos, incorpóralas a la tartera y cocínalas a fuego medio durante 6-8 minutos más. Añade las hebras de azafrán y el vino blanco y dale un hervor fuerte. Incorpora la pasta y sazónala. Vierte el caldo (poco a poco) y cocina la pasta, removiéndola a menudo, durante 7 minutos. Añade un poco de perejil picado y mezcla bien.

Sirve la pasta en 4 platos, reparte encima los mejillones y decóralos con unas hojas de perejil.

CONSEJO

Cuando vayas a cocinar los mejillones, lávalos con abundante agua fría para eliminar la arena y cualquier resto de suciedad. Justo antes de cocinarlos, corta los filamentos que unen las 2 conchas.

CODITOS CON BRÓCOLI Y QUESO

INGREDIENTES (4 P.)

400 g de coditos

1 ramillete de brócoli

2 cebolletas

6 tomates deshidratados en aceite

200 ml de nata líquida

200 ml de salsa de tomate

100 g de queso rallado (tipo *mozzarella*)

aceite de oliva virgen extra

perejil

sal

CONSEJO

A la hora de cocer la pasta es importante respetar la proporción adecuada: 1 litro de agua por cada 100 g de pasta.

ELABORACIÓN

Calienta 4 cucharadas de aceite en un wok. Corta las cebolletas en daditos, introdúcelas en el wok y rehógalas a fuego suave-medio durante 5-6 minutos. Corta los tomates deshidratados en dados e incorpóralos. Vierte la nata líquida y la salsa de tomate, sazona y cocina los ingredientes a fuego suave durante 6-8 minutos.

Calienta abundante agua en una cazuela grande. Cuando empiece a hervir, introduce los coditos, sazónalos y cuécelos durante el tiempo que indique el paquete. Escurre los coditos, introdúcelos en el wok donde está la salsa y cocínalos durante 2 minutos.

Pon a calentar un poco de agua en una sartén grande. Suelta el brócoli en ramilletes pequeños, introdúcelos en la sartén, sazónalos, tápalos y cuécelos a fuego fuerte durante 5-6 minutos.

Agrega los ramilletes de brócoli al wok donde están los coditos con la salsa y mezcla bien. Reparte la mezcla en 4 recipientes aptos para el horno, espolvoréalos con el queso rallado y gratínalos en el horno hasta que el queso se funda.

Sirve y decora los platos con unas hojas de perejil.

CANELONES DE CALABAZA Y CHICHARRO

INGREDIENTES (4 P.)

20 láminas para canelones

750 g de calabaza

500 g de chicharro limpio sin espinas

2 cebollas

4 dientes de ajo

40 g de harina

250 ml de leche

25 g de pipas de calabaza

aceite de oliva virgen extra

perejil

pimienta

sal

ELABORACIÓN

Calienta abundante agua en una tartera. Cuando empiece a hervir, sazónala, introduce las láminas de pasta y cuécelas durante el tiempo que indique el paquete. Retíralas, escúrrelas y extiéndelas sobre un paño limpio de cocina. Resérvalas.

Calienta 5 cucharadas de aceite en una tartera (cazuela amplia y baja). Pela las cebollas y 2 dientes de ajo, córtalos en daditos, añádelos a la tartera y rehógalos a fuego medio durante 15 minutos. Pela la calabaza, córtala en dados e incorpórala. Sazona y cocina las hortalizas a fuego medio durante 20 minutos.

Pasa los ingredientes a un vaso batidor y tritúralos con una batidora eléctrica hasta que queden reducidos a puré. Divídelo en 2 partes y resérvalo.

Calienta una sartén con 3 cucharadas de aceite. Pela los otros 2 dientes de ajo, córtalos en daditos e introdúcelos en la sartén. Corta el chicharro en daditos, salpimiéntalos y añádelos a la sartén. Saltea el pescado brevemente y resérvalo.

Para preparar la bechamel, calienta una cazuela con 3 cucharadas de aceite, añade la harina y rehógala bien. Añade la leche poco a poco y la mitad del puré de calabaza. Sazona, mezcla bien y cocina todo a fuego suave, sin dejar de remover, durante 10 minutos. Agrega el pescado, mezcla bien y deja que se temple.

Rellena los canelones y colócalos en una fuente apta para el horno. Nápalos con el resto del puré de calabaza, salpícalos con las pipas de calabaza y hornéalos a 180 ºC durante 10 minutos.

Sirve y decora los platos con unas hojas de perejil.

CANELONES DE ENSALADILLA CON ACEITE DE ALBAHACA

INGREDIENTES (4 P.)

16-20 láminas para canelones
2 patatas (400 g)
150 g de jamón cocido (3 lonchas gruesas)
2 huevos
1 zanahoria
12 aceitunas verdes sin hueso
200 g de mayonesa
20 hojas de albahaca
aceite de oliva virgen extra
perejil
sal

ELABORACIÓN

Calienta abundante agua en una tartera. Cuando empiece a hervir, sazónala, introduce las láminas de pasta y cuécelas durante el tiempo que indique el paquete. Escúrrelas, refréscalas y extiéndelas sobre un paño limpio de cocina. Resérvalas.

Pon las patatas en una cazuela, cúbrelas con agua y cuécelas durante 30 minutos. Retíralas, pélalas, córtalas en daditos y ponlas en un bol.

Pon 2 huevos en un cazo, cúbrelos con agua y cuécelos durante 10 minutos a partir del momento en que el agua empiece a hervir. Retíralos, refréscalos, córtalos en daditos y agrégalos al bol.

Corta las aceitunas en aros y el jamón cocido en dados, e incorpóralos al bol. Pela la zanahoria, rállala y añádela. Agrega la mayonesa, sazona, mezcla bien y rellena los canelones.

Pon las hojas de albahaca en un vaso batidor, vierte 150 ml de aceite y tritúralas bien.

Sirve 4-5 canelones en cada plato, aderézalos con el aceite de albahaca y decóralos con unas hojas de perejil.

LASAÑA DE CONEJO Y PIMIENTOS MORRONES

INGREDIENTES (4 P.)

9 láminas de lasaña
4 muslos de conejo
3 pimientos morrones
850 g de tomate en conserva
4 dientes de ajo
75 g de queso rallado
aceite de oliva virgen extra
perejil
pimienta
sal

ELABORACIÓN

Calienta abundante agua en una tartera. Cuando empiece a hervir, sazónala, introduce las láminas de lasaña y cuécelas el tiempo que indique el paquete. Retíralas, refréscalas, extiéndelas sobre un paño de cocina limpio y resérvalas.

Coloca los pimientos en una bandeja de horno y hornéalos a 180 ºC durante 35 minutos. Retíralos, pélalos, córtalos en tiras y resérvalos.

Calienta una cazuela con 3-4 cucharadas de aceite. Pela los dientes de ajo, córtalos en láminas, introdúcelos en la cazuela y rehógalos un poco. Agrega el tomate, sazona y cocínalo a fuego suave-medio durante 40-45 minutos. Pásalo por el pasapurés sobre un bol y resérvalo.

Calienta una sartén grande con 3 cucharadas de aceite. Deshuesa los muslos de conejo, corta la carne en daditos, salpimiéntalos e introdúcelos en la sartén. Saltéalos brevemente e incorpora los pimientos y la mitad de la salsa de tomate.

Coloca 3 láminas de pasta en la base de una fuente apta para el horno, cúbrelas con la mitad de la farsa, tápala con otras 3 láminas de pasta, el resto de la farsa y las otras 3 láminas de pasta. Napa la lasaña con el resto de la salsa de tomate, espolvoréala con el queso y hornéala a 180 ºC durante 10 minutos.

Sirve y decora los platos con unas hojas de perejil.

ROLLITOS DE VERDURA Y POLLO CON SALSA DE SOJA

INGREDIENTES (4 P.)

8 hojas de pasta *brick*
200 g de pechuga de pollo
150 g de hojas de berza
2 zanahorias
100 g de brotes de soja
75 ml de salsa de soja
aceite de oliva virgen extra
perejil
pimienta
sal

CONSEJO

Los brotes de soja son muy populares en la cocina asiática, especialmente en platos chinos, japoneses y coreanos. Gracias a su sabor suave y textura crujiente, son ideales para ensaladas, salteados, sopas o rollitos de primavera.

ELABORACIÓN

Calienta 3 cucharadas de aceite en un wok. Corta el pollo en tiras finas, salpimiéntalas, introdúcelas en el wok y saltéalas durante 3-4 minutos. Retíralas a un plato y resérvalas.

Pela las zanahorias y, con ayuda del pelador, córtalas en tiras finas e introdúcelas en el wok. Corta la berza en juliana fina y agrégala. Sazona y cocina las hortalizas a fuego medio durante 4-5 minutos. Incorpora los brotes de soja, 1-2 cucharadas de salsa de soja y el pollo. Saltéalo todo brevemente, pasa la mezcla a un plato, deja que se enfríe y divídela en 8 porciones.

Extiende las hojas de pasta *brick* sobre una superficie lisa. Pon una buena porción de la mezcla de hortalizas y pollo en el centro de cada hoja, dobla dos de los lados hacia el centro y después enróllalos hasta formar los rollitos.

Cubre una bandeja de horno con papel de hornear, coloca encima los rollitos y hornéalos a 200 ºC durante 6-8 minutos.

Sirve 2 rollitos en cada plato y acompáñalos con un poco de salsa de soja. Decora los platos con unas hojas de perejil.

LASAÑA DE MEJILLONES Y HORTALIZAS

INGREDIENTES (4 P.)

9 láminas para lasaña
1 kg de mejillones
3 dientes de ajo
2 cebollas
2 puerros
3 zanahorias
1 pimiento verde
2 tomates
600 ml de leche
50 g de harina
50 g de queso rallado
aceite de oliva virgen extra
perejil
pimienta
sal

ELABORACIÓN

Calienta 100 ml de agua en una tartera, introduce los mejillones, tápalos y cocínalos hasta que se abran. Sácalos, retírales las conchas, pícalos finamente y resérvalos.

Calienta abundante agua en una tartera. Cuando empiece a hervir, sazónala, introduce las láminas de lasaña y cuécelas el tiempo que indique el paquete. Escúrrelas y extiéndelas sobre un paño limpio de cocina.

Calienta una cazuela con 3 cucharadas de aceite, agrega la harina y rehógala bien. Vierte la leche poco a poco, salpimienta y cocina la bechamel durante 8-10 minutos, sin dejar de remover.

Calienta una sartén grande con 4 cucharadas de aceite. Pela los ajos y las cebollas, córtalos en daditos e introdúcelos en la sartén. Limpia los puerros, córtalos en cuartos de luna finos e incorpóralos. Pela las zanahorias, córtalas de la misma manera y añádelas. Retira el tallo y las semillas del pimiento, córtalo en daditos e incorpóralo a la sartén. Sazona y rehoga las hortalizas a fuego medio durante 20 minutos. Pela los tomates, córtalos en daditos y agrégalos a la sartén. Sazona y rehoga todo durante 8-10 minutos más. Incorpora los mejillones y la mitad de la bechamel y mezcla bien.

Coloca 3 láminas de lasaña en la base de una fuente apta para el horno y cúbrelas con la mitad de la farsa. Coloca encima otras 3 láminas y el resto de la farsa, y finaliza con 3 láminas de lasaña. Napa con el resto de la bechamel, espolvorea con el queso y hornea a 180 ºC durante 10 minutos.

Retira la lasaña del horno, sirve y decora los platos con unas hojas de perejil.

ESPAGUETIS CON CHORIZO Y ALCAPARRAS

INGREDIENTES (4 P.)

300 g de espaguetis
150 g de chorizo fresco
2 cebolletas
200 ml de nata líquida
150 ml de salsa de tomate
queso parmesano rallado
2 cucharadas de alcaparras
aceite de oliva virgen extra
perejil
sal

ELABORACIÓN

Calienta 4 cucharadas de aceite en una tartera (cazuela amplia y baja). Corta las cebolletas en daditos y añádelas. Sazónalas y rehógalas a fuego suave-medio durante 10 minutos. Retira la piel del chorizo, desmenúzalo, incorpóralo a la tartera y rehógalo un poco. Añade las alcaparras, la nata y la salsa de tomate, mezcla bien y cocínalo todo a fuego suave durante 6-8 minutos.

Calienta abundante agua en una cazuela. Cuando empiece a hervir, sazónala e introduce los espaguetis. Cuécelos durante el tiempo que indique el paquete. Escúrrelos, añádelos a la tartera, vierte un poco del agua de la cocción y mezcla bien.

Reparte los espaguetis en 4 platos y espolvoréalos con el queso rallado. Decora los platos con unas hojas de perejil.

FIDEUÁ DE PULPO CON ALIOLI

INGREDIENTES (4 P.)

300 g de fideos para fideuá
800 g de pulpo cocido
1 cebolleta
2 dientes de ajo
100 ml de salsa de tomate
750 ml de caldo de pescado
aceite de oliva virgen extra
perejil
30 hebras de azafrán
1 cucharadita de pimentón dulce
sal

Para el alioli:

1 diente de ajo
1 huevo
175 ml de aceite de oliva suave
1 cucharada de vinagre
sal

ELABORACIÓN

Calienta una tartera apta para el horno, sin aceite, introduce los fideos y tuéstalos, removiéndolos a menudo, hasta que se doren un poco. Retíralos a una fuente y resérvalos.

Vierte 3 cucharadas de aceite de oliva virgen extra a la misma tartera. Corta la cebolleta en daditos. Pela los dientes de ajo y córtalos de la misma manera. Introduce las hortalizas en la tartera, sazónalas y rehógalas a fuego suave durante 5-6 minutos.

Corta los tentáculos del pulpo en rodajas y reserva las puntas para decorar. Agrega los tentáculos, el pimentón y las hebras de azafrán a la tartera y mezcla bien. Incorpora la salsa de tomate y el caldo de pescado y caliéntalos hasta que empiecen a hervir. Agrega los fideos y cuécelos a fuego fuerte durante 5 minutos.

Coloca las puntas de los tentáculos encima de la fideuá y hornéala a 220 ºC durante 2-3 minutos.

Para hacer el alioli, pela el diente de ajo, córtalo en daditos e introdúcelo en un vaso batidor. Agrega el huevo, una pizca de sal, el vinagre y el aceite de oliva suave y tritura los ingredientes con una batidora eléctrica hasta que emulsionen.

Reparte la fideuá en 4 platos, acompáñalos con el alioli y decóralos con unas hojas de perejil.

CONSEJO

El toque que marca la diferencia está en hornear la fideuá al final durante 2-3 minutos. Así conseguirás que los fideos se levanten y queden más crujientes.

LASAÑA DE POLLO, PERA Y BECHAMEL DE CHALOTAS

INGREDIENTES (4 P.)

9 láminas de lasaña
500 g de carne picada de pollo
600 ml de leche
50 g de harina
6 chalotas
2 peras
aceite de oliva virgen extra
1 cucharada de orégano en polvo
perejil
pimienta
sal

ELABORACIÓN

Calienta abundante agua en una tartera. Cuando empiece a hervir, sazónala, introduce las láminas de lasaña y cuécelas el tiempo que indique el paquete. Retíralas, refréscalas, extiéndelas sobre un paño de cocina limpio y resérvalas.

Calienta una cazuela con 4 cucharadas de aceite. Pela las chalotas, córtalas en daditos y rehógalas a fuego suave-medio durante 10 minutos. Añade la harina y rehógala bien. Vierte la leche poco a poco, salpimienta y cocina la bechamel durante 8-10 minutos, sin dejar de remover.

Pela las peras, retírales los corazones, córtalas en láminas finas y añádelas a la sartén. Sazónalas y cocínalas a fuego medio durante 10 minutos. Retíralas y resérvalas.

Adereza el pollo con sal, pimienta y orégano. Calienta una sartén grande con 4 cucharadas de aceite. Añade el pollo y saltéalo a fuego fuerte durante 4-5 minutos. Incorpora las peras y la mitad de la bechamel y mezcla bien.

Coloca 3 láminas de pasta en la base de una fuente apta para el horno, pon sobre ellas la mitad de la farsa, cubre con otras 3 láminas de pasta, el resto de la farsa y las otras 3 láminas de pasta. Napa la lasaña con el resto de la salsa bechamel y hornéala a 180 ºC durante 10 minutos.

Sirve y decora los platos con unas hojas de perejil.

TALLARINES CON POLLO AL *CURRY*

INGREDIENTES (4 P.)

300 g de tallarines
1 pechuga de pollo (2 medias)
2 cebolletas
2 dientes de ajo
200 ml de salsa de tomate
250 ml de leche de coco
aceite de oliva virgen extra
1 cucharada de *curry*
perejil
pimienta
sal

ELABORACIÓN

Calienta una tartera (cazuela amplia y baja) con 4 cucharadas de aceite. Corta las cebolletas en daditos, añádelas a la tartera y rehógalas a fuego medio durante 6-8 minutos. Pela los dientes de ajo, pícalos finamente e incorpóralos. Corta el pollo en daditos, salpimiéntalos, introdúcelos en la tartera y rehógalos brevemente.

Agrega el *curry*, la salsa de tomate y la leche de coco, y mezcla bien. Cocina los ingredientes a fuego suave durante 6-8 minutos.

Calienta abundante agua en una tartera (cazuela amplia y baja). Cuando empiece a hervir, sazónala, introduce los tallarines y cuécelos durante el tiempo que indique el paquete. Escúrrelos e introdúcelos en la tartera. Mezcla bien y sirve. Decora los platos con unas hojas de perejil.

LACITOS CON ACELGAS

INGREDIENTES (4 P.)

400 g de lacitos de colores
5 hojas de acelga
4 dientes de ajo
4 lonchas de panceta ahumada
70 g de pasas (sin semillas)
aceite de oliva virgen extra
perejil
1 trozo de guindilla
pimienta
sal

ELABORACIÓN

Calienta una tartera (cazuela amplia y baja) con 4 cucharadas de aceite. Pela los dientes de ajo, córtalos en láminas e introdúcelos en la tartera. Corta la panceta en tiras y añádelas. Rehoga los ingredientes a fuego suave durante 4-5 minutos. Añade la guindilla y las pasas. Corta las pencas de las acelgas en daditos y las hojas en juliana fina y agrégalas. Sazona, tapa la tartera y cocina las acelgas durante 10-12 minutos. Retira la guindilla.

Calienta abundante agua en una cazuela grande. Cuando empiece a hervir, sazónala introduce en ella los lacitos y cuécelos durante el tiempo que indique el paquete. Escurre la pasta y añádela a la tartera. Mezcla los ingredientes y condiméntalos con un poco de pimienta recién molida.

Sirve y decora los platos con unas hojas de perejil.

CONSEJO

Antes de cocinar las acelgas, lávalas muy bien, ya que suelen traer algo de tierra.

TALLARINES CON SALSA DE TOMATE Y GAMBAS

INGREDIENTES (4 P.)

300 g de tallarines frescos
24 gambas (peladas)
1 kg de tomate pera
1 pimiento morrón rojo
1 cebolla
7 dientes de ajo
1 cucharada de orégano seco
aceite de oliva virgen extra
perejil
sal

ELABORACIÓN

Calienta agua en una cazuela hasta que empiece a hervir. Haz un corte en cruz en la parte inferior de los tomates, introdúcelos en la cazuela y escáldalos durante 1-2 minutos. Retíralos, refréscalos, pélalos, trocéalos y colócalos en una bandeja de horno. Pela 3 dientes de ajo y la cebolla, córtalos en cuartos y añádelos a la bandeja. Pela el pimiento morrón, trocéalo y agrégalo a la bandeja.

Riega las hortalizas con 2 cucharadas de aceite, sazónalas y espolvoréalas con el orégano. Hornéalas a 200 ºC durante 45 minutos. Pasa los ingredientes a un vaso batidor y tritúralos bien.

Calienta una tartera (cazuela amplia y baja) con 6 cucharadas de aceite. Pela 4 dientes de ajo, agrégalos enteros y rehógalos a fuego suave durante 3-4 minutos. Sube el fuego, introduce las gambas y saltéalas brevemente. Añade la salsa de tomate y caliéntala.

Calienta agua en una cazuela grande. Cuando empiece a hervir, sazónala, introduce la pasta y cuécela durante 3 minutos. Escúrrela e introdúcela en la tartera. Si quieres aligerar la salsa, puedes verter un poco del agua de la cocción de los tallarines.

Sirve y decora los platos con unas hojas de perejil.

CODITOS CON CALABACÍN Y FRESAS

INGREDIENTES (4 P.)

300 g de coditos
1-2 calabacines (según tamaño)
12 fresas
1 cucharada de alcaparras
75 g de queso parmesano
1-2 cucharadas de vinagre
aceite de oliva virgen extra
20 hojas de albahaca
perejil
sal

ELABORACIÓN

Calienta agua en una cazuela grande. Cuando empiece a hervir, sazónala e introduce la pasta. Cuécela durante el tiempo que indique el paquete. Escúrrela, refréscala y resérvala.

Corta los calabacines en daditos. Calienta el wok con 3 cucharadas de aceite, agrega los calabacines y saltéalos a fuego fuerte durante 4-5 minutos. Retíralos y ponlos en un bol grande.

Lava las fresas, retírales el tallo, córtalas en daditos y añádelas al bol. Agrega las alcaparras, la pasta, el vinagre, 4 cucharadas de aceite y una pizca de sal, y mezcla suavemente.

Pica las hojas de albahaca finamente y resérvalas.

Reparte la pasta en 4 platos, espolvoréalos con el queso y las hojas de albahaca y decóralos con unas hojas de perejil.

LASAÑA DE ATÚN, TOMATE Y CALABACÍN

INGREDIENTES (4 P.)

12 láminas de lasaña (precocidas)

425 g de atún en conserva (al natural)

1 kg de tomate pera

2 cebollas

2 dientes de ajo

2 calabacines

100 g de queso parmesano en polvo

aceite de oliva virgen extra

perejil

1 cucharadita de azúcar

1 guindilla cayena

sal

CONSEJO

Si te sobra atún al natural y no piensas comértelo en los próximos días, te recomiendo que lo congeles para utilizarlo en otra ocasión.

ELABORACIÓN

Calienta 3 cucharadas de aceite en una cazuela. Pela los dientes de ajo, córtalos en láminas e introdúcelos en la cazuela. Pela 1 cebolla, córtala en dados y agrégala a la cazuela. Añade la cayena y rehoga las hortalizas a fuego medio durante 8-10 minutos.

Lava los tomates, retírales el pedúnculo, trocéalos e introdúcelos en la cazuela. Agrega una pizca de sal y el azúcar y cocina los tomates a fuego medio durante 25-30 minutos. Pasa los ingredientes a un vaso batidor y tritúralos bien hasta que consigas una salsa homogénea.

Calienta una sartén con 4 cucharadas de aceite. Pela la otra cebolla, córtala en daditos, introdúcela en la sartén y rehógala a fuego medio durante unos 5 minutos. Lava los calabacines, córtalos en cuartos de luna finos, añádelos a la sartén, sazónalos y cocínalos durante 10-15 minutos. Agrega el atún desmigado, mezcla bien y cocina todo durante 2-3 minutos.

Para montar la lasaña, sirve un poco de salsa de tomate en el fondo de un recipiente grande apto para el horno y extiende encima 4 láminas de lasaña. Cúbrelas con salsa de tomate, la mitad de la farsa de calabacín y atún, salsa de tomate y otras 4 láminas de lasaña. Finaliza con más salsa de tomate, el resto de la farsa, otra capa de salsa de tomate, 4 láminas de pasta y el resto de la salsa de tomate. Espolvorea la lasaña con el queso y hornéala a 200 ºC durante 16 minutos.

Sirve y decora con unas hojas de perejil.

CONCHITAS CON JAMÓN EN SALSA DE CEBOLLA Y PUERRO

INGREDIENTES (4 P.)

- 300 g de conchitas (pasta corta)
- 200 g de jamón serrano
- 1 cebolla grande
- 2 puerros
- 50 ml de vino
- 500 ml de caldo de pollo
- 2 dientes de ajo
- aceite de oliva virgen extra
- perejil
- pimienta
- sal

ELABORACIÓN

Calienta una tartera (cazuela amplia y baja) con 3-4 cucharadas de aceite. Pela la cebolla, córtala en daditos e incorpórala a la tartera. Limpia los puerros (retirándoles la parte inferior, la superior y 2 capas de hojas), córtalos en cuartos de luna finos y añádelos a la tartera. Sazona y rehoga las hortalizas a fuego suave durante 15 minutos. Vierte el vino y dale un hervor fuerte hasta que se evapore. Vierte el caldo y cocina la salsa (removiéndola de vez en cuando) a fuego suave durante 10 minutos.

Calienta abundante agua en una cazuela grande. Sazónala, introduce la pasta y cuécela durante el tiempo que indique el paquete. Escúrrela, refréscala y resérvala.

Calienta un wok con 3 cucharadas de aceite. Pela los dientes de ajo, córtalos por la mitad, introdúcelos en el wok y rehógalos brevemente. Corta el jamón en taquitos, agrégalos al wok y rehógalos brevemente. Añade la pasta al wok, saltéala, introdúcela en la tartera y mezcla bien.

Sirve y decora los platos con unas hojas de perejil.

ESTRELLITAS CON BONITO, TOMATES CHERRY Y MAÍZ FRITO

INGREDIENTES (4 P.)

- 400 g de estrellitas
- 200 g de bonito en aceite (escurrido)
- 4 huevos
- 16 tomates cherry
- 50 g de maíz frito
- 1 cucharada de vinagre
- 1 cucharada de mostaza a la antigua
- aceite de oliva virgen extra
- perejil
- sal

ELABORACIÓN

Calienta abundante agua en una cazuela. Cuando empiece a hervir, sazónala, introduce la pasta y cuécela durante el tiempo que indique el paquete. Escúrrela, refréscala y ponla en una fuente grande.

Corta los tomates cherry por la mitad y añádelos a la fuente. Desmenuza el bonito y añádelo.

Calienta una sartén con 1 cucharada de aceite. Casca 2 huevos, sazónalos, bátelos bien y viértelos a la sartén. Cuájalos hasta que consigas una tortilla. Repite el proceso con los otros 2 huevos. Corta las tortillas en daditos e incorpóralas a la fuente.

Pon el maíz en el mortero y májalo (a tu gusto).

Para preparar el aliño, introduce en un bote con tapa 8 cucharadas de aceite, el vinagre, la mostaza y una pizca de sal. Tapa el bote y agítalo hasta que los ingredientes emulsionen.

Aliña la pasta, mezcla suavemente y repártela en 4 platos.

Espolvorea los platos con el maíz y decóralos con unas hojas de perejil.

MACARRONES CALDOSOS

INGREDIENTES (4 P.)

400 g de macarrones

500 g de costillas de cerdo ibérico troceadas

200 g de chistorra

1 cebolla

1 cucharada de tomate concentrado

aceite de oliva virgen extra

perejil

1 cucharadita de orégano seco

sal

ELABORACIÓN

Calienta 2-3 cucharadas de aceite en la olla rápida. Sazona las costillas, introdúcelas en la olla y dóralas bien. Retíralas a una fuente y resérvalas.

Pela la cebolla, córtala en daditos e introdúcela en la olla. Rehógala a fuego medio durante 4-5 minutos. Corta la chistorra en trozos de 2-3 centímetros e introdúcelos en la olla. Sofríe conjuntamente durante 3-4 minutos más. Agrega el tomate concentrado, el orégano seco y las costillas. Mezcla bien, cubre con agua (1,5 l), sazona y cocina todo durante 8-10 minutos.

Abre la olla, desgrasa el caldo, introduce los macarrones y cuécelos a fuego medio durante 10-12 minutos. Agrega un poco de perejil picado y sirve. Decora los platos con unas hojas de perejil.

CONSEJO

Para desgrasar el caldo, introduce un cazo y retira la grasa que se concentra en la parte superior de la olla.

FIDEUÁ DE CONEJO CON MAYONESA DE AJO

INGREDIENTES (4 P.)

250 de fideos gruesos (n.º 4)
10 paletillas de conejo
1 pimiento rojo
2 alcachofas
2 dientes de ajo
1 ñora
750 ml de caldo de carne
aceite de oliva virgen extra
perejil
1 cucharadita de pimentón
20 hebras de azafrán
3 ramas de tomillo
pimienta
sal

Para la mayonesa de ajo:

1 huevo
1 diente de ajo
150 ml de aceite de oliva suave
1 cucharada de vinagre
sal

ELABORACIÓN

Calienta una tartera (cazuela amplia y baja) con 4 cucharadas de aceite de oliva virgen extra. Corta las paletillas de conejo en 2-3 trozos, salpimiéntalas, introdúcelas en la tartera y fríelas a fuego medio durante 6-8 minutos. Retira la carne a una fuente y resérvala.

Pela el pimiento rojo y los dientes de ajo. Córtalos en daditos e incorpóralos a la tartera. Pela las alcachofas, retírales la parte superior, córtalas en gajos finos y añádelas. Sazona y rehoga las hortalizas a fuego medio durante 10 minutos. Introduce los fideos y rehógalos durante 4-5 minutos. Pica la ñora finamente y añádela. Agrega las hebras de azafrán, el pimentón y las ramas de tomillo. Vierte el caldo de carne e incorpora la carne de conejo. Cocina la fideuá a fuego suave-medio durante 13 minutos. Retira las ramas de tomillo y deja que repose durante 3-4 minutos.

Para preparar la mayonesa, casca el huevo, ponlo en un vaso batidor, agrega el diente de ajo pelado y cortado en láminas, el vinagre, la sal y el aceite y tritúralos con una batidora eléctrica hasta que emulsionen.

Reparte la fideuá en 4 platos, acompáñalos con un poco de mayonesa de ajo y decóralos con unas hojas de perejil.

CONSEJO

El sofrito es la base de muchos platos, por lo que te recomiendo que le dediques tiempo y cariño.

FIDEOS CON ALMEJAS Y GUISANTES

INGREDIENTES (4 P.)

400 g de fideos gruesos (n.º 4)
600 g de almejas
1 cebolleta
2 dientes de ajo
150 g de guisantes desgranados
500 ml de caldo de pescado
100 ml de vino blanco
aceite de oliva virgen extra
perejil
sal

ELABORACIÓN

Tuesta los fideos en una sartén sin aceite y resérvalos.

Calienta agua en un cazo, introduce los guisantes, cuécelos a fuego medio durante 10-15 minutos (según el tamaño) y resérvalos.

Calienta una tartera (cazuela amplia y baja) con 4 cucharadas de aceite. Corta la cebolleta y los ajos en daditos e introdúcelos en la tartera. Sazona y rehoga las hortalizas a fuego suave durante 10 minutos. Vierte el vino y añade las almejas. Tapa la tartera y cocina las almejas hasta que se abran.

Incorpora los fideos tostados y los guisantes, pon a punto de sal, vierte el caldo y cocínalos durante 10-12 minutos.

Sirve y decora los platos con unas hojas de perejil.

SOPA DE *GALETS* RELLENOS DE POLLO

INGREDIENTES (4 P.)

24 *galets* grandes

300 g de carne de pollo picada

2 l de caldo de pollo con jamón

1 huevo

2 rebanadas de pan de molde (sin corteza)

125 ml de leche

2 dientes de ajo

perejil

pimienta

sal

ELABORACIÓN

Corta el pan de molde en dados y ponlo en un bol. Cúbrelo con la leche y deja que se hidrate bien (15 minutos como mínimo).

Pon la carne picada en un bol grande. Pela los dientes de ajo, pícalos finamente y añádelos. Agrega el huevo, la sal, la pimienta y un poco de perejil picado. Mezcla bien, incorpora el pan (escurrido) y sigue mezclando hasta que los ingredientes queden bien integrados. Con ayuda de una cucharilla, toma pequeñas porciones de la masa, redondéalas y rellena los *galets*.

Pon el caldo a calentar en una tartera (cazuela amplia y baja). Cuando empiece a hervir, introduce los *galets* y cuécelos a fuego suave durante 15 minutos.

Espolvorea la sopa con un poco de perejil picado, sírvela y decora los platos con unas hojas de perejil.

CONSEJO

Puedes rellenar los *galets* a mano, con una cucharilla o utilizando una manga pastelera. Lo esencial es que el relleno de carne quede compacto y llegue hasta el borde de la pasta.

LASAÑA DE CARNE Y ALBAHACA CON *VELOUTÉ*

INGREDIENTES (4 P.)

9 láminas de lasaña

500 g de zancarrón de ternera

1 cebolla

2 zanahorias

1 calabacín

50 g de harina

200 ml de salsa de tomate

75 g de queso rallado

aceite de oliva virgen extra

hojas de albahaca

perejil

pimienta

sal

ELABORACIÓN

Calienta abundante agua en una tartera. Cuando empiece a hervir, sazónala, introduce las láminas de lasaña y cuécelas el tiempo que indique el paquete. Retíralas, refréscalas, extiéndelas sobre un paño de cocina limpio y resérvalas.

Calienta una olla con 3 cucharadas de aceite. Corta la carne en dados grandes, introdúcela en la olla y rehógala hasta que se dore un poco. Pela la cebolla, córtala en 4 e incorpórala a la olla. Pela las zanahorias, córtalas en 3-4 trozos y agrégalas. Corta el calabacín de la misma manera e introdúcelo en la olla. Rehógalo todo durante 4-5 minutos, cubre con 1 litro de agua, sazona, cierra la olla y cuece la carne y las hortalizas durante 25 minutos.

Cuela el caldo y resérvalo. Pasa las hortalizas a un vaso batidor, añade las hojas de albahaca, tritúralas con una batidora eléctrica y pásalas a un bol grande. Desmenuza la carne, agrégala al bol, mezcla bien y resérvala.

Calienta una cazuela con 3 cucharadas de aceite, añade la harina y rehógala bien. Vierte 500 ml del caldo de cocción poco a poco, salpimienta y cocina la *velouté* durante 8-10 minutos, sin dejar de remover. Añade la salsa de tomate y remueve. Agrega la mitad de la *velouté* al bol donde está la carne con el puré de verduras y mezcla bien.

Coloca 3 láminas de pasta en la base de una fuente apta para el horno, cúbrelas con la mitad de la farsa, tápalas con otras 3 láminas de pasta, el resto de la farsa y las otras 3 láminas de pasta. Napa la lasaña con el resto de la salsa *velouté*, espolvoréala con el queso y hornéala a 180 ºC durante 10 minutos.

Sirve y decora los platos con unas hojas de perejil.

FIDEOS CON RAPE Y ALIOLI

INGREDIENTES (4 P.)

300 g de fideos finos
500 g de rape limpio
1 cebolleta
2 zanahorias
2 dientes de ajo
60 g de piñones
500 ml de caldo de verduras
aceite de oliva virgen extra
perejil
pimienta
sal

Para el alioli:

1 diente de ajo
1 huevo
175 ml de aceite de oliva suave
1 cucharada de vinagre
sal

ELABORACIÓN

Calienta una sartén con 1 cucharada de aceite, introduce los fideos y tuéstalos hasta que se doren.

Calienta una tartera (cazuela amplia y baja) con 3 cucharadas de aceite. Corta la cebolleta en daditos e introdúcela en la tartera. Pela las zanahorias y 2 dientes de ajo, córtalos de la misma manera e incorpóralos. Rehoga las hortalizas a fuego suave durante 10 minutos. Corta el rape en dados, salpiméntalos, incorpóralos a la tartera y saltéalos brevemente. Añade los fideos, vierte el caldo, mezcla bien y cocina todo a fuego medio-fuerte durante 5 minutos.

Para preparar el alioli, pela 1 diente de ajo, trocéalo y ponlo en un vaso batidor. Añade el huevo, el vinagre, el aceite y una pizca de sal. Tritura los ingredientes hasta que liguen.

Calienta una sartén sin aceite, agrega los piñones y tuéstalos. Sirve los fideos en 4 platos, acompáñalos con el alioli, espolvorea los piñones por encima y decóralos con unas hojas de perejil.

ESPAGUETIS CON PICADILLO Y SALSA DE TOMATES DESHIDRATADOS

INGREDIENTES (4 P.)

300 g de espaguetis
400 g de picadillo de ternera
16 tomates deshidratados en aceite
1 cebolla grande
4 dientes de ajo
aceite de oliva virgen extra
1 cucharada de tomillo
perejil
pimienta
sal

ELABORACIÓN

Calienta 4 cucharadas de aceite en una cazuela. Pela la cebolla y los dientes de ajo, córtalos en dados e incorpóralos. Rehoga las hortalizas a fuego medio durante 8-10 minutos. Corta los tomates en 4 e introdúcelos en la cazuela. Vierte 500 ml de agua, sazona y cocina todo a fuego medio durante 20 minutos. Pasa los ingredientes al vaso batidor y tritúralos. Vierte la salsa en una tartera (cazuela amplia y baja) y ponla a calentar a fuego suave.

Calienta una sartén con 4 cucharadas de aceite. Salpimienta la carne, introdúcela en la sartén y rehógala a fuego fuerte durante 4-5 minutos. Añade la carne y el tomillo a la tartera y mezcla bien.

Calienta agua en una cazuela grande. Cuando empiece a hervir, sazónala, introduce la pasta y cuécela durante el tiempo que indique el paquete. Escúrrela, introdúcela en la tartera y mezcla hasta que los ingredientes se integren.

Sirve y decora los platos con unas hojas de perejil.

TALLARINES TRES DELICIAS

INGREDIENTES (4 P.)

350 g de tallarines

150 g de guisantes frescos (desgranados)

20 gambas peladas

1 loncha gruesa de jamón cocido (unos 100 g)

1 huevo

1 cebolleta

1 pimiento verde

1 zanahoria

1-2 cucharadas de salsa de soja

aceite de oliva virgen extra

12 hojas de cebollino

perejil

sal

ELABORACIÓN

Calienta agua en un cazo. Cuando empiece a hervir, introduce los guisantes, sazona, tapa y cuece a fuego medio durante 12 minutos.

Calienta abundante agua en una cazuela grande. Cuando empiece a hervir, introduce los tallarines, sazónalos y cuécelos durante el tiempo que indique el paquete.

Corta la cebolleta en daditos. Retira el tallo y las semillas del pimiento y córtalo también en daditos. Pela la zanahoria y córtala de la misma manera.

Calienta un wok con 4 cucharadas de aceite. Introduce las hortalizas, sazónalas y saltéalas a fuego medio durante 4-5 minutos. Agrega las gambas y saltéalas brevemente. Incorpora al wok la pasta, los guisantes y la salsa de soja y mezcla bien.

Calienta una sartén con 1 cucharadita de aceite. Casca el huevo en un bol, sazónalo y bátelo bien. Viértelo en la sartén y haz una tortilla. Retírala a un plato y resérvala.

Corta la tortilla y la loncha de jamón en daditos y pica las hojas de cebollino finamente.

Reparte los tallarines en 4 platos hondos y salpícalos con los dados de jamón, los dados de tortilla y el cebollino picado.

Adorna los platos con unas hojas de perejil.

CONSEJO

Aunque a menudo se piensa que la manera correcta de comer pasta es con tenedor y cuchara, los italianos consideran que solo hay que utilizar el tenedor. Se desliza un poco de pasta entre los dientes del tenedor, se inclina suavemente y se gira hasta que los tallarines se enrollen. Lo más recomendable es servirla en platos hondos.

ESPIRALES CON BOLOÑESA DE PAVO

INGREDIENTES (4 P.)

- 400 g de espirales
- 300 g de carne de pavo picada
- 2 lonchas de panceta fresca
- 2 dientes de ajo
- 1 cebolla
- 2 zanahorias
- 6 champiñones (limpios)
- 4 tomates pera
- 4 cucharadas de tomate concentrado
- 5 cucharadas de salsa de soja
- 300 ml de caldo de verduras
- aceite de oliva virgen extra
- 2 hojas de laurel
- 20 hojas de albahaca fresca
- perejil
- pimienta
- sal

ELABORACIÓN

Calienta una tartera (cazuela amplia y baja) con 3 cucharadas de aceite. Pela los dientes de ajo, pícalos finamente e introdúcelos en la tartera. Pela la cebolla, córtala en daditos y agrégala. Añade también las hojas de laurel. Rehoga las verduras a fuego medio durante 6-8 minutos.

Corta la panceta en tiras finas, agrégalas a la tartera y rehógalas durante 2-3 minutos. Introduce la carne picada de pavo, mézclala bien y cocínala durante 3-4 minutos. Añade el tomate concentrado y mezcla todo bien.

Pela las zanahorias, córtalas en daditos e introdúcelas en la tartera. Corta los champiñones de la misma manera e incorpóralos. Cocina los ingredientes a fuego medio durante 6-8 minutos.

Pela los tomates, córtalos en dados y añádelos a la tartera. Pica las hojas de albahaca finamente y agrégalas. Vierte el caldo y la salsa de soja y cocina todo a fuego suave durante 20 minutos. Prueba y pon a punto de sal.

Calienta una cazuela grande con abundante agua. Cuando empiece a hervir, añade la pasta, sazónala y cuécela durante el tiempo que indique el paquete.

Escurre la pasta, introdúcela en la tartera, mezcla bien y cocina todo durante 2 minutos. Salpimienta, agrega un poco de perejil picado y sirve. Decora los platos con unas hojas de perejil.

CONSEJO

Si la salsa empieza a secarse, puedes añadir un poco de agua, caldo o vino. Recuerda que el objetivo es conseguir una salsa espesa de carne y hortalizas estofadas.

FIDEOS CON CABALLA

INGREDIENTES (4 P.)

3 caballas

400 g de fideos gruesos (n.º 4)

1 cebolla

2 dientes de ajo

1 pimiento verde

250 g de tomate natural triturado

aceite de oliva virgen extra

1 cucharadita de pimentón

1 hoja de laurel

15 hojas de menta o hierbabuena

perejil

sal

CONSEJO

A la hora de cocinar cualquier receta de pasta, el reloj será tu gran aliado. Cocer la pasta demasiado tiempo o demasiado poco puede ser un desastre. La mejor manera de saber si está lista es probarla unos minutos antes del tiempo recomendado en el paquete.

ELABORACIÓN

Calienta abundante agua en una cazuela grande. Retira las cabezas de las caballas, corta los lomos por la mitad e introdúcelos en la cazuela. Añade la hoja de laurel y una pizca de sal. Cuece las caballas a fuego suave-medio durante 10 minutos. A medida que vaya subiendo espuma a la superficie, elimínala. Retira el pescado a una fuente, cuela el caldo y resérvalo por separado.

Pela los ajos y la cebolla y córtalos en dados. Retira el tallo y las semillas del pimiento y córtalo de la misma manera. Calienta una tartera (cazuela amplia y baja) con 3-4 cucharadas de aceite, introduce las hortalizas y rehógalas a fuego medio durante 8 minutos. Añade el pimentón y el tomate, mezcla bien y cocínalo durante 5-6 minutos más. Agrega 150 ml del caldo de la cocción de las caballas y mezcla bien. Pasa los ingredientes a un vaso batidor, añade las hojas de menta (troceadas) y tritura la mezcla con una batidora eléctrica.

Pasa el puré a la tartera, vierte 1 ½ litros del caldo de la cocción de las caballas, incorpora los fideos y cuécelos durante el tiempo que indique el paquete.

Mientras tanto, limpia las caballas, retirándoles las espinas y la piel.

Reparte los fideos en 4 platos, coloca unos trozos de caballa en el centro de cada uno y decóralos con unas hojas de perejil.

MACARRONES CON ESPINACAS Y BECHAMEL

INGREDIENTES (4 P.)

300 g de macarrones
300 g de espinacas
6 lonchas de panceta ahumada
1 cebolleta
1 diente de ajo
40 g de harina
600 ml de leche
100 g de queso *mozzarella*
aceite de oliva virgen extra
nuez moscada
perejil
pimienta
sal

CONSEJO

Para que la pasta no se pegue durante la cocción conviene removerla de vez en cuando con una cuchara de madera, haciendo movimientos envolventes.

ELABORACIÓN

Pon un poco de agua en una cazuela grande, introduce las espinacas y cuécelas durante 3-4 minutos. Retíralas, escúrrelas bien, pícalas finamente y resérvalas.

Para preparar la bechamel, calienta 3 cucharadas de aceite en una cazuela, agrega la harina y rehógala bien, removiéndola con una varilla manual. Vierte la leche poco a poco, sin dejar de remover, hasta que quede totalmente integrada. Cocina la bechamel a fuego suave durante 6-8 minutos, sazona y ralla encima un poco de nuez moscada. Agrega las espinacas y mezcla bien.

Calienta abundante agua en una cazuela grande. Cuando empiece a hervir, sazónala y agrega los macarrones. Cuécelos durante el tiempo que indique el paquete.

Calienta 3 cucharadas de aceite en un wok. Pela el diente de ajo, pícalo finamente y añádelo al wok. Corta la cebolleta en daditos y agrégala. Rehoga las hortalizas a fuego suave durante 5-6 minutos. Corta la panceta en tiras, incorpóralas y saltéalas brevemente. Añade los macarrones y la bechamel con espinacas y mezcla bien. Muele encima un poco de pimienta.

Corta el queso en dados pequeños.

Reparte los macarrones en 4 recipientes aptos para el horno. Salpícalos con los dados de queso, introdúcelos en el horno y gratínalos durante 5-6 minutos hasta que el queso se funda y se dore un poco. Retíralos del horno y decóralos con unas hojas de perejil.

CONCHAS CON SALSA DE HUEVO Y ALBAHACA

INGREDIENTES (4 P.)

400 g de pasta (conchas)
3 huevos
200 g de tomates cherry
zumo de ½ limón
1 cucharada de alcaparras
20 g de piñones
aceite de oliva virgen extra
perejil
25 hojas de albahaca
30 hebras de azafrán
sal

ELABORACIÓN

Calienta abundante agua en una cazuela grande y sazónala. Cuando empiece a hervir, introduce la pasta y las hebras de azafrán y cuécela durante 11-13 minutos. Pasa 300 ml del caldo de la cocción de la pasta a una jarra y resérvalo.

Escurre la pasta, refréscala y pásala a un bol grande. Viértele encima 2 cucharadas de aceite, mezcla bien y resérvala.

Pon los huevos en un cazo, cúbrelos con agua y cuécelos durante 10 minutos (contados a partir del momento en el que el agua empiece a hervir). Retíralos y refréscalos.

Pela los huevos, trocéalos e introdúcelos en un vaso batidor. Agrega 20 hojas de albahaca, 200 ml del caldo reservado anteriormente, 2-3 cucharadas de aceite y el zumo de limón. Tritura los ingredientes hasta que consigas una salsa homogénea (si quedara muy espesa, puedes aligerarla añadiéndole otro poco del caldo de la cocción de la pasta).

Añade la salsa y las alcaparras al bol. Corta los tomates cherry por la mitad e incorpóralos. Pica 5 hojas de albahaca finamente e introdúcelas en el bol.

Calienta una sartén sin aceite, añade los piñones y saltéalos hasta que se tuesten. Agrégalos al bol y mezcla todo bien.

Sirve y decora los platos con unas hojas de perejil.

CONSEJO

El punto de la pasta es muy personal. Si te gusta al dente, cuécela durante 11 minutos, pero si te gusta bien cocida, necesitarás por lo menos 13 minutos.

CASARECCE CON PESTO, JUDÍAS VERDES Y PATATA

INGREDIENTES (4 P.)

400 g de pasta *casarecce*
150 g de judías verdes
2 patatas
perejil
pimienta
sal

Para el pesto:

70 g de hojas de albahaca
50 g de queso parmesano
30 g de queso pecorino
30 g de piñones
2 dientes de ajo
70 ml de aceite de oliva virgen extra
3 g de sal gruesa

ELABORACIÓN

Para preparar el pesto, pon las hojas de albahaca en una picadora. Añade los piñones, los dientes de ajo (pelados) y la sal y tritura los ingredientes. Incorpora el queso parmesano y el pecorino y vuelve a triturarlos. Vierte el aceite y tritura de nuevo hasta que consigas una pasta homogénea. Reserva el pesto.

Calienta abundante agua en una cazuela y sazónala. Pela y trocea las patatas (cascándolas) e introdúcelas en la cazuela. Retira las puntas de las judías verdes, córtalas por la mitad y añádelas. Cuando las patatas y las judías lleven 4-5 minutos, agrega la pasta y cuece todo durante 11 minutos más.

Escurre los ingredientes y ponlos en un bol grande. Agrega el pesto y un poco del agua de la cocción de la pasta (100-150 ml) y mezcla bien.

Sirve los *casarecce* en 4 platos, muéleles encima un poco de pimienta y decóralos con unas hojas de perejil.

CONSEJO

Para que la pasta quede en su punto es importante respetar los tiempos de cocción que indica el fabricante.

RIGATONI CON PAVO Y RULO DE CABRA

INGREDIENTES (4 P.)

400 g de pasta *rigatoni*

400 g de pechuga de pavo

200 g de rulo de queso de cabra trufado

4 chalotas

50 g de tomate concentrado

250 ml de leche evaporada

1 yogur natural

aceite de oliva virgen extra

perejil

2 ramas de tomillo fresco

½ cucharadita de comino molido

1 cucharadita de pimentón dulce

pimienta

sal

CONSEJO

Los *rigatoni* se parecen a los macarrones, pero se diferencian en que su parte externa es estriada. Son una pasta ideal para salsas densas.

ELABORACIÓN

Pon el yogur en un bol grande. Agrega el pimentón y el comino y mezcla bien. Corta la pechuga de pavo en dados, introdúcelos en el bol, salpiméntalos y remueve bien. Deja que la carne macere en la mezcla durante 15 minutos.

Calienta un wok con 3 cucharadas de aceite. Pela las chalotas, córtalas en daditos, introdúcelas en el wok y rehógalas a fuego suave-medio durante 5 minutos. Incorpora los trozos de pavo macerados y cocínalos a fuego suave-medio durante 8-10 minutos. Retira la carne a un plato y resérvala.

Añade el tomate concentrado y la leche evaporada al wok, mezcla bien y deja que reduzca a fuego lento durante 10 minutos.

Calienta abundante agua en una cazuela grande y sazónala. Introduce la pasta y cuécela durante el tiempo que indique el paquete (unos 12 minutos). Retira los *rigatoni* e introdúcelos en el wok donde está la salsa. Agrega también el pavo y mezcla todo bien (si la salsa queda muy espesa, puedes añadir un poco del agua de la cocción de los macarrones). Muele encima un poco de pimienta y pasa los macarrones a una fuente apta para el horno.

Corta el queso de cabra en rodajas y repártelas sobre la pasta. Introduce la fuente en el horno y gratina los ingredientes durante 3-4 minutos.

Pica las ramas de tomillo finamente y salpica la fuente. Reparte los *rigatoni* en 4 platos y decóralos con unas hojas de perejil.

CARNES Y AVES

ALBÓNDIGAS EN SALSA DE ZANAHORIA

INGREDIENTES (4 P.)

600 g de carne de ternera picada

200 g de papada de cerdo ibérico picada

1 cebolleta

2 dientes de ajo

1 huevo

1 yema de huevo

1 cucharada de pan rallado

45 g de miga de pan

100 ml de leche

harina (para rebozar)

aceite de oliva virgen extra

perejil

pimienta

sal

Para la salsa de zanahoria:

8 zanahorias (600 g)

2 dientes de ajo

1 cebolleta

150 ml de vino de Jerez

1 l de caldo de carne

aceite de oliva virgen extra

sal

ELABORACIÓN

Para preparar la salsa, calienta una cazuela con 4 cucharadas de aceite. Pela los 2 dientes de ajo, córtalos en daditos e introdúcelos en la cazuela. Corta la cebolleta en dados y agrégala. Sazona y cocina las hortalizas a fuego medio durante 4-5 minutos. Pela las zanahorias, córtalas en rodajas, incorpóralas a la cazuela y cocínalas durante 10 minutos. Vierte el vino y dale un hervor fuerte para que se evapore el alcohol. Vierte el caldo, pon a punto de sal y cocina los ingredientes a fuego medio durante 25-30 minutos. Pasa los ingredientes al vaso batidor, tritúralos hasta conseguir una salsa homogénea y resérvala.

Para preparar las albóndigas, trocea la miga de pan y ponla en un bol. Vierte la leche y deja que se empape bien.

Calienta una sartén con 2-3 cucharadas de aceite. Pela los 2 dientes de ajo, pícalos finamente e introdúcelos en la sartén. Corta la cebolleta en daditos y agrégala. Cocina las hortalizas a fuego suave durante 8-10 minutos, escúrrelas y ponlas en un bol grande. Escurre la miga y añádela. Incorpora el huevo, la yema, la carne de ternera, la papada de cerdo y el pan rallado. Salpimienta y mezcla bien. Coge pequeñas porciones de masa, redondéalas y pásalas por harina.

Calienta abundante aceite en una sartén, introduce las albóndigas (en tandas) y fríelas hasta que se doren por fuera y queden un poco crudas por dentro. Retíralas, pásalas a una cazuela grande, cúbrelas con la salsa y cocínalas a fuego suave durante 4-5 minutos. Espolvoréalas con un poco de perejil picado.

Sirve 4-5 albóndigas en cada plato y decóralos con unas hojas de perejil.

CONSEJO

Para hacer albóndigas lo mejor es que el carnicero pase la carne solamente una vez por la máquina, porque con dos pasadas quedará como una masa.

CALLOS CON SETAS

INGREDIENTES (4 P.)

750 g de callos limpios y troceados

250 g de setas shitake

2 huesos de rodilla de ternera

3 cebollas

3 dientes de ajo

1 pimiento verde

2 cucharadas de carne de pimiento choricero

200 ml de salsa de tomate

aceite de oliva virgen extra

1 trozo de guindilla picante

10 granos de pimienta

4 clavos de olor

perejil

sal

ELABORACIÓN

Para cocer los callos, calienta abundante agua en una olla rápida. Pela 1 cebolla, pínchale los 4 clavos de olor e introdúcela en la olla. Agrega los callos, los granos de pimienta, los huesos y una pizca de sal. Cierra la olla y cuece los callos durante 40 minutos. Escurre los callos y reserva el caldo de la cocción.

Para la salsa, calienta 3 cucharadas de aceite en una cazuela. Pela los dientes de ajo, córtalos en dados e introdúcelos en la cazuela. Pela las otras 2 cebollas, córtalas en dados y agrégalas. Retira el tallo y las semillas del pimiento, córtalo de la misma manera y añádelo. Sazona y cocina las hortalizas a fuego medio durante 20 minutos. Agrega la salsa de tomate, la carne de pimiento choricero y el trozo de guindilla. Mezcla bien y cocina la salsa a fuego suave-medio durante 15-20 minutos. Pasa los ingredientes al vaso batidor, vierte 200 ml del caldo de la cocción de los callos y tritura todo bien. Reserva la salsa.

Calienta una sartén con 3-4 cucharadas de aceite. Corta las setas en cuartos, sazónalas y saltéalas durante 3-4 minutos.

Coloca los callos en un wok, añade las setas y la salsa. Mezcla bien y cocina todo durante 10 minutos.

Sirve y decora los platos con unas hojas de perejil.

CONSEJO

Si utilizas callos frescos es interesante blanquearlos. Para ello, calienta una cazuela con abundante agua. Cuando empiece a hervir, introduce los callos y cuécelos a fuego fuerte durante 3-4 minutos. A continuación, tendrás que cocinarlos según tu costumbre.

CONEJO AL AJILLO CON BONIATOS FRITOS

INGREDIENTES (4 P.)

1 conejo troceado
1 boniato grande
8 dientes de ajo
200 ml de vino de Jerez seco
aceite de oliva virgen extra
1 hoja de laurel
1 rama de romero fresco
1 rama de tomillo fresco
perejil
pimienta
sal

ELABORACIÓN

Calienta una tartera (cazuela amplia y baja) con 4-6 cucharadas de aceite. Aplasta los dientes de ajo, introdúcelos (sin pelar) en la tartera y cocínalos a fuego suave (teniendo cuidado de que no se quemen) durante 5 minutos aproximadamente. Retíralos y resérvalos.

Salpimienta los trozos de conejo e introdúcelos en la tartera. Añade la hoja de laurel, la rama de romero y la de tomillo. Fríe los trozos de conejo (dándoles la vuelta de vez en cuando) a fuego medio durante unos 15 minutos.

Agrega el vino y los ajos que previamente has reservado a la tartera y cocina el conejo a fuego suave-medio hasta que el vino reduzca a la mitad (10 minutos aproximadamente).

Calienta una sartén con abundante aceite. Pela el boniato, córtalo en bastones, introdúcelos en la sartén y fríelos hasta que se hagan por dentro y se doren por fuera. Retíralos y escúrrelos sobre una fuente cubierta con papel absorbente. Sazónalos y espolvoréalos con un poco de perejil picado.

Sirve en cada plato una porción de conejo y unos boniatos fritos. Decora los platos con unas hojas de perejil.

CONSEJO

Si no tienes vino de Jerez, puedes emplear perfectamente cualquier otro vino blanco de calidad que tengas en casa. Con un albariño, un *txakoli* o un godello también quedará muy bien.

CONEJO AL TOMILLO

INGREDIENTES (4 P.)

1 conejo troceado
2 patatas
7 dientes de ajo
75 ml de *brandy*
500 ml de vino blanco
aceite de oliva virgen extra
1 cucharada de tomillo
2 hojas de laurel
15-20 granos de pimienta negra
perejil
sal

ELABORACIÓN

Calienta una tartera con 4 cucharadas de aceite. Sazona los trozos de conejo e introdúcelos. Aplasta 3 dientes de ajo (con piel) y añádelos a la tartera. Fríe los trozos de conejo hasta que se doren bien.

Pela 4 dientes de ajo, trocéalos y ponlos en un mortero. Agrega los granos de pimienta, el tomillo y 1 cucharada de perejil picado y májalo todo bien.

Agrega las hojas de laurel y el majado a la tartera y mezcla bien. Vierte el *brandy* y dale un hervor fuerte para que se evapore el alcohol. Vierte el vino, sazona y cocina el conejo durante 15 minutos.

Calienta una sartén con abundante aceite. Pela las patatas, trocéalas (cascándolas), y fríelas hasta que se doren por fuera y se hagan por dentro. Añádelas a la tartera donde está el conejo, espolvoréalas con un poco de perejil picado y remueve para que se mezcle todo bien.

Sirve y decora los platos con unas hojas de perejil.

CONSEJO

El sabor intenso del tomillo potencia a los demás alimentos, por lo que se puede reducir la cantidad de sal en la elaboración del plato sin comprometer su sabor.

COSTILLAS DE CERDO ASADAS CON SALSA DE SOJA Y MIEL

INGREDIENTES (4 P.)

16 costillas de cerdo
75 ml de salsa de soja
4 cucharadas de miel
4 peras
30 g de mantequilla
perejil

ELABORACIÓN

Pon la miel en un bol grande. Agrega la salsa de soja y mezcla bien removiendo los ingredientes con una varilla manual. Introduce las costillas y embadúrnalas bien con la mezcla.

Extiende las costillas sobre una bandeja de horno y hornéalas a 180 ºC durante 20 minutos. Cada 3-4 minutos, abre el horno y úntalas con un poco de la mezcla de salsa de soja y miel.

Pela las peras, córtalas en 4 gajos y descorazónalas.

Calienta la mantequilla en una sartén, añade las peras y cocínalas a fuego suave-medio durante 5 minutos.

Sirve 4 costillas y 1 pera en cada plato. Decóralos con unas hojas de perejil.

CONSEJO

La salsa de soja auténtica solo lleva agua, soja, trigo y sal, por lo que es apta para veganos.

GUISO DE POLLO AL OPORTO

INGREDIENTES (4 P.)

4 cuartos traseros de pollo (muslos y contramuslos)
150 g de champiñones
150 g de panceta fresca
2 cebollas
2 dientes de ajo
2 patatas
4 cucharadas de harina
2 cucharadas de licor de naranja
200 ml de vino de Oporto
300 ml de caldo de pollo y jamón
aceite de oliva virgen extra
2 cucharadas de nuez moscada
2 ramas de romero
perejil
pimienta
sal

ELABORACIÓN

Calienta una sartén con abundante aceite. Retira la piel de los cuartos de pollo, córtalos por la mitad (separando el muslo del contramuslo) y salpimiéntalos. Mezcla en un bol la harina con la nuez moscada, introduce los trozos de pollo y enharínalos bien. Retira el exceso de harina, introdúcelos en la sartén y fríelos a fuego medio hasta que se doren un poco. Pasa el aceite de la sartén a un bol y resérvalo. Retira el pollo, introdúcelo en una tartera (cazuela amplia y baja) y resérvalo.

Calienta la misma sartén con 3 cucharadas del aceite que has reservado. Corta la panceta en dados y fríela a fuego medio hasta que se dore un poco.

Pela los dientes de ajo y córtalos en dados. Pela las cebollas y córtalas en dados. Añade las hortalizas a la sartén, sazónalas y rehógalas a fuego medio durante 15 minutos.

Enjuaga los champiñones en un bol con agua. Sécalos, córtalos en cuartos, incorpóralos a la sartén y cocínalos a fuego medio durante 5 minutos. Vierte el licor de naranja, el vino de Oporto y el caldo de pollo y jamón. Cuando los líquidos empiecen a hervir, vierte la mezcla a la tartera donde están los muslos de pollo. Agrega las ramas de romero, tapa y guisa el pollo a fuego medio durante 25 minutos.

Calienta agua en un cazo. Pela las patatas, trocéalas (cascándolas), introdúcelas, sazónalas, tápalas y cuécelas durante 20 minutos. Escúrrelas, pásalas a un bol y aplástalas bien hasta que queden reducidas a puré. Añade un poco de perejil picado y una cucharada de aceite, y mezcla bien.

Sirve el puré de patata en el fondo de 4 platos y reparte el pollo encima. Decora los platos con unas hojas de perejil.

CONSEJO

Si el puré de patata queda demasiado espeso, puede aligerarse añadiendo un poco del agua de la cocción de las patatas.

FALDA DE TERNERA CON PIMIENTOS MORRONES

INGREDIENTES (4 P.)

1.200 g de falda de ternera
2 pimientos morrones rojos
2 cebolletas
6 dientes de ajo
200 ml de vino blanco
aceite de oliva virgen extra
2 ramas de romero
1 hoja de laurel
perejil
pimienta
sal

ELABORACIÓN

Calienta una sartén con 3-4 cucharadas de aceite. Salpimienta la falda de ternera, introdúcela en la sartén, dórala bien por los dos lados y ponla en la olla rápida.

Pela 4 dientes de ajo, córtalos en láminas y agrégalos a la sartén donde has dorado la carne. Corta las cebolletas en cuartos y agrégalas. Rehoga las hortalizas a fuego fuerte durante 3-4 minutos. Añade el vino, la hoja de laurel y las ramas de romero y dale un breve hervor. Incorpora las hortalizas con el vino y las hierbas aromáticas a la olla rápida, cubre con agua y sazona. Cierra la olla y cocina la carne durante 40-45 minutos.

Cuela el caldo y resérvalo para otra ocasión. Retira la hoja de laurel y las ramas de romero. Pon las hortalizas en un vaso batidor y tritúralas con una batidora eléctrica. Cuela la salsa a un cazo (si quedara muy espesa, puedes aligerarla añadiéndole un poco de caldo de carne, de pollo o de verduras). Deja que la salsa reduzca durante 3-4 minutos y resérvala.

Pela los pimientos y córtalos en tiras. Pela los otros 2 dientes de ajo y córtalos en láminas. Calienta una sartén con 3 cucharadas de aceite, introduce los ajos y los pimientos. Sazona y fríe a fuego suave durante 30 minutos.

Pasa la falda a una fuente que sea apta para el horno. Hornéala a 250-280ºC (aire arriba y abajo) durante 7-8 minutos. Retira la carne del horno y córtala en lonchas gruesas.

Reparte los pimientos y la carne en 4 platos. Calienta la salsa, repártela por encima de la carne y espolvorea con un poco de perejil picado. Decora los platos con unas hojas de perejil.

CONSEJO

La falda de ternera es una carne muy nutritiva. No contiene demasiada grasa (alrededor del 8 %) y tiene un alto valor proteico (el 28 % de la falda son proteínas).

FILETES DE CERDO RELLENOS DE QUESO *CHEDDAR* CON PISTO

INGREDIENTES (4 P.)

8 filetes de cerdo (finos)
4 lonchas de queso *cheddar*
1 cebolla
3 dientes de ajo
2 pimientos verdes
1 calabacín
1 berenjena
2 tomates
harina y huevo batido (para rebozar)
aceite de oliva virgen extra
perejil
pimienta
sal

CONSEJO

Si no tienes mucho tiempo para cocinar, siempre puedes comprar el pisto en conserva, tanto en lata como en bote de cristal.

ELABORACIÓN

Para preparar el pisto, calienta una tartera (cazuela amplia y baja) con 4 cucharadas de aceite. Pela los dientes de ajo, córtalos en láminas e introdúcelos en la tartera. Pela la cebolla, córtala en dados y agrégala. Rehoga las hortalizas a fuego medio durante 5-6 minutos. Retira el tallo y las semillas de los pimientos, córtalos en dados e incorpóralos. Corta el calabacín y la berenjena en cuartos de luna finos y añádelos. Sazona y cocina las hortalizas a fuego medio durante 20-25 minutos. Pela los tomates, córtalos en dados, incorpóralos a la tartera y cocínalos a fuego medio durante 6-8 minutos más.

Calienta una sartén grande con 4-6 cucharadas de aceite. Salpimienta los filetes. Extiende 4 sobre la tabla de cocina, cúbrelos con 1 loncha de queso (doblada por la mitad) y tápalos con los otros 4 filetes. Pásalos por harina y huevo batido, introdúcelos (de dos en dos) en la sartén y fríelos por los dos lados. Retíralos y escúrrelos sobre una fuente cubierta con papel absorbente.

Sirve 1 filete relleno y una porción de pisto en cada plato. Decóralos con unas hojas de perejil.

FLAMENQUINES CON PURÉ DE PATATA

INGREDIENTES (4 P.)

- 4 filetes de cerdo (finos)
- 4 lonchas de jamón serrano
- 3 patatas
- 2 dientes de ajo
- harina, huevo y pan rallado (para rebozar)
- 125 ml de leche
- aceite de oliva virgen extra
- perejil
- pimienta
- sal

ELABORACIÓN

Para preparar el puré de patata, calienta abundante agua en una cazuela grande. Pela las patatas, trocéalas (cascándolas) e introdúcelas en la cazuela. Sazónalas, tápalas y cuécelas durante 15-20 minutos. Escurre las patatas y ponlas en un bol grande. Sazónalas y májalas bien. Vierte la leche poco a poco y sigue majándolas hasta que quede un puré homogéneo. Añade un poco de perejil picado y mezcla bien. Cubre el bol con film transparente y resérvalo.

Calienta una sartén grande con abundante aceite. Aplasta los dientes de ajo (con piel) e introdúcelos en la sartén. Salpimienta los filetes de cerdo y extiéndelos sobre la tabla de cocina. Pon una loncha de jamón encima de cada uno y enróllalos por la parte más larga. Pasa los rollitos por harina, huevo batido y pan rallado. Introdúcelos en la sartén y fríelos a fuego medio hasta que se doren por fuera y se hagan por dentro. Retíralos y escúrrelos sobre una fuente cubierta con papel absorbente.

Sirve el puré de patata en la base de 4 platos. Corta los flamenquines en rodajas y pon uno en cada plato. Decora con unas hojas de perejil.

CONSEJO

Para que los flamenquines salgan bien es importante que los filetes sean muy finos. Para conseguirlo hay que espalmar la carne, es decir, golpear los filetes (con un mazo de carne o con la base de un cazo) hasta que aumenten su tamaño y disminuyan su grosor.

ALITAS DE POLLO FRITAS MARINADAS EN SALSA DE SOJA

INGREDIENTES (4 P.)

16 alitas de pollo

4 cucharadas de salsa de soja

3 dientes de ajo

1 trozo de jengibre de 2-3 cm

½ limón

6-8 cucharadas de harina de maíz refinada

aceite de oliva virgen extra

2 ramas de tomillo fresco (picado)

perejil

sal

ELABORACIÓN

Retira las puntas de las alitas y resérvalas para hacer un caldo en otra ocasión. Corta las alitas por la mitad, separando las blanquetas de los alones, ponlas en un bol grande y sazónalas. Exprime el ½ limón y vierte el zumo sobre las alitas. Pela 2 dientes de ajo y rállalos encima. Pela el jengibre, rállalo y agrégalo al bol. Vierte la salsa de soja (4 cucharadas) y mezcla todo bien. Tapa el bol con film transparente y deja las alitas marinando durante 2 horas como mínimo.

Calienta una sartén con abundante aceite, introduce el otro diente de ajo (con piel), fríelo hasta que el aceite esté caliente (cuando el ajo empiece a sacar burbujas) y retíralo. Pasa las alitas por la harina de maíz refinada, introdúcelas (en tandas) en la sartén y fríelas hasta que se cocinen por dentro y se doren por fuera. Retíralas y escúrrelas sobre una fuente cubierta con papel absorbente.

Sirve 4 alitas (4 blanquetas y 4 alones) en cada plato. Espolvoréalas con un poco de tomillo y de perejil picado y decora los platos con unas hojas de perejil.

CONSEJO

Para asegurar que las alitas queden bien hechas por dentro, puedes taparlas con una tapa metálica (tipo colador). De este modo el aceite no saltará, el calor quedará dentro de la sartén y se cocinarán perfectamente.

GUISO DE BUTIFARRA, NÍSCALOS Y PATATAS

INGREDIENTES (4 P.)

- 4 butifarras blancas frescas (400 g)
- 3 patatas
- 300 g de níscalos
- 1 cebolla
- 2 dientes de ajo
- 50 ml de vino dulce (Pedro Ximénez)
- aceite de oliva virgen extra
- 1 hoja de laurel
- perejil
- sal

ELABORACIÓN

Calienta una tartera (cazuela amplia y baja) con 2-3 cucharadas de aceite. Corta las butifarras en trozos de 3 centímetros, introdúcelos en la tartera y rehógalos a fuego medio-alto hasta que se doren. Retíralos a un plato y resérvalos.

Corta los níscalos a tu gusto (si son pequeños los puedes dejar enteros), agrégalos a la tartera, sazónalos y saltéalos a fuego medio alto durante 3-4 minutos. Retíralos y resérvalos.

Pela la cebolla y los dientes de ajo, córtalos en dados e introdúcelos en la tartera (si hiciera falta puedes agregar 1-2 cucharadas más de aceite). Sazona y rehoga las hortalizas a fuego medio durante 6-8 minutos. Vierte el vino y dale un hervor.

Pela las patatas, trocéalas (cascándolas) e incorpóralas a la tartera. Agrega la hoja de laurel, cubre con agua, sazona y cocina a fuego suave-medio durante 20-25 minutos.

Añade la butifarra y las setas a la tartera y cocina todo junto durante 5 minutos más. Remueve bien y espolvorea con un poco de perejil picado.

Sirve y decora los platos con unas hojas de perejil.

CONSEJO

Es muy importante limpiar bien los níscalos. Lo primero que hay que hacer es retirar cualquier hierba que puedan tener pegada. A continuación, es conveniente pasarles un paño seco o ligeramente humedecido por toda la superficie.

ESTOFADO DE CARNE EN SALSA DE TOMATE Y PIMIENTO CON ARROZ

INGREDIENTES (4 P.)

900 g de carne de vacuno troceada
200 g de arroz
1 kg de tomate maduro
2 pimientos rojos
1 cebolla
3 dientes de ajo
aceite de oliva virgen extra
1 cucharada de azúcar
1 cucharadita de tomillo
perejil
pimienta
sal

CONSEJO

Si no tienes vaso batidor, puedes triturar la salsa con una batidora eléctrica o pasarla por un pasapurés.

ELABORACIÓN

Para preparar la salsa, calienta una cazuela grande con 4 cucharadas de aceite. Pela la cebolla y 2 dientes de ajo, córtalos en dados, introdúcelos en la cazuela y rehógalos a fuego medio durante 10 minutos. Lava los tomates, retírales el corazón y córtalos en dados. Retira el tallo y las semillas de los pimientos y córtalos de la misma manera. Introduce los tomates y los pimientos en la cazuela, sazónalos y añádeles el azúcar. Cocina los ingredientes a fuego medio durante 30 minutos. Pásalos al vaso batidor, tritúralos y reserva la salsa.

Calienta 4 cucharadas de aceite en la olla rápida. Salpimienta la carne, espolvoréala con el tomillo, introdúcela en la olla y rehógala un poco hasta que se dore. Cúbrela con la salsa, cierra la olla y cocínala durante 25 minutos.

Calienta una cazuela con 2 cucharadas de aceite. Aplasta el otro diente de ajo (con piel), introdúcelo en la cazuela y dóralo un poco. Agrega el arroz, rehógalo brevemente y cúbrelo con agua (el doble y un poco más que de arroz). Sazónalo y cocínalo a fuego medio durante 18-20 minutos.

Reparte la carne y el arroz en 4 platos y decóralos con unas hojas de perejil.

MUSLITOS DE POLLO ESCABECHADOS CON RÚCULA Y GRANADA

INGREDIENTES (4 P.)

8 muslos de pollo
50 g de hojas de rúcula limpias
1 granada
8 chalotas
8 dientes de ajo
2 zanahorias
150 ml de vino blanco
aceite de oliva virgen extra
150 ml de vinagre
20-30 granos de pimienta negra
2 hojas de laurel
perejil
sal

ELABORACIÓN

Pon a calentar una tartera (cazuela amplia y baja) con 3 cucharadas de aceite. Sazona los muslos de pollo, introdúcelos en la tartera y dóralos bien. Vierte el vino y dale un hervor. Vierte también el vinagre y 300 ml de aceite. Pela las chalotas e introdúcelas enteras en la tartera. Añade los ajos (sin pelar), las hojas de laurel y los granos de pimienta. Corta las zanahorias en 4 trozos, tornéalas (dales forma con un cuchillo por los lados y el pico para que queden redondeadas) e introdúcelas en la tartera. Tapa y cocina los ingredientes a fuego suave-medio durante 25 minutos.

Corta la granada por la mitad y golpéala (sobre un bol) por la parte de la piel con una cuchara hasta que salgan todos los granos.

Para servir, pon 2 muslitos, 2 chalotas, 2 dientes de ajo y 2 trozos de zanahoria en cada plato y salséalos. Salpica los platos con las hojas de rúcula y los granos de granada y decóralos con unas hojas de perejil.

CONSEJO

El escabeche más habitual es el de corta conservación, en el que el ingrediente principal se cocina junto con la mezcla del escabeche. La fórmula clásica del escabeche emplea dos partes de aceite, una de vinagre y una de vino blanco, y suele completarse con sal, laurel, pimienta en grano y ajo.

PALETILLA DE CONEJO GUISADA CON CHAMPIÑONES

INGREDIENTES (4 P.)

12 paletillas de conejo
300 g de champiñones
2 dientes de ajo
350 ml de salsa de tomate
aceite de oliva virgen extra
6-8 hojas de albahaca
1 guindilla cayena
perejil
pimienta
sal

ELABORACIÓN

Enjuaga los champiñones en un bol con agua. Retíralos, córtalos en cuartos y resérvalos.

Calienta una sartén grande con 4-5 cucharadas de aceite. Salpimienta las paletillas, introdúcelas (en dos tandas) en la sartén y dóralas a fuego medio-alto por los dos lados. Pásalas a una tartera (cazuela amplia y baja) y resérvalas.

Añade la guindilla a la sartén donde has dorado las paletillas. Pela los dientes de ajo, córtalos en láminas e introdúcelos en la sartén. Agrega los champiñones y saltéalos a fuego medio durante 4-5 minutos. Retira la guindilla, vierte la salsa de tomate y dale un hervor. Pasa los champiñones con la salsa de tomate a la tartera donde están las paletillas. Corta las hojas de albahaca en juliana e incorpóralas. Tapa la tartera y cocina todo a fuego medio durante 15-20 minutos.

Sirve y decora los platos con unas hojas de perejil.

CONSEJO

Si la salsa de tomate está demasiado espesa, puede aligerarse añadiendo un poco de agua.

PASTEL DE CARNE Y PATATA

INGREDIENTES (4 P.)

1 kg de carne picada de vacuno

6 patatas grandes

4 huevos

1 cebolla

200 g de aceitunas sin hueso

20 g de mantequilla

125 ml de agua

aceite de oliva virgen extra

1 cucharadita de comino en polvo

3-4 cucharadas de azúcar

perejil

pimienta

sal

ELABORACIÓN

Calienta agua en un cazo. Cuando empiece a hervir, introduce los huevos y cuécelos durante 10 minutos. Retíralos, refréscalos, pélalos y resérvalos.

Calienta agua en una cazuela grande. Pela las patatas, introdúcelas en la cazuela y cuécelas a fuego medio durante 35-40 minutos. Escurre las patatas, pásalas a un bol y májalas bien. Incorpora la mantequilla y una pizca de sal y mezcla hasta que quede un puré homogéneo.

Calienta 3 cucharadas de aceite en un wok. Pela la cebolla, córtala en daditos, introdúcela en el wok, sazónala y rehógala a fuego medio durante 6-8 minutos. Incorpora la carne, salpimiéntala y cocínala un poco. Agrega el agua y el comino y cocina a fuego medio durante 4-5 minutos.

Pon la carne en el fondo de un recipiente apto para el horno (también puedes repartirla en moldes individuales). Corta los huevos en rodajas y las aceitunas por la mitad y disponlos encima de la carne. Cubre con el puré de patata, espolvorea con el azúcar y gratina el pastel hasta que se dore (12-15 minutos).

Retíralo del horno y decóralo con unas hojas de perejil.

CONSEJO

Esta es una receta chilena, pero en casi todo el mundo se prepara el pastel de patata y carne. Algunos le agregan hortalizas finamente picadas y salsa de tomate, otros alternan capas de carne y patata, otros introducen queso en su interior... Te animo a probar hasta que encuentres tu receta.

PAVO EN SALSA CON ARROZ Y PLÁTANO FRITO

INGREDIENTES (4 P.)

- 4 muslos de pavo
- 3 pimientos morrones en conserva
- 3 dientes de ajo
- 200 g de arroz
- 1 plátano macho (verde)
- 700 ml de caldo de pollo
- 125 ml de vino blanco
- aceite de oliva virgen extra
- 1 guindilla cayena
- 1 rama de tomillo
- 1 rama de romero
- perejil
- pimienta
- sal

ELABORACIÓN

Calienta 4 cucharadas de aceite en una sartén grande. Sazona los muslos de pavo, dóralos bien y pásalos a la olla rápida.

Pela 2 dientes de ajo, córtalos en láminas e introdúcelos en la sartén. Agrega también la guindilla. Cuando empiecen a dorarse, vierte el vino en la sartén y dale un hervor fuerte para que se evapore el alcohol. Añade la mezcla a la olla rápida y agrega el romero y el tomillo.

Trocea los pimientos y ponlos en una jarra. Vierte el agua de la conserva de los pimientos y 200 ml de caldo de pollo y tritúralos bien con una batidora eléctrica. Añade el puré a la olla. Muele encima un poco de pimienta, cierra la olla y cocina los muslos de pavo durante 11-12 minutos. Abre la olla y retira las hierbas aromáticas.

Calienta 3 cucharadas de aceite en una cazuela. Pela el otro diente de ajo, córtalo por la mitad e introdúcelo en la cazuela. Añade el arroz, el caldo (el doble y un poco más que de arroz) y una pizca de sal. Cocínalo a fuego medio durante 18-20 minutos.

Calienta una sartén con abundante aceite. Pela el plátano, córtalo en rodajas gruesas (de unos 2 cm), introdúcelas en la sartén y dóralas por los dos lados. Retira las rodajas de plátano a un plato, cúbrelas con papel de horno y aplástalas, de una en una, con la base de un vaso.

Retira el papel, introdúcelas nuevamente en la sartén y fríelas hasta que queden bien tostadas. Escúrrelas sobre un plato cubierto con papel absorbente, sazónalas y resérvalas.

Sirve en cada plato 1 muslo de pavo, un poco de arroz y unas rodajas de plátano frito. Decóralo con unas hojas de perejil.

CONSEJO

Puedes encontrar el plátano macho en algunos supermercados grandes o en tiendas especializadas en productos latinoamericanos.

SOLOMILLO A LA SAL CON PIMIENTOS RELLENOS

INGREDIENTES (4 P.)

2 solomillos de cerdo
12 pimientos del piquillo
aceite de oliva virgen extra
perejil
2 kg de sal gruesa
sal fina

Para el puré de patata:

3 patatas grandes
1 yema de huevo
25 g de mantequilla
sal

ELABORACIÓN

Para preparar el puré, pon agua a calentar en un cazo. Pela las patatas, trocéalas (cascándolas), introdúcelas en el cazo, sazónalas, tápalas y cuécelas a fuego medio durante 15-18 minutos. Pasa las patatas por el pasapurés sobre un bol. Adereza con la mantequilla, la yema y una pizca de sal. Mezcla bien, introduce el puré en una manga pastelera y resérvalo.

Coloca la sal gruesa en un recipiente y humedécela (añade agua poco a poco con una cuchara y mezcla bien, hasta que la sal tenga una textura similar a la arena mojada). Cubre la base de una bandeja de horno con una buena capa de sal. Coloca encima los solomillos y cúbrelos con el resto de la sal gruesa. Hornéalos a 220 ºC durante 12 minutos aproximadamente.

Rellena los pimientos con el puré de patata y colócalos en una fuente apta para el horno. Sazónalos, rocíalos con un chorrito de aceite y hornéalos a 220 ºC durante 5 minutos.

Retira la costra de sal de los solomillos y córtalos en filetes gruesos.

Reparte los filetes de solomillo y los pimientos en 4 platos y decóralos con unas hojas de perejil.

CONSEJOS

1. Se recomienda utilizar sal gruesa o en escamas, ya que forma una costra ideal sin aportar un sabor excesivamente salado al alimento.
2. Es importante aplicar una cantidad suficiente de sal para cubrir completamente la pieza, de modo que se genere una costra que conserve la humedad.
3. Una señal de que el solomillo está hecho es la aparición de grietas en la capa de sal que lo recubre.

SALCHICHAS CON PURÉ DE CASTAÑAS Y CHIPS DE BONIATO

INGREDIENTES (4 P.)

12-16 salchichas frescas
500 g de castañas
2 boniatos pequeños
400 ml de leche
25 g de mantequilla
aceite de oliva virgen extra
perejil
sal

ELABORACIÓN

Para preparar el puré, calienta abundante agua en un cazo. Haz un pequeño corte (muesca) a cada castaña por la parte inferior, introdúcelas en el cazo y cuécelas a fuego medio durante 20 minutos. Retíralas, deja que se templen y pela la cáscara y la piel del interior. Ponlas en una cazuela, cúbrelas con toda la leche y cuécelas a fuego suave durante 20 minutos. Pasa las castañas a un vaso batidor, vierte primero 200 ml de leche (puedes ir añadiendo más si lo necesitas) y tritúralas hasta conseguir un puré homogéneo. Agrega la mantequilla y sigue triturando hasta que quede todo bien integrado. Pon a punto de sal y resérvalo.

Para preparar los chips, pela el boniato y córtalo en rodajas finas (puedes utilizar una mandolina). Calienta una sartén con abundante aceite, añade (en tandas) las rodajas de boniato y fríelas hasta que queden crujientes y se doren un poco. Retira y escúrrelas sobre una fuente cubierta de papel absorbente, sazónalas y resérvalas.

Calienta una sartén con 2 cucharadas de aceite, coloca las salchichas y cocínalas hasta que se hagan por dentro y se doren por fuera.

Sirve en cada plato, 3-4 salchichas, un poco de puré de castaña y unos chips de boniato. Decóralos con unas hojas de perejil.

CONSEJO

Las castañas se pueden comer crudas, hervidas o asadas. A la hora de cocinarlas, tanto asadas como cocidas, hay que realizarles un pequeño corte. El propósito de esta muesca es evitar que estallen durante el proceso de asado.

PICANTONES A LA NARANJA

INGREDIENTES (4 P.)

4 picantones pequeños
1 escarola
5 naranjas
2 cebollas
1 cabeza de ajos
1 diente de ajo
aceite de oliva virgen extra
vinagre
perejil
sal

CONSEJO

Se puede hacer la misma receta con un pollo grande. La única diferencia es que hay que hornearlo durante un poco más de tiempo, unos 45-50 minutos.

ELABORACIÓN

Sazona los picantones y ponlos en un bol. Exprime las naranjas, vierte el zumo sobre los picantones, tápalos con film transparente y déjalos macerando durante 2 horas como mínimo.

Retira los picantones, ponlos en una bandeja de horno y riégalos con el zumo de la maceración. Pela las cebollas, córtalas en cuartos y añádelas a la bandeja. Corta la parte superior de la cabeza de ajos y ponla a un lado. Riega los picantones con 1-2 cucharadas de aceite y hornéalos a 180 ºC durante 25-30 minutos.

Apaga el horno, pasa los picantones a otra bandeja, y mantenlos calientes en el horno con el calor residual. Pasa las cebollas a un vaso batidor. Saca la pulpa de la cabeza de ajos y añádela. Vierte también el jugo de la bandeja, pon a punto de sal y tritura todo bien. Cuela la salsa, pásala a una sartén, ponla a hervir (4-5 minutos) para que reduzca un poco y espolvoréala con un poco de perejil picado.

Suelta las hojas de la escarola y lávalas bien. Escúrrelas, trocéalas y ponlas en una fuente amplia. Pela el diente de ajo, pícalo finamente y añádelo. Adereza la escarola con aceite, vinagre y sal.

Sirve un picantón en cada plato, salséalo y acompáñalo con la ensalada de escarola. Decora con unas hojas de perejil.

SOLOMILLO CON *FOIE*

INGREDIENTES (4 P.)

- 4 rodajas de solomillo de ternera (700 g)
- 4 lonchas de *foie* fresco (300 g)
- 4 rebanadas de pan de molde (redondas)
- 2 chalotas
- 150 ml de caldo de carne
- 150 ml de vino tinto
- 75 ml de *brandy*
- harina de maíz refinada diluida en agua fría
- aceite de oliva virgen extra
- 1 hoja de laurel
- perejil
- pimienta
- sal

ELABORACIÓN

Para la salsa, calienta un cazo con 2 cucharadas de aceite. Pela las chalotas, córtalas en daditos, introdúcelas en el cazo, sazónalas y cocínalas a fuego medio durante 4-5 minutos. Vierte el *brandy*, el vino tino y el caldo. Agrega la hoja de laurel, pon a punto de sal y cocina los ingredientes a fuego suave durante 20-25 minutos.

Cuela la salsa, viértela de nuevo en el cazo y ponla a calentar. Agrega un poco de harina de maíz refinada diluida en agua fría, dale un hervor y lígala.

Calienta abundante aceite en una sartén. Introduce las rebanadas de pan y fríelas hasta que se doren. Retíralas, escúrrelas sobre un plato cubierto con papel absorbente y resérvalas.

Calienta una plancha. Salpimienta los trozos de solomillo. Riégalos con un poco de aceite, colócalos sobre la plancha y cocínalos (a tu gusto) por los dos lados.

Salpimienta las lonchas de *foie*, colócalas sobre la plancha y cocínalas brevemente por los dos lados.

Sirve las rebanadas de pan en la base de 4 platos y coloca encima de cada una un trozo de solomillo y una loncha de *foie*. Salsea y decora con unas hojas de perejil.

CONSEJO

Para aprovechar el aceite sobrante de freír el pan, lo mejor es colarlo y reservarlo para hacer cualquier otra fritura o guiso. A la hora de colar el aceite a un bol, es interesante introducir en el recipiente unas cucharas de metal previamente enfriadas, para que absorban el calor del aceite y no se rompa el bol.

ALBÓNDIGAS CON SALSA DE CEBOLLA

INGREDIENTES (6 P.)

1 kg de carne picada de pollo y pavo

50 g de miga de pan

125 ml de leche

1 huevo

harina (para rebozar)

aceite de oliva virgen extra

perejil

pimienta

sal

Para la salsa de cebolla:

3 cebollas rojas

2 dientes de ajo

2 cucharadas de tomate concentrado

100 ml de *brandy*

500 ml de caldo de verduras

aceite de oliva virgen extra

30 hebras de azafrán

1 hoja de laurel

1 guindilla cayena

sal

ELABORACIÓN

Para la salsa, calienta una sartén con 4 cucharadas de aceite. Pela las cebollas, córtalas en dados e introdúcelas en la sartén. Pela los dientes de ajo, córtalos en daditos y añádelos a la sartén. Sazona y rehoga las hortalizas a fuego medio durante 20 minutos. Vierte el *brandy* y dale un hervor fuerte. Incorpora la hoja de laurel, la guindilla, las hebras de azafrán, el tomate concentrado y el caldo de verduras. Mezcla bien y cocina los ingredientes a fuego suave-medio durante 30 minutos. Retira la guindilla y la hoja de laurel, pasa los ingredientes al vaso batidor y tritúralos bien hasta que consigas una salsa homogénea. Pásala a una tartera (cazuela amplia y baja) y ponla a calentar.

Pon la miga de pan en un bol y cúbrela con la leche. Déjala a remojo hasta que esté bien empapada. Escúrrela y resérvala.

Pon la carne en un bol grande. Añade el huevo, sal y pimienta (al gusto) y un poco de perejil picado, y mezcla bien. Agrega la miga de pan y vuelve a mezclar hasta que quede bien integrada con la carne. Coge pequeñas porciones de la masa, redondéalas, forma las albóndigas y pásalas por harina.

Calienta una sartén con abundante aceite. Introduce las albóndigas (en tandas) y fríelas hasta que se doren por fuera. Añádelas a la tartera donde está la salsa y cocínalas a fuego suave durante 8-10 minutos.

Sirve 3 albóndigas en cada plato y espolvoréalas con un poco de perejil picado. Decora con unas hojas de perejil.

CONSEJO

Cuando vayas a preparar albóndigas, recomiendo hacer una buena cantidad. De esta manera podrás congelar para comerlas en cualquier otra ocasión.

BOCADO DE LA REINA EN SALSA STROGONOFF

INGREDIENTES (4 P.)

- 4 bocados de la reina (de ternera)
- 1 cebolla
- 2 dientes de ajo
- 200 g de champiñones
- 1 cucharada de harina
- 50 ml de *brandy*
- 250 ml de caldo de carne
- 200 ml de nata líquida
- 30 g de mantequilla
- 1 cucharada de mostaza de Dijon
- aceite de oliva virgen extra
- perejil
- pimienta
- sal

ELABORACIÓN

Calienta una sartén con la mantequilla y 2 cucharadas de aceite. Corta los bocados de la reina en tiras, salpimiéntalas, introdúcelas (en tandas) en la sartén y saltéalas brevemente durante 2-3 minutos. Retíralas a una fuente y resérvalas.

Pela los dientes de ajo, córtalos en dados y agrégalos a la sartén. Pela la cebolla, córtala en dados y añádela. Sazona y rehoga las hortalizas a fuego medio durante 6-8 minutos.

Enjuaga los champiñones en un bol con agua. Sécalos, córtalos en láminas e introdúcelos en la sartén. Sazónalos y rehógalos a fuego medio durante 3-4 minutos. Vierte el *brandy* y dale un hervor fuerte. Añade la harina y cocínala un poco. Vierte el caldo y mezcla bien. Incorpora la nata y la mostaza, mezcla bien y deja que reduzca a fuego medio durante 6-8 minutos. Introduce las tiras de carne en la salsa y cocínalas brevemente (1-2 minutos).

Reparte el guiso en 4 platos, espolvoréalos con un poco de perejil picado y decóralos con unas hojas de perejil.

CONSEJO

Se puede hacer la receta con cualquier otro corte de carne que sea tierno y jugoso, como, por ejemplo, solomillo o lomo bajo.

POLLO EN PEPITORIA AL ESTILO BURGALÉS

INGREDIENTES (4 P.)

1 pollo de 1.400 g
1 cebolla
3 dientes de ajo
1 cucharada de harina
10-12 almendras crudas
2 huevos
250 ml de vino blanco
250 ml de agua
1 pastilla de caldo de pollo
aceite de oliva virgen extra
20 hebras de azafrán
perejil
pimienta
sal

ELABORACIÓN

Pon los huevos en una cazuela, cúbrelos con agua y cuécelos durante 10 minutos a partir del momento en que el agua empiece a hervir. Refréscalos, pélalos y resérvalos.

Calienta 4 cucharadas de aceite en una tartera (cazuela amplia y baja). Corta el pollo en trozos de bocado y salpimiéntalos. Introdúcelos en la tartera y dóralos un poco. Retíralos a una fuente y resérvalos.

Pela la cebolla y los dientes de ajo. Córtalos en daditos e introdúcelos en la tartera. Sazona y rehoga las hortalizas durante 6-8 minutos a fuego medio. Agrega una cucharada de perejil picado y la harina, y rehógalos brevemente.

Vierte el vino y el agua, desmenuza encima la pastilla de caldo de pollo y añade el pollo.

Trocea las almendras y ponlas en el mortero. Introduce también las hebras de azafrán y májalo todo bien. Agrega el majado a la tartera, tápala y cocina el pollo a fuego medio durante 20 minutos.

Sirve el guiso en 4 platos, ralla los huevos por encima y decora con unas hojas de perejil.

CONSEJO

Para acompañar el pollo en pepitoria, una buena opción de guarnición puede ser arroz blanco o patatas fritas, que combinan muy bien con este plato.

CALLOS Y MORROS EN SALSA VIZCAÍNA

INGREDIENTES (4-6 P.)

750 g de callos de ternera
500 g de morro de ternera
1 cebolla
1 zanahoria
2 hojas de laurel
5 clavos de olor
perejil
15-20 granos de pimienta negra
sal

Para la salsa:

2 cebollas rojas
2 dientes de ajo
1 manzana reineta
10 pimientos choriceros
aceite de oliva virgen extra
1 guindilla cayena
sal

ELABORACIÓN

Retira los tallos y las semillas de los pimientos choriceros, ponlos en un bol grande, cúbrelos con agua caliente y deja que se hidraten durante 1 hora (como mínimo). Retíralos, escúrrelos y sácales la pulpa. Resérvalos.

Calienta 2 litros de agua en la olla rápida. Corta los callos y el morro en trozos de bocado, e introdúcelos en la olla. Pela la cebolla, córtala por la mitad y agrégala a la olla. Añade las hojas de laurel. Pela la zanahoria e incorpórala a la olla. Agrega los clavos y los granos de pimienta. Sazona, cierra la olla y cuece las carnes durante 30 minutos. Reserva por separado las carnes y el caldo de la cocción.

Calienta una cazuela con 3-4 cucharadas de aceite. Pela los dientes de ajo y córtalos en daditos. Pela las cebollas y córtalas en dados. Pela la manzana, retírale el corazón y córtala en dados. Introduce las hortalizas y la fruta en la cazuela. Añade también la cayena. Sazona y cocina todo a fuego medio durante 25 minutos.

Incorpora la pulpa de los pimientos choriceros y un poco del caldo de la cocción de las carnes, mezcla bien y cocina todo durante 10 minutos. Pasa los ingredientes al vaso batidor y tritúralos bien.

Introduce los callos y los morros en la cazuela, vierte encima la salsa y cocina todo a fuego suave durante 10 minutos.

Sirve y decora los platos con unas hojas de perejil.

CONSEJO

Como todos los productos de casquería, hay que limpiar los callos y los morros a fondo antes de comenzar a cocinarlos. Por suerte, en las carnicerías podemos encontrarlos bien limpios.

CHULETAS DE CERDO CON VERDURAS A LA SIDRA

INGREDIENTES (4 P.)

4 chuletas de cerdo
1 cebolla mediana
1 pimiento verde
1 pimiento rojo
5 dientes de ajo
200 g de champiñones
300 g de coles de Bruselas (limpias)
8 ramilletes de coliflor (300 g)
2 tomates
100 g de guisantes cocidos
4 alcachofas cocidas
500 ml de sidra
aceite de oliva virgen extra
1 cucharada de pimentón dulce
1 cucharada de orégano
1 cucharada de tomillo molido
perejil
pimienta
sal

ELABORACIÓN

Calienta una tartera (cazuela amplia y baja) con 4 cucharadas de aceite. Pela los ajos, córtalos en láminas e introdúcelos en la tartera. Pela la cebolla, córtala en dados y agrégala. Retira el tallo y las semillas del pimiento verde, córtalo de la misma manera y añádelo. Retira el tallo y las semillas del pimiento rojo, pélalo, córtalo en dados e incorpóralo. Sazona y rehoga las hortalizas a fuego medio durante 5 minutos.

Enjuaga los champiñones en un bol con agua, retíralos, sécalos un poco, córtalos en 4 trozos e introdúcelos en la tartera. Corta los tomates por la mitad, rállalos y añádelos a la tartera. Agrega el tomillo, el orégano y el pimentón y mezcla bien.

Incorpora la sidra, los ramilletes de coliflor y las coles de Bruselas. Sazona, mezcla bien, tapa y cocina las hortalizas a fuego medio durante 15 minutos.

Añade los guisantes y las alcachofas (cortadas en cuartos), y cocina todo a fuego suave durante 2 minutos.

Calienta una sartén grande con 4 cucharadas de aceite. Salpimienta las chuletas, introdúcelas en la sartén y dóralas a fuego fuerte (2 minutos por cada lado). Pásalas a la tartera, tapa y cocina las chuletas en la salsa durante 2 minutos.

Sirve 1 chuleta y 1 ración de hortalizas en cada plato. Decora con unas hojas de perejil.

CONSEJO

Para hacer esta receta puedes variar las hortalizas en función de tus gustos.

CHULETILLAS DE CORDERO CON SALSA CAZADORA

INGREDIENTES (4 P.)

16 chuletillas de cordero
4 patatas
100 ml de leche
aceite de oliva virgen extra
perejil
2 ramas de romero
pimienta
sal

Para la salsa:
1 cuello de cordero
6 champiñones
1 cebolleta
1 diente de ajo
1 cucharada de harina
75 ml de salsa de tomate
250 ml de caldo de carne
50 ml de *brandy*
125 ml de vino tinto
125 ml de agua
aceite de oliva virgen extra
4 ramas de tomillo
sal

ELABORACIÓN

Calienta agua en una cazuela. Introduce las patatas y cuécelas durante 35 minutos aproximadamente. Escúrrelas, pélalas, trocéalas, ponlas en un bol y májalas bien. Sazona el puré, viértele la leche encima y mezcla bien.

Pon las chuletillas en una fuente, salpimiéntalas y riégalas con un chorrito de aceite (2-3 cucharadas). Pica las ramas de romero y agrégalas a la fuente. Mezcla bien y deja las chuletillas macerando hasta el momento de cocinarlas, 30 minutos como mínimo.

Para la salsa cazadora, calienta 3 cucharadas de aceite en una cazuela. Pela el diente de ajo, córtalo en láminas e introdúcelo en la cazuela. Corta la cebolleta en dados y agrégala. Sazona y rehoga las hortalizas a fuego medio durante 6-8 minutos. Retira la grasa del cuello de cordero, trocéalo, incorpóralo a la cazuela y dóralo bien. Vierte el *brandy* y flambéalo. Agrega la harina y rehógala bien. Limpia los champiñones, córtalos en cuartos y añádelos. Sazona y cocina todo a fuego medio durante 6-8 minutos. Vierte el caldo, el vino tinto, la salsa de tomate y el agua. Añade las ramas de tomillo, tapa la cazuela y cocina los ingredientes a fuego suave-medio durante 30 minutos.

Retira las ramas de tomillo y reserva los trozos de cordero para otra ocasión. Pasa el resto de los ingredientes de la salsa al vaso batidor y tritúralos hasta conseguir una salsa homogénea (si queda muy ligera ponla de nuevo al fuego para que reduzca un poco más).

Calienta una plancha. Coloca las chuletillas encima y cocínalas durante 2-3 minutos por cada lado.

Sirve un poco de salsa en la base de los platos y coloca encima 4 chuletillas. Acompáñalos con el puré de patata y decóralos con unas hojas de perejil.

CONSEJO

Si sobra salsa, ponla en una salsera para que cada uno se sirva la cantidad que quiera. También puedes congelarla para utilizarla en otra ocasión.

CODORNICES CON SALSA DE NARANJA Y PATATAS *HASSELBACK*

INGREDIENTES (4 P.)

4 codornices
2 naranjas
4 patatas medianas
2 dientes de ajo
75 ml de *brandy*
20 g de mantequilla
aceite de oliva virgen extra
1 cucharadita de pimentón dulce
2-3 ramas de tomillo fresco
1 cucharadita de tomillo seco
perejil
sal

ELABORACIÓN

Lava bien las patatas y sécalas. Hazles unos cortes paralelos (de 0,5 centímetros de grosor) sin llegar a la base, para que queden en forma de acordeón. Para hacerlo, puedes poner la patata sobre un recipiente que tenga un pequeño borde o sobre 2 palillos largos de brocheta. Este borde hará que el cuchillo no llegue hasta la parte inferior y que las patatas queden unidas por la base.

Coloca las patatas en un recipiente apto para el horno, ábrelas un poco, sazónalas y riégalas con un chorrito de aceite. Pon un trozo de mantequilla sobre cada una. Espolvoréalas con el tomillo seco y hornéalas a 200 ºC durante 45-50 minutos. Si observas que se están dorando demasiado, a los 20 minutos puedes taparlas con un trozo de papel de aluminio.

Pela los dientes de ajo, ponlos en el mortero, añádeles una pizca de sal y májalos bien. Añade el pimentón, el *brandy*, las ramas de tomillo fresco (picadas), 1 cucharadita de perejil picado, 2-3 cucharadas de aceite y sigue majando los ingredientes hasta que se integren bien. Vierte el zumo de las naranjas, remueve bien y pasa la mezcla a un bol grande.

Sazona las codornices, introdúcelas en el bol y déjalas macerando en el frigorífico durante 2 horas como mínimo (mejor si es de un día para otro). Escurre las codornices y ponlas en una fuente apta para el horno. Riégalas con el líquido de la maceración y hornéalas a 200 ºC durante 20 minutos.

Retira las codornices a una fuente y resérvalas. Cuela el jugo y pásalo a una sartén grande. Redúcelo a fuego fuerte (si es necesario puedes ligar la salsa agregando un poco de harina de maíz refinada diluida en agua fría).

Sirve en cada plato 1 patata y 1 codorniz. Salsea y decora los platos con unas hojas de perejil.

CONSEJO

Para hacer unas patatas *hasselback* perfectas es importante escoger una variedad de patata adecuada para asar y, sobre todo, asegurarse de que todas tengan el mismo tamaño, para que se cocinen de manera uniforme.

COSTILLA DE CERDO CON NABOS ASADOS

INGREDIENTES (4 P.)

1.500 g de costillar de cerdo
4 nabos
3 cucharadas de miel
3 cucharadas de salsa de soja
3 cucharadas de vinagre
aceite de oliva virgen extra
1 cucharadita de tomillo seco
perejil
sal

ELABORACIÓN

Calienta agua en la olla rápida. Corta el costillar en 4 trozos, introdúcelos en la olla, sazónalos y cuécelos durante 7 minutos. Cuando baje la válvula, retíralos y escúrrelos bien.

Mezcla en un bol grande la salsa de soja, el vinagre, la miel y 3 cucharadas de aceite. Introduce los trozos de costillar en el bol y embadúrnalos con la mezcla. Pásalos a una fuente apta para el horno y hornéalos a 200 ºC durante 10 minutos. Dales la vuelta, embadúrnalos con el resto de la mezcla y hornéalos por el otro lado durante 10-15 minutos más.

Pela los nabos, córtalos en medias lunas de 2 centímetros de grosor y ponlos en una fuente apta para el horno. Espolvoréalos con el tomillo, riégalos con un chorrito de aceite, sazónalos, mezcla bien y hornéalos a 200 ºC durante 20-25 minutos. Retíralos del horno y espolvoréalos con un poco de perejil picado.

Sirve un trozo de costilla y una porción de nabos en cada plato. Decora con unas hojas de perejil.

CONSEJO

A la hora de elegir los nabos, lo mejor es escoger los pequeños o medianos, de piel lisa, redondeados, firmes y pesados. Si los compras en manojos, puedes aprovechar tanto la raíz como las hojas. La raíz se lava, se cepilla (no hay que pelarla, porque en la piel están la mayoría de las vitaminas y minerales, además de la fibra) y se utiliza como si fuera una patata. Las hojas se pueden cocinar de la misma manera que las espinacas.

COSTILLA DE CERDO EN SALSA ROJA

INGREDIENTES (4 P.)

1 kg de costillas de cerdo (cortadas en trozos pequeños)

1 cebolleta

2 dientes de ajo

4 tomates pera

4 ñoras

4 pimientos choriceros

1 trozo de guindilla

2 patatas

aceite de oliva virgen extra

1 cucharadita de orégano seco

½ cucharadita de comino en polvo

perejil

pimienta

sal

ELABORACIÓN

Calienta 3-4 cucharadas de aceite en una tartera (cazuela amplia y baja). Salpimienta las costillas y dóralas bien en la tartera.

Calienta 1 litro de agua en una cazuela grande. Introduce los tomates y la guindilla. Retira el tallo y las semillas de las ñoras y de los pimientos choriceros y agrégalos a la cazuela. Tapa la cazuela y cuece todo a fuego suave-medio durante 20 minutos.

Pasa los ingredientes al vaso batidor y reserva el agua de la cocción. Corta la cebolleta en dados y añádela al vaso. Pela los dientes de ajo y agrégalos. Añade el comino, el orégano, una pizca de sal y 300-350 ml del agua de la cocción que has reservado. Tritúralo todo bien y cuela la mezcla sobre las costillas. Tapa la tartera y cocina las costillas a fuego suave durante 40-45 minutos.

Calienta una sartén con bastante aceite. Pela las patatas, córtalas en dados e introdúcelas en la sartén. Fríelas hasta que se hagan por dentro y se doren por fuera. Retíralas y escúrrelas sobre un plato cubierto con papel absorbente. Sazónalas y espolvoréalas con un poco de perejil picado.

Reparte el guiso y las patatas en 4 platos y decóralos con unas hojas de perejil.

CONSEJO

Si las costillas tuvieran mucha grasa, antes de dorarlas, retira el exceso con un cuchillo.

COSTILLA DE TERNERA ASADA CON PIMIENTOS VERDES

INGREDIENTES (4 P.)

1.200 g de costilla de ternera
4 pimientos verdes
1 cabeza de ajos
150 g de dulce de membrillo
aceite de oliva virgen extra
2 ramas de romero
perejil
sal

ELABORACIÓN

Calienta agua en la olla rápida. Corta la costilla en 8 trozos e introdúcelos en la olla. Sazona el agua y añade la cabeza de ajos y las ramas de romero. Cierra la olla y cuece la carne durante 40-45 minutos. Retira la carne de la olla, sécala un poco y extiéndela sobre una bandeja de horno.

Introduce el membrillo en una cazuela, añade 100 ml de agua y pon la cazuela a calentar. Remueve la mezcla hasta que el membrillo se disuelva. Unta la carne con esta mezcla y hornéala a 200 ºC durante 15 minutos.

Calienta una sartén con 3 cucharadas de aceite. Retira el tallo y las semillas de los pimientos, córtalos en tiras, introdúcelos en la sartén y fríelos durante 12-14 minutos a fuego suave-medio.

Reparte la costilla y los pimientos en 4 platos y decóralos con unas hojas de perejil.

CONSEJO

Puedes guardar el caldo resultante de la cocción de las costillas para preparar un guiso o una sopa. Solo tienes que dejarlo en el frigorífico durante la noche. Al día siguiente, cuando la grasa esté solidificada, retírala y utiliza el caldo como más te convenga.

ESCALOPINES DE PAVO REBOZADOS EN PALOMITAS

INGREDIENTES (4 P.)

1 pechuga de pavo (700 g)
75 g de palomitas de maíz
3 patatas
2 cebollas
2 dientes de ajo
3 huevos batidos
100 ml de leche
aceite de oliva virgen extra
perejil
pimienta
sal

CONSEJO

Si en vez de palomitas trituradas utilizas pan rallado, puedes darle un toque especial añadiendo queso rallado, copos de avena, copos de maíz o frutos secos picados.

ELABORACIÓN

Calienta 250 ml de aceite en una sartén. Pela las cebollas, córtalas en dados, introdúcelas en la sartén y rehógalas a fuego suave durante 5 minutos. Pela las patatas, córtalas en medias lunas finas y añádelas. Pela los dientes de ajo, córtalos en láminas e incorpóralos. Sazona y fríe todo junto a fuego medio durante 15-20 minutos. Escurre la mezcla y reserva las patatas y el aceite por separado.

Pon las palomitas (en dos tandas) en una picadora y tritúralas a tu gusto.

Filetea las pechugas de pavo y salpimiéntalas. Introdúcelas en los huevos batidos y rebózalas con las palomitas.

Calienta el aceite resultante de freír las patatas en la misma sartén donde las has frito. Introduce 3 escalopines en la sartén y fríelos por los dos lados hasta que se hagan por dentro y se doren por fuera. Retíralos y escúrrelos sobre una fuente cubierta con papel absorbente. Repite el proceso con todos los filetes de pavo.

Pasa la fritada de patatas, cebolla y ajos por el pasapurés sobre un bol. Agrega la leche templada y un poco de perejil picado, y mezcla bien.

Reparte los escalopines y el puré de patata en 4 platos y decóralos con unas hojas de perejil.

GUISO DE CORDERO

INGREDIENTES (4 P.)

- 1 kg de cuellos de cordero lechal (troceados)
- 1 pimiento rojo
- 1 pimiento verde
- 3 patatas grandes
- 3 alcachofas
- 2 tomates maduros
- 2 dientes de ajo
- 1 pastilla de caldo de carne
- aceite de oliva virgen extra
- perejil
- pimienta
- sal

CONSEJO

El cuello de cordero es una carne muy sabrosa perfecta para los guisos y, además, tiene un precio asequible.

ELABORACIÓN

Calienta una cazuela grande con 3-4 cucharadas de aceite. Retira el tallo y las semillas de los pimientos. Corta el verde en dados grandes e introdúcelo en la cazuela. Pela el pimiento rojo, córtalo de la misma manera y agrégalo. Sazónalos y rehógalos a fuego medio durante 6-8 minutos. Retíralos a una fuente y resérvalos

Pela las alcachofas, córtalas en cuartos, introdúcelas en la cazuela y rehógalas brevemente (2-3 minutos). Retíralas a un plato y resérvalas.

Salpimienta los trozos de cordero, añádelos a la cazuela y fríelos hasta que se doren. Pela los tomates, córtalos en dados e introdúcelos en la cazuela. Pela los dientes de ajo, córtalos en daditos y agrégalos. Pela las patatas, trocéalas (cascándolas) y añádelas a la cazuela. Introduce también las alcachofas y la pastilla de caldo de carne. Cubre con agua, pon a punto de sal, tapa la cazuela y guisa todo durante 35 minutos.

Para ligar la salsa, retira unas patatas, aplástalas bien con un tenedor e introdúcelas de nuevo en la salsa. Incorpora los pimientos, remueve la cazuela y sirve.

Decora los platos con unas hojas de perejil.

HÍGADO DE TERNERA CON PURÉ DE PATATA

INGREDIENTES (4 P.)

- 4 filetes de hígado de ternera
- 4 lonchas de panceta ahumada
- 4 patatas (800 g)
- 100 ml de leche
- 30 g de mantequilla
- 2 dientes de ajo
- pan rallado (para empanar)
- aceite de oliva virgen extra
- perejil
- pimienta
- sal

CONSEJO

Para hacer el puré de patata, da igual si la patata es temprana o tardía, lo importante es que sea harinosa, porque eso indica que tiene una gran cantidad de fécula.

ELABORACIÓN

Calienta agua en una cazuela. Pela las patatas, trocéalas (cascándolas), introdúcelas en la cazuela y sazónalas. Tapa la cazuela y cuécelas durante 20 minutos. Escurre las patatas, ponlas en un bol y májalas bien. Agrega la mantequilla, vierte la leche poco a poco y mezcla. Añade un poco de perejil picado y vuelve a mezclar. Tapa el bol con film transparente y resérvalo.

Pela los dientes de ajo, aplástalos con la hoja del cuchillo, pícalos finamente y mézclalos con el pan rallado.

Corta los filetes de hígado por la mitad, salpiméntalos y pásalos por el pan rallado.

Calienta una sartén con bastante aceite. Introduce (en dos tandas) los trozos de hígado y fríelos a tu gusto. Retíralos y escúrrelos sobre un plato cubierto con papel absorbente.

Calienta una sartén con 1 cucharadita de aceite, corta la panceta en tiras y dóralas bien.

Reparte el puré de patata en 4 platos, coloca 2 trozos de hígado en cada uno y salpícalos con las tiras de panceta. Decora los platos con unas hojas de perejil.

MANITAS DE CERDO ASADAS CON PATATAS FRITAS

INGREDIENTES (4 P.)

4 manitas de cerdo
2 patatas
2 cebollas
2 pimientos verdes
5 dientes de ajo
500 ml de salsa de tomate
4 pimientos choriceros
aceite de oliva virgen extra
1 cucharada de pimentón
perejil
sal

ELABORACIÓN

Limpia los pimientos choriceros, retírales el tallo y las semillas, ponlos en un bol, cúbrelos con agua templada y déjalos a remojo durante 2 horas. Retíralos, escúrrelos y sácales la pulpa con la ayuda de una puntilla. Pícala finamente y resérvala

Calienta la olla rápida con 4 cucharadas de aceite. Pela 4 dientes de ajo, córtalos en láminas e introdúcelos en la olla. Pela las cebollas, córtalas en dados y añádelas. Retira el tallo de los pimientos verdes, córtalos en dados e incorpóralos. Sazona y rehoga las hortalizas a fuego medio durante 10-12 minutos. Introduce la pulpa de los pimientos choriceros, la salsa de tomate y el pimentón y mezcla bien. Cubre las hortalizas con 1 litro de agua, introduce las manitas, cierra la olla y cocínalas durante 40-50 minutos. Abre la olla y con un cacillo retira la espuma y la grasa que sube a la superficie. Pon las manitas en una fuente y resérvalas.

Cubre una bandeja de horno con una hoja de papel sulfurizado, coloca encima las manitas y hornéalas a 200 ºC durante 25 minutos.

Pon el caldo de la olla a reducir durante 25 minutos a fuego medio-alto. Remueve los ingredientes de vez en cuando para que no se peguen a la base de la olla. Tritúralos con una batidora eléctrica hasta que consigas una salsa homogénea.

Calienta abundante aceite en una sartén. Pela las patatas, córtalas en dados y fríelas hasta que se hagan por dentro y se doren por fuera. Retíralas y escúrrelas sobre una fuente cubierta con papel absorbente.

Pela el otro diente de ajo y pícalo finamente. Espolvorea las patatas con un poco de perejil picado, sazónalas y añádeles el diente de ajo picado. Mezcla bien y resérvalas.

Reparte las manitas en 4 platos, salséalas y acompáñalas con las patatas fritas. Decora con unas hojas de perejil.

CONSEJO

Para que las patatas se hagan por dentro y se doren por fuera, es recomendable freírlas primero a fuego suave-medio y, a continuación, a fuego fuerte.

MORCILLO EN SALSA CON ALCACHOFAS FRITAS

INGREDIENTES (4-6 P.)

1,5 kg de morcillo de ternera
6 alcachofas
1 cebolla
1 puerro
1 pimiento rojo
1 zanahoria
3 dientes de ajo
125 ml de salsa de tomate
250 ml de caldo de pollo y jamón
250 ml de vino tinto
harina (para rebozar)
aceite de oliva virgen extra
8-10 granos de pimienta negra
2 hojas de laurel
1 rama de tomillo
1 rama de orégano fresco
1 rama de romero
perejil
sal

ELABORACIÓN

Pon la carne en un bol grande y sazónala. Pela los dientes de ajo, trocéalos y pásalos a un mortero. Suelta las hojas de las ramas de romero, tomillo y orégano, pícalas un poco e introdúcelas en el mortero. Májalo todo bien, vierte 2 cucharadas de aceite y remueve. Añade la mezcla al bol, unta la carne y deja que repose durante 15 minutos. Incorpora la harina y mezcla bien.

Calienta 6 cucharadas de aceite en una sartén grande, introduce la mitad de la carne y fríela hasta que se dore. Retírala a una fuente y fríe el resto de la carne de la misma manera.

Calienta 3-4 cucharadas de aceite en la olla rápida. Pela la cebolla, córtala en dados e introdúcela en la olla. Limpia el puerro (retirándole la parte inferior, la superior y 2 capas de hojas), enjuágalo, córtalo en medias lunas y añádelo a la olla. Retira el tallo y las semillas del pimiento, córtalo en dados y agrégalo. Pela la zanahoria, córtala en cuartos de luna e incorpórala. Sazona y rehoga las hortalizas a fuego medio durante 15 minutos.

Introduce la carne en la olla. Añade la salsa de tomate, el vino, el caldo, las hojas de laurel y los granos de pimienta negra. Pon a punto de sal, cierra la olla y cocina la carne durante 40-45 minutos.

Pon la carne en una tartera, pasa la salsa al vaso batidor y tritúrala hasta que quede una salsa homogénea. Viértela sobre la carne y ponla a calentar.

Calienta una sartén con bastante aceite. Retira las hojas externas de las alcachofas, córtales los tallos y las puntas y córtalas en cuartos. Introdúcelas en la sartén y fríelas hasta que se doren.

Reparte la carne y las alcachofas en 4 platos y decóralos con unas hojas de perejil.

CONSEJO

Además de las alcachofas, a esta carne también le va muy bien un arroz blanco o unas patatas, tanto en puré como fritas.

TERNERA GUISADA CON PIMIENTOS Y BATATA

INGREDIENTES (4 P.)

1 kg de falda de ternera

2 lonchas de tocino ibérico (100 g)

1 cebolla

1 pimiento verde

6 dientes de ajo

2 pimientos choriceros

4 pimientos del piquillo

2 batatas

125 ml de vino blanco

aceite de oliva virgen extra

2 ramas de tomillo

perejil

pimienta

sal

ELABORACIÓN

Retira los tallos y las semillas de los pimientos choriceros, ponlos en un bol grande, cúbrelos con agua caliente y deja que se hidraten durante 1 hora (como mínimo). Retíralos, escúrrelos y sácales la pulpa con la ayuda de una puntilla. Resérvala.

Calienta 3-4 cucharadas de aceite en la olla rápida. Aplasta los dientes de ajo (con piel) e introdúcelos en la olla. Pela la cebolla, córtala en dados y añádela. Retira el tallo y las semillas del pimiento verde, córtalo de la misma manera y agrégalo. Sazona y rehoga las hortalizas a fuego medio durante 6-8 minutos.

Corta la pieza de ternera en dados, salpimiéntalos e introdúcelos en la olla. Corta el tocino de la misma manera, agrégalo al guiso y rehoga todo bien. Añade las ramas de tomillo.

Pon los pimientos del piquillo, la pulpa de los pimientos choriceros y el vino blanco en un vaso batidor. Tritura los ingredientes hasta que quede un puré homogéneo. Agrega la mezcla a la olla y cúbrela con agua (a ras). Pon a punto de sal, cierra la olla y cocina durante 25 minutos.

Calienta una sartén con abundante aceite. Pela las batatas, trocéalas (cascándolas) y fríelas hasta que estén hechas por dentro y doraditas por fuera. Retíralas y escúrrelas sobre un plato cubierto con papel de cocina. Sazónalas y espolvoréalas con un poco de perejil picado.

Reparte el guiso y las batatas en 4 platos y decóralos con unas hojas de perejil.

CONSEJO

La ternera guisada se puede hacer tanto en cazuela como en olla. La diferencia radica en el tiempo. Si lo haces en cazuela, necesitarás unas 2 horas; en cambio, si la cocinas en olla rápida, unos 25-30 minutos serán suficientes.

RABO DE TERNERA A LA CERVEZA NEGRA

INGREDIENTES (4 P.)

1 rabo de ternera (grande)
1 cebolla
1 pimiento verde
1 puerro
1 zanahoria
3 dientes de ajo
1 pera
500 ml de cerveza negra
4 patatas
20 g de mantequilla
200 ml de leche
harina
aceite de oliva virgen extra
3-4 ramas de tomillo
pimienta negra (en polvo y en grano)
perejil
sal

ELABORACIÓN

Calienta 3 cucharadas de aceite en una olla rápida. Pela la cebolla, córtala en dados e introdúcela en la olla. Retira el tallo y las semillas del pimiento, córtalo en dados e incorpóralo. Limpia el puerro, córtalo en medias lunas y añádelo. Pela la zanahoria, córtala en cuartos de luna y agrégala. Pela los dientes de ajo, córtalos en dados e incorpóralos. Sazona y rehoga las hortalizas a fuego medio durante 8-10 minutos. Pela la pera, trocéala y agrégala a la olla. Rehoga todo a fuego medio durante 15-20 minutos.

Calienta una sartén grande con 3-4 cucharadas de aceite. Salpimienta los trozos de rabo, pásalos por harina e introdúcelos en la sartén. Rehógalos hasta que se doren un poco e incorpóralos a la olla. Agrega también las ramas de tomillo, 15-20 granos de pimienta y la cerveza negra. Cierra la olla y cocina el rabo durante 40 minutos.

Abre la olla, saca las hojas de tomillo y con la ayuda de un cacillo retira la grasa que sube a la superficie. Pasa los trozos de rabo a una tartera (cazuela amplia y baja), tritura el resto de los ingredientes con una batidora eléctrica hasta que consigas una salsa homogénea y viértela sobre los trozos de rabo.

Calienta agua en una cazuela, introduce las patatas, tápalas y cuécelas a fuego medio durante 30 minutos aproximadamente. Retíralas, pélalas, trocéalas, ponlas en un bol grande, sazónalas y aplástalas con un majador de patatas. Agrega la mantequilla y sigue aplastándolas. Vierte la leche, poco a poco, y sigue majándolas hasta que consigas el punto deseado. Agrega un poco de perejil picado y mezcla bien.

En el momento de servir, calienta la tartera con el rabo. Reparte el puré de patata y los trozos de rabo en 4 platos. Decóralos con unas hojas de perejil.

CONSEJO

Si te sobra algo de rabo, no dudes en desmenuzarlo para aprovecharlo en otras preparaciones, como croquetas, canelones o empanadillas.

REDONDO A LA MARINERA CON SALSA DE MOSTAZA

INGREDIENTES (4 P.)

- 8 filetes de redondo de ternera
- 2 patatas
- 2 cebollas
- 1 zanahoria
- 1 pimiento verde
- 2 dientes de ajo
- 1 manzana
- 50 ml de *brandy*
- 100 ml de vino blanco
- harina y huevo batido (para rebozar)
- aceite de oliva virgen extra
- 2 cucharadas de mostaza a la antigua
- 1 cucharadita de ajo en polvo
- 1 cucharadita de orégano seco
- perejil
- pimienta
- sal

ELABORACIÓN

Calienta 3 cucharadas de aceite en una cazuela. Pela los dientes de ajo, las cebollas y la zanahoria. Retira el tallo y las semillas del pimiento. Corta las hortalizas en dados, introdúcelas en la cazuela, sazónalas y rehógalas a fuego medio durante 10-12 minutos.

Pela la manzana, trocéala e incorpórala a la cazuela. Añade 1 cucharada de mostaza y mezcla bien. Vierte el *brandy* y flambéalo. Vierte el vino blanco, tapa la cazuela y cocina las hortalizas a fuego medio durante 15-20 minutos. Pasa los ingredientes al vaso batidor y tritúralos hasta que quede una salsa homogénea. Añade otra cucharada de mostaza y mezcla bien.

Calienta abundante aceite en una sartén. Pela las patatas, córtalas en dados, introdúcelos en la sartén y fríelos hasta que se hagan por dentro y se doren por fuera. Retíralos y escúrrelos sobre un plato cubierto con papel absorbente. Condimenta las patatas con sal, ajo en polvo, orégano y perejil picado.

Calienta 4-6 cucharadas de aceite en una sartén grande. Salpimienta los filetes de redondo, pásalos por harina y huevo batido, introdúcelos en la sartén y fríelos brevemente por los dos lados. Retíralos y escúrrelos sobre un plato cubierto con papel absorbente.

Sirve la salsa en la base de los platos y coloca encima de cada uno 2 filetes y una porción de patatas. Decora con unas hojas de perejil.

CONSEJO

Si la salsa te queda demasiado espesa, puedes aligerarla añadiendo un poco de agua templada.

ROLLITOS DE CERDO CON SALSA *GRAVY*

INGREDIENTES (4 P.)

- 4 filetes de cerdo
- 4 lonchas finas de jamón serrano
- 4 pimientos del piquillo
- 60 g de mantequilla
- 30 g de harina
- 500 ml de caldo de carne
- 3 cucharadas de salsa inglesa (Worcestershire)
- aceite de oliva virgen extra
- perejil
- pimienta
- sal

ELABORACIÓN

Extiende 1 filete de cerdo sobre un plato. Salpimiéntalo y ponle encima 1 loncha de jamón y 1 pimiento del piquillo abierto por la mitad. Enróllalo, átalo con hilo de cocina y sazónalo. Repite el proceso con los otros 3 filetes.

Calienta una sartén con 2 cucharadas de aceite. Introduce los rollitos y dóralos bien. Pásalos a una fuente apta para el horno, riégalos con 1-2 cucharadas de aceite y hornéalos a 180 ºC durante 15 minutos.

Para hacer la salsa *gravy*, introduce la mantequilla en la sartén y deja que se funda. Añade la harina y rehógala (sin dejar de remover con una varilla) a fuego suave-medio hasta que se dore un poco. Agrega la salsa inglesa y vierte el caldo poco a poco, sin dejar de remover. Cocina la salsa a fuego medio durante 15 minutos, removiéndola de vez en cuando. Agrega un poco de perejil picado y mezcla bien.

Desata los rollitos y córtalos (al bies) en rodajas de 1-2 centímetros. Reparte la salsa en el fondo de 4 platos y pon 1 rollito cortado en cada uno. Decora con unas hojas de perejil.

CONSEJO

Para que la salsa *gravy* quede bien es importante removerla durante la cocción. De esta manera, se evita que se formen grumos. Si hace falta, puedes darle un toque de batidora.

CARBONADA DE POLLO

INGREDIENTES (6 P.)

- 3 cuartos traseros de pollo (muslo y contramuslo)
- 1 pechuga de pollo
- 600 g de calabaza
- 1 cebolla
- 1 pimiento morrón rojo
- 3 patatas
- 150 g de orejones de albaricoque
- 3 mazorcas de maíz cocidas
- 1 l de caldo de pollo y jamón
- 100 ml de vino blanco
- aceite de oliva virgen extra
- 1 cucharada de pimentón
- perejil
- pimienta
- sal

ELABORACIÓN

Calienta 3-4 cucharadas de aceite en una cazuela grande. Pela la cebolla, córtala en dados e introdúcela en la cazuela. Pela el pimiento, córtalo en dados e incorpóralo. Sazona y rehoga las hortalizas a fuego medio durante 6-8 minutos.

Corta la pechuga de pollo en dados y los cuartos de pollo por la mitad (separando los muslos de los contramuslos). Salpiméntalos e incorpóralos a la cazuela. Rehógalos a fuego fuerte durante 4-5 minutos. Vierte el vino y dale un hervor fuerte.

Añade el pimentón, los orejones y el caldo. Cocina los ingredientes a fuego suave durante 10 minutos.

Pela las patatas, trocéalas (cascándolas) e incorpóralas a la cazuela. Desgrana 1 mazorca de maíz y agrega los granos a la cazuela. Corta las otras 2 mazorcas en rodajas, introdúcelas en la cazuela, tápala y cocina los ingredientes a fuego medio durante 20 minutos.

Corta la calabaza en dados y agrégala. Cocina todo a fuego medio durante 10 minutos y espolvorea el guiso con un poco de perejil picado.

Reparte la carbonada en 4 platos y decóralos con unas hojas de perejil.

CONSEJO

Si notas que el guiso se va secando, puedes verter un poco más de caldo. En el caso de que no tengas caldo, puedes añadir un poco de agua y corregir el punto de sal.

SALTEADO DE POLLO CON SETAS

INGREDIENTES (4 P.)

600 g de pechuga de pollo
2 pimientos verdes
500 g de setas shitake
2 dientes de ajo
100 ml de vino blanco
150 ml de salsa de tomate
aceite de oliva virgen extra
1 guindilla cayena
perejil
pimienta
sal

ELABORACIÓN

Calienta 3 cucharadas de aceite en un wok. Limpia los pimientos, retírales el tallo y las semillas, córtalos en dados grandes y rehógalos a fuego medio-alto durante 3-4 minutos.

Retira el tallo de las setas shitake, córtalas en 4 trozos e introdúcelas en el wok. Pela los ajos, córtalos en dados y añádelos. Sazona y cocina todo a fuego medio durante 8-10 minutos. Retira los pimientos, las setas y los ajos a una fuente y resérvalos.

Vierte 3 cucharadas de aceite en el wok e introduce la guindilla. Corta las pechugas en tiras, salpimiéntalas y añádelas al wok. Saltéalas a fuego alto durante 3-4 minutos.

Retira la cayena, vierte el vino y dale un hervor fuerte. Añade la salsa de tomate y los pimientos, las setas y los ajos que habías reservado. Cocina todo junto durante 3-4 minutos, espolvorea la mezcla con un poco de perejil picado y sirve. Decora los platos con unas hojas de perejil.

CONSEJO

Puedes encontrar la seta shitake tanto seca como fresca. Tiene un aroma profundo, con notas de caramelo y nuez, y es perfecta para añadir a sopas, revueltos o guisos.

ESTOFADO DE PAVO CON UVAS SALTEADAS

INGREDIENTES (4 P.)

4 contramuslos de pavo
500 g de uvas
1 cebolla
2 zanahorias
2 puerros
1 pimiento verde
1 tomate
150 ml de vino tinto
aceite de oliva virgen extra
perejil
pimienta
sal

CONSEJO

Antes de cocinar las uvas hay que limpiarlas muy bien para eliminar los restos de productos químicos que puedan tener.

ELABORACIÓN

Calienta 4-5 cucharadas de aceite en una olla rápida. Pela la cebolla, córtala en dados e introdúcela en la olla. Pela las zanahorias, córtalas en cuartos de luna y agrégalas. Limpia los puerros (retirándoles la parte inferior, la superior y 2 capas de hojas), enjuágalos bien, córtalos en cuartos de luna y agrégalos. Retira el tallo y las semillas del pimiento, córtalo en dados e incorpóralo. Sazona las hortalizas y rehógalas a fuego medio durante 15 minutos. Pela el tomate, córtalo en dados e incorpóralo. Cocina todo durante 4-5 minutos más.

Vierte el vino y dale un hervor fuerte. Vierte 150 ml de agua, pon a punto de sal, cierra la olla y cocina las hortalizas durante 6 minutos. Pasa los ingredientes al vaso batidor y tritúralos hasta que consigas una salsa homogénea.

Calienta una tartera con 4 cucharadas de aceite. Salpimienta los contramuslos de pavo e introdúcelos en la tartera. Dóralos bien, vierte la salsa por encima, tápalos y cocínalos a fuego medio durante 15 minutos.

Calienta una sartén con 2 cucharadas de aceite, agrega las uvas y saltéalas durante 3-4 minutos.

Sirve los muslos de pavo en 4 platos, salséalos y acompáñalos con las uvas. Decora los platos con unas hojas de perejil.

ALBÓNDIGAS DE TERNERA Y JAMÓN EN SALSA

INGREDIENTES (4-6 P.)

- 700 g de carne de ternera picada
- 300 g de jamón serrano picado
- 6 dientes de ajo
- 1 cebolla grande
- 3 zanahorias
- 2 huevos
- 40 g de pan rallado
- 700 ml de caldo de jamón
- 200 ml de cerveza rubia
- harina (para rebozar)
- aceite de oliva virgen extra
- perejil
- 1 rama de romero
- 1 rama de tomillo
- sal

ELABORACIÓN

Calienta 3-4 cucharadas de aceite en una cazuela. Pela 4 dientes de ajo, córtalos en láminas e introdúcelos en la cazuela. Pela la cebolla, córtala en dados y agrégala. Pela las zanahorias, córtalas en cuartos de luna y añádelas. Sazona y rehoga las hortalizas a fuego medio durante 20 minutos. Incorpora la rama de romero, la rama de tomillo, la cerveza y el caldo de jamón, y cocina los ingredientes a fuego suave-medio durante 20 minutos. Retira el romero y el tomillo, pasa los ingredientes de la salsa a un vaso batidor y tritúralos bien. Reserva la salsa.

Pela los otros 2 dientes de ajo, pícalos finamente y ponlos en un bol grande. Agrega la carne de ternera, el jamón y los 2 huevos y mezcla bien. Incorpora el pan rallado, poco a poco, y sigue mezclando los ingredientes hasta que queden bien integrados.

Coge pequeñas porciones de masa, redondéalas y pásalas por harina. Calienta una sartén con abundante aceite, introduce en ella las bolitas (en tandas) y fríelas a fuego medio durante 2-3 minutos. Retíralas y pásalas a una tartera (cazuela amplia y baja). Vierte la salsa sobre las albóndigas y cocínalas a fuego medio durante 8-10 minutos.

Sirve y decora los platos con unas hojas de perejil.

CONSEJO

Para hacer albóndigas es importante que el carnicero pase la carne por la máquina solo una vez. Si la carne está demasiado picada, las albóndigas quedarán muy densas.

CARRILLERA DE CERDO EN SALSA AL ESTILO DE HUELVA

INGREDIENTES (4 P.)

8 carrilleras de cerdo
2 zanahorias
1 cebolla
1 tomate
4 dientes de ajo
3 patatas
1 pastilla de caldo de carne
175 ml de vino tinto
aceite de oliva virgen extra
perejil
1 hoja de laurel
pimienta
sal

ELABORACIÓN

Calienta 4 cucharadas de aceite en una sartén grande. Con un cuchillo, limpia las carrilleras retirándoles las membranas que las cubren. Salpimiéntalas, introdúcelas en la sartén y fríelas hasta que se doren por los dos lados. Retíralas a una fuente y resérvalas.

Pela la cebolla y córtala en dados. Pela los dientes de ajo y córtalos en dados. Pela las zanahorias y córtalas en cuartos de luna. Introduce las hortalizas en la sartén, junto con la hoja de laurel, sazónalas y cocínalas a fuego medio durante 15 minutos. Corta el tomate por la mitad, rállalo, incorpóralo y cocina los ingredientes durante 6-8 minutos más.

Retira la hoja de laurel (resérvala) y pasa las hortalizas al vaso batidor. Añade el vino y la pastilla de caldo de carne (desmenuzada) y tritura todo bien hasta que consigas un puré homogéneo.

Pon las carrilleras y la hoja de laurel en la olla rápida. Vierte encima el puré de hortalizas y 175 ml de agua. Cierra la olla y cocina las carrilleras durante 20 minutos.

Calienta abundante aceite en una sartén. Pela las patatas, córtalas en bastones, introdúcelas en la sartén y fríelas hasta que queden blandas por dentro y doradas por fuera. Retíralas a una fuente, sazónalas y espolvoréalas con un poco de perejil picado.

Reparte las carrilleras y las patatas fritas en 4 platos y decóralos con unas hojas de perejil.

CONSEJO

Dependiendo del tipo de vino o licor que uses para cocinar, conseguirás salsas con distintos matices.

CHURRASCO DE CERDO CON PATATAS AL AJO Y ORÉGANO

INGREDIENTES (4 P.)

1.600 g de costilla de churrasco de cerdo (2 cintas de churrasco)

12 patatas pequeñas

2 dientes de ajo

2 mandarinas

2 cucharadas de miel

2 cucharadas de mostaza de Dijon

aceite de oliva virgen extra

perejil

1 cucharada de orégano seco

1 rama de tomillo fresco

pimienta

sal

ELABORACIÓN

Exprime las mandarinas y pon el zumo en un bol. Añade la mostaza, la miel y 2 cucharadas de aceite y bate los ingredientes con una varilla manual hasta que queden bien integrados.

Vierte la mezcla sobre una bandeja de horno. Salpimienta los churrascos, colócalos en la bandeja y úntalos (por los dos lados) con la mezcla de zumo de mandarina, miel y mostaza.

Extiende un trozo grande de papel de aluminio (que tenga el doble de tamaño que la cinta de churrasco) sobre la tabla, coloca encima un churrasco aliñado y envuélvelo con el resto del papel de aluminio (como si fueras a hacer un papillote) formando un paquete herméticamente cerrado. Repite el proceso con el otro churrasco. Ponlos sobre una bandeja de horno y hornéalos a 170 ºC durante 1 hora y media.

Calienta agua en una cazuela. Lava las patatas, introdúcelas (sin pelar) en la cazuela, añade un poco de sal y cuécelas a fuego medio durante 30 minutos. Retira las patatas de la cazuela y córtalas en cuartos.

Calienta 2-3 cucharadas de aceite en una sartén grande. Pela los dientes de ajo, pícalos finamente y añádelos a la sartén. Introduce las patatas, espolvoréalas con el orégano, sazónalas y saltéalas a fuego medio durante 5-6 minutos. Suelta las hojitas de la rama de tomillo y añádelas a la sartén. Agrega también un poco de perejil picado y saltea las patatas durante 2-3 minutos más.

Reparte los churrascos y las patatas en 4 platos y decóralos con unas hojas de perejil.

CONSEJO

Cuando retires el churrasco del horno, deja que repose durante unos minutos antes de cortarlo.

GUISO DE TERNERA CON SETAS SHIMEJI

INGREDIENTES (4 P.)

800 g de picaña de ternera (fileteada)

400 g de setas shimeji (200 g de blancas y 200 g de marrones)

1 cebolla

1 diente de ajo

3 tomates maduros

2 cucharadas de tomate concentrado

200 ml de vino blanco

500 ml de caldo de carne

harina (para rebozar)

aceite de oliva virgen extra

perejil

4 ramas de tomillo (fresco)

2 ramas de romero (fresco)

1 hoja de laurel

pimienta

sal

ELABORACIÓN

Calienta una tartera (cazuela amplia y baja) con 4-5 cucharadas de aceite. Corta los filetes por la mitad, salpimiéntalos, enharínalos, introdúcelos (en tandas) en la tartera y fríelos brevemente a fuego fuerte por los dos lados. Retira los filetes a una fuente y resérvalos.

Pela la cebolla, córtala en dados, introdúcela en la tartera y rehógala durante 4-5 minutos. Trocea los tomates, incorpóralos a la tartera y cocina todo junto durante 10 minutos. Agrega el tomate concentrado, las ramas de romero y tomillo, la hoja de laurel, el vino blanco y el caldo. Mezcla bien y cocina los ingredientes a fuego medio durante 20 minutos.

Retira las hierbas aromáticas, pasa la mezcla al vaso batidor y tritura los ingredientes hasta que consigas una salsa fina y homogénea.

Introduce los filetes en la tartera, vierte la salsa por encima, mezcla bien y calienta los ingredientes.

Calienta una sartén con 3 cucharadas de aceite. Pela el diente de ajo, córtalo en daditos e introdúcelo en la sartén. Introduce las setas, sazónalas, saltéalas a fuego fuerte durante 4-5 minutos y espolvoréalas con un poco de perejil picado.

Reparte los filetes y las setas en 4 platos y decóralos con unas hojas de perejil.

CONSEJO

Puedes hacer esta receta con cualquier otra carne. Si eliges una que sea más dura, te recomiendo que la guises en la salsa a fuego lento por lo menos durante 45 minutos.

PALETILLA DE CORDERO A LA NARANJA

INGREDIENTES (4 P.)

2 paletillas de cordero

2 naranjas

6 dientes de ajo

100 g de hojas de lechugas variadas (limpias)

1 cebolleta

2 cucharadas de miel

200 ml de vino blanco

aceite de oliva virgen extra

vinagre

1 rama de romero

perejil

sal

CONSEJO

Cuando compres paletillas de cordero, pídele al carnicero que les haga unos cortes con el machete. De esta forma, te resultará mucho más fácil repartirlas.

ELABORACIÓN

Coloca las paletillas de cordero en una bandeja de horno (honda) y hazles unos cortes en la parte superior. Pela los ajos e introdúcelos en los cortes. Riega las paletillas con 2 cucharadas de aceite, sazónalas y hornéalas a 200 ºC durante 20 minutos.

Ralla en un bol grande la piel de 1 naranja. Corta las 2 naranjas por la mitad, exprímelas y vierte el zumo en el bol. Agrega también el vino blanco, la miel y la rama de romero. Mezcla todo bien con una varilla manual.

Riega las paletillas con ⅓ parte de la mezcla anterior y hornéalas a 180 ºC durante 40 minutos. Cada 15-20 minutos abre el horno y riégalas con el resto de la mezcla de naranja, vino y miel.

Pasa las paletillas a una fuente, cuela el jugo a una sartén y ponlo a calentar a fuego fuerte hasta que reduzca un poco.

Trocea las hojas de lechuga y ponlas en una ensaladera. Corta la cebolleta en juliana fina y agrégala a la ensaladera. Sazona la ensalada, aderézala con vinagre y aceite y mezcla bien.

Trocea las paletillas y sirve. Salséalas y acompáñalas con un poco de ensalada. Decora los platos con unas hojas de perejil.

PECHUGA DE POLLO A LA FLORENTINA CON QUESO

INGREDIENTES (4 P.)

- 4 medias pechugas de pollo
- 500 g de espinacas limpias
- 120 g de queso mezcla (vaca y oveja) añejo
- 75 ml de vino blanco
- 30 g de harina
- 500 ml de leche
- 30 g de mantequilla
- aceite de oliva virgen extra
- perejil
- pimienta
- sal

CONSEJO

Para hacer este plato es importante que la bechamel no quede demasiado líquida.

ELABORACIÓN

Calienta una tartera con 3 cucharadas de aceite. Salpimienta las pechugas de pollo, introdúcelas en la tartera y dóralas bien por los dos lados. Vierte el vino, tápalas y cocínalas durante 8-10 minutos. Retira las pechugas a un plato y resérvalas. Introduce las espinacas en la misma tartera, mezcla bien y cocina unos 3 minutos a fuego medio.

Calienta la mantequilla en un cazo. Cuando se funda, agrega la harina y rehógala bien sin dejar de remover con una varilla manual. Vierte la leche poco a poco y cocina la salsa bechamel durante 8 minutos, sin dejar de remover. Vierte el jugo que han soltado las pechugas en el plato y mezcla bien con la varilla.

Retira la corteza del queso y rállalo.

Divide las espinacas cocidas en 4 porciones y ponlas (formando 4 montoncitos) sobre una bandeja de horno. Coloca media pechuga encima de cada montoncito de espinacas, nápalas con la bechamel y espolvoréalas con el queso. Introduce la bandeja en el horno y gratina las pechugas durante 3-4 minutos.

Sirve una ración de espinacas, pechuga y queso en cada plato y decóralos con unas hojas de perejil.

POLLO GUISADO CON ACEITUNAS

INGREDIENTES (4 P.)

- 4 cuartos traseros de pollo (muslos y contramuslos)
- 100 g de aceitunas negras (sin hueso)
- 2 cebollas
- 2 dientes de ajo
- 1 pastilla de caldo de pollo
- 2 higadillos de pollo
- 30 g de almendras crudas
- 300 ml de tomate triturado
- aceite de oliva virgen extra
- perejil
- 20 hebras de azafrán
- pimienta
- sal

CONSEJO

En este guiso se han usado los cuartos traseros del pollo porque son la parte más tierna y jugosa, pero se puede preparar con el pollo entero.

ELABORACIÓN

Calienta una tartera (cazuela amplia y baja) con 4 cucharadas de aceite. Corta los cuartos de pollo por la mitad (separando el muslo del contramuslo), salpiméntalos, introdúcelos en la tartera y cocínalos (por los dos lados) a fuego medio alto hasta que se doren. Retíralos a una fuente y resérvalos.

Pela los dientes de ajo y córtalos en dados o en láminas. Pela las cebollas y córtalas en dados. Introduce las hortalizas en la tartera, sazónalas y cocínalas a fuego medio durante 10-12 minutos. Agrega el tomate triturado, mezcla bien y cocínalo durante 8-10 minutos.

Introduce los trozos de pollo en la tartera y desmenuza encima la pastilla de caldo de pollo. Añade las hebras de azafrán y las aceitunas. Cubre con agua, tapa la tartera y guisa el pollo durante 25 minutos a fuego suave-medio.

Calienta una sartén sin aceite, introduce las almendras, tuéstalas un poco e introdúcelas en una picadora. Trocea los higadillos, incorpóralos a la sartén, saltéalos brevemente y agrégalos a la picadora. Vierte un poco del caldo del guiso de pollo a la picadora y tritura los ingredientes hasta que queden reducidos a puré.

Añade la picada a la tartera, mezcla bien y cocina el pollo durante 10 minutos más.

Sirve 2 trozos de pollo en cada plato, salséalos y decóralos con unas hojas de perejil.

SECRETO DE CERDO CON *CHUTNEY* DE MANGO

INGREDIENTES (4 P.)

- 1.200 g de secreto de cerdo (4 trozos)
- 1 cebolleta
- 1 diente de ajo
- 1 mango
- ½ pimiento rojo
- 2-3 cm de jengibre fresco
- 25 g de azúcar moreno
- 40 ml de vinagre de manzana
- aceite de oliva virgen extra
- perejil
- ½ cucharadita de cúrcuma
- ½ cucharadita de comino en polvo
- 1 guindilla cayena
- sal

ELABORACIÓN

Calienta un wok con 3 cucharadas de aceite. Pela el diente de ajo, córtalo en daditos e introdúcelo en el wok. Corta la cebolleta en daditos y agrégala. Sazona las hortalizas y rehógalas a fuego medio durante 5 minutos. Pela el pimiento rojo, córtalo de la misma manera e incorpóralo. Pela el mango, córtalo en dados y añádelo. Incorpora el azúcar, el vinagre, la cúrcuma, el comino y la cayena. Pela el jengibre y rállalo encima. Cocina todo a fuego medio durante 20 minutos. Retira la cayena.

Calienta una sartén con 1 cucharada de aceite. Introduce los trozos de secreto y séllalos (dóralos) por los dos lados. Pasa los trozos a una bandeja, introdúcela en el horno y hornea la carne a 220 ºC durante 10 minutos. Retira la bandeja del horno y deja que la carne repose durante 3 minutos.

Reparte el chutney en 4 platos. Corta la carne en filetes, repártelos en los platos y sazónalos. Decora con unas hojas de perejil.

CONSEJO

Antes de cocinar la carne es conveniente sacarla del frigorífico con una hora de antelación. Si está envasada al vacío habrá que retirarle el envase y dejarla respirar.

ROLLO DE CARNE PICADA RELLENO DE QUESO

INGREDIENTES (4 P.)

250 g de carne picada de ternera

250 g de carne picada de cerdo

220 g de queso tierno (mezcla de vaca, oveja y cabra)

50 g de miga de pan

150 ml de leche

1 diente de ajo

1 huevo

8 tomates deshidratados en aceite

250 ml de salsa de tomate

harina

aceite de oliva virgen extra

perejil

sal

pimienta

ELABORACIÓN

Trocea la miga de pan y ponla en un bol. Vierte la leche encima y deja que repose hasta que esté bien empapada.

Pon las carnes (de ternera y cerdo) en un bol grande. Pela el diente de ajo, pícalo finamente e introdúcelo en el bol. Casca el huevo e incorpóralo. Salpimienta la mezcla y agrega un poco de perejil picado. Corta los tomates secos en daditos y añádelos. Escurre la miga de pan, agrégala al bol y mezcla todo bien hasta que los ingredientes queden bien integrados.

Corta el queso en bastones y resérvalo.

Corta 4 trozos de papel de aluminio y reparte la carne por encima. Extiende las 4 porciones de carne dándoles forma rectangular y coloca unos trozos de queso encima de cada rectángulo. Ayudándote del papel de aluminio, enrolla la carne alrededor del queso formando 4 rulos. Retira el papel de aluminio de los rulos, pásalos por harina y colócalos en una fuente apta para el horno. Riégalos con un chorrito de aceite y hornéalos a 220 ºC durante 10-15 minutos.

Calienta la salsa de tomate en el microondas.

Reparte la salsa en 4 platos llanos y pon un rulo (cortado en 3 trozos) encima de cada uno. Decora los platos con unas hojas de perejil.

CONSEJO

Puedes preparar el rulo de carne solo con un tipo de carne, como ternera, cerdo o pollo, o bien con una mezcla. Combinar, como en esta receta, ternera y cerdo permite que queden unos rollos jugosos y tiernos.

CODORNICES AL HORNO CON PATATAS Y PANCETA

INGREDIENTES (4 P.)

8 codornices
4 patatas
4 lonchas de panceta
1 cebolla
4 dientes de ajo
1 limón
125 ml de vino blanco
aceite de oliva virgen extra
perejil
2 ramas de tomillo
2 ramas de orégano
pimienta
sal

ELABORACIÓN

Pela la cebolla, córtala en juliana y ponla en un bol grande. Aplasta los dientes de ajo (con piel) e introdúcelos en el bol. Pela las patatas, córtalas en 6 gajos y añádelas al bol. Corta el limón (con piel) de la misma manera y agrégalo. Pica el tomillo y el orégano finamente e incorpóralos. Sazona los ingredientes, riégalos con 2-3 cucharadas de aceite, y mezcla bien. Pasa los ingredientes a una bandeja de horno y hornéalos a 200 ºC durante 25-30 minutos.

Corta la panceta en tiras y repártelas sobre las patatas. Salpimienta las codornices y colócalas sobre las patatas. Riégalas con el vino y 3 cucharadas de aceite y hornéalas a 200 ºC durante 20 minutos.

Sirve 2 codornices en cada plato, acompáñalas con la guarnición de patatas, cebolla, limón y ajo y decora con unas hojas de perejil.

CONSEJO

Cuando enciendas el horno, aprovecha para asar otras hortalizas como, por ejemplo, unos pimientos morrones. De esta manera, además de ahorrar energía, conseguirás una guarnición perfecta para cualquier otro plato.

CONEJO CON GUISANTES AL *CURRY*

INGREDIENTES (4 P.)

1 conejo (troceado)

250 g de guisantes frescos (desgranados)

2 cebollas

2 zanahorias

1 pimiento verde

2 dientes de ajo

100 ml de vino blanco

harina

aceite de oliva virgen extra

perejil

1 cucharadita de *curry*

pimienta

sal

ELABORACIÓN

Calienta 3-4 cucharadas de aceite en la olla rápida. Pela las cebollas, las zanahorias y los dientes de ajo, córtalos en dados e introdúcelos en la olla. Retira el tallo y las semillas del pimiento, córtalo de la misma manera e incorpóralo. Sazona y rehoga las hortalizas a fuego medio durante 10-15 minutos. Agrega el *curry* y el vino y dale un hervor.

Calienta una sartén con 4-5 cucharadas de aceite. Salpimienta los trozos de conejo, enharínalos, introdúcelos en la sartén y fríelos por los dos lados hasta que se doren.

Incorpora los trozos de conejo a la olla, cúbrelos con agua, cierra la olla y cocínalos durante 6 minutos. Apaga el fuego y, cuando baje la válvula, retira el conejo y tritura la salsa con una batidora eléctrica.

Calienta agua en una cazuela hasta que empiece a hervir. Introduce los guisantes, sazónalos y cuécelos durante 6-8 minutos. Escúrrelos y añádelos a la olla.

Reparte los trozos de conejo en 4 platos, salséalos y decóralos con unas hojas de perejil.

CONSEJO

A la hora de comprar conejo, te recomiendo elegir ejemplares jóvenes, de tres a cinco meses de edad, que tengan el cuello corto, las rodillas redondas y abultadas, y la carne firme.

HAMBURGUESA DE POLLO CON AROS DE CEBOLLA

INGREDIENTES (4 P.)

600 g de carne picada de pollo

10 aceitunas negras (sin hueso)

1 diente de ajo

1 huevo

50 g de pan rallado

50 ml de leche

200 ml de salsa de tomate

aceite de oliva virgen extra

perejil

pimienta

sal

Para los aros de cebolla:

1 cebolla

75 g de harina de trigo

75 g de harina de maíz refinada

8 g de levadura

185 ml de agua fría

aceite de oliva virgen extra

sal

ELABORACIÓN

Pon el pan rallado en un recipiente, vierte la leche encima y déjalo a remojo hasta que se hidrate.

Pela el diente de ajo y pícalo finamente. Corta las aceitunas finamente. Pon el pan rallado, las aceitunas, el ajo y el huevo en un bol grande y mezcla todo bien.

Incorpora la carne de pollo, salpimiéntala, añade un poco de perejil picado y vuelve a mezclar los ingredientes en el bol hasta que queden bien integrados.

Forma 8 hamburguesas. Para que te resulte más fácil manipularlas, ponlas sobre un trozo distinto de papel de horno a medida que las formes.

Calienta una plancha con un chorrito de aceite (1-2 cucharadas), coloca las hamburguesas encima y cocínalas a fuego medio hasta que se doren bien por los dos lados.

Para preparar los aros de cebolla, pon las harinas en un bol. Agrega la levadura, el agua y una pizca de sal. Mezcla los ingredientes con una varilla manual hasta que queden bien integrados.

Calienta una sartén con abundante aceite. Pela la cebolla y córtala en aros. Introduce los aros de cebolla en el bol donde está la tempura, úntalos bien y pásalos a la sartén. Fríelos (en tandas) hasta que se doren por los dos lados, retíralos y escúrrelos sobre una fuente cubierta con papel absorbente.

Sirve las hamburguesas, los aros de cebolla y la salsa de tomate en 4 platos y decóralos con unas hojas de perejil.

CONSEJO

Para que todas las hamburguesas tengan el mismo tamaño, puedes utilizar un molde tipo cortapastas.

MUSLOS DE POLLO RELLENOS DE ESPINACAS

INGREDIENTES (4 P.)

4 muslos de pollo (deshuesados)

200 g de espinacas (lavadas)

1 cebolla

2 dientes de ajo

1 huevo

2 rebanadas de pan de molde (sin corteza)

200 ml de vino blanco

aceite de oliva virgen extra

perejil

1 cucharada de mejorana (seca)

pimienta

sal

ELABORACIÓN

Corta las rebanadas de pan en dados y ponlos en un bol. Viertela mitad del vino blanco (reserva el resto) y mezcla bien. Deja que el pan absorba el vino y se empape.

Calienta abundante agua en una cazuela. Retira el tallo de las espinacas, introdúcelas en la cazuela, sazónalas y cuécelas durante 4 minutos. Escúrrelas bien, córtalas en juliana y resérvalas.

Calienta una sartén con 2 cucharadas de aceite. Pela los dientes de ajo y la cebolla, córtalos en daditos e introdúcelos en la sartén. Sazona y cocina los ingredientes a fuego suave-medio durante 8-10 minutos. Apaga el fuego y deja que la mezcla se temple. Agrega las espinacas, la miga de pan remojada y la mejorana. Bate el huevo en un bol e incorpóralo a la sartén. Mezcla todo bien y divide la farsa en 4 porciones.

Coloca los muslos sobre una tabla de cocina con la piel hacia abajo. Salpimiéntalos y distribuye una porción del relleno en el centro de cada muslo. Enróllalos, átalos con hilo de cocina y ponlos en una fuente apta para el horno.

Salpimiéntalos por fuera, riégalos con 2 cucharadas de aceite y hornéalos a 200 ºC durante 12-15 minutos.

Abre el horno, vierte el vino blanco reservado anteriormente y hornéalos durante 8-10 minutos más.

Retira los muslos del horno, pásalos a una fuente y retírales las cuerdas. Cuela el líquido del fondo de la fuente del horno a una sartén, ponlo al fuego, dale un hervor fuerte hasta que reduzca a la mitad y añádele una cucharadita de perejil picado.

Sirve un poco de salsa en el fondo de 4 platos, coloca 1 muslo en cada uno y decóralos con unas hojas de perejil.

CONSEJO

Los muslos de pollo siempre son un acierto porque, aunque te pases un poco con la cocción, se mantienen tiernos y jugosos.

SOLOMILLO DE TERNERA CON SETAS

INGREDIENTES (4 P.)

4 filetes de solomillo de ternera

200 g de setas shimeji

1 puerro

3 chalotas

2 dientes de ajo

250 ml de caldo de carne

250 ml de vino de Oporto blanco

30 g de mantequilla

1 cucharada de harina de maíz refinada diluida en agua fría

aceite de oliva virgen extra

perejil

pimienta

sal

CONSEJO

Las setas shimeji son una buena fuente de proteínas, fibra y minerales, como el hierro y el potasio, así que no dudes en incluirlas en tus platos.

ELABORACIÓN

Calienta la mantequilla en una cazuela. Pela 1 diente de ajo, córtalo en daditos e introdúcelo en la cazuela. Limpia el puerro (retirándole la parte inferior, la superior y 2-3 capas de hojas), córtalo en medias lunas y añádelo a la cazuela. Pela las chalotas, córtalas en juliana fina y agrégalas. Sazona y rehoga las hortalizas a fuego medio durante 8-10 minutos.

Vierte el vino y el caldo a la cazuela y cocina los ingredientes a fuego suave-medio durante 15 minutos. Añade un poco de harina de maíz refinada diluida en agua fría (hasta que la salsa tenga el punto de espesor deseado), mezcla bien y dale un hervor. Pasa los ingredientes a una jarra y tritúralos con una batidora eléctrica.

Calienta una sartén con 3 cucharadas de aceite. Pela el otro diente de ajo, córtalo en láminas, introdúcelo en la sartén y rehógalo brevemente. Antes de que coja color, agrega las setas, sazónalas y saltéalas a fuego medio durante 4-5 minutos.

Calienta bien una plancha con 2 cucharadas de aceite. Salpimienta los solomillos, colócalos sobre la plancha y cocínalos a tu gusto.

Sirve un poco de salsa en el fondo de 4 platos. Pon 1 solomillo en el centro de cada uno y reparte las setas encima. Decora los platos con unas hojas de perejil.

SOLOMILLO DE CERDO CON SALSA DE QUESO AZUL

INGREDIENTES (4 P.)

2 solomillos de cerdo
300 g de champiñones
1 cebolleta
2 dientes de ajo
100 g de queso azul
200 ml de nata líquida
200 ml de caldo de ave
100 ml de vino blanco
aceite de oliva virgen extra
perejil
pimienta
sal

CONSEJO

La salsa de queso se puede utilizar tanto en frío como en caliente. Si la sirves en frío, ten en cuenta que tiende a espesar.

ELABORACIÓN

Calienta 2 cucharadas de aceite en una sartén. Pela los ajos, pícalos finamente e introdúcelos en la sartén. Corta la cebolleta en daditos y agrégala. Rehoga las hortalizas a fuego medio durante 6-8 minutos.

Limpia los champiñones (enjuágalos en un bol con agua y sécalos bien) e introdúcelos en la sartén. Sazónalos y viérteles el vino encima. Tápalos, cocínalos a fuego suave durante 12-15 minutos y espolvoréalos con un poco de perejil picado.

Para hacer la salsa, vierte el caldo y la nata a una cazuela. Trocea el queso e incorpóralo. Deja que la mezcla reduzca a fuego suave-medio durante 12-15 minutos. Pon a punto de sal y reserva la salsa.

Corta los solomillos de cerdo en medallones, salpimiéntalos y riégalos con un poco de aceite. Calienta una plancha, extiende encima los medallones de solomillo y cocínalos durante 2-3 minutos.

Sirve la salsa en el fondo de los platos, coloca encima 3 medallones de solomillo y acompáñalos con unos champiñones. Decora con unas hojas de perejil.

MANITAS DE CORDERO CON PATATAS

INGREDIENTES (4 P.)

12 manitas de cordero (cortadas por la mitad)
4 patatas grandes
1 cebolla
3 dientes de ajo
2 puerros
1 pimiento rojo
1 pimiento verde
1 tomate
aceite de oliva virgen extra
perejil
1 cucharadita de pimentón
½ cucharadita de comino
2 hojas de laurel
½ guindilla
sal

ELABORACIÓN

Pon abundante agua (1 ½ l) en la olla rápida y sazónala. Introduce las manitas, las hojas de laurel y la cebolla (pelada). Cierra la olla y cuece las manitas durante 15-20 minutos. Apaga el fuego, espera a que baje la válvula, abre la olla, saca las manitas, pásalas a una fuente y resérvalas. Pasa el caldo a un bol y resérvalo.

Calienta 3 cucharadas de aceite en una cazuela. Pela los dientes de ajo, córtalos en láminas e introdúcelos en la cazuela. Limpia los puerros (retirándoles la parte inferior, la superior y 2-3 capas de hojas), córtalos en medias lunas finas y añádelos. Retira el tallo y las semillas de los pimientos. Pela el pimiento rojo, córtalo en daditos e incorpóralo. Corta el pimiento verde de la misma manera y agrégalo. Sazona y rehoga las hortalizas a fuego medio durante 15 minutos. Pela el tomate, córtalo en dados, incorpóralo a la cazuela y cocina todo a fuego medio durante 5 minutos.

Pela las patatas, trocéalas (cascándolas) e introdúcelas en la cazuela. Añade el pimentón, el comino y la guindilla (cortada en rodajas). Cubre con el caldo de la cocción de las manitas, pon a punto de sal y cuece a fuego medio durante 20 minutos.

Retira los trozos de guindilla e introduce las manitas. Remueve la cazuela y cocina todo a fuego suave durante 8-10 minutos. Espolvorea con un poco de perejil picado y mezcla bien.

Sirve y decora los platos con unas hojas de perejil.

CONSEJO

Si quieres aprovechar la cebolla que has utilizado para cocer las manitas, puedes triturarla con una batidora eléctrica y añadirla al guiso.

POLLO GUISADO DE LA ABUELA TETÉ

INGREDIENTES (4 P.)

8 contramuslos de pollo (sin deshuesar)

6 dientes de ajo

5 tomates pera

4 patatas

100 ml de *whisky*

2 cucharadas de mostaza a la antigua

1 cucharada de harina de maíz refinada diluida en agua fría

aceite de oliva virgen extra

perejil

1 cucharada de tomillo seco

1 cucharada de pimentón

pimienta

sal

ELABORACIÓN

Mezcla el tomillo y el pimentón en un bol y espárcelos sobre una bandeja de horno. Lava las patatas, córtalas por la mitad, hazles unos cortes superficiales (cruzados) por la parte interior y ponlas en un bol grande. Riégalas con un buen chorro de aceite y remuévelas hasta que queden bien impregnadas. Sazónalas por la parte interior, colócalas boca abajo sobre la bandeja de horno y hornéalas a 180 ºC durante 40 minutos.

Calienta una tartera (cazuela amplia y baja) con 3-4 cucharadas de aceite. Pela los dientes de ajo, introdúcelos en la tartera y rehógalos hasta que se empiecen a dorar. Retíralos a un plato y resérvalos.

Salpimienta los contramuslos de pollo, introdúcelos en la tartera y dóralos bien. Retíralos a una fuente y resérvalos.

Pela 4 tomates, córtalos en dados, introdúcelos en la tartera y cocínalos a fuego medio durante 6-8 minutos. Agrega el *whisky* y la mostaza y mezcla todo bien. Incorpora los ajos y los contramuslos, cúbrelos con agua (400 ml), tápalos y cocínalos durante 30 minutos a fuego medio. Retira la tapa y cocínalos durante 10 minutos más.

Añade a la tartera un poco de harina de maíz refinada diluida en agua fría para ligar la salsa y cocina los ingredientes durante 2 minutos.

Pela el otro tomate, córtalo en daditos, introdúcelo en la tartera, tapa y cocina todo junto durante 2 minutos más.

Sirve en cada plato 2 contramuslos y salséalos. Acompáñalos con las patatas y decora los platos con unas hojas de perejil.

CONSEJO

Cuando compres pollo, procura que no entre en contacto con otros alimentos. Lo mejor es guardarlo en un recipiente con cierre hermético.

ROLLO DE CARNE PICADA RELLENO CON SALSA DE ACEITUNAS NEGRAS

INGREDIENTES (4 P.)

500 g de carne de cerdo picada

500 g de carne de ternera picada

2 huevos

1 cucharada de ajo en polvo

40 g de pan rallado

8 lonchas finas de jamón serrano

8 lonchas finas de beicon

125 g de paté ibérico

perejil

pimienta

sal

Para la salsa de aceitunas:

80 g de mantequilla

1 cucharadita de harina

1 cebolleta pequeña

125 ml de caldo concentrado de carne (idealmente, casero)

125 ml de vino blanco

40 g de aceitunas negras sin hueso

perejil

ELABORACIÓN

Pon las carnes (ternera y cerdo) en un bol grande y salpimiéntalas. Agrega el ajo en polvo y los huevos y amasa todo bien hasta que los ingredientes queden bien integrados.

Incorpora poco a poco el pan rallado y sigue amasando hasta que consigas una masa homogénea.

Coloca un trozo grande de papel de aluminio sobre la encimera. Pon la carne encima y extiéndela formando un rectángulo grande de 2 centímetros de grosor. Extiende el paté sobre la carne y coloca encima las lonchas de jamón y las de beicon. Enrolla la carne (aprovechando el papel de aluminio) y forma un rollo.

Coloca el rollo (con el papel de aluminio) sobre una bandeja de horno y hornéalo a 190 ºC durante 30 minutos. Sácalo del horno, retírale el papel de aluminio, introdúcelo de nuevo y hornéalo a 250 ºC durante 5 minutos (hasta que se dore). Dale la vuelta y hornéalo durante 5 minutos más.

Para preparar la salsa, pon la mitad de la mantequilla a fundir en un cazo. Pon el caldo y la harina en un bol, mézclalos con una varilla manual e incorpóralos al cazo. Corta la cebolleta en daditos y agrégala. Pica las aceitunas en aros y añádelas. Vierte el vino y mezcla bien. Cocina la salsa a fuego suave durante 8-10 minutos. Apaga el fuego, incorpora el resto de la mantequilla, remueve el cazo hasta que se funda y espolvorea la salsa con un poco de perejil picado.

Reparte la salsa en la base de 4 platos. Corta el rollo de carne en rodajas, sirve 3 en el centro de cada uno y decóralos con unas hojas de perejil.

CONSEJO

Puedes rellenar el rollo de carne con otros ingredientes como, por ejemplo, jamón cocido y queso, o pimientos del piquillo y jamón serrano.

PESCADOS Y MARISCOS

COCINA ABIERTA
KARLOS ARGUIÑANO

ALBÓNDIGAS DE BACALAO AL AZAFRÁN

INGREDIENTES (4 P.)

600 g de bacalao fresco limpio

6 chalotas

1 patata

1 diente de ajo

1 huevo

2 rebanadas de pan de molde (sin corteza)

100 ml de vino blanco

harina

200 ml de nata líquida

250 ml de caldo de verduras

aceite de oliva virgen extra

30 hebras de azafrán

perejil

pimienta

sal

ELABORACIÓN

Trocea las rebanadas de pan de molde, ponlas en un bol, viérteles el vino encima y deja que se hidraten bien. Escurre las rebanadas de pan (aplastándolas con los dedos hasta que suelten todo el vino) y reserva la miga de pan y el vino por separado.

Lava la patata, colócala en un bol y cúbrela con film transparente. Pincha el film con un cuchillo, introduce el bol en el microondas y cocina la patata durante unos 6 minutos. Pélala, trocéala, aplástala bien con un tenedor y resérvala.

Calienta 2-3 cucharadas de aceite en un cazo. Pela las chalotas, córtalas en dados y agrégalas. Sazónalas y rehógalas a fuego medio durante 6-8 minutos. Añade el vino (del remojo del pan), las hebras de azafrán, el caldo y la nata. Sazona y cocina todo a fuego suave durante 8-10 minutos. Pasa los ingredientes a un vaso batidor, tritúralos hasta que consigas una salsa homogénea y resérvala.

Trocea el bacalao, ponlo en una fuente y agrega la miga escurrida. Introduce los ingredientes en una picadora, salpimienta y pícalos un poco. Pela el diente de ajo, trocéalo e introdúcelo en la picadora. Agrega también el huevo y vuelve a picar los ingredientes hasta que queden bien integrados. Pasa la farsa a un bol grande, incorpora la patata (majada) y un poco de perejil picado y mezcla todo bien.

Coge pequeñas porciones de masa, redondéalas formando las albóndigas y pásalas por la harina. Calienta una sartén con abundante aceite, introduce las albóndigas (en tandas) y fríelas hasta que se doren por fuera y queden hechas por dentro.

Pásalas a una tartera (cazuela amplia y baja), cúbrelas con la salsa, caliéntalas y sírvelas. Decora los platos con unas hojas de perejil.

CONSEJO

Si te gusta que las albóndigas queden más hechas, puedes cocinarlas en la salsa durante 2-3 minutos más.

BOQUERONES CON FRITADA

INGREDIENTES (6 P.)

36 boquerones frescos
1 barra de pan
1 cebolleta
½ pimiento verde
¼ de pimiento rojo
2 dientes de ajo
1 guindilla
aceite de oliva virgen extra
perejil
sal

ELABORACIÓN

Congela los boquerones durante 4 días. Retíralos del congelador y descongélalos en el frigorífico. Límpialos, retirándoles la cabeza, la tripa y la espina central. Sepáralos en lomos, extiéndelos sobre una fuente grande, sazónalos y resérvalos.

Corta el pan en 18 rebanadas alargadas, extiéndelas sobre una bandeja de horno y hornéalas hasta que se tuesten.

Corta la cebolleta y el pimiento verde en daditos. Pela el pimiento rojo y córtalo de la misma manera. Pela los dientes de ajo y pícalos finamente.

Calienta una sartén con 125 ml de aceite. Introduce las hortalizas y la guindilla (cortada en rodajas) y rehógalas a fuego suave-medio durante 6-8 minutos. Sube la intensidad del fuego, agrega una cucharada de perejil picado y rehoga todo durante 15 segundos. Vierte la fritada sobre los boquerones.

Coloca 4 filetes de boquerón encima de cada tostada, sirve 3 tostadas en cada plato y decóralos con unas hojas de perejil.

CONSEJO

En esta receta los boquerones se consumen prácticamente crudos, es por eso que, para evitar cualquier intoxicación, recomiendo congelarlos previamente.

GALLO CON SALSA DE NARANJA Y MOSTAZA

INGREDIENTES (4 P.)

- 2 gallos grandes
- 3 naranjas
- 2 dientes de ajo
- 1 cucharada de mostaza a la antigua
- 1 cucharada de miel
- 200 ml de caldo de pollo
- 1 cucharada de harina de maíz refinada
- harina y huevo batido (para rebozar)
- aceite de oliva virgen extra
- ½ rama de romero
- perejil
- sal

ELABORACIÓN

Lava las naranjas. Con un pelador, corta 3 láminas de piel de una de las naranjas y resérvalas. Corta las naranjas por la mitad, exprímelas y reserva el zumo.

Calienta un cazo con 1-2 cucharadas de aceite. Pela los dientes de ajo, córtalos en daditos e introdúcelos en el cazo. Añade también las láminas de piel de naranja y rehógalas brevemente. Incorpora la mostaza, la miel y el zumo de las naranjas. Mezcla la harina de maíz con el caldo de pollo y agrégalo al cazo. Añade también el romero, remueve los ingredientes y cocínalos a fuego suave durante 4-5 minutos. Retira la rama de romero y pon a punto de sal.

Corta las cabezas de los gallos, saca los filetes y resérvalos.

Calienta abundante aceite en una sartén grande. Sazona los filetes de gallo, pásalos por harina y huevo batido, introdúcelos (en tandas) en la sartén y fríelos (a tu gusto) por los dos lados.

Sirve la salsa de naranja en el fondo de 4 platos, coloca 2 filetes encima de cada uno y decóralos con unas hojas de perejil.

CONSEJO

Para que te salga más zumo de las naranjas, antes de exprimirlas, ruédalas sobre una superficie ejerciendo presión. Así rompes las fibras internas (no la piel) y el zumo se distribuye mejor.

CALAMARES GUISADOS CON ARROZ

INGREDIENTES (4 P.)

1 kg de calamares pequeños
200 g de arroz
1 kg de tomate pera en conserva
2 cebollas
2 pimientos verdes
1 diente de ajo
100 ml de vino fino seco
aceite de oliva virgen extra
1 hoja de laurel
1 cucharadita de pimentón
nuez moscada
perejil
sal

ELABORACIÓN

Limpia los calamares y corta las aletas y las corbatas en tiras finas. Rellena los calamares con estas tiras y resérvalos.

Calienta una olla rápida con 4 cucharadas de aceite. Pela las cebollas, córtalas en dados e introdúcelas en la olla. Retira los tallos y las semillas de los pimientos, córtalos de la misma manera y añádelos. Sazona y rehoga las hortalizas a fuego medio durante 8-10 minutos. Corta los tomates en dados e incorpóralos a la olla. Cocina las hortalizas a fuego medio durante 15 minutos. Añade la hoja de laurel, el pimentón y un poco de nuez moscada. Vierte el vino y dale un hervor fuerte.

Sazona los calamares, ciérralos con un palillo e introdúcelos en la olla. Ciérrala y cocínalos durante 7-8 minutos.

Calienta 2 cucharadas de aceite en una cazuela. Aplasta el diente de ajo (con piel) e introdúcelo en la cazuela. Añade el arroz, el agua (el doble y un poco más que de arroz) y una pizca de sal. Cocínalo a fuego medio durante 18 minutos. Retira el diente de ajo, agrega un poco de perejil picado y mezcla bien.

Reparte el arroz en la base de 4 platos y coloca 3 calamares en cada uno. Salsea y decora los platos con unas hojas de perejil.

CONSEJO

Si no consigues calamares pequeños, también puedes hacer la receta con calamares grandes o con sepia. Bastará con limpiarlos bien y cortarlos en trozos de bocado... ¡y a triunfar!

GUISO DE SEPIA CON GUISANTES

INGREDIENTES (4 P.)

- 8 sepias pequeñas (800 g)
- 3 patatas
- 250 g de guisantes congelados
- 1 cebolla
- 2 dientes de ajo
- 100 ml de vino blanco
- 150 ml de salsa de tomate
- aceite de oliva virgen extra
- ½ guindilla
- 1 cucharada de pimentón
- perejil
- pimienta
- sal

ELABORACIÓN

Calienta una cazuela con 3 cucharadas de aceite. Pela los ajos y la cebolla. Pica los ajos en dados e introdúcelos en la olla. Corta la cebolla de la misma manera y agrégala. Rehoga las hortalizas a fuego suave-medio durante 6-8 minutos.

Añade la guindilla, el pimentón y la salsa de tomate. Pela las patatas, trocéalas (cascándolas) e incorpóralas. Cubre todo con abundante agua y sazona.

Calienta una sartén grande con 2 cucharadas de aceite. Salpimienta las sepias, introdúcelas en la sartén y dóralas a fuego fuerte. Vierte el vino y dale un hervor. Pasa las sepias a la cazuela de las patatas, tápala y cocina todo a fuego medio durante 30 minutos. Incorpora los guisantes a la cazuela y guisa los ingredientes a fuego medio durante 10 minutos más.

Sirve y decora los platos con unas hojas de perejil.

CONSEJO

Para que la sepia quede más blanda, antes de cocinarla puedes ponerla a remojo en leche durante 1 hora.

CALDERETA DE DORADA CON MEJILLONES

INGREDIENTES (4 P.)

1 dorada (900 g)
700 g de mejillones
3 patatas
2 cebolletas
2 dientes de ajo
4 pimientos choriceros
150 g de salsa de tomate
100 ml de vino blanco seco
aceite de oliva virgen extra
10 hebras de azafrán
½ cucharadita de pimentón
perejil
sal

ELABORACIÓN

Retira el tallo y las semillas de los pimientos choriceros y ponlos en un bol. Cúbrelos con agua caliente y déjalos a remojo durante 2 horas. Ábrelos, sácales la pulpa (raspándoles la piel con una cuchara o con una puntilla), pícala finamente y resérvala.

Calienta 1.500 ml de agua en una cazuela y añade unas ramas de perejil. Corta los tallos de las cebolletas y agrégalos (reserva la cebolleta). Corta la cabeza y la cola de la dorada e incorpóralas a la cazuela. Saca los lomos de la dorada, resérvalos, y añade la espina a la cazuela. Sazona y cuece los ingredientes a fuego medio durante 20 minutos. Cuela el caldo y resérvalo.

Pela las patatas, trocéalas (cascándolas) y ponlas en una cazuela. Cúbrelas con 1 litro de caldo y reserva el resto. Tapa la cazuela y cuece las patatas a fuego medio durante 20 minutos.

Calienta una tartera (cazuela amplia y baja) con 3 cucharadas de aceite. Pela los dientes de ajo, córtalos en daditos e introdúcelos en la tartera. Corta las cebolletas en dados y agrégalas a la tartera. Sazona y rehoga las hortalizas a fuego suave-medio durante 6-8 minutos. Agrega la salsa de tomate, el pimentón, el azafrán, la pulpa del pimiento choricero y el vino. Dale un hervor, mezcla bien, vierte el resto del caldo y cocina la salsa durante 15 minutos. Pasa los ingredientes a un vaso batidor y tritúralos bien hasta que consigas una salsa homogénea.

Calienta otra tartera con 1-2 cucharadas de aceite. Corta la dorada en trozos, sazónalos, introdúcelos en la tartera y dóralos brevemente. Agrega las patatas cocidas y la salsa.

Limpia los mejillones, retirándoles las barbas, colócalos encima de las patatas, tapa la tartera y espera a que se abran. A medida que se abran, retíralos a una fuente y resérvalos. Espolvorea la caldereta con un poco de perejil picado.

Reparte la caldereta y los mejillones en 4 platos y decóralos con unas hojas de perejil.

CONSEJO

Además de la dorada salvaje también puedes encontrar dorada de cultivo, disponible todo el año y a precios más asequibles.

CAZUELA DE CABALLA CON GUISANTES

INGREDIENTES (4 P.)

4 caballas

600 g de guisantes frescos (desgranados)

2 patatas grandes

3 dientes de ajo

75 ml de vino blanco

500 ml de caldo de pescado

1 cucharada de harina

aceite de oliva virgen extra

30 hebras de azafrán

perejil

sal

ELABORACIÓN

Calienta una tartera apta para horno con 3 cucharadas de aceite. Pela las patatas, trocéalas (cascándolas), introdúcelas en la tartera y rehógalas a fuego medio durante 5 minutos.

Pela los dientes de ajo, pícalos finamente, añádelos a las patatas y rehógalos brevemente (30 segundos). Incorpora las hebras de azafrán, los guisantes, 350 ml de caldo y una pizca de sal. Tapa la tartera y cocina los ingredientes a fuego suave-medio durante 15-16 minutos.

Retira las cabezas de las caballas, córtalas en rodajas de 3 centímetros de grosor, sazónalas y resérvalas.

Calienta 2 cucharadas de aceite en una sartén, añade la harina y rehógala hasta que se dore un poco. Vierte el vino y dale un hervor. Vierte el resto del caldo (150 ml) y mezcla bien. Añade la mezcla a la tartera y remuévela un poco. Coloca encima los trozos de pescado y hornea la tartera a 220 ºC durante 7 minutos.

Sirve y decora los platos con unas hojas de perejil.

CONSEJO

La caballa es un pescado rico en ácidos grasos omega 3, muy beneficiosos para prevenir enfermedades cardiovasculares.

DORADA ASADA A LA NAVARRA

INGREDIENTES (4 P.)

2 doradas (de 800 g cada una)
4 lonchas de jamón serrano
1 patata grande
1 diente de ajo
½ guindilla seca
4 cucharadas de vinagre
aceite de oliva virgen extra
perejil
sal

CONSEJO

El vinagre ayuda a mejorar y resaltar el sabor de algunas preparaciones. En esta receta has utilizado un vinagre blanco, pero puedes innovar y usar de Módena, de frambuesa, de sidra, de manzana e incluso de miel.

ELABORACIÓN

Pela la patata, córtala en rodajas y, a continuación, en bastones finos. Ponlos en un bol con agua (para que suelten el almidón) y deja que reposen durante 15 minutos. Retíralos y sécalos con papel absorbente.

Calienta una sartén con abundante aceite, agrega los bastones de patata y fríelos hasta que se hagan por dentro y se doren por fuera. Retíralos y escúrrelos sobre una fuente cubierta con papel absorbente. Sazónalos y espolvoréalos con un poco de perejil picado.

Abre las doradas por la mitad (conservándoles la cabeza), retírales la espina central y sazónalas. Extiende un poco de aceite en una bandeja de horno y coloca los 4 filetes de dorada encima, dejando la parte de la piel en contacto con la bandeja. Riégalas con un poco de aceite y hornéalas a 230 ºC durante 6 minutos. Retira la bandeja, coloca una loncha de jamón sobre cada dorada, introduce la bandeja de nuevo en el horno y hornéalas durante 2 minutos más.

Pela el diente de ajo y córtalo en daditos. Corta la guindilla en rodajas finas. Retira la mayor parte del aceite de la sartén donde has frito las patatas y deja dentro unas 6 cucharadas. Añade el ajo y la guindilla y rehógalos brevemente.

Sirve un trozo de pescado en cada plato, riégalos con un chorrito de vinagre y viérteles encima el refrito. Acompáñalos con las patatas y decora los platos con unas hojas de perejil.

FANECA REBOZADA CON PIMIENTOS

INGREDIENTES (4 P.)

8 fanecas
3 pimientos rojos
4 dientes de ajo
harina
2 huevos
aceite de oliva virgen extra
perejil
sal

ELABORACIÓN

Calienta una sartén grande con 3 cucharadas de aceite. Aplasta los dientes de ajo (con piel) e introdúcelos en la sartén.

Corta los pimientos por la mitad, retírales el tallo y las semillas, pélalos, córtalos en tiras y añádelos a la sartén. Sazónalos y rehógalos a fuego suave durante 25-30 minutos.

Retira las cabezas de las fanecas y sácales los lomos.

Extiende la harina en una fuente. Casca los huevos, ponlos en un bol, sazónalos, agrégales un poco de perejil picado y bátelos bien. Sazona los lomos de pescado, rebózalos con la harina y el huevo, introdúcelos en la sartén (en tandas) y fríelos por los dos lados. Retíralos a una fuente y resérvalos.

Reparte los filetes de faneca y los pimientos en 4 platos y decóralos con unas hojas de perejil.

CONSEJO

A la hora de comparar pimientos, elige los más pesados y carnosos en relación con su tamaño.

GALLO ASADO CON PURÉ DE ZANAHORIA Y VINAGRETA

INGREDIENTES (4 P.)

4 gallos (de ración)
6 zanahorias (350 g)
¼ de cebolla roja
6 guindillas en vinagre
zumo de ½ limón
aceite de oliva virgen extra
1 cucharadita de pimentón
12 hojas de cebollino
perejil
pimienta
sal

CONSEJO

A la hora de hornear el pescado es importante estar pendiente, porque es muy fácil que de un momento a otro se haga demasiado.

ELABORACIÓN

Calienta 2 cucharadas de aceite en una cazuela. Pela las zanahorias, córtalas en rodajas finas, introdúcelas en la cazuela y rehógalas a fuego medio durante 4-5 minutos. Agrega el pimentón, cúbrelas con agua, sazónalas y cuécelas a fuego suave-medio durante 15 minutos. Pon las zanahorias (con un poco del agua de la cocción) en un vaso batidor y tritúralas hasta que quede un puré homogéneo.

Unta 2 bandejas de horno con un poco de aceite. Salpimienta los gallos, colócalos en las bandejas, rocíalos con otro poco de aceite y hornéalos a 245 ºC durante 10-12 minutos.

Corta la cebolla en daditos y ponlos en un bol. Corta las guindillas en rodajas finas y añádelas. Pica las hojas de cebollino finamente e introdúcelas en el bol. Vierte el zumo de ½ limón y 4 cucharadas de aceite. Sazona y bate los ingredientes hasta que queden bien integrados.

Sirve un gallo y un poco de puré en cada plato. Salsea con la vinagreta y decora los platos con unas hojas de perejil.

CABRACHO CON SALSA DE MEJILLONES Y LANGOSTINOS

INGREDIENTES (4 P.)

2 cabrachos
1 kg de mejillones
12 langostinos
1 puerro
1 cebolleta
1 zanahoria
75 ml de *brandy*
1 cucharada de harina
aceite de oliva virgen extra
perejil
pimienta
sal

ELABORACIÓN

Calienta 1 vaso de agua (250 ml) en una tartera (cazuela amplia y baja), limpia los mejillones e introdúcelos en la tartera. Tapa y cocina los mejillones a fuego medio hasta que se abran. Cuela el caldo y resérvalo. Reserva también los mejillones sin cáscara.

Pela los langostinos y reserva, por un lado, las colas peladas y, por otro, las cáscaras y las cabezas.

Calienta 2 cucharadas de aceite en un cazo, añade las cabezas y las cáscaras de los langostinos y rehógalas durante 5 minutos. Vierte 500 ml de agua y cuécelas durante 10 minutos.

Calienta 3 cucharadas de aceite en una cazuela. Corta la cebolleta en dados e introdúcela en la cazuela. Limpia el puerro (retirándole la parte inferior, la superior y 2-3 capas de hojas), córtalo en cuartos de luna finos y añádelo a la cazuela. Pela la zanahoria, córtala de la misma manera e incorpórala a la cazuela. Sazona las hortalizas y rehógalas a fuego medio durante 15 minutos. Añade la harina, rehógala brevemente y mezcla bien. Añade el *brandy* y flambéalo. Vierte la mitad del caldo de los langostinos y la mitad del caldo de los mejillones a la cazuela y cocina todo a fuego medio durante 15 minutos. Pasa la salsa a un vaso batidor, agrega los mejillones y tritúralo todo bien.

Retira las cabezas de los cabrachos y sácales los lomos.

Extiende 2 cucharadas de aceite sobre una bandeja de horno. Salpimienta los lomos de pescado, colócalos sobre la bandeja (dejando la parte de la piel en contacto con la bandeja), riégalos con otro poco de aceite y hornéalos a 225-230 ºC durante 8-10 minutos.

Calienta una sartén con 2 cucharadas de aceite. Corta los langostinos por la mitad (sin separarlos del todo), sazónalos, saltéalos brevemente (1 minuto) y espolvoréalos con un poco de perejil picado.

Sirve la salsa en el fondo de los platos, pon 1 lomo de cabracho y 3 langostinos encima de cada uno y decóralos con unas hojas de perejil.

CONSEJO

Puedes sustituir los langostinos y los mejillones por cualquier otro marisco que sea de tu agrado (gambas, berberechos, almejas...). Si le añades un palito de regaliz o 2 cucharadas de soja le darás un toque muy especial.

LENGUADO A LA *MEUNIÈRE* CON PATATAS

INGREDIENTES (4 P.)

- 2 lenguados (de 600 g cada uno)
- 3 patatas
- 110 g de mantequilla
- 1 limón
- 1 cucharada de concentrado de carne
- harina
- aceite de oliva virgen extra
- perejil
- pimienta
- sal

ELABORACIÓN

Calienta agua en una cazuela. Pela las patatas y, con la ayuda de un sacabolas (cuchara parisién), saca bolitas. Introdúcelas en la cazuela, sazónalas y cuécelas a fuego suave durante 15-18 minutos.

Calienta 500 ml de agua en un cazo. Corta las cabezas y las colas de los lenguados e introdúcelos en el cazo. Agrega unas ramas de perejil y una pizca de sal. Cuece los ingredientes a fuego medio durante 15 minutos. Cuela y reserva el caldo.

Calienta 3 cucharadas de aceite en una sartén grande. Agrega 70 g de mantequilla y deja que se funda a fuego suave. Haz un corte (por los dos lados) a lo largo de la espina central de los lenguados. Salpimiéntalos y pásalos por harina. Introduce 1 lenguado en la sartén, cocínalo durante 3-4 minutos por cada lado y retíralo a una fuente. Introduce el otro lenguado en la sartén, fríelo de la misma manera y retíralo a la fuente. Sácales los lomos a los lenguados y resérvalos.

Retira la espuma de la sartén, agrega el resto de la mantequilla, el zumo del limón, el concentrado de carne y 300 ml de caldo de pescado. Deja que reduzca a fuego medio-alto durante 4-5 minutos y espolvorea la salsa con un poco de perejil picado.

Calienta una sartén con 1 cucharada de aceite, agrega las patatas y un poco de perejil picado y saltéalas durante 2 minutos.

Sirve 2 lomos de lenguado en cada plato y salséalos. Acompáñalos con unas bolitas de patata y decora los platos con unas hojas de perejil.

CONSEJO

Esta receta es perfecta para fiestas y celebraciones. Aunque el lenguado no es un pescado barato, si lo compras congelado o con antelación y lo congelas, puedes ahorrarte bastante dinero.

LUBINA EN COSTRA DE PATATA CON SALSA DE PIMIENTA

INGREDIENTES (4 P.)

4 filetes de lubina (de ración)
2 patatas medianas
2 chalotas
25 g de pimienta verde en salmuera
450 ml de caldo de pescado
300 ml de nata líquida
75 ml de vodka
aceite de oliva virgen extra
perejil
sal

ELABORACIÓN

Pela las patatas y, con la ayuda de una mandolina, córtalas en láminas muy finas. Calienta 3 cucharadas de aceite en una sartén amplia. Extiende las láminas de patata (en dos tandas) sobre la sartén y cocínalas por los dos lados sin que lleguen a dorarse. Retíralas y resérvalas en una fuente cubierta con papel absorbente.

Calienta 2 cucharadas de aceite en una cazuela. Pela las chalotas, pícalas finamente y rehógalas a fuego suave durante 5 minutos. Agrega la pimienta verde. Vierte el vodka y flambéalo. Vierte el caldo y la nata, sazona, mezcla bien y deja que los ingredientes reduzcan a fuego suave durante 15-20 minutos.

Riega la bandeja de horno con 1 cucharada de aceite y extiéndelo con una brocha de cocina. Sazona los filetes de lubina y colócalos sobre la bandeja (dejando la parte de la piel hacia abajo). Cubre los filetes con las lonchas de patata simulando escamas de pescado y sazónalas. Hornea el pescado a 200-210 ºC durante 8-10 minutos.

Sirve la salsa de pimienta en el fondo de los platos, coloca encima los lomos de lubina y decora con unas hojas de perejil.

CONSEJO

Para que las patatas se doren un poco, cuando falten 2 minutos para sacarlas del horno, sube la bandeja a la parte superior.

MEJILLONES CON FRITADA Y QUESO GRATINADOS

INGREDIENTES (4 P.)

- 32 mejillones
- 1 kg de tomate maduro (en rama)
- 2 puerros
- 1 pimiento verde
- ½ pimiento rojo
- 1 diente de ajo
- 50 ml de vino blanco
- 150 g de queso fresco de cabra
- 50 g de pan rallado
- aceite de oliva virgen extra
- perejil
- sal

ELABORACIÓN

Calienta 4 cucharadas de aceite en una tartera (cazuela amplia y baja). Limpia los puerros, córtalos en cuartos de luna finos y agrégalos a la tartera. Pela el pimiento rojo, córtalo en daditos y añádelo. Corta el pimiento verde de la misma manera e incorpóralo. Sazona y rehoga las hortalizas a fuego suave durante 15 minutos.

Calienta abundante agua en una cazuela hasta que hierva. Haz un corte en cruz en la parte inferior de los tomates, introdúcelos en la cazuela y escáldalos brevemente (30-60 segundos). Retíralos, pélalos, trocéalos y añádelos a la tartera donde están las hortalizas. Vierte el vino, pon a punto de sal y cocina el tomate durante 40 minutos (tiene que quedar una fritada bien concentrada).

Calienta una tartera (cazuela amplia y baja) con 1 dedo de agua. Limpia los mejillones, ponlos en la tartera, tápala y espera a que se abran. Retira las conchas que no tengan carne y extiende las otras en una bandeja grande apta para el horno.

Corta el queso en rectángulos de 2 x 3 centímetros, pon un trocito en la punta de cada mejillón y cúbrelos con la fritada.

Para preparar la salsa provenzal, mezcla el pan rallado con el diente de ajo (bien picado) y 1 cucharada de perejil picado. Cubre los mejillones con la provenzal y gratínalos en el horno hasta que se doren un poco.

Sirve y decora los platos con unas hojas de perejil.

CONSEJO

Las barbas de los mejillones, esas fibras que usan para adherirse a las superficies, deben eliminarse justo antes de cocinarlos. Para quitarlas, tira de ellas hacia la parte más estrecha del mejillón. Este proceso es importante no solo para la presentación, sino también para garantizar que el mejillón esté completamente limpio y listo para cocinar.

MERLUZA CON ALCACHOFAS Y ALMEJAS

INGREDIENTES (4 P.)

4 lomos de merluza
8 alcachofas
24 almejas
2 dientes de ajo
100 ml de vino blanco
1 cucharada de harina
aceite de oliva virgen extra
1 guindilla cayena
perejil
pimienta
sal

CONSEJO

Aunque puedes comprar almejas durante prácticamente todo el año, de septiembre a abril es cuando se encuentran en su mejor momento.

ELABORACIÓN

Calienta abundante agua en la olla rápida. Corta los tallos de las alcachofas, pélalas (retirándoles 2-3 capas de hojas exteriores), córtales las puntas e introdúcelas en la olla. Sazónalas, cierra la olla y cuécelas durante 3 minutos. Cuando baje la válvula, retíralas a una fuente y deja que escurran bien. Córtalas en cuartos y resérvalas.

Calienta 4 cucharadas de aceite en una tartera. Pela los dientes de ajo, córtalos finamente e introdúcelos en la tartera. Añade también la cayena. Rehógalos brevemente, incorpora la harina y rehógala un poco. Vierte el vino blanco y dale un hervor fuerte para que se evapore el alcohol. Vierte 150 ml de agua y mezcla bien. Introduce las almejas y espera a que se abran. Espolvorea la tartera con un poco de perejil picado, introduce las alcachofas y remuévelas suavemente. Tapa la tartera y baja el fuego al mínimo para mantener las alcachofas y las almejas calientes.

Salpimienta los lomos de merluza, riégalos con un poco de aceite y cocínalos a la plancha durante 3-4 minutos por cada lado.

Reparte las alcachofas con almejas en 4 platos y coloca un lomo de merluza en cada uno. Decóralos con unas hojas de perejil.

MERLUZA AL HORNO CON PATATAS Y CRUJIENTE DE PISTACHOS

INGREDIENTES (4 P.)

- 5 filetes de cola de merluza con piel
- 3 patatas
- 2 cebolletas
- 2 pimientos verdes
- 60 ml de vino blanco
- 1 huevo
- 1 diente de ajo
- 50 g de pistachos pelados
- 30 g de pan rallado
- aceite de oliva virgen extra
- perejil
- pimienta
- sal

ELABORACIÓN

Calienta abundante aceite en una sartén. Pela las patatas, córtalas en rodajas de ½ centímetro, introdúcelas en la sartén, sazónalas y fríelas durante 10-12 minutos. Retira el tallo y las semillas de los pimientos y córtalos en juliana fina. Corta las cebolletas de la misma manera. Introduce los pimientos y las cebolletas en la sartén, sazona y fríe todo junto durante 10-12 minutos más.

Pela el diente de ajo y ponlo en el mortero. Añade los pistachos y maja todo bien. Casca un huevo, ponlo en un bol y bátelo bien. Incorpora el majado de ajo y pistachos, el pan rallado y el vino al bol y mezcla bien. Vierte una cucharada de aceite y remueve.

Extiende las patatas panadera sobre una bandeja de horno.

Corta los filetes de merluza por la mitad, salpimiéntalos y cúbrelos por la parte interior (la que no tiene piel) con un poco de la mezcla de pistachos. Pon los trozos de pescado sobre las patatas (dejando la parte de la piel en contacto con las patatas) y hornéalos a 230-235 ºC durante 6 minutos.

Sirve y decora los platos con unas hojas de perejil.

CONSEJO

Si te apetece experimentar, prueba a ir cambiando los frutos secos del crujiente hasta dar con el que más te guste.

MERLUZA EN SALSA VERDE CON HUEVO ESCALFADO

INGREDIENTES (4 P.)

4 lomos de merluza
4 huevos
1 cebolleta
2 dientes de ajo
50 ml de vino blanco
300 ml de caldo de pescado
1 cucharada de harina
aceite de oliva virgen extra
perejil
sal

CONSEJO

En esta receta has preparado una salsa verde básica, pero también queda muy bien si la acompañas con almejas, espárragos, guisantes o huevo duro.

ELABORACIÓN

Calienta una sartén grande con 4 cucharadas de aceite. Pela los ajos, pícalos finamente e introdúcelos en la sartén. Corta la cebolleta en daditos y agrégala. Sazona y rehoga las verduras a fuego suave durante 4-5 minutos.

Agrega una cucharada de harina y rehógala un poco. Vierte el vino y dale un hervor. Agrega el caldo, poco a poco, y sigue removiendo los ingredientes hasta que consigas una salsa homogénea. Añade un poco de perejil picado, mezcla bien y cocina durante 3-4 minutos.

Sazona los lomos de merluza, introdúcelos en la sartén y cocínalos durante dos minutos y medio por cada lado.

Calienta abundante agua en una tartera (cazuela amplia y baja). Cuando empiece a hervir, baja el fuego un poco, casca los huevos, introdúcelos en la tartera y escálfalos durante 3-4 minutos. Retíralos, ponlos en una fuente, sazónalos y resérvalos.

Sirve 1 lomo de merluza en cada plato. Espolvorea la salsa con otro poco de perejil picado, remuévela y salsea las raciones de pescado. Sirve un huevo en cada plato y adórnalos con unas hojas de perejil.

PESCADILLA CON VERDURAS Y MAYONESA DE PIMENTÓN

INGREDIENTES (4 P.)

1 pescadilla de 1.500 g

1 cebolla roja

2 zanahorias

2 patatas

1 huevo

aceite de oliva virgen extra

200 ml de aceite de oliva suave

1 cucharada de vinagre

1 cucharadita de pimentón

perejil

sal

CONSEJO

Puedes sustituir la pescadilla por cualquier otro pescado que sea de tu agrado. A mí me gusta mucho cómo queda con bacalao fresco.

ELABORACIÓN

Calienta 4-6 cucharadas de aceite de oliva virgen extra en una sartén grande. Pela la cebolla, córtala en juliana fina e introdúcela en la sartén. Pela las zanahorias, córtalas de la misma manera y agrégalas. Pela las patatas, córtalas en bastones finos y añádelas. Sazona, tapa y cocina las hortalizas a fuego suave-medio durante 15-20 minutos. Espolvoréalas con un poco de perejil.

Calienta abundante agua en una cazuela. Añade 2 ramas de perejil y una pizca de sal. Corta la cabeza de la pescadilla e introdúcela en la cazuela. Retira la espina central de la pescadilla y añádela. Cuece los ingredientes a fuego medio durante 15 minutos. Cuela el caldo, pásalo a una tartera (cazuela amplia y baja) y ponlo a calentar.

Limpia el resto de la pescadilla y córtala en trozos. Sazónalos, introdúcelos en la tartera y cuécelos durante 2 minutos.

Para hacer la mayonesa, introduce el huevo, el vinagre, el pimentón, una pizca de sal y el aceite de oliva suave en un vaso batidor. Tritura los ingredientes con una batidora eléctrica hasta que emulsionen y obtengas una mayonesa espesa.

Reparte las hortalizas en 4 platos. Coloca encima unos trocitos de pescado y pon una cucharadita de mayonesa de pimentón sobre cada uno. Decora los platos con unas hojas de perejil.

PULPO A LA PLANCHA CON ARROZ NEGRO

INGREDIENTES (4 P.)

- 4 patas de pulpo cocidas
- 200 g de arroz de grano redondo
- 2 cebolletas
- 2 dientes de ajo
- 1-2 cucharadas de tinta de calamar
- 600 ml de caldo de pescado
- 50 g de brotes tiernos de rabanito
- aceite de oliva virgen extra
- perejil
- sal

ELABORACIÓN

Calienta 3 cucharadas de aceite en una tartera (cazuela amplia y baja). Pela los dientes de ajo, pícalos finamente e introdúcelos en la tartera. Corta las cebolletas en daditos y añádelas. Sazona y cocina las hortalizas a fuego suave durante 6-8 minutos. Agrega el arroz y rehógalo brevemente. Añade la tinta y el caldo de pescado (el triple que de arroz), sazónalo y cocínalo a fuego medio durante 18 minutos. Apaga el fuego, tápalo con un paño limpio y deja que repose durante 3-4 minutos.

Calienta la plancha con 2 cucharadas de aceite, añade las patas de pulpo y cocínalas durante 2 minutos por cada lado.

Sirve en cada plato 1 pata de pulpo, 1 porción de arroz y unos brotes de rabanito. Decóralos con unas hojas de perejil.

CONSEJO

La tinta de calamar es de un tono azul negruzco, mientras que la de sepia tiene un tono más marrón. La que sueles encontrar en el mercado, por lo general, es de sepia.

SALMÓN CON PATATAS AL AJO Y LIMÓN

INGREDIENTES (4 P.)

600 g de salmón fresco (cortado en 6 filetes)

12 patatas pequeñas

6 dientes de ajo

1 limón

aceite de oliva virgen extra

2 ramas de tomillo

perejil

pimienta

sal

ELABORACIÓN

Calienta abundante agua en una cazuela, introduce las patatas (con piel), sazónalas y cuécelas durante 15-20 minutos. Escúrrelas y resérvalas.

Calienta 3-4 cucharadas de aceite en una sartén grande. Introduce los ajos (con piel) y rehógalos durante 1-2 minutos. Corta las patatas por la mitad, añádelas a la sartén, sazónalas y rehógalas a fuego fuerte durante 4-5 minutos. Exprime el limón, vierte el zumo a la sartén y sigue cocinando las patatas hasta que el zumo se evapore. Pica el tomillo finamente, espolvorea las patatas y saltéalas brevemente.

Calienta una plancha con 1 cucharada de aceite. Corta las supremas de salmón por la mitad, salpimiéntalas, colócalas sobre la plancha y cocínalas durante 1-2 minutos por cada lado.

Reparte el salmón, las patatas y los ajos en 4 platos y decóralos con unas hojas de perejil.

CONSEJO

Recuerda que el limón es un gran potenciador de sabor, así que no dudes en utilizarlo en tus platos.

RAPE ASADO CON PATATAS PANADERAS

INGREDIENTES (4 P.)

2 rapes
4 patatas
1 cebolla
1 pimiento verde
4 dientes de ajo
50 ml de vino blanco
100 ml de caldo de pescado
aceite de oliva virgen extra
2 cucharadas de vinagre
½ guindilla
perejil
sal

ELABORACIÓN

Calienta una sartén grande con 10-12 cucharadas de aceite. Pela la cebolla, córtala en juliana gruesa e introdúcela en la sartén. Retira el tallo y las semillas del pimiento, córtalo en dados y agrégalo a la sartén. Cocina las hortalizas a fuego medio durante 5 minutos. Pela las patatas, córtalas en rodajas de medio centímetro de grosor y añádelas. Fríelas a fuego medio durante 12-15 minutos.

Escurre las patatas, extiéndelas sobre una bandeja de horno y sazónalas.

Corta los rapes por la mitad a lo largo, retírales la espina central, sazónalos y colócalos sobre las patatas. Riégalos con 2 cucharadas del aceite resultante de freír las patatas, el vino y el caldo, y hornéalos a 240 ºC durante 7-8 minutos. Apaga el horno y retira el pescado. Riégalo con el vinagre y espolvoréalo con un poco de perejil picado.

Calienta en una sartén 6 cucharadas del aceite resultante de freír las patatas. Pela los dientes de ajo, lamínalos e introdúcelos en la sartén. Corta la guindilla en rodajas y agrégala. Rehoga los ajos y la guindilla hasta que se doren.

Riega el pescado y las patatas con el refrito y sirve.

Pasa los líquidos de la bandeja del horno a una sartén, dales un hervor fuerte, agrega un poco de perejil picado, mezcla bien y salsea los platos. Decóralos con unas hojas de perejil.

CONSEJO

Es rape es un pescado ideal para todo el mundo, especialmente para quien sigue una dieta hipocalórica. Además, como no tiene espinas, es perfecto para que los más pequeños empiecen a comer pescado.

RAPE EN SALSA DE PIMIENTOS ROJOS

INGREDIENTES (4 P.)

700 g de rape limpio
2 pimientos morrones rojos
1 cebolla
5 dientes de ajo
aceite de oliva virgen extra
perejil
pimienta
sal

ELABORACIÓN

Corta los pimientos por la parte superior, retirándoles los tallos y las semillas. Colócalos sobre una bandeja de horno, riégalos con un poco de aceite y sazónalos. Hornéalos a 190 ºC durante 35-40 minutos. Pélalos, trocéalos y ponlos en una jarra grande.

Calienta una sartén con 2 cucharadas de aceite. Pela la cebolla, córtala en dados e introdúcela en la sartén. Sazónala y rehógala a fuego medio durante 8-10 minutos.

Calienta otra sartén con 4 cucharadas de aceite. Pela los dientes de ajo, introdúcelos (enteros) en la sartén y confítalos a fuego suave durante 6-8 minutos.

Añade la cebolla, los ajos y un poco del líquido resultante de asar los pimientos a la jarra donde están los pimientos. Tritura los ingredientes con una batidora eléctrica hasta que consigas una salsa homogénea. Pásala a la sartén donde has rehogado la cebolla y ponla a calentar.

Calienta también la sartén donde has confitado los ajos. Corta el rape en 16 filetes, salpimiéntalos, introdúcelos (en tandas) en la sartén donde antes había los ajos y cocínalos durante 1 minuto por cada lado. Pásalos a una fuente y resérvalos. Vierte el líquido que haya soltado el pescado en la sartén con la salsa de pimientos y mezcla bien.

Sirve la salsa de pimientos en el fondo de los platos y reparte encima los filetes de rape. Espolvorea los platos con un poco de perejil picado y decóralos con unas hojas de perejil.

RODABALLO CON ALMEJAS Y EMULSIÓN DE AJO

INGREDIENTES (4 P.)

1 rodaballo grande
40 almejas
6 dientes de ajo
1 cebolleta
1 puerro
aceite de oliva virgen extra
10 hojas de cebollino
perejil
pimienta
sal

ELABORACIÓN

Calienta agua en un cazo grande. Limpia el puerro, córtalo en 4 y agrégalo. Corta la cebolleta en 4 y añádela. Corta la cabeza y la cola del rodaballo e introdúcelas en el cazo. Saca los filetes del rodaballo y resérvalos. Agrega la espina central al cazo, sazona y cuece todo a fuego suave durante 20 minutos. Retira la cebolleta y el puerro y resérvalos. Cuela el caldo y resérvalo.

Pela los dientes de ajo y ponlos en un cazo. Vierte 100 ml de aceite y confítalos a fuego suave (es importante que el aceite no hierva) durante 25-30 minutos. Pasa la mezcla a un vaso batidor, agrega el puerro y la cebolla cocidos y tritura todo bien. Vierte el caldo de pescado (200 ml), poco a poco, y sigue triturando los ingredientes hasta que emulsionen.

Riega una bandeja de horno con 2 cucharadas de aceite. Salpimienta los filetes de rodaballo, extiéndelos en la bandeja, riégalos con 2 cucharadas de aceite y hornéalos a 230 ºC durante 5-6 minutos.

Calienta una sartén, introduce las almejas, tápalas y cocínalas a fuego fuerte hasta que se abran.

Corta el cebollino finamente y resérvalo.

Sirve 1 filete de rodaballo en cada plato, salséalo con la emulsión de ajo y espolvoréalo con un poco de cebollino picado. Reparte las almejas en los 4 platos y decóralos con unas hojas de perejil.

CONSEJO

El rodaballo es un pescado semigraso, de bajo aporte calórico y muy digestivo. Estas propiedades las comparten tanto los ejemplares salvajes como los de acuicultura.

SALMÓN EN SALSA DE LIMÓN CON ESPÁRRAGOS VERDES

INGREDIENTES (4 P.)

4 lomos de salmón fresco (600 g)

20 espárragos verdes

4 chalotas

1 diente de ajo

2 limones

200 ml de caldo de pescado

200 ml de nata líquida

aceite de oliva virgen extra

2-3 ramas de eneldo fresco

perejil

pimienta

sal

CONSEJO

Si prefieres que el sabor de la salsa no sea demasiado intenso, puedes sustituir el caldo de pescado por uno de verduras.

ELABORACIÓN

Calienta agua con una pizca de sal en una cazuela grande. Cuando empiece a hervir, introduce los espárragos, sazónalos, tápalos y cuécelos durante 10-15 minutos. Retíralos, pásalos a una fuente y resérvalos.

Calienta una tartera (cazuela amplia y baja) con 2 cucharadas de aceite. Salpimienta los lomos de salmón e introdúcelos (primero por la parte que no tiene piel) en la tartera. Cocínalos durante 1 minuto, dales la vuelta y cocínalos durante otro minuto. Retíralos a una fuente y resérvalos.

Vierte 2 cucharadas de aceite en la tartera. Pela el diente de ajo, córtalo en daditos e introdúcelo en la tartera. Pela las chalotas, córtalas en daditos e incorpóralas. Sazona y rehoga las hortalizas a fuego suave durante 5 minutos. Vierte la nata líquida y el caldo y deja que reduzca durante 10-15 minutos a fuego suave-medio.

Lava los limones. Ralla uno y corta el otro en rodajas finas y agrégalos a la salsa. Pica 2 ramas de eneldo finamente e incorpóralas. Introduce los lomos de salmón, tapa la tartera y cocina el pescado durante 2 minutos.

Sirve un lomo de salmón, 5 espárragos y un poco de salsa de limón en cada plato. Decóralos con unas hojas de eneldo y unas hojas de perejil.

SALPICÓN DE PULPO CON POCHAS

INGREDIENTES (4 P.)

- 400 g de pochas
- 600-700 g de patas de pulpo cocidas
- 1 zanahoria
- 1 ½ pimiento verde
- 2 cebolletas
- ¼ de pimiento rojo
- 3 cucharadas de vinagre de Jerez
- aceite de oliva virgen extra
- 20 hojas de cebollino
- 1 cucharadita de pimentón (dulce o picante)
- perejil
- sal

ELABORACIÓN

Calienta 3 dedos de agua en la olla rápida e introduce las pochas. Retira la primera capa de 1 cebolleta y añádela. Retira el tallo y las semillas de 1 pimiento verde, córtalo en 3 y agrégalo a la olla. Pela la zanahoria, córtala en 3 e incorpórala. Sazona, cierra la olla y cuece las pochas durante 6-7 minutos. Retira las verduras, escurre las pochas y deja que se enfríen.

Pela el pimiento rojo, córtalo en daditos e introdúcelo en un bol grande. Corta el medio pimiento verde y la otra cebolleta de la misma manera y agrégalos al bol. Pica las hojas de cebollino finamente e incorpóralas. Vierte el vinagre y 150 ml de aceite, sazona y mezcla bien.

Introduce las pochas en el bol y remueve los ingredientes suavemente procurando que las pochas no se rompan.

Corta los tentáculos de pulpo en trocitos de 2-3 centímetros.

Sirve las pochas en la base de 4 platos, distribuye encima los trozos de pulpo y espolvoréalos con un poco de pimentón. Decora con unas hojas de perejil.

CONSEJO

Si es temporada de pochas, lo mejor es preparar la receta con pochas frescas. Aun así, las pochas congeladas también dan muy buen resultado. Y si no las encuentras, puedes usar alubias blancas como alternativa.

ALBÓNDIGAS DE BONITO EN SALSA VERDE

INGREDIENTES (4 P.)

1 kg de bonito fresco
6 tomates deshidratados en aceite
2 patatas
4 dientes de ajo
1 huevo
2 cucharadas de pan rallado
harina
50 ml de vino blanco
400 ml de caldo de pescado
aceite de oliva virgen extra
perejil
pimienta
sal

ELABORACIÓN

Retira la piel del bonito, saca los lomos, quítales la parte oscura (el sangacho), pícalos finamente (puedes utilizar la picadora) y pon la carne en un bol grande. Corta los tomates en daditos y agrégalos al bol. Pela 2 dientes de ajo, pícalos finamente e incorpóralos. Añade también el pan rallado, sal y pimienta (al gusto), 1 cucharadita de perejil picado y el huevo. Amasa los ingredientes hasta que se integren bien y deja que la masa repose durante 15-20 minutos.

Coge pequeñas porciones de masa, redondéalas, forma las albóndigas y pásalas por harina. Calienta abundante aceite en una sartén. Introduce (en tandas) las albóndigas en la sartén, fríelas hasta que se doren y resérvalas.

Calienta una tartera (cazuela amplia y baja) con 4 cucharadas de aceite. Pela los otros 2 dientes de ajo, córtalos en láminas, introdúcelos en la tartera y rehógalos brevemente (sin que cojan color). Agrega 1 cucharada de harina y rehógala bien. Vierte el vino y dale un hervor. Incorpora el caldo, sin dejar de remover hasta que se integre, y cocina la salsa durante 5 minutos a fuego suave-medio. Espolvorea la tartera con una cucharada de perejil, introduce las albóndigas y cocínalas en la salsa durante 3 minutos.

Calienta abundante aceite en una sartén. Pela las patatas, córtalas en dados e introdúcelas en la sartén. Fríelas hasta que se hagan por dentro y se doren por fuera. Escúrrelas sobre una fuente cubierta con papel absorbente, sazónalas, espolvoréalas con un poco de perejil picado e introdúcelas en la tartera donde están las albóndigas.

Reparte las albóndigas y las patatas en 4 platos y decóralos con unas hojas de perejil.

CONSEJO

Las albóndigas de pescado son perfectas para que los niños, o las personas a las que les da un poco de pereza comer pescado, se animen a consumirlo.

BACALAO REBOZADO AL ESTRAGÓN CON VERDURAS SALTEADAS

INGREDIENTES (4 P.)

800 g de bacalao fresco (limpio)

3 zanahorias

1 pimiento rojo

1 calabacín

harina y huevo (para rebozar)

aceite de oliva virgen extra

perejil

1 cucharada de estragón

sal

ELABORACIÓN

Calienta 3 cucharadas de aceite en un wok. Pela las zanahorias y córtalas en bastones finos de unos 3-4 centímetros de largo, introdúcelas en el wok y rehógalas a fuego medio durante 4-5 minutos. Pela el pimiento rojo, córtalo en dados, agrégalo al wok y cocínalo a fuego medio durante 3-4 minutos. Lava el calabacín y córtalo en dados, incorpóralo, sazona y cocina todo junto durante 4-5 minutos más.

Calienta una sartén con abundante aceite. Bate los huevos, añade el estragón y mezcla bien. Corta el bacalao en trocitos y sazónalos. Pasa los trozos de pescado por la harina (retírales el exceso) y por los huevos batidos con estragón. Introdúcelos (en tandas) en la sartén y fríelos brevemente por los dos lados. Retíralos y escúrrelos sobre un plato cubierto con papel absorbente.

Sirve las verduras en el fondo de 4 platos, coloca encima 3-4 trozos de bacalao y decóralos con unas hojas de perejil.

CONSEJO

El estragón aporta notas dulces y anisadas. Suele ser más fácil encontrarlo seco, pero si encuentras estragón fresco, no dudes en usarlo.

BONITO CON PATATAS, CEBOLLA Y GUINDILLAS

INGREDIENTES (4 P.)

750 g de bonito

3 patatas

2 cebollas blancas grandes (dulces)

12 guindillas en vinagre

aceite de oliva virgen extra

perejil

sal

CONSEJO

Es importante cocinar muy bien la cebolla. Si no se cocina del todo, el azúcar que contiene se disuelve en el agua que suelta y obtienes una especie de cebolla en almíbar, sin ningún tipo de color.

ELABORACIÓN

Calienta un wok con 4 cucharadas de aceite. Corta las cebollas en juliana fina e introdúcelas en la sartén. Sazónalas y rehógalas a fuego suave-medio durante 30-35 minutos hasta que queden caramelizadas.

Calienta una sartén grande con 150-200 ml de aceite. Pela las patatas, córtalas en rodajas finas de ½ centímetro, agrégalas a la sartén y fríelas hasta que estén hechas (15-20 minutos). Escúrrelas, retíralas a un plato, sazónalas y resérvalas.

Retira el aceite de la sartén a un bol y resérvalo para otra ocasión. Pon a calentar 1-2 cucharadas de aceite en la misma sartén donde has frito las patatas. Retira la piel del bonito, saca los lomos y córtalos en 2 (te tienen que quedar 8 medallones). Sazona los trozos de pescado, introdúcelos en la sartén y cocínalos a tu gusto.

Corta las guindillas en trozos de 1-2 centímetros y ponlas en un bol. Sazónalas, riégalas con 2 cucharadas de aceite y mezcla bien.

Sirve las patatas en la base de 4 platos y coloca encima 2 medallones de bonito y una buena porción de cebolla. Reparte las guindillas y decora con unas hojas de perejil.

GUISO MARINERO *CIM I TOMBA*

INGREDIENTES (4 P.)

800 g de rape limpio
3 patatas
3 cebollas
2 dientes de ajo
100 ml de vino rancio
harina
aceite de oliva virgen extra
perejil
½ cucharadita de pimentón picante
½ cucharadita de pimentón dulce
pimienta
sal

Para el fumet:

1 cabeza de rape
1 puerro
1 zanahoria
3 dientes de ajo
1.500 ml de agua
aceite de oliva virgen extra
sal

ELABORACIÓN

Para preparar el fumet, calienta 2 cucharadas de aceite en una cazuela. Aplasta los 3 dientes de ajo (con piel) e introdúcelos en la cazuela. Pela la zanahoria y limpia el puerro (retirándole la parte inferior, la superior y 2 capas de hojas), córtalos en rodajas e introdúcelos en la cazuela. Añade también la cabeza de rape y rehoga todo bien. Cubre con 1.500 ml de agua, sazona y cuece los ingredientes durante 25 minutos. Cuela el caldo y resérvalo.

Calienta 3-4 cucharadas de aceite en una tartera (cazuela amplia y baja). Corta el pescado en 4 trozos, salpimiéntalos, pásalos por harina, introdúcelos en la tartera y fríelos hasta que se doren por fuera. Retíralos a una fuente y resérvalos.

Pela las cebollas, córtalas en juliana fina e introdúcelas en la tartera. Añade 1 diente de ajo (con piel) y cocina las hortalizas a fuego suave-medio durante 50-60 minutos. Añade el pimentón dulce y el picante y el vino rancio, y dale un hervor. Pela las patatas, trocéalas (cascándolas) e introdúcelas en la tartera. Vierte 1.200 ml de agua y guisa las patatas durante 18-20 minutos. Introduce los trozos de rape en la tartera y cocínalo durante 3-4 minutos.

Pela 1 diente de ajo y ponlo en un mortero, añade una pizca de sal y májalo bien. Vierte, poco a poco, 30-40 ml de aceite y sigue removiendo la mezcla hasta que ligue. Incorpórala a la tartera y remueve la cazuela durante 2 minutos para que el guiso quede bien *atado*.

Reparte el guiso en 4 platos y decóralos con unas hojas de perejil.

CONSEJO

Puedes sustituir el rape por raya o rodaballo.

CARRILLERAS DE BACALAO AL PILPIL CON PIMIENTOS ASADOS

INGREDIENTES (4 P.)

21 carrilleras de bacalao desaladas

3 pimientos morrones rojos

9 dientes de ajo

aceite de oliva virgen extra

perejil

½ guindilla

sal

CONSEJO

Las carrilleras de bacalao son tiernas y muy jugosas. Antes de cocinarlas es recomendable retirarles la telilla que las recubre.

ELABORACIÓN

Lava los pimientos, colócalos en un recipiente apto para el horno, riégalos con un chorrito de aceite y sazónalos. Ásalos a 180 ºC durante 45 minutos. Retíralos, deja que se templen, pélalos, córtalos en tiras y resérvalos.

Calienta abundante aceite (175-200 ml) en una tartera (cazuela amplia y baja). Pela 8 dientes de ajo, introdúcelos enteros en la tartera y dóralos a fuego medio (hay que tener cuidado de que no se quemen). Corta la guindilla en rodajas, añádelas y rehógalas brevemente. Retira los ajos y los trozos de guindilla a un plato y resérvalos.

Introduce las carrilleras en la tartera y cocínalas a fuego medio durante 4-5 minutos. Retira las carrilleras a una fuente y deja que el aceite se temple. Pon 1 carrillera en una jarra, vierte encima el aceite de la tartera y tritura los ingredientes hasta que ligue. Pasa el pilpil a la tartera, introduce las carrilleras y caliéntalas a fuego suave.

Calienta una sartén con 2-3 cucharadas de aceite, pela 1 diente de ajo, córtalo en daditos, agrégalo y rehógalo brevemente. Introduce los pimientos, sazónalos y cocínalos a fuego medio durante 4-5 minutos.

Reparte los pimientos en 4 platos, coloca encima las carrilleras de bacalao (5 por plato) y decóralos con los ajos fritos, las rodajas de guindilla y unas hojas de perejil.

CHICHARRO ASADO CON MIGAS

INGREDIENTES (4 P.)

2 chicharros grandes

½ barra de pan de víspera

4 dientes de ajo

50 ml de *txakoli*

aceite de oliva virgen extra

perejil

1 cucharadita de pimentón

pimienta

sal

CONSEJO

El chicharro o jurel es un auténtico tesoro que nos brinda el mar. Es un pescado azul extraordinario y, junto con el salmón y las sardinas, uno de los más ricos en ácidos grasos omega 3.

ELABORACIÓN

Corta el pan en rebanadas finas, extiéndelas sobre una bandeja de horno y hornéalas a 200 ºC hasta que se doren bien por los dos lados. Retíralas del horno, deja que se templen, trocéalas en migas y ponlas en un bol.

Corta las cabezas, las ijadas y las colas de los chicharros y sácales los lomos, retirándoles la espina central. Resérvalos.

Vierte un poco de aceite en una bandeja de horno. Salpimienta los lomos de los chicharros y extiéndelos dejando la parte de la piel en contacto con la bandeja. Riégalos con un chorrito de aceite y el *txakoli*, y hornéalos a 220 ºC durante 8 minutos.

Calienta 5 cucharadas de aceite en una sartén. Pela los dientes de ajo, córtalos en láminas e introdúcelos en la sartén. Cuando empiecen a dorarse, añade las migas de pan, saltéalas brevemente, espolvoréalas con el pimentón y cocínalas durante 2-3 minutos.

Sirve un lomo de chicharro en cada plato, acompáñalos con una porción de migas y decóralo con unas hojas de perejil.

BACALAO CON GUISANTES Y ALCACHOFAS

INGREDIENTES (4 P.)

4 lomos de bacalao desalado

300 g de guisantes (desgranados)

6 alcachofas

1 cebolleta

2 dientes de ajo

2 huevos

125 ml de salsa de tomate

125 ml de vino blanco

harina

aceite de oliva virgen extra

1 cucharada de pimentón

perejil

sal

ELABORACIÓN

Calienta agua en una cazuela. Cuando empiece a hervir, introduce los huevos y cuécelos durante 10 minutos. Retíralos, refréscalos, pélalos y resérvalos.

Calienta agua en otra cazuela. Introduce los guisantes, sazónalos, tapa la cazuela y cuécelos durante 10 minutos. Reserva los guisantes y el agua de la cocción por separado.

Calienta otra cazuela con agua y sazónala. Pela las alcachofas, córtales la punta e introdúcelas en la cazuela. Tápala y cuece las alcachofas durante 18-20 minutos. Retira las alcachofas, colócalas boca abajo sobre un plato cubierto con papel absorbente, deja que escurran bien y resérvalas.

Calienta 4 cucharadas de aceite en una tartera (cazuela amplia y baja). Corta los lomos de bacalao por la mitad, enharínalos e introdúcelos en la tartera. Dóralos brevemente por los dos lados, retíralos a una fuente y resérvalos.

Pela los dientes de ajo y córtalos en daditos. Corta la cebolleta de la misma manera. Introduce las hortalizas en la tartera y rehógalas a fuego suave durante 6-8 minutos. Agrega el pimentón, la salsa de tomate, el vino, 125 ml del agua resultante de cocer los guisantes, los guisantes y los trozos de bacalao (con el líquido que hayan soltado). Cocina todo junto durante 4-5 minutos.

Corta las alcachofas y los huevos por la mitad.

Reparte los guisantes y el bacalao en 4 platos. Coloca, en cada uno, medio huevo y 3 medias alcachofas. Decora con unas hojas de perejil.

CONSEJO

Puedes utilizar pimentón dulce o picante, lo dejo a tu gusto.

MARMITAKO DE RAPE

INGREDIENTES (4 P.)

1 rape de 1,5 kg
4 patatas
1 puerro
1 cebolleta
2 dientes de ajo
1 pimiento verde
½ pimiento rojo
1 tomate
1 pimiento choricero
aceite de oliva virgen extra
perejil
sal

ELABORACIÓN

Retira el tallo y las semillas del pimiento choricero. Ponlo en un bol, cúbrelo con agua caliente y déjalo a remojo durante 30 minutos como mínimo.

Calienta una cazuela grande con 1.500 ml de agua. Corta la cabeza del rape e introdúcela en la cazuela. Saca los lomos de la cola, resérvalos, e introduce el hueso de la cola en la cazuela.

Limpia el puerro (retirándole la parte inferior, la superior y 2-3 capas de hojas), trocéalo e introdúcelo en la cazuela. Agrega un manojo de perejil, sazona, tapa y cuece todo durante 20 minutos. Cuela el caldo y resérvalo. Saca las carrilleras de la cabeza del rape, trocéalas y resérvalas.

Calienta 3-4 cucharadas de aceite en la misma cazuela. Pela los dientes de ajo, córtalos en dados e introdúcelos en la cazuela. Corta la cebolleta en daditos y agrégala. Retira el tallo y las semillas del pimiento verde, córtalo de la misma manera y añádelo. Pela el pimiento rojo, córtalo en daditos e incorpóralo. Sazona y rehoga las hortalizas a fuego medio durante 15 minutos.

Corta el tomate por la mitad, rállalo, añádelo a la cazuela y cocínalo durante 5 minutos. Retira la carne del pimiento choricero con una puntilla, pícala bien e introdúcela en la cazuela.

Pela las patatas, trocéalas (cascándolas) y añádelas a la cazuela. Cubre las patatas con el caldo, pon a punto de sal y cocínalas durante 30-35 minutos.

Corta el rape en trozos de bocado, sazónalos e introdúcelos en la cazuela. Cocina el pescado durante 2 minutos y apaga el fuego. Agrega las carrilleras troceadas y una cucharadita de perejil picado, y mezcla bien.

Sirve y decora los platos con unas hojas de perejil.

CONSEJO

Si quieres que el marmitako quede más cremoso, una vez que las patatas ya estén cocidas déjalas cocer durante 30 minutos más.

CALAMARES RELLENOS MAR Y MONTAÑA

INGREDIENTES (4 P.)

4 calamares de ración (limpios)

250 g de carne picada de ternera

24 gambas peladas

1 cebolla

3 dientes de ajo

1 huevo

2 cucharadas de pan rallado

2 cucharadas de vinagre

aceite de oliva virgen extra

1 cucharada de pimentón

1 cucharadita de orégano

perejil

pimienta

sal

ELABORACIÓN

Pon la carne picada en un bol grande. Reserva 6 gambas (para la salsa), pica el resto en trocitos de 1 centímetro e incorpóralas al bol. Corta las aletas y los tentáculos de los calamares en dados y añádelos al bol. Pela 2 dientes de ajo, pícalos finamente y agrégalos. Pela la cebolla, córtala en daditos y añádela. Incorpora el huevo, el pan rallado, sal y pimienta (al gusto), y mezcla todo bien.

Rellena los calamares con la mezcla. Para que el relleno no se salga, sella las aberturas atravesándolas con un palillo.

Coloca los calamares en una tartera (cazuela amplia y baja) y riégalos con un chorrito de aceite (2-3 cucharadas). Añade la parte sobrante del relleno, las gambas reservadas anteriormente, el otro diente de ajo (finamente picado), el vinagre, el pimentón, el orégano y una pizca de sal. Cúbrelos con agua (600 ml) y remueve la tartera para que los ingredientes se distribuyan bien. Tapa la tartera y cocina los calamares a fuego medio durante 35-40 minutos.

Retira los calamares a un plato y resérvalos. Pasa los ingredientes a un vaso batidor y tritúralos hasta que consigas una salsa homogénea.

Reparte la salsa en el fondo de los platos. Corta los calamares en rodajas de 2-3 centímetros, sirve uno en cada plato y decóralos con unas hojas de perejil.

CONSEJO

Cuando vayas a preparar calamares, es muy importante limpiarlos bien. Si no lo haces, podrían quedar restos de arena, y eso arruinaría el resultado.

ROPA VIEJA DE PULPO

INGREDIENTES (4 P.)

- 4 patas de pulpo cocido
- 400 g de garbanzos cocidos
- 3 patatas
- 1 cebolla
- 1 pimiento verde
- 1 pimiento rojo
- 1 zanahoria
- 2 tomates
- 2 dientes de ajo
- 75 ml de vino blanco
- aceite de oliva virgen extra
- 1 cucharadita de orégano
- 1 cucharadita de tomillo
- 1 cucharada de pimentón
- 1 hoja de laurel
- perejil
- sal

ELABORACIÓN

Calienta una tartera con 3-4 cucharadas de aceite. Pela los dientes de ajo, córtalos en daditos e introdúcelos en la tartera. Pela la cebolla, córtala en dados y añádela. Pela el pimiento rojo, córtalo de la misma manera e incorpóralo. Retira el tallo y las semillas del pimiento verde, córtalo en dados y agrégalo. Pela la zanahoria, córtala en cuartos de luna finos y añádela. Sazona y rehoga las hortalizas a fuego medio durante 20 minutos. Agrega el pimentón. Ralla los tomates e incorpóralos a la tartera. Añade el vino blanco, la hoja de laurel, el tomillo y el orégano. Mezcla bien y cocina todo durante 8-10 minutos.

Calienta una sartén con abundante aceite. Pela las patatas, córtalas en dados, introdúcelas en la sartén y fríelas hasta que estén hechas y se doren un poco. Escúrrelas y ponlas en un bol grande. Añade la fritada de hortalizas al bol.

Introduce los garbanzos en la tartera. Corta el pulpo en rodajas e incorpóralas. Cocina los ingredientes durante 3-4 minutos y pásalos al bol. Espolvorea todo con un poco de perejil picado, mezcla bien y sirve. Decora los platos con unas hojas de perejil.

SALMÓN AL PAPILLOTE

INGREDIENTES (4 P.)

4 rodajas de salmón fresco
3 patatas
1 cebolleta
2 pimientos verdes
1 limón
4 cucharaditas de vino blanco
aceite de oliva virgen extra
perejil
pimienta
sal

ELABORACIÓN

Calienta una sartén grande con abundante aceite. Pela las patatas, córtalas en rodajas de medio centímetro e introdúcelas en la sartén. Corta la cebolleta en juliana y añádela. Retira el tallo y las semillas de los pimientos, córtalos de la misma manera e incorpóralos. Sazona y fríe las hortalizas a fuego medio durante 20 minutos. Escúrrelas bien y resérvalas.

Corta 4 trozos grandes de papel de aluminio y pon una porción de hortalizas en el centro de cada uno. Salpimienta las rodajas de salmón y colócalas sobre las hortalizas. Viérteles 1 cucharadita de vino y rállales encima un poco de piel de limón. Cierra el papel de aluminio sobre las hortalizas y el pescado formando 4 paquetes herméticamente cerrados.

Coloca los paquetes sobre 2 bandejas de horno y hornéalos a 220 ºC durante 8 minutos (hasta que se hinchen).

Retira los paquetes del horno, ábrelos con cuidado y sirve. Decora los platos con unas hojas de perejil.

CONSEJO

El papillote es una de las técnicas de cocina más agradecidas que puedes aplicar en tu día a día. Es sencilla, rápida y muy saludable. No requiere ningún equipamiento especial y permite preparar platos muy variados llenos de sabor.

SALMONETES RELLENOS DE PUERRO

INGREDIENTES (4 P.)

4 salmonetes (grandes)
3 puerros
100 ml de vino blanco
1 diente de ajo
1 cucharada de harina
aceite de oliva virgen extra
perejil
pimienta
sal

ELABORACIÓN

Limpia los puerros (retirándoles la parte inferior, la superior y 2-3 capas de hojas) y córtalos en rodajas de 1 centímetro. Calienta 2 cucharadas de aceite en una sartén, introduce los puerros, sazónalos y rehógalos a fuego suave-medio durante 10 minutos.

Calienta 1 litro de agua en una cazuela. Retira las cabezas y las colas de los salmonetes e introdúcelos en la cazuela. Saca los lomos, retirándoles la espina central, y resérvalos. Introduce las espinas centrales en la cazuela, sazona y cuece todo a fuego suave durante 20 minutos.

Cubre una bandeja con papel de horno. Salpimienta los lomos de los salmonetes y extiende 4 sobre una bandeja de horno (dejando la parte de la piel en contacto con la bandeja). Reparte los puerros sobre los 4 lomos, rocíalos con un poco de aceite y cúbrelos con los otros 4 lomos. Rocíalos con un chorrito de aceite y con la mitad del vino blanco y hornéalos a 200 ºC durante 8-10 minutos.

Calienta la sartén con 3 cucharadas de aceite, pela el diente de ajo, córtalo en láminas, introdúcelo en la sartén y rehógalo un poco. Añade 1 cucharada de harina y cocínala un poco. Vierte el resto del vino blanco, 200 ml del caldo de pescado, una pizca de sal y un poco de perejil picado. Cocina la salsa para que reduzca un poco y se concentren los sabores.

Sirve la salsa verde en el fondo de 4 platos, coloca un salmonete en cada uno y decóralos con unas hojas de perejil.

CONSEJO

A la hora de comprar los salmonetes es importante que estén bien frescos, que tengan las escamas brillantes, la carne firme y los ojos transparentes.

BERBERECHOS EN SALSA DE TOMATE

INGREDIENTES (4 P.)

800 g de berberechos
1 cebolleta
4 dientes de ajo
400 g de tomate en conserva
50 ml de vino tinto
aceite de oliva virgen extra
perejil
1 guindilla cayena
sal

ELABORACIÓN

Pon los berberechos en un bol con abundante agua y una pizca de sal. Remuévelos un poco y déjalos reposar durante 1 hora para que suelten cualquier resto de arena que puedan tener. Enjuágalos y resérvalos.

Calienta una cazuela con 2-3 cucharadas de aceite. Pela la cebolleta y 2 dientes de ajo. Córtalos en dados y añádelos a la cazuela. Rehoga las hortalizas a fuego medio durante 10-12 minutos. Añade el tomate en conserva, sazónalo, mezcla bien y cocínalo a fuego suave durante 20-25 minutos. Pásalo por el pasapurés y resérvalo.

Calienta una tartera (cazuela amplia y baja) con 2 cucharadas de aceite. Pela los otros 2 dientes de ajo, pícalos finamente e introdúcelos en la tartera junto con la cayena. Rehógalos brevemente (sin que cojan color) a fuego muy suave, vierte el vino y dale un hervor. Agrega los berberechos, tápalos y espera a que se abran.

Vierte la salsa de tomate en la tartera, mezcla bien y sirve. Decora los platos con unas hojas de perejil.

DORADA CON HORTALIZAS EN ESCABECHE

INGREDIENTES (4 P.)

4 lomos de dorada (700 g)
16 tomates cherry
12 setas de cultivo
8 dientes de ajo
2 cebolletas
1 calabacín
125 ml de vino blanco
125 ml de vinagre
300 ml de aceite de oliva virgen extra
perejil
1 hoja de laurel
10 granos de pimienta
sal

ELABORACIÓN

Calienta un cazo con agua. Cuando empiece a hervir, añade los tomates cherry y escáldalos durante 1 minuto. Retíralos, refréscalos, pélalos y resérvalos.

Calienta 275 ml de aceite en una tartera. Pela los ajos e introdúcelos (enteros) en la tartera. Corta las cebolletas por la mitad y agrégalas. Rehoga las hortalizas a fuego suave durante 4-5 minutos. Limpia las setas y añádelas. Lava el calabacín, córtalo en rodajas de 2 centímetros de grosor e incorpóralo. Sazona y cocina todas las hortalizas a fuego medio durante 3-4 minutos. Añade los granos de pimienta, la hoja de laurel, el vinagre y el vino. Cocina las hortalizas en el escabeche a fuego suave durante 12-15 minutos. Introduce los tomates cherry en la tartera y deja que las hortalizas reposen durante 5 minutos.

Calienta una plancha con el resto del aceite (25 ml). Sazona los lomos de pescado, colócalos sobre la plancha y cocínalos durante 2 minutos por cada lado.

Sirve en cada plato 1 lomo de dorada y una porción de hortalizas en escabeche. Decora los platos con unas hojas de perejil.

BOQUERONES REBOZADOS CON SALSA DE PIQUILLOS

INGREDIENTES (4 P.)

32 boquerones
8-10 pimientos del piquillo
1 cebolla
3 dientes de ajo
2-3 huevos batidos
harina de garbanzo
aceite de oliva virgen extra
perejil
sal

CONSEJO

La harina de garbanzo, además de ser apta para los celiacos, aporta una textura muy crujiente a los alimentos.

ELABORACIÓN

Para preparar la salsa de piquillos, calienta 3 cucharadas de aceite en una cazuela. Pela 2 dientes de ajo, córtalos en láminas e introdúcelos en la cazuela. Pela la cebolla, córtala en dados y agrégala. Sazona y cocina las hortalizas a fuego medio durante 5-6 minutos. Trocea los pimientos, añádelos y rehógalos brevemente (2-3 minutos). Cúbrelos con agua, sazona y cocina los ingredientes a fuego suave durante 15 minutos. Pásalos a un vaso batidor y tritúralos con una batidora eléctrica hasta que consigas una salsa homogénea.

Limpia los boquerones (retirándoles las cabezas, las tripas y las espinas centrales) y sácales los filetes (2 por cada boquerón).

Casca los huevos, ponlos en un bol y bátelos bien. Extiende la harina de garbanzo en un plato amplio. Sazona los boquerones, pásalos por la harina e introdúcelos en el bol con el huevo batido.

Calienta abundante aceite en una sartén grande. Aplasta 1 diente de ajo e introdúcelo en la sartén. Cuando el ajo empiece a burbujear, introduce los boquerones (en tandas) y fríelos brevemente por los dos lados. Escúrrelos sobre una fuente cubierta con papel absorbente.

Reparte los boquerones en 4 platos, acompáñalos con la salsa de piquillos y decóralos con unas hojas de perejil.

CAZUELA DE LANGOSTINOS, PATATAS Y CHAMPIÑONES

INGREDIENTES (4 P.)

20 langostinos
3 patatas
2 cebolletas
2 dientes de ajo
2 pimientos verdes
16 champiñones pequeños
100 ml de vino blanco
aceite de oliva virgen extra
perejil
pimienta
sal

ELABORACIÓN

Calienta una cazuela con 2 cucharadas de aceite. Pela los langostinos, agrega las cabezas a la cazuela, dóralas un poco y cúbrelas con 1 l de agua. Cuécelas durante 15 minutos. Aplasta las cabezas, cuela el caldo y resérvalo.

Calienta una tartera (cazuela amplia y baja) con 2-3 cucharadas de aceite. Corta las cebolletas en daditos e introdúcelas en la tartera. Retira el tallo y las semillas de los pimientos, córtalos en daditos y añádelos. Sazona y rehoga las hortalizas a fuego suave-medio durante 8-10 minutos.

Pela los dientes de ajo, trocéalos, ponlos en el mortero y májalos bien. Agrégalos a la tartera, mezcla bien y cocina todo a fuego suave durante 4-5 minutos más. Vierte el vino y dale un hervor fuerte.

Pela las patatas, córtalas en rodajas de 1 centímetro e introdúcelas en la tartera. Cúbrelas con el caldo de langostinos, pon a punto de sal y cuécelas a fuego medio durante 20 minutos.

Calienta una sartén con 2 cucharadas de aceite. Limpia los champiñones, introdúcelos en la sartén, saltéalos a fuego medio-alto durante 3-4 minutos y agrégalos a la tartera.

Pon de nuevo la sartén al fuego, añade 1 cucharada de aceite. Salpimienta las colas de los langostinos, introdúcelas en la sartén y saltéalas brevemente. Pásalas a la tartera, tápala y cocina todo junto durante 2 minutos.

Sirve y decora los platos con unas hojas de perejil.

CAZUELA DE BACALAO Y GUISANTES

INGREDIENTES (4 P.)

600 g de bacalao fresco
3 patatas
150 g de guisantes frescos (desgranados)
4 dientes de ajo
1 cebolleta
600 ml de caldo de pescado
75 ml de vino blanco
aceite de oliva virgen extra
perejil
sal

ELABORACIÓN

Pela los dientes de ajo y pícalos finamente. Corta la cebolleta en daditos. Calienta una cazuela con 3 cucharadas de aceite, introduce las hortalizas y rehógalas a fuego suave durante 6-8 minutos.

Vierte el vino y dale un hervor hasta que reduzca. Vierte el caldo y caliéntalo hasta que empiece a hervir. Pela las patatas, trocéalas (cascándolas) y agrégalas a la cazuela. Sazónalas y cuécelas durante 15 minutos.

Añade los guisantes y cuécelos junto a las patatas durante 10 minutos aproximadamente.

Corta el bacalao en trozos de bocado, sazónalos, introdúcelos en la cazuela y cocínalos durante 2 minutos. Sirve y decora los platos con unas hojas de perejil.

BACALAO CON HIGOS SECOS Y MIEL

INGREDIENTES (4 P.)

4 lomos grandes de bacalao desalado

12 higos secos

3 cucharas soperas de miel

500 ml de nata líquida

aceite de oliva virgen extra

perejil

1 hoja de laurel

sal

CONSEJO

Si dejas que la salsa reduzca durante 15 minutos más, los higos se desharán por completo y el sabor de la salsa se intensificará.

ELABORACIÓN

Pon la nata y la miel en un cazo. Retira la punta de los higos, corta 8 en dados e introdúcelos en el cazo. Reserva los otros 4 para decorar. Cocina los ingredientes a fuego suave durante 8-10 minutos. Pon a punto de sal y remueve con una varilla manual.

Calienta abundante agua (2 l) en una cazuela. Cuando empiece a hervir, corta 2 lomos de bacalao por la mitad e introdúcelos en la cazuela (dejando la parte de la piel hacia abajo, es decir, en contacto con la cazuela). Añade la hoja de laurel y cuécelos durante 3-4 minutos. Sácalos de la cazuela, escúrrelos sobre una fuente cubierta con papel absorbente y retírales la piel.

Calienta una plancha con 1-2 cucharadas de aceite. Corta los otros lomos por la mitad, colócalos sobre la plancha (primero dejando la parte de la piel en contacto con la plancha) y cocínalos durante 2 minutos por cada lado.

Calienta la salsa, sírvela en la base de los platos y pon encima 2 trozos de bacalao (uno cocido y otro cocinado a la plancha). Corta el resto de los higos en rodajas finas, repártelos en los 4 platos y decóralos con unas hojas de perejil.

CHICHARRO REBOZADO CON SALSA ROMESCO

INGREDIENTES (4 P.)

4 lomos de chicharro limpios (700 g)

harina y huevo batido (para rebozar)

aceite de oliva virgen extra

perejil

pimienta

sal

Para la salsa romesco:

1 cabeza de ajos

2 tomates

5 ñoras

10 avellanas tostadas

12 almendras tostadas

1 rebanada de pan frito

un trozo de guindilla picante

4 cucharadas de vinagre

8 cucharadas de aceite de oliva virgen extra

sal

ELABORACIÓN

Para preparar la salsa romesco, pon la cabeza de ajos, los tomates y las ñoras en un recipiente apto para el horno y hornéalo a 180 ºC. Retira las ñoras a los 5 minutos y los tomates y la cabeza de ajos a los 30 minutos.

Pela los ajos y los tomates y colócalos en un vaso batidor. Incorpora las ñoras (sin tallo ni semillas), las avellanas, las almendras, el pan frito y un trocito de guindilla. Tritura los ingredientes hasta que consigas una salsa homogénea. Añade el vinagre y el aceite, pon a punto de sal y vuelve a triturar hasta que todos los ingredientes queden bien integrados. Si quedaran restos de ñora y de guindilla, puedes colar la salsa.

Corta los lomos de chicharro en bastones procurando eliminar todas las espinas. Salpimiéntalos, pásalos por harina e introdúcelos en un bol con huevo batido.

Calienta una sartén con abundante aceite. Introduce los bastones de pescado (en tandas) y fríelos brevemente (1-2 minutos) por los dos lados. Retíralos y escúrrelos sobre una fuente cubierta con papel absorbente.

Reparte los bastones de pescado en 4 platos y acompáñalos con la salsa romesco. Decora con unas hojas de perejil.

FILETES DE GALLO CON ESCALIVADA

INGREDIENTES (4 P.)

12 filetes de gallo limpios

2 pimientos rojos

4 cebolletas

2 berenjenas

1 cabeza de ajos

sémola de trigo

aceite de oliva virgen extra

perejil

pimienta

sal

ELABORACIÓN

Lava las berenjenas y ponlas en una bandeja de horno. Retira el tallo y las semillas de los pimientos y colócalos al lado. Elimina la primera capa de las cebolletas y colócalas en la bandeja. Corta la parte superior de la cabeza de ajos y ponla al lado. Riega las hortalizas con 2 cucharadas de aceite, sazónalas y hornéalas a 190 ºC durante 35-40 minutos. Retira la bandeja del horno y deja que las hortalizas se templen.

Aprieta la cabeza de ajos hasta que salga toda la pulpa. Májala un poco y ponla en un bol grande. Vierte 3-4 cucharadas de aceite y mezcla bien. Pela los pimientos y las berenjenas, córtalos en tiras e introdúcelos en el bol. Corta las cebolletas en 4 y añádelas.

Calienta una sartén con abundante aceite. Salpimienta los filetes de gallo, pásalos por la sémola, introdúcelos en la sartén y fríelos hasta que se hagan por dentro y se doren por fuera. Escúrrelos sobre una fuente cubierta con papel absorbente.

Reparte el pescado y la escalivada en 4 platos y decóralos con unas hojas de perejil.

DORADA AL HORNO CON VINAGRETA DE CALAMAR

INGREDIENTES (4 P.)

- 4 doradas de ración (en lomos)
- 2 calamares medianos (limpios)
- 1 cebolleta pequeña
- 25 g de aceitunas negras (sin hueso)
- ½ tomate
- 75 ml de vino blanco
- 75 ml de leche
- 3-4 cucharadas de vinagre de Jerez
- aceite de oliva virgen extra
- perejil
- 15 hojas de cebollino
- pimienta
- sal

ELABORACIÓN

Para preparar la vinagreta de calamar, calienta una sartén con 2-3 cucharadas de aceite. Introduce los tubos y los tentáculos de los calamares en la sartén y cocínalos a fuego vivo hasta que estén bien dorados. Retíralos y deja que se templen.

Corta la cebolleta en daditos e introdúcela en un bol. Corta las aceitunas en daditos y agrégalas al bol. Pela el tomate, córtalo en daditos y añádelo.

Corta los calamares en daditos e incorpóralos al bol. Vierte el vinagre, 9-12 cucharadas de aceite, una pizca de sal y las hojas de cebollino picadas finamente. Mezcla todo bien y deja que repose un poco (mientras se cocina el pescado).

Salpimienta una bandeja de horno, vierte el vino y la leche y coloca encima los filetes de dorada (dejando la parte de la piel hacia arriba). Salpimiéntalos y riégalos con un chorrito de aceite. Hornea el pescado a 220-230 ºC durante 8 minutos.

Sirve 1 dorada en cada plato y aderézalas con la vinagreta de calamar. Decora los platos con unas hojas de perejil.

CONSEJO

La regla general al preparar vinagretas es añadir 3 partes de aceite por cada parte de vinagre. El aceite aporta suavidad y cuerpo, mientras que el vinagre introduce un toque de acidez necesario para equilibrar la mezcla.

FANECAS RELLENAS DE SALMÓN Y QUESO CREMA

INGREDIENTES (4 P.)

8 fanecas

16 patatas nuevas pequeñas

8 lonchas finas de salmón ahumado

200 g de queso fresco de untar

harina y huevo batido (para rebozar)

zumo de medio limón

aceite de oliva virgen extra

perejil

3 ramas de eneldo fresco

2 guindillas en vinagre

sal

ELABORACIÓN

Calienta agua en un cazo y, cuando empiece a hervir, sazónala. Lava las patatas, introdúcelas en el cazo y cuécelas durante 20-25 minutos.

Pon el queso en un bol. Pica las hojas de eneldo finamente, agrégalas al bol y mezcla bien. Coloca una porción de la mezcla encima de cada una de las lonchas de salmón, enróllalas y resérvalas.

Retira las cabezas y la espina central de las fanecas hasta que consigas 16 lomos limpios.

Extiende 8 lomos de faneca (dejando la piel hacia abajo) sobre la tabla. Pon una loncha de salmón rellena sobre cada lomo, cúbrelos con los otros 8 lomos (dejando la parte de la piel hacia arriba) y sazónalos. Pásalos por harina y huevo batido. Calienta una sartén grande con abundante aceite. Introduce las fanecas (en tandas) y fríelas por los dos lados.

Para preparar la vinagreta, corta las guindillas en lonchas finas y ponlas en un bote de cristal (que tenga tapa). Vierte el zumo de limón y 6 cucharadas de aceite, tápalo y agítalo hasta que los ingredientes emulsionen.

Sirve en cada plato 2 fanecas y 4 patatas pequeñas cortadas por la mitad. Sazónalas y aderézalas con la vinagreta. Decora los platos con unas hojas de perejil.

VERDEL AL HORNO CON CHAMPIÑONES EN SALSA

INGREDIENTES (4 P.)

4 verdeles (8 lomos limpios)

500 g de champiñones pequeños

2 cebolletas

3 dientes de ajo

1 cucharada de harina

75 ml de vino blanco

aceite de oliva virgen extra

perejil

pimienta

sal

ELABORACIÓN

Calienta una cazuela con 3 cucharadas de aceite. Corta las cebolletas en daditos e introdúcelas en la cazuela. Pela los dientes de ajo, pícalos finamente y añádelos. Rehoga las hortalizas a fuego medio durante 5-6 minutos. Añade la harina y rehógala un poco. Limpia los champiñones (enjuágalos en un bol con agua y sécalos bien) y agrégalos a la cazuela. Sazónalos y rehógalos a fuego medio durante 5 minutos. Vierte el vino y dale un hervor. Vierte 100 ml de agua, tapa la cazuela y cocínalos a fuego suave durante unos 10 minutos.

Unta una bandeja de horno con un poco de aceite. Salpimienta los filetes de pescado, extiéndelos sobre la bandeja de horno y riégalos con 2 cucharadas de aceite. Hornéalos a 200-210 ºC durante 5-6 minutos.

Sirve 2 lomos de verdel en cada plato y acompáñalos con los champiñones en salsa. Decora con unas hojas de perejil.

GUISADO DE PATATAS CON CABALLA

INGREDIENTES (4 P.)

2 caballas (800 g)
2 cebolletas
1 pimiento verde
½ pimiento rojo
1 tomate
3 patatas
2 dientes de ajo
100 ml de vino blanco
3-4 cucharadas de salsa de soja
600 ml de caldo de pescado
aceite de oliva virgen extra
perejil
1 hoja de laurel
½ cucharadita de pimentón picante
½ cucharadita de comino molido
½ cucharadita de pimienta
sal

ELABORACIÓN

Calienta 2-3 cucharadas de aceite en una tartera (cazuela amplia y baja). Pela los dientes de ajo, córtalos en dados e introdúcelos en la tartera. Corta las cebolletas en dados y agrégalas. Retira el tallo y las semillas del pimiento verde, córtalo en daditos y añádelo. Pela el pimiento rojo, córtalo de la misma manera e incorpóralo. Rehoga las hortalizas a fuego medio durante 10 minutos. Pela el tomate, córtalo en dados, introdúcelo en la tartera y cocínalo durante 5-6 minutos.

Pela las patatas, trocéalas (cascándolas) e introdúcelas en la tartera. Agrega el comino, la pimienta, el pimentón, la hoja de laurel, el vino, la salsa de soja y el caldo. Tapa la tartera y cocina los ingredientes a fuego suave durante 20-25 minutos.

Corta las cabezas de las caballas y saca los lomos con cuidado. Corta cada lomo por la mitad a lo largo, retirándole la parte central (donde están las espinas). Corta los lomos de pescado en trozos de unos 4 centímetros e introdúcelos en la tartera. Espolvorea el guiso con un poco de perejil picado y sal al gusto, tapa la tartera y cocina todo durante 3 minutos.

Reparte el guiso en 4 platos y decóralos con unas hojas de perejil.

CONSEJO

Si quieres espesar el guiso, retira unas patatas, májalas bien o tritúralas con una batidora eléctrica y agrégalas de nuevo a la tartera.

MONTADITOS DE MERLUZA

INGREDIENTES (4 P.)

- 2 lomos de merluza (800 g)
- 12 rebanadas de pan
- 2 cebollas
- 1 pimiento morrón rojo
- 1 diente de ajo
- 125 g de mayonesa
- 8 guindillas en vinagre
- harina y huevo batido (para rebozar)
- aceite de oliva virgen extra
- perejil
- sal

ELABORACIÓN

Calienta una sartén con 3 cucharadas de aceite. Pela las cebollas, córtalas en juliana fina, introdúcelas en la sartén, sazónalas y rehógalas a fuego suave-medio durante 15-20 minutos.

Calienta otra sartén con 3 cucharadas de aceite. Pela el pimiento, córtalo en tiras finas e introdúcelo en la sartén. Sazónalo y rehógalo a fuego suave-medio durante 15-20 minutos.

Corta los lomos de merluza en 12 trozos y resérvalos.

Extiende las rebanadas de pan en una bandeja de horno y hornéalas a 200 ºC hasta que se tuesten (4 minutos aproximadamente).

Calienta bastante aceite en una sartén. Aplasta un diente de ajo (con piel) e introdúcelo en la sartén. Cuando el aceite empiece a burbujear, reboza los trozos de pescado con harina y huevo batido e introdúcelos (en dos tandas) en la sartén. Fríelos brevemente (40 segundos por cada lado) y escúrrelos sobre una fuente cubierta con papel absorbente.

Para montar los pinchos, coloca 4 rebanadas de pan sobre una fuente, ponles encima un poco de cebolla pochada, un trozo de merluza y otro poco de cebolla pochada. Pincha cada montadito con un palillo de brocheta y resérvalos.

Coloca otras 4 rebanadas de pan sobre la fuente, ponles encima un poco de pimiento pochado, un trozo de merluza y otro poco de pimiento pochado. Pincha cada montadito con un palillo de brocheta y resérvalos.

Unta las otras 4 rebanadas de pan con un poco de mayonesa, ponles encima un trozo de merluza y otro poco de mayonesa. Pincha las guindillas (de dos en dos) con 1 palillo de brocheta e insértalas en las 4 rebanadas de pan con mayonesa y pescado.

Sirve 3 montaditos (1 con cebolla, 1 con pimiento y 1 con guindillas) en cada plato y decóralos con unas hojas de perejil.

CONSEJO

Añadir un diente de ajo a la sartén donde estás calentando el aceite sirve para comprobar si la temperatura del aceite es la adecuada para freír el pescado. Cuando el ajo empiece a burbujear, será el momento de introducir el pescado en la sartén.

BACALAO FRESCO EN PAPILLOTE CON MAYONESA DE AJO

INGREDIENTES (4 P.)

4 lomos de bacalao fresco (750 g)
3 cebolletas
3 zanahorias
300 g de judías verdes
1 puerro
1 diente de ajo
1 huevo
vinagre
aceite de oliva virgen extra
pimienta
perejil
sal

ELABORACIÓN

Pela las zanahorias, las cebolletas y el puerro y retira las puntas de las judías verdes. Corta las hortalizas en juliana fina y resérvalas.

Calienta 3 cucharadas de aceite en un wok. Introduce las hortalizas, sazónalas y saltéalas a fuego medio-alto durante 4-5 minutos.

Corta 4 trozos grandes de papel de aluminio y reparte las hortalizas en el centro. Salpimienta los trozos de pescado, ponlos encima y riégalos con un poco de aceite. Envuelve el pescado y las hortalizas con el papel de aluminio formando 4 paquetes herméticamente cerrados. Colócalos en 2 bandejas de horno y hornéalos a 200 ºC durante unos 8-10 minutos.

Para hacer la mayonesa, casca el huevo y ponlo en un vaso batidor. Pela el diente de ajo, córtalo por la mitad e introdúcelo en el vaso. Añade 1 cucharada de vinagre, una pizca de sal y 175 ml de aceite. Tritura los ingredientes hasta que emulsionen.

Abre los paquetes con cuidado de no quemarte y sirve uno en cada plato. Pon una porción de mayonesa encima de cada lomo de bacalao y decora con unas hojas de perejil.

RAYA CON ALMEJAS EN SALSA DE TOMATE PICANTE

INGREDIENTES (4 P.)

4 aletas pequeñas de raya
20 almejas
800 g de tomate en conserva
1 cebolla
1 pimiento verde
5 dientes de ajo
150 ml de caldo de pescado
aceite de oliva virgen extra
1 cayena
perejil
sal

ELABORACIÓN

Para preparar la salsa de tomate, calienta una cazuela con 3 cucharadas de aceite. Pela la cebolla, córtala en dados e introdúcela en la cazuela. Retira el tallo y las semillas del pimiento, córtalo en dados y agrégalo. Pela 3 dientes de ajo, córtalos en láminas y añádelos. Agrega también la cayena. Sazona las hortalizas y rehógalas a fuego medio durante 15 minutos. Introduce el tomate en conserva y cocínalo a fuego medio durante 25-30 minutos. Retira la cayena y pasa el resto de los ingredientes por el pasapurés. Reserva la salsa de tomate.

Calienta a fuego suave una tartera (cazuela amplia y baja) con 3-4 cucharadas de aceite. Pela los otros 2 dientes de ajo, pícalos finamente y añádelos a la tartera. Corta las aletas de raya por la mitad, sazónalas e introdúcelas en la tartera. Dóralas brevemente por los dos lados y vierte el caldo de pescado y 400 ml de salsa de tomate. Remueve la cazuela y cocina el pescado durante 2 minutos por cada lado. Introduce las almejas, tapa la tartera y espera a que se abran.

Reparte la raya y las almejas en 4 platos y decóralos con unas hojas de perejil.

POPIETAS DE GALLO CON LANGOSTINOS

INGREDIENTES (4 P.)

3 gallos
12 langostinos
1 cebolla
2 dientes de ajo
200 ml de salsa de tomate
50 ml de *brandy*
1 cucharada de harina
100 ml de *txakoli* (o vino blanco)
aceite de oliva virgen extra
perejil
1 cucharadita de estragón seco
pimienta
sal

CONSEJO

Es habitual hacer popietas con pescado, sobre todo con filetes de lenguado o gallo, aunque también se pueden preparar con filetes finos de pavo, pollo o ternera.

ELABORACIÓN

Pela los langostinos y reserva por un lado las colas y por otro las cabezas y las cáscaras.

Calienta 2-3 cucharadas de aceite en una cazuela. Pela los dientes de ajo, pícalos finamente e introdúcelos en la cazuela. Pela la cebolla, córtala en dados y agrégala a la cazuela. Sazona y rehoga las hortalizas a fuego medio durante 6-8 minutos. Introduce las cabezas y las cáscaras en la cazuela y rehógalas brevemente. Vierte el *brandy*, dale un hervor y flambéalo.

Incorpora la harina y cocínala un poco. Añade el estragón, la salsa de tomate, 250 ml de agua y una pizca de sal. Cocina los ingredientes a fuego suave-medio durante 15 minutos. Cuela (con un colador chino) los ingredientes de la salsa y resérvala.

Limpia los gallos, sácales los filetes con piel (12 en total) y salpiméntalos. Extiende los filetes (dejando la parte de la piel hacia arriba) sobre la tabla de cocina, coloca un langostino (dejando que la parte más estrecha de la cola sobresalga) en el extremo más estrecho del filete de gallo, enróllalos y pínchalos con un palillo hasta conseguir las popietas. Coloca las popietas en un recipiente apto para el horno, riégalas con el *txakoli* y hornéalas a 220 ºC durante 15 minutos.

Sirve en cada plato 3 popietas y un poco de salsa. Decora los platos con unas hojas de perejil.

TRUCHA ASALMONADA CON FRITADA DE PUERROS Y PATATAS

INGREDIENTES (4 P.)

- 2 lomos grandes de trucha asalmonada
- 4 puerros
- 4 patatas
- 1 lima
- aceite de oliva virgen extra
- perejil
- 2 ramas de eneldo fresco
- pimienta
- sal

ELABORACIÓN

Pon 100 ml de aceite en un bol grande. Corta las hojas de eneldo finamente y agrégalas al bol. Ralla la piel de la lima y añádela. Corta los lomos de trucha por la mitad, salpimiéntalos, introdúcelos en el bol y déjalos macerando durante 30 minutos.

Calienta una sartén grande con 150 ml de aceite. Pela las patatas, córtalas en medias lunas y añádelas a la sartén. Limpia los puerros (retirándoles la parte inferior, la parte superior y 2-3 capas de hojas), córtalos de la misma manera e introdúcelos en la sartén. Sazona y cocina todo a fuego medio durante 20 minutos.

Extiende la mezcla de patatas y puerros sobre una bandeja de horno y coloca los trozos de pescado encima. Hornéalo a 200 ºC durante 6-8 minutos.

Sirve y adorna los platos con unas hojas de perejil.

PEZ ESPADA EN ESCABECHE

INGREDIENTES (4 P.)

- 4 filetes de pez espada (de unos 150 g cada uno)
- 12 patatas pequeñas
- 1 cebolla
- 1 pimiento verde
- 2 dientes de ajo
- 100 g de tomates deshidratados en aceite
- 50 g de alcaparras
- 75 ml de vinagre
- aceite de oliva virgen extra
- perejil
- pimienta
- sal

ELABORACIÓN

Calienta una cazuela con abundante agua. Lava las patatas, introdúcelas en la cazuela y cuécelas durante 15-20 minutos. Resérvalas en la cazuela.

Calienta 150 ml de aceite en una tartera (cazuela amplia y baja). Salpimienta los filetes de pez espada, introdúcelos en la tartera y fríelos durante 2 minutos por cada lado. Retíralos a un plato y resérvalos.

Pela la cebolla y los dientes de ajo, córtalos en daditos e introdúcelos en la tartera. Retira el tallo y las semillas del pimiento, córtalo en daditos y añádelo a la tartera. Sazona y rehoga las hortalizas a fuego medio durante 15 minutos. Corta los tomates en daditos e incorpóralos. Agrega también las alcaparras. Vierte el vinagre y cocina todo a fuego suave durante 10 minutos.

Introduce los filetes de pez espada en la tartera, cocínalos durante 2-3 minutos, apaga el fuego, tápalos y deja que reposen durante 15 minutos.

Sirve 1 filete de pez espada y 3 patatas (cortadas por la mitad) en cada plato. Salsea el pescado y las patatas con el escabeche y decora los platos con unas hojas de perejil.

SALMÓN ASADO CON SALSA DE ALBAHACA

INGREDIENTES (4 P.)

750 g de salmón

2 dientes de ajo

2 cucharadas de mantequilla

1 limón

1 cucharada de eneldo picado

perejil

pimienta

sal

Para la salsa de albahaca:

20 g de albahaca fresca

1 cebolleta

200 ml de caldo de pescado

2 anchoas en aceite

150 ml de nata líquida

aceite de oliva virgen extra

ELABORACIÓN

Para preparar la salsa, calienta 2 cucharadas de aceite en una cazuela. Corta la cebolleta en dados, introdúcela en la cazuela y rehógala a fuego suave durante 5-6 minutos. Pica 15 gramos de albahaca, agrégala a la cazuela, rehógala brevemente (5 segundos) y vierte el caldo. Pica las anchoas y añádelas a la cazuela. Vierte la nata y deja que los ingredientes reduzcan a fuego suave-medio durante 10 minutos. Pica el resto de las hojas de albahaca (5 g) y ponlas en un vaso batidor. Vierte la salsa dentro y tritura los ingredientes con una batidora eléctrica. Reserva la salsa.

Pela los dientes de ajo, pícalos finamente y ponlos en un bol. Añade el eneldo, un poco de la ralladura de limón y el zumo de todo el limón. Agrega la mantequilla a punto de pomada y mezcla los ingredientes con una varilla manual.

Cubre la base de una bandeja de horno con papel de hornear. Salpimienta los lomos de salmón y extiéndelos sobre la bandeja de horno (dejando la parte de la piel hacia abajo). Úntalos con la mezcla de ajo, mantequilla y eneldo y hornéalos a 220 ºC durante 5-6 minutos.

Calienta la salsa, sírvela en la base de los platos y coloca el salmón encima. Decora con unas hojas de perejil.

CONSEJO

Para conservar las hojas de albahaca durante más tiempo, antes de introducirlas en el frigorífico, os recomiendo envolverlas en un papel de cocina humedecido e introducirlas en una bolsa de cierre hermético.

SEPIA CON GUISANTES Y ALBÓNDIGAS

INGREDIENTES (4 P.)

4 sepias pequeñas limpias

400 g de carne picada de ternera

1 huevo

35 g de miga de pan

125 ml de leche

1 cebolla

1 pimiento rojo

2 dientes de ajo

1 cucharada de tomate concentrado

200 g de guisantes frescos (desgranados)

2 patatas

100 ml de vino blanco

400 ml de caldo de pescado

harina

aceite de oliva virgen extra

perejil

pimienta

sal

Para la picada:

1 rebanada de pan tostado

20 almendras fritas

1 diente de ajo frito

1 cucharadita de perejil picado

ELABORACIÓN

Calienta una tartera (cazuela amplia y baja) con 4 cucharadas de aceite. Pela 1 diente de ajo y la cebolla, córtalos en dados e introdúcelos en la tartera. Pela el pimiento rojo, córtalo de la misma manera e incorpóralo. Sazona y rehoga las hortalizas a fuego medio durante 10 minutos.

Corta las sepias en dados, sazónalas e introdúcelas en la tartera. Mezcla bien y cocina la sepia durante 5 minutos. Agrega el tomate y el vino y dale un hervor fuerte. Incorpora el caldo de pescado y los guisantes. Pela las patatas, córtalas en dados e incorpóralas. Tapa la tartera y cocina los ingredientes durante 15-20 minutos.

Para preparar la picada, pon las almendras, el diente de ajo y la rebanada de pan (troceada) en un mortero y maja los ingredientes hasta que queden reducidos a una pasta. Agrega 1 cucharadita de perejil picado y vuelve a majar. Incorpora la picada a la tartera, mezcla bien y cocina todo durante 5 minutos.

Para hacer las albóndigas, trocea la miga de pan en dados, ponla en un bol, cúbrela con la leche y déjala a remojo hasta que esté bien empapada. Escurre la miga de pan y pásala a otro bol. Añade la carne picada y salpimiéntala. Pela el otro diente de ajo, córtalo en daditos y agrégalo. Añade 1 cucharadita de perejil picado y el huevo. Mezcla bien hasta que los ingredientes queden bien integrados. Coge pequeñas porciones de la masa, redondéalas y pásalas por harina. Calienta una sartén con abundante aceite, introduce las albóndigas y dóralas brevemente. Añádelas al guiso, remueve la tartera, tápala y cocina todo durante 5 minutos.

Sirve y decora los platos con unas hojas de perejil.

CONSEJO

Puedes hacer la picada con almendras, pero si prefieres utilizar avellanas, también quedará muy rica.

CHIPIRONES A LA MALLORQUINA

INGREDIENTES (4 P.)

16 chipirones
2 cebollas
70 g de piñones
30 g de pasas
100 ml de vino blanco
1 lata grande de tomate triturado (850 g)
aceite de oliva virgen extra
perejil
sal

ELABORACIÓN

Limpia los chipirones, retirándoles el pico, la bolsa y la pluma. Separa las aletas y los tentáculos, pícalos finamente y resérvalos. Limpia bien los tubos, dales la vuelta y resérvalos.

Calienta una sartén con 5 cucharadas de aceite. Pela las cebollas, córtalas en daditos e introdúcelas en la sartén. Sazónalas y rehógalas a fuego medio durante 15 minutos. Incorpora los piñones y tuéstalos un poco. Agrega los tentáculos, las aletas y las pasas y cocina todo durante 2 minutos.

Rellena los chipirones con la mezcla, ciérralos con un palillo y sazónalos. Calienta una tartera (cazuela amplia y baja) con 4 cucharadas de aceite, introduce los chipirones y dóralos brevemente. Vierte el vino blanco y dale un hervor fuerte. Agrega el tomate triturado y 200 ml de agua y cocina los chipirones a fuego medio durante unos 30 minutos.

Sirve y decora los platos con unas hojas de perejil.

DORADA CON CHAMPIÑONES Y GAMBAS EN PAPILLOTE

INGREDIENTES (4 P.)

4 lomos de dorada limpios
400 g de champiñones
2 cebolletas
2 dientes de ajo
20 gambas
1 lima
aceite de oliva virgen extra
perejil
pimienta
sal

ELABORACIÓN

Calienta 3 cucharadas de aceite en una sartén grande. Corta las cebolletas en dados y agrégalas a la sartén. Pela los dientes de ajo, córtalos en dados y añádelos. Limpia los champiñones (enjuágalos en un bol con agua y sécalos), córtalos en láminas finas e introdúcelos en la sartén. Sazónalos y saltéalos a fuego fuerte durante 5 minutos.

Corta 4 trozos grandes de papel de aluminio, extiéndelos sobre la encimera y reparte los champiñones encima. Salpimienta los lomos de dorada y colócalos sobre los champiñones. Sazona las gambas, coloca 5 gambas sobre cada lomo de pescado, riégalos con un poco de aceite y ralla un poco de piel de lima sobre cada uno. Envuelve el pescado con el papel de aluminio formando 4 paquetes herméticamente cerrados y colócalos sobre una bandeja de horno. Hornéalos a 220 ºC durante 5-6 minutos.

Sirve un paquete en cada plato, ábrelos con cuidado de no quemarte y decóralos con unas hojas de perejil.

BACALAO CON SETAS Y CEBOLLITAS GLASEADAS CON SOJA

INGREDIENTES (4 P.)

4 lomos de bacalao desalado (800 g)

16 setas de cultivo (tipo ostra)

20 cebollitas francesas

3 dientes de ajo

40 g de mantequilla

4 cucharadas de salsa de soja

1 cucharada de azúcar moreno

aceite de oliva virgen extra

perejil

2 ramas de tomillo fresco

1 guindilla

sal

CONSEJO

La salsa de soja da mucho juego, ya que, además de utilizarla para cocinar verduras, es perfecta para añadir a sopas, guisos o salsas.

ELABORACIÓN

Pela las cebollitas. Calienta la mantequilla y 1 rama de tomillo en un cazo. Introduce las cebollitas y cocínalas a fuego suave durante 5-6 minutos. Vierte la salsa de soja y cocínalas a fuego suave durante otros 20 minutos. Añade el azúcar y cocínalas durante 5 minutos más.

Calienta una sartén grande con 4 cucharadas de aceite. Corta las setas en tiras e introdúcelas en la sartén. Sazónalas y cocínalas a fuego suave durante 10 minutos. Pela los dientes de ajo, pícalos finamente e incorpóralos a la sartén. Agrega también un poco de perejil picado y cocina todo durante 5 minutos más.

Calienta agua abundante (de manera que cubra los trozos de pescado) en una tartera (cazuela amplia y baja) hasta que empiece a hervir. Introduce la otra rama de tomillo, la guindilla (cortada en rodajas) y los lomos de bacalao. Cuando el agua vuelva a hervir, apaga el fuego, tapa la tartera y deja reposar el bacalao durante 5 minutos. Retira los lomos a una fuente cubierta con papel absorbente de cocina. Si quieres, puedes eliminarles la piel.

Sirve las setas en la base de 4 platos y coloca encima los lomos de bacalao. Reparte las cebollitas francesas y decóralos con unas hojas de perejil.

CALDERETA DE PESCADO Y MARISCO

INGREDIENTES (4 P.)

350 g de merluza (limpia)
350 g de rape (limpio)
350 g de salmón (limpio)
4 langostinos (pelados)
4 calamares (limpios)
12 almejas
1 cebolleta
2 dientes de ajo
100 ml de vino blanco (fino)
5 cucharadas de salsa de tomate
2 cucharadas de tomate concentrado
harina (para rebozar)
1 l de caldo para paella
aceite de oliva virgen extra
perejil
pimienta
sal

ELABORACIÓN

Calienta una tartera (cazuela amplia y baja) con 4-6 cucharadas de aceite. Corta el pescado (merluza, rape y salmón) en medallones. Salpiméntalos y enharínalos, introdúcelos (en tandas) en la tartera y fríelos brevemente por los dos lados. Retíralos a una fuente y resérvalos.

Pela los dientes de ajo, córtalos en daditos e introdúcelos en la tartera (si la tartera tuviera poco aceite, añade 2 cucharadas). Corta la cebolleta de la misma manera y agrégala. Sazona y rehoga las hortalizas a fuego suave-medio durante 8-10 minutos.

Corta los tubos de los calamares en anillas y el resto (aletas, tentáculos y corbatas) en trozos de 2 centímetros. Sazónalos, introdúcelos en la tartera y rehógalos a fuego fuerte durante 1-2 minutos. Vierte el vino y dale un hervor fuerte. Agrega el tomate concentrado, la salsa de tomate y el caldo. Tapa y cocina todo a fuego medio durante 15-20 minutos (hasta que los calamares estén tiernos).

Introduce las almejas. Corta los langostinos por la mitad (dejándolos como en 2 filetes) y añádelos a la tartera. Mete también el rape, el salmón y la merluza. Espolvorea la caldereta con un poco de perejil picado, tapa y cocina todo durante 1 minuto.

Sirve y decora los platos con unas hojas de perejil.

CONSEJO

Si quieres redondear esta caldereta, agrégale unas patatas o un poco de arroz.

BACALAO REBOZADO CON SANFAINA

INGREDIENTES (4 P.)

800 g de filetes de bacalao fresco
1 cebolla blanca
1 pimiento verde
1 pimiento rojo
1 berenjena
1 calabacín
300 g de salsa de tomate
harina y huevo (para rebozar)
aceite de oliva virgen extra
perejil
sal

ELABORACIÓN

Calienta una tartera (cazuela amplia y baja) con 4-6 cucharadas de aceite. Pela la cebolla, córtala en dados (de 3 centímetros) e introdúcela en la tartera. Retira el tallo y las semillas de los pimientos, y pela el rojo. Corta los dos pimientos en dados (de 3 centímetros) e incorpóralos a la tartera. Lava la berenjena y el calabacín, córtalos de la misma manera y agrégalos. Sazona y cocina las hortalizas a fuego medio durante 20 minutos. Agrega la salsa de tomate y cocina todo a fuego medio durante 10 minutos más.

Calienta una sartén con bastante aceite. Corta el bacalao en 8 porciones, pásalas por harina y huevo batido, introdúcelas en la sartén y fríelas (en tandas), brevemente, por los dos lados. Escúrrelas sobre una fuente cubierta con papel absorbente.

Reparte la sanfaina en 4 platos y sirve 2 trozos de pescado en cada uno. Decóralos con unas hojas de perejil.

CHICHARRO CON ARROZ Y MAYONESA DE AJO

INGREDIENTES (4 P.)

4 chicharros de ración
300 g de arroz redondo
10 ajos frescos
2 pimientos verdes
1 puerro
750 ml de caldo de pescado
harina de garbanzo
aceite de oliva virgen extra
perejil
20 hebras de azafrán
sal

Para la mayonesa de ajo:

1 huevo
1 diente de ajo
1 cucharada de vinagre
200 ml de aceite de oliva suave
sal

ELABORACIÓN

Calienta una tartera (cazuela amplia y baja) con 3 cucharadas de aceite. Limpia el puerro y los ajos frescos (retirándoles la parte inferior, la superior y 2 capas de hojas). Corta los puerros en cuartos de luna finos y los ajos frescos en rodajas de 1 centímetro e introdúcelos en la tartera. Retira el tallo y las semillas de los pimientos, córtalos en daditos e incorpóralos. Sazona y rehoga las hortalizas a fuego suave-medio durante 6-8 minutos.

Agrega las hebras de azafrán y el arroz a la tartera. Vierte el caldo y cocina el arroz durante 18 minutos. Retira la tartera del fuego, cúbrela con un paño limpio y deja que el arroz repose durante 4-5 minutos.

Calienta una sartén con abundante aceite. Corta los chicharros en rodajas de unos 3-4 centímetros de grosor, sazona los trozos, pásalos por la harina de garbanzo e introdúcelos en la sartén. Fríelos por los dos lados y escúrrelos sobre una fuente cubierta con papel absorbente.

Para preparar la mayonesa, pon el huevo en un vaso batidor. Pela el diente de ajo, trocéalo y agrégalo. Añade una pizca de sal, el vinagre y el aceite de oliva suave. Tritura los ingredientes con una batidora eléctrica hasta que emulsionen.

Reparte el arroz en 4 platos (puedes servirlo en cuencos y luego volcarlos para que quede una ración con forma de flan). Coloca al lado unos trozos de chicharro y un poco de mayonesa de ajo. Decora los platos con unas hojas de perejil.

CONSEJO

Si te molestan las espinas del chicharro, puedes sacar los lomos para eliminarles las espinas. Después, basta con cortarlos en trozos de 3-4 centímetros y freírlos de la misma manera.

SEPIA EN SU TINTA CON PATATAS FRITAS

INGREDIENTES (4 P.)

12 sepias pequeñas
2 patatas
1 cebolla
1 pimiento verde
3 dientes de ajo
150 ml de salsa de tomate
125 ml de vino blanco seco
2 sobres de tinta de sepia
harina de maíz refinada diluida en agua fría
aceite de oliva virgen extra
perejil
1 guindilla cayena
sal

ELABORACIÓN

Calienta la olla rápida con 3 cucharadas de aceite. Pela los dientes de ajo, córtalos en dados e introdúcelos en la olla. Pela la cebolla, córtala en dados y añádela. Retira el tallo y las semillas del pimiento, córtalo de la misma manera e incorpóralo a la olla. Añade la cayena, sazona y cocina las hortalizas a fuego medio durante 12-15 minutos.

Vierte el vino blanco, la salsa de tomate y la tinta de sepia, y mezcla bien.

Calienta una sartén con 1-2 cucharadas de aceite. Sazona las sepias, introdúcelas (en tandas) en la sartén, dóralas brevemente y pásalas a la olla.

Cierra la olla y cocina las sepias durante 4-6 minutos (según su tamaño). Cuando baje la válvula, abre la olla, pasa las sepias a una tartera (cazuela amplia y baja) y resérvalas.

Tritura las hortalizas con una batidora eléctrica en la misma olla y vierte la salsa sobre las sepias. Agrega un poco de harina de maíz refinada diluida en agua fría a la tartera y dale un hervor (removiendo la tartera) hasta que espese.

Calienta una sartén con abundante aceite. Pela las patatas, córtalas en dados y fríelas hasta que se hagan por dentro y se doren por fuera. Retíralas y escúrrelas sobre un plato cubierto con papel absorbente. Sazónalas y espolvoréalas con un poco de perejil picado.

Sirve 3 sepias en cada plato, saléalas y acompáñalas con unas patatas. Decora los platos con unas hojas de perejil.

CONSEJO

Si te sobra salsa, puedes guardarla para acompañar un arroz blanco o una merluza rebozada.

LAS RECETAS DE JOSEBA

AGUACHILE DE FRUTOS DEL MAR

INGREDIENTES (4 P.)

20 gambas
30 berberechos
zumo de 4 limas
½ cebolla morada
½ pepino
2 rabanitos
1 jalapeño
aceite de oliva virgen extra
20 hojas de cilantro

Para el aguachile:
tallo verde de 2 cebolletas
zumo de 1 lima
2 jalapeños
2 dientes de ajo
hojas de cilantro (10 g)
sal

ELABORACIÓN

Calienta a fuego fuerte una sartén con tapa. Vierte 1 cucharada de agua, tapa la sartén de nuevo y sigue calentándola. Introduce los berberechos, vierte otra cucharada de agua, tapa la sartén y espera a que se abran (30 segundos). Saca la sartén del fuego, destápala, retira las conchas de los berberechos y resérvalos.

Pela las gambas, retírales el intestino y resérvalas.

Pon el zumo de 4 limas en un bol, introduce las gambas y los berberechos y déjalos marinando durante 15-20 minutos. Cuela la mezcla, pon los frutos del mar en un plato y resérvalos.

Para preparar el aguachile, pela los tallos de las cebolletas, trocéalos y ponlos en un vaso batidor. Retira el tallo y las semillas de los jalapeños, trocéalos y añádelos. Agrega las hojas de cilantro, los dientes de ajo (pelados) y el zumo de lima. Sazona y tritura los ingredientes con una batidora eléctrica hasta conseguir una salsa homogénea.

Pon una cucharada de aguachile en el centro de cada plato y reparte encima las gambas y los berberechos. Corta el pepino, los rabanitos y la cebolla en lonchas finas y distribúyelas por encima. Decora los platos con rodajas finas de jalapeño y unas hojas de cilantro. Alíñalos con un chorrito de aceite.

CONSEJO

La receta del aguachile puede variar según quién la prepare, pero todos coinciden en que es un platillo fresco y muy picante. Para acompañarlo, unas tostadas o unas galletas saladas le van de maravilla.

TOSTA DE HIGOS CON MERMELADA DE *FOIE-GRAS*

INGREDIENTES (4 P.)

- 4 rebanadas de pan de semillas
- 150 g de queso mascarpone
- 125 g de panceta ahumada (6 lonchas)
- 125 g de *foie-gras* fresco
- 1 cebolla roja
- 75 g de pistachos pelados
- 75 g de pasas (sin semillas)
- 50 ml de vinagre de vino tinto
- 100 g de rúcula
- 100 g de mermelada de cebolla
- 8 higos
- 1 lima
- aceite de oliva virgen extra
- perejil
- pimienta
- sal

ELABORACIÓN

Calienta una sartén grande e introduce los pistachos. Tuéstalos un poco, retíralos y resérvalos.

Añade 1 cucharada de aceite a la misma sartén. Corta la panceta en dados y añádela. Pela la cebolla, córtala en daditos e incorpórala. Rehoga todo a fuego medio durante 6-8 minutos. Vierte el vinagre y dale un hervor rápido. Añade las pasas y la mermelada de cebolla y mezcla bien. Corta el *foie* en dados, incorpóralo a la sartén y apaga el fuego. Pica la mitad de la rúcula e incorpórala. Aprovecha el calor residual de la sartén para cocinar el *foie* y la rúcula. Agrega los pistachos, salpimienta y mezcla bien.

Tuesta las rebanadas de pan. Úntalas con el queso mascarpone y reparte encima el resto de las hojas de rúcula, la mermelada de *foie* y los higos (cortados en gajos). Ralla encima un poco de piel de lima y decora los platos con unas hojas de perejil.

CONSEJO

En esta receta se usa una hogaza de pan de maíz con pipas de girasol, pero en el mercado hay gran variedad de panes, así que te animo a que pruebes con el que mejor te encaje.

CRÈME BRÛLÉE DE ROQUEFORT CON CONFITURA DE CEBOLLITAS FRANCESAS

INGREDIENTES (4 P.)

300 g de queso roquefort
300 ml de leche
150 ml de nata líquida
9 yemas de huevo
perejil
azúcar (para caramelizar)
sal

Para la confitura de cebollitas francesas:

12 cebollitas francesas
20 g de mantequilla
150 ml de vinagre de Módena
1 cucharada de azúcar moreno

ELABORACIÓN

Pon a calentar la leche y la nata en un cazo. Cuando esté a punto de hervir, apaga el fuego, retira el cazo, incorpora el queso y mezcla bien hasta que el queso se funda. Deja que la mezcla repose durante 3-4 minutos y baje de temperatura (no debe sobrepasar los 70 ºC). Añade las yemas de huevo y una pizca de sal. Mezcla los ingredientes con una varilla manual hasta que queden bien integrados. Reparte la mezcla en 4 recipientes, colócalos en una bandeja de horno y hornéalos a 100 ºC durante 40 minutos. Retíralos y deja que se enfríen.

Para preparar la confitura, funde la mantequilla en una sartén. Pela las cebollitas francesas, añádelas a la sartén y cocínalas a fuego suave-medio durante 4-5 minutos. Añade el azúcar y caramelízalas un poco. Vierte el vinagre y cocínalas a fuego suave durante 40 minutos. Retíralas y deja que se enfríen.

Espolvorea las cremas de queso con un poco de azúcar y caramelízalas con un soplete. Coloca 3 cebollitas en cada recipiente, salséalas y decóralos con unas hojas de perejil.

CONSEJO

La cebollita francesa es ideal como guarnición de carnes y pescados. También puedes usarla en sopas, guisos y, sobre todo, en asados, a los que aporta un toque original y exquisito.

QUESO FETA FRITO CON ANCHOAS Y VINAGRETA DE MIEL

INGREDIENTES (4 P.)

- 600 g de queso feta (en 4 porciones de 10 x 5 x 2 cm)
- 16 filetes de anchoa en aceite
- 30 g de pistachos pelados
- harina, huevo batido y pan rallado (para rebozar)
- aceite de oliva virgen extra
- perejil

Para la vinagreta:

- 4 yemas de huevo
- 100 g de mostaza de Dijon
- 50 g de miel
- puré de ajo cocido (de 1 cabeza de ajos)
- zumo de 1 limón
- 60 g de queso parmesano rallado
- 175 ml de aceite de oliva suave

ELABORACIÓN

Calienta una sartén sin aceite, introduce los pistachos y tuéstalos un poco. Retíralos a un plato y elimínales la piel que los envuelve.

Para preparar la vinagreta, pon las yemas en un vaso batidor junto con la mostaza, la miel, la pulpa de la cabeza de ajos cocida, el zumo de limón y el queso. Tritura los ingredientes con una batidora eléctrica. Vierte, poco a poco, el aceite y sigue triturando los ingredientes hasta conseguir una vinagreta homogénea. Resérvala.

Calienta una sartén con abundante aceite. Seca los trozos de queso feta con papel absorbente, pásalos por harina, huevo y pan rallado, introdúcelos (de dos en dos) en la sartén y fríelos por los dos lados.

Pon un poco de vinagreta en la base de los platos, coloca un trozo de queso en cada uno y salséalos con otro poco de vinagreta. Extiende 4 filetes de anchoa encima de los trozos de feta y salpícalos con los pistachos tostados. Decora los platos con unas hojas de perejil.

CONSEJO

Si te sobra algo de vinagreta, guárdala en un bote de cristal, introdúcela en el frigorífico y procura consumirla en 2 días.

SAMOSAS RELLENAS DE PISTO CON SALSA DE MANGO Y *CURRY*

INGREDIENTES (4 P.)

6 hojas de pasta filo
1 cebolleta
1 pimiento verde
½ pimiento morrón rojo
½ calabacín
½ berenjena
4 dientes de ajo
1 tomate
aceite de oliva virgen extra
1 cucharadita de garam masala
½ cucharadita de tomillo molido
½ cucharadita de romero molido
perejil
sal

Para la salsa de mango y curry:

1 mango maduro
1 cebolleta
1 cucharada de *curry* en polvo
200 ml de leche de coco
aceite de oliva virgen extra
pimienta
sal

ELABORACIÓN

Para preparar la salsa, calienta 2 cucharadas de aceite en un cazo. Corta la cebolleta en dados, introdúcela en el cazo y cocínala a fuego suave durante 5-6 minutos (sin que llegue a tomar color). Pela el mango, córtalo en dados y añádelo. Incorpora el *curry* y la leche de coco. Mezcla bien y cocina los ingredientes durante 5 minutos. Pasa los ingredientes al vaso batidor, salpiméntalos y tritúralos hasta que consigas una salsa homogénea.

Para hacer el relleno, calienta el wok con 3 cucharadas de aceite. Introduce los ajos (con piel) en el wok. Corta la cebolleta en dados y agrégala. Cocina las hortalizas a fuego suave durante 5 minutos. Retira el tallo y las semillas del pimiento verde y córtalo en dados. Pela el pimiento rojo y córtalo de la misma manera. Introdúcelos en el wok, sazona, mezcla bien y sigue cocinando las hortalizas a fuego medio durante 6-8 minutos.

Calienta una sartén con 2 cucharadas de aceite. Corta la berenjena y el calabacín en dados, introdúcelos en la sartén, sazónalos, rehógalos a fuego medio durante 6-8 minutos e incorpóralos al wok donde están las otras hortalizas. Retira los ajos, pélalos, aplástalos con un tenedor y resérvalos.

Pela el tomate, córtalo por la mitad, retírale las pepitas, córtalo en daditos, introdúcelo en la sartén donde has cocinado la berenjena y el calabacín y rehógalo a fuego fuerte durante 3 minutos. Incorpóralo al wok y mezcla bien. Agrega el garam masala, el romero y el tomillo, pon a punto de sal y remueve. Pasa la farsa a una fuente y deja que se enfríe. Añade los ajos y mezcla todo bien.

Corta las hojas de pasta filo a lo largo en 3 tiras. Extiende 1 tira sobre la encimera, pincélala con aceite y coloca una porción de pisto en uno de sus extremos. Dóblala (varias veces) sobre el relleno formando un triángulo. Repite el proceso con el resto de las tiras de pasta filo y el relleno hasta formar todas las samosas.

Calienta una sartén con abundante aceite, introduce las samosas en tandas y fríelas por los dos lados hasta que se doren. Retíralas y escúrrelas sobre una fuente cubierta con papel absorbente.

Sirve la salsa en el fondo de 4 platos, coloca 4 samosas encima de cada uno (sobrarán 2 para quien quiera repetir) y decóralos con unas hojas de perejil.

CONSEJO

Por suerte, cada vez es más sencillo encontrar mangos económicos y de calidad. A la hora de comprarlos, busca mangos maduros, aromáticos y que estén blandos al tacto.

TARTA DE TOMATES CHERRY CONFITADOS CON BURRATA Y PESTO DE ESPINACA

INGREDIENTES (4 P.)

1 lámina de hojaldre

500 g de tomates cherry

1 burrata (150 g)

1 cucharada de miel

2 cucharadas de aceite de oliva virgen extra

½ cucharadita de orégano seco

½ cucharadita de tomillo seco

perejil

sal

Para el pesto y para decorar:

60 g de espinacas frescas

15 g de perejil

100 g de queso parmesano rallado

40 g de pistachos pelados

1 pizca de pimentón

200 ml de aceite de oliva virgen extra

sal

ELABORACIÓN

Para preparar el pesto, pon las espinacas, las hojas de perejil, el queso, 30 g de pistachos, una pizca de sal y el aceite en una picadora. Tritura los ingredientes hasta que queden reducidos a una pasta y resérvala.

Calienta una sartén apta para el horno con 2 cucharadas de aceite. Lava los tomates cherry y añádelos. Agrega la miel, el tomillo, el orégano y una pizca de sal y cocina los tomates a fuego medio durante 8 minutos.

Cubre los tomates con la lámina de hojaldre y presiona los bordes. Pincha el hojaldre con una puntilla (cuchillo pequeño) para que la tarta pueda respirar. Introduce la sartén en el horno y hornea la tarta a 180 ºC durante 25 minutos.

Retira la sartén del horno, cúbrela con un plato, escurre el exceso de líquido y dale la vuelta.

Coloca la burrata en el centro de la tarta, hazle unos cortes por la parte superior y aderézala con el pesto. Salpícala con el resto de los pistachos picados (10 g), espolvoréala con el pimentón y decórala con unas hojas de perejil.

CONSEJO

Este pesto es diferente, con espinacas, perejil y pistachos, pero tan sabroso como el tradicional. Te animo a probar y a que crees tus propias mezclas.

AREPAS DE MAÍZ CON ENSALADILLA RUSA

INGREDIENTES (4 P.)

Para las arepas de maíz:

200 g de maíz en conserva (escurrido)

25 g de panela

80 g de harina de maíz precocida

20 g de mantequilla

100 g de queso *mozzarella* rallado

sal

Para la ensaladilla y para decorar:

350 g de mayonesa

2 patatas cocidas

1 zanahoria cocida

1 huevo cocido

50 g de aceitunas verdes

1 pepinillo en vinagre grande

4 lomos de ventresca de bonito en aceite

perejil

ELABORACIÓN

Para preparar las arepas, pon el maíz en un vaso batidor y tritúralo con una batidora eléctrica. Pasa el puré a un bol grande. Agrega 70 g de harina de maíz (reserva el resto), la panela, 10 g de mantequilla fundida y una pizca de sal y mezcla bien. Añade el queso y amasa hasta que quede integrado. Deja que la masa repose durante 10 minutos a temperatura ambiente.

Divide la masa en 4 porciones y espolvoréalas con un poco de la harina de maíz reservada. Redondéalas y aplástalas (golpeándolas y girándolas) teniendo cuidado de que no les salgan grietas, hasta que obtengas 4 arepas.

Calienta una plancha con el resto de la mantequilla, coloca encima las arepas y cocínalas por los dos lados hasta que se doren. Retíralas y deja que se enfríen sobre una rejilla.

Para preparar la ensaladilla, pela las patatas, córtalas en daditos y ponlas en un bol. Corta la zanahoria en cuartos de luna finos y agrégala. Pica el huevo en daditos e incorpóralo. Añade las aceitunas (en rodajas), el pepinillo (cortado en daditos) y la mayonesa, y mezcla bien.

Para servir, reparte las arepas en 4 platos, cúbrelas con la ensaladilla, pon 2 trozos de ventresca encima y espolvoréalas con un poco de perejil picado. Adorna los platos con unas hojas de perejil.

CONSEJO

La consistencia de la masa de las arepas puede variar en función de la cantidad de agua que tenga el maíz. Si utilizas maíz en conserva tendrá más agua que si utilizas maíz cocido de mazorca. Si la masa queda espesa, puedes aligerarla añadiendo 2 cucharadas de leche.

CREMA DE AGUACATE Y HUMMUS DE ACEITUNA NEGRA CON ENCURTIDOS

INGREDIENTES (4 P.)

8 rebanadas de pan tostado

200 g de garbanzos cocidos

100 g de aceitunas negras sin hueso

1 diente de ajo

zumo de 1 limón

50 ml de aceite de oliva virgen extra

perejil

2 cucharadas de tahín tostado

1 cucharadita de comino

sal

Para la crema de aguacate:

1 aguacate

1 huevo cocido

1 cucharada de yogur griego

½ lima

100 ml de aceite de oliva virgen extra

50 hojas de cilantro

sal

Para el aliño:

8 cebollitas en vinagre

8 aceitunas verdes sin hueso

8 guindillas verdes en vinagre

4 tomates deshidratados en aceite

75 ml de aceite de oliva virgen extra

perejil picado

ELABORACIÓN

Para preparar el hummus, pon los garbanzos, las aceitunas, el tahín, el diente de ajo (pelado y troceado), el zumo de limón, el comino, el aceite y una pizca de sal en una picadora. Tritura los ingredientes hasta que queden reducidos a una pasta. Introduce el hummus en una manga pastelera y resérvala.

Para la crema de aguacate, pela el aguacate, trocéalo y ponlo en una picadora. Agrega el huevo cocido, el zumo de la media lima y un poco de ralladura, el cilantro, el yogur, el aceite y una pizca de sal. Tritura los ingredientes hasta que consigas una crema homogénea e introdúcela en otra manga pastelera.

Para el aliño, corta las aceitunas, las cebollitas y las guindillas en vinagre en aros. Corta los tomates en daditos. Pásalo todo a un bol, agrega un poco de perejil picado y el aceite y mezcla bien

Para montar los pinchos, unta con una buena capa de hummus las tostadas de pan. Sirve encima un poco de crema de aguacate y aderézalas con el aliño.

Sirve 2 tostadas en cada plato y adórnalos con unas hojas de perejil.

CONSEJO

Aunque el hummus típico se hace con garbanzos, puedes sustituirlos por alubias o lentejas.

CARPACCIO DE TOMATE SOBRE CREMA DE ANACARDO CON VINAGRETA DE ANCHOAS

INGREDIENTES (4 P.)

4 tomates medianos

6 anchoas en aceite

4 guindillas en vinagre

40 g de lechugas variadas (limpias)

30 g de queso parmesano (en escamas)

125 ml de aceite de oliva virgen extra

2 cucharadas de vinagre de Módena

1 cucharadita de mostaza de Dijon

perejil

sal

Para la crema de anacardo:

260 g de anacardos (remojados desde la víspera)

1 limón

150 ml de agua

2 cucharadas de vinagre de manzana

sal

ELABORACIÓN

Para preparar la crema de anacardo, corta el limón por la mitad, exprímelo y pon el zumo en una picadora. Escurre los anacardos e incorpóralos a la picadora. Añade el vinagre de manzana, una pizca de sal y el agua. Tritura los ingredientes hasta que consigas una pasta homogénea y resérvala.

Para hacer la vinagreta, corta las anchoas finamente y ponlas en un bol. Corta las guindillas por la mitad a lo largo, retírales las semillas, córtalas finamente e incorpóralas al bol. Sazona y agrega la mostaza, el vinagre y el aceite, y bate los ingredientes con una varilla manual hasta que emulsionen.

Corta los tomates en rodajas finas.

Sirve la crema de anacardo en la base de 4 platos. Distribuye alrededor las rodajas de tomate y coloca en el centro las hojas de lechuga. Salpica los platos con las escamas de queso, aderézalos con la vinagreta y decóralos con unas hojas de perejil.

CONSEJO

El tomate se reseca con facilidad, por lo que te recomiendo cortarlos en rodajas (en *carpaccio*) justo antes de montar el plato.

ENSALADILLA DE PULPO

INGREDIENTES (4 P.)

4 patas de pulpo cocidas
3 patatas
5 huevos
1 cebolla morada
zumo de ½ limón
4 cucharadas de huevas de trucha
200 ml de aceite de oliva suave
3 cucharadas de aceite de oliva virgen extra
1 cucharada de pimentón
perejil
sal

ELABORACIÓN

Calienta agua en 2 cazuelas. Introduce las patatas en una y 4 huevos en la otra. Cuece los huevos durante 10 minutos y las patatas durante 35-40. Escurre las patatas y los huevos, pélalos y resérvalos.

Para hacer la mayonesa, pon 1 huevo en un vaso batidor y agrega el zumo de limón, el pimentón, el aceite suave y sal al gusto. Tritura los ingredientes con una batidora eléctrica hasta que emulsionen.

Pela la cebolla, córtala en daditos e introdúcela en un bol grande. Corta los huevos en daditos y añádelos. Corta las patatas de la misma manera y añádelas. Agrega la mayonesa, pon a punto de sal y mezcla bien.

Calienta una sartén grande con 3 cucharadas de aceite. Introduce las patas de pulpo y dóralas a fuego fuerte.

Para servir, coloca 1 aro cortapastas en un plato llano y rellénalo con la ensaladilla. Corta 1 pata de pulpo en trozos de bocado, repártelos sobre la ensaladilla y pon una cucharada de huevas de trucha en el centro. Monta otros 3 platos de la misma manera. Espolvoréalos con un poco de perejil picado y decóralos con unas hojas de perejil.

CONSEJO

Para que las patas de pulpo no pierdan la piel, es importante que no las muevas demasiado mientras las doras en la sartén.

ENSALADA DE ENDIBIAS Y PERA CON QUESO AZUL

INGREDIENTES (4 P.)

3 endibias

2 peras

30 g de rúcula (limpia)

100 g de queso azul de oveja

90 g de nueces peladas

90 g de azúcar

1 cucharada de mostaza a la antigua

1 cucharada de mostaza de Dijon

aceite de oliva virgen extra

perejil

ELABORACIÓN

Calienta un cazo con el azúcar. Agrega 20 ml de agua y las nueces y mezcla bien. Cuando veas que el agua y el azúcar se empiezan a secar, mantén el cazo al fuego y remueve bien las nueces hasta que queden caramelizadas. Pon un trozo de papel de horno sobre la encimera, extiende las nueces encima y deja que se enfríen.

Pon las mostazas en un bol grande. Vierte 3-4 cucharadas de aceite y mezcla bien. Pela las peras, retírales el corazón, córtalas en gajos finos, introdúcelos en el bol y mezcla bien. Incorpora la rúcula y vuelve a mezclar.

Corta la parte inferior de las endibias y suelta las hojas. Rellena las hojas de endivia con la mezcla de pera, mostaza y rúcula. Corta el queso en pequeñas lonchas y pon un trocito encima de cada hoja. Coloca 1-2 medias nueces (caramelizadas) en cada hoja.

Sirve 6 hojas de endivia en cada plato y decóralos con unas hojas de perejil.

CONSEJO

Las endibias se pueden preparar de muchas formas: crudas, cocidas, asadas, a la brasa, fritas... Sin embargo, si las consumes crudas, aprovecharás mejor todas sus propiedades nutritivas.

ENSALADA DE MELÓN ASADO CON JAMÓN Y TOMATE

INGREDIENTES (4 P.)

- 4 tajadas de melón
- 8 lonchas de jamón serrano
- 2 tomates maduros (pelados y sin semillas)
- 1 cebolla morada
- 40 g de hojas de rúcula
- 12 aceitunas verdes sin hueso
- aceite de oliva virgen extra
- 1-2 cucharadas de vinagre de Jerez
- perejil
- 10 hojas de albahaca
- 10 hojas de menta
- sal

ELABORACIÓN

Corta los tomates en daditos y ponlos en un bol grande. Corta la cebolla de la misma manera y agrégala al bol. Corta las aceitunas en aros e incorpóralas. Junta las hojas de albahaca y de menta, pícalas un poco y añádelas al bol. Sazona, vierte el vinagre y 4 cucharadas de aceite y mezcla bien.

Calienta una plancha con 1-2 cucharadas de aceite. Retira la piel de las tajadas de melón, extiéndelas sobre la plancha y cocínalas brevemente (por los dos lados) a fuego fuerte. Retíralas y corta cada tajada de melón en 4 trozos.

Sirve unas hojas de rúcula en la base de 4 platos, coloca encima los trozos de melón. Reparte en el centro de los platos la mezcla de tomate, aceitunas, cebolla y hierbas aromáticas. Corta las lonchas de jamón por la mitad y enróllalas formando una especie de flor. Pon 2 mitades en cada plato y decóralos con unas hojas de perejil.

CONSEJO

Las ensaladas, además de ser fáciles de preparar y fresquitas para comer, son una buena forma de incluir frutas y verduras en tu alimentación.

LIMÓN SERRANO CON GAMBAS

INGREDIENTES (4 P.)

3 naranjas
1 limón
140 g de chistorra
100 g de butifarra
4 lonchas de jamón ibérico
16 gambas
4 huevos
2 dientes de ajo
aceite de oliva virgen extra
perejil

ELABORACIÓN

Pela las naranjas y el limón en vivo (eliminándoles toda la piel blanca que envuelve los gajos). Córtalos en rodajas y extiéndelas, combinándolas, en 4 platos.

Calienta 2 cucharadas de aceite en una sartén. Retira la piel de la butifarra y de la chistorra e introdúcelas en la sartén. Desmenúzalas y rehógalas hasta que queden bien tostadas. Escúrrelas y repártelas sobre los cítricos.

Fríe los huevos en la misma sartén donde has rehogado la chistorra y la butifarra. Retíralos y pon uno en cada plato. Coloca encima las lonchas de jamón.

Calienta una sartén con 2 cucharadas de aceite. Pela los ajos, aplástalos, pícalos finamente e introdúcelos en la sartén. Pela las gambas (puedes congelar las cabezas y las cáscaras para hacer un caldo en otra ocasión), añádelas, saltéalas brevemente (30 segundos) y espolvoréalas con un poco de perejil picado. Sirve 4 gambas en cada plato y decóralos con unas hojas de perejil.

CONSEJO

El limón serrano clásico se elabora con cítricos, embutidos y huevos, pero admite otros alimentos. Hay recetas que llevan cordero, cabrito, atún en aceite o gambas, como esta.

ENSALADILLA DE GAMBAS CRUJIENTES CON MAYONESA DE AGUACATE

INGREDIENTES (4 P.)

200 g de gambas peladas
1 cebolla morada
1 pepino
4 rabanitos
2 patatas cocidas
1 mango
8 láminas de pasta wontón
aceite de oliva virgen extra
perejil
sal

Para la mayonesa de aguacate:

1 aguacate
1 huevo
30 hojas de cilantro fresco
1 cebolleta
2 guindillas verdes (frescas)
1 lima
200 ml de aceite de oliva virgen extra
sal

ELABORACIÓN

Para hacer la salsa, pon 1 huevo en un vaso batidor y agrega la pulpa del aguacate. Corta la cebolleta en 4 trozos e incorpórala. Retira el tallo y las semillas de las guindillas e introdúcelas en el vaso batidor. Agrega el cilantro, un poco de ralladura de la piel de la lima y el zumo de media lima. Vierte el aceite y una pizca de sal y tritura los ingredientes hasta que consigas una mayonesa homogénea.

Para hacer la ensaladilla, pela la cebolla y el pepino, córtalos en dados y ponlos en un bol grande. Pela las patatas, córtalas en dados e incorpóralas. Lava los rabanitos, córtalos en cuartos de luna finos y añádelos. Pela el mango, córtalo en dados y agrégalo al bol.

Calienta una sartén con aceite. Corta las láminas de wontón en triángulos, introdúcelos (en tandas) en la sartén y fríelos brevemente por los dos lados. Retíralos, escúrrelos sobre una fuente cubierta con papel absorbente y resérvalos.

Pon a calentar la sartén donde has frito los triángulos de wontón con 1-2 cucharadas de aceite. Corta las gambas en 3, sazónalas, introdúcelas en la sartén, saltéalas brevemente y añádelas al bol de la ensaladilla. Vierte la mayonesa en el bol y mezcla todo bien.

Sirve la ensaladilla y acompáñala con unos triángulos de wontón frito. Decora los platos con unas hojas de perejil.

CONSEJO

Hay quien opina que la ensaladilla debe tomarse fría, pero para mí lo ideal es prepararla y comerla al momento, a temperatura ambiente.

PURÉ DE BRÓCOLI CON FRITOS DE CALABAZA

INGREDIENTES (4 P.)

2 brócolis

2 cebolletas

2 dientes de ajo

1 patata

50 g de espinacas

1 l de caldo de verduras

1 yogur griego natural

aceite de oliva virgen extra

perejil

sal

Para los fritos de calabaza:

500 g de calabaza

3 lonchas finas de jamón ibérico

1 huevo

100 g de harina

1 cucharadita de levadura en polvo

1 cucharadita de ajo en polvo

1 cucharadita de pimentón picante

ralladura de ½ naranja

aceite de oliva (suave y virgen extra)

sal

ELABORACIÓN

Pela la calabaza, córtala en dados y ponlos en un recipiente apto para el horno. Sazónalos, riégalos con 2 cucharadas de aceite de oliva virgen extra y hornéalos a 180 ºC durante 40 minutos.

Calienta una cazuela con 2 cucharadas de aceite. Pela los dientes de ajo y trocéalos. Corta las cebolletas en dados. Introduce las hortalizas en la cazuela y rehógalas a fuego suave-medio durante 6-8 minutos. Pela la patata, trocéala (cascándola) y añádela. Separa el brócoli en ramilletes e introdúcelos en la cazuela. Vierte el caldo, sazona, tapa la cazuela y cocina los ingredientes durante 20 minutos. Introduce las hortalizas con parte del caldo de la cocción en el vaso batidor, agrega las espinacas y tritura los ingredientes hasta que consigas un puré homogéneo.

Pon los dados de calabaza en un bol grande y aplástalos bien con un majador de patatas. Pica las lonchas de jamón finamente e incorpóralas. Añade el huevo y mezcla bien. Incorpora la levadura, el ajo en polvo, el pimentón y la ralladura de naranja. Agrega la harina en tres tandas, sin dejar de mezclar. A medida que la vayas incorporando, remueve los ingredientes hasta que queden bien integrados.

Calienta abundante aceite de oliva suave en una sartén. Cuando esté caliente, introduce 2 cucharas en la sartén y úntalas con el aceite. Con la ayuda de las 2 cucharas, coge pequeñas porciones de la masa de calabaza, viértelas en la sartén y fríelas hasta que se doren. Retíralas y escúrrelas sobre una fuente cubierta con papel absorbente. Repite el proceso con el resto de la masa.

Reparte el puré de brócoli en 4 platos, coloca 3 fritos de calabaza en cada uno y salpica los platos con un poco de yogur griego. Decora con unas hojas de perejil.

CONSEJO

Para hacer la receta, te recomiendo que elimines la parte inferior del tallo de los brócolis, pero que mantengas el resto, porque aportará consistencia al puré.

SOPA DE SETAS CON CRUJIENTE DE QUESO

INGREDIENTES (4 P.)

350 g de champiñones
250 g de setas variadas (shimeji y ostra)
1 cebolleta
2 dientes de ajo
4 lonchas gruesas de beicon
200 g de queso parmesano rallado
1 l de caldo de verduras
1 rama de tomillo
aceite de oliva virgen extra
perejil
pimienta
sal

ELABORACIÓN

Enjuaga los champiñones en un bol con agua. Sécalos bien, córtalos en láminas finas y resérvalos.

Calienta 2 cucharadas de aceite en una cazuela grande. Corta la cebolleta en daditos e introdúcela en la cazuela. Pela los dientes de ajo, pícalos finamente y añádelos. Rehoga las hortalizas a fuego suave durante 4-5 minutos. Añade los champiñones, mezcla bien y cocínalos a fuego medio durante 5-6 minutos (dejando que primero se evapore el agua y que después empiecen a caramelizarse). Añade la rama de tomillo, una pizca de sal y el caldo de verduras. Cocina los ingredientes durante 15 minutos.

Retira la rama de tomillo, pasa los ingredientes al vaso batidor y tritúralos hasta que consigas una crema homogénea.

Calienta a fuego fuerte una sartén grande sin aceite. Introduce 4 montoncitos de queso, baja el fuego y espera a que el queso se funda. Dales la vuelta, cocínalos por el otro lado, retíralos a un plato y resérvalos. Repite el proceso con el resto del queso.

Calienta la misma sartén donde has hecho los crujientes de queso con 2 cucharadas de aceite. Corta el beicon en dados y dóralos un poco. Corta el tallo de las setas shimeji y añádelas a la sartén. Trocea las setas de ostra a mano, formando tiras, e incorpóralas. Saltea los ingredientes a fuego medio durante 3-4 minutos, salpimiéntalos y espolvoréalos con un poco de perejil picado.

Sirve la sopa en 4 platos y reparte encima la guarnición de setas y beicon. Acompaña las sopas con los crujientes de queso y decora los platos con unas hojas de perejil.

CONSEJO

El tomillo seco es muy intenso y es más apropiado para alimentos que tengan un sabor fuerte, especialmente para platos de carne. En cambio, el tomillo fresco tiene un sabor más suave y menos ahumado, por lo que no opacará el sabor de las setas.

SOPA DE LENTEJAS CON FLAN CREMOSO DE QUESO

INGREDIENTES (4 P.)

250 g de lentejas
200 g de panceta fresca
2 l de caldo de carne
1 cebolleta
1 zanahoria
2 dientes de ajo
40 g de mantequilla
50 ml de nata líquida
4 cucharadas de costrones de pan fritos
1 clavo de olor
10 hojas de cebollino
perejil
sal

Para el flan cremoso:

harina y mantequilla (para los moldes)
300 g de queso crema
4 lonchas de paletilla ibérica
1 yema de huevo
1 huevo
30 ml de nata

ELABORACIÓN

Para preparar los flanes, unta 4 moldes individuales de flan con mantequilla y espolvoréalos con un poco de harina.

Pon el queso crema en un bol, añade la nata, la yema y el huevo entero y mezcla los ingredientes con una varilla manual.

Calienta una sartén sin aceite. Corta la paletilla en daditos, introdúcelos en la sartén y saltéalos hasta que queden crujientes. Incorpóralos al bol. Introduce la mezcla en una manga pastelera y rellena las flaneras. Colócalas en un recipiente al baño maría y hornéalas a 130 ºC durante 20-30 minutos.

Para preparar la sopa de lentejas, calienta el caldo en una cazuela. Añade las lentejas, la panceta, la zanahoria (pelada), los ajos (sin pelar), la cebolleta con el clavo pinchado, un ramillete de perejil y una pizca de sal. Tapa y cocina las lentejas a fuego suave durante 45 minutos. Retira el ramillete de perejil, los ajos y el clavo. Saca la panceta y córtala en 4 trozos.

Añade la nata y la mantequilla a la cazuela de las lentejas y tritura los ingredientes con una batidora eléctrica. Calienta la mezcla durante 5 minutos a fuego medio.

Calienta una sartén sin aceite, extiende los trozos de panceta y dóralos por los dos lados.

Sirve la sopa en 4 platos y pon 1 flan y 1 trozo de panceta en cada uno. Corta las hojas de cebollino en trozos de 3 centímetros y salpica los platos. Reparte encima unos costrones de pan y decóralos con unas hojas de perejil.

ALCACHOFAS FRITAS CON ROMESCO

INGREDIENTES (4 P.)

8 alcachofas
aceite de oliva suave
perejil
sal

Para la salsa romesco:

375 g de tomates asados
50 g de ajos asados
20 g de pan frito
40 g de avellanas fritas
40 g de almendras fritas
30 g de pulpa de ñora o de pimiento choricero
5 ml de vinagre de Jerez
150 ml de aceite de oliva virgen extra
sal

ELABORACIÓN

Para preparar la salsa romesco, pon en un vaso batidor los tomates, los ajos, el pan, las avellanas, las almendras, la pulpa de ñora o de pimiento choricero, el vinagre y una pizca de sal. Tritura los ingredientes hasta que consigas una salsa homogénea. Vierte el aceite poco a poco y sigue triturando hasta que emulsione.

Calienta abundante aceite en una sartén. Pela las alcachofas (retirándoles 2-3 capas de hojas) y córtales las puntas. Córtalas en rodajas de 1 centímetro de grosor, introdúcelas en la sartén y fríelas brevemente por los dos lados. Retíralas, escúrrelas sobre una fuente cubierta con papel absorbente y sazónalas.

Reparte las alcachofas fritas y la salsa romesco en 4 platos y decóralos con unas hojas de perejil.

CONSEJO

Para que los tomates y los ajos tengan un asado perfecto, colócalos en una fuente apta para el horno y hornéalos a 180 °C durante 40 minutos.

CARPACCIO DE SETAS CON ALIÑO DE HIERBAS AROMÁTICAS AL LIMÓN

INGREDIENTES (4 P.)

- 5 champiñones portobello (limpios)
- 5 champiñones blancos (limpios)
- 1 limón
- 1 chalota
- 1 cucharada de alcaparras
- 12 avellanas
- 25 g de queso parmesano
- aceite de oliva virgen extra
- 2-3 ramas de tomillo fresco
- 6-8 hojas de albahaca fresca
- 4 ramas de orégano fresco
- perejil
- sal fina y flor de sal

ELABORACIÓN

Calienta una sartén. Aplasta las avellanas, introdúcelas en la sartén, añade 1 cucharadita de aceite y sazónalas. Tuéstalas un poco y deja que se enfríen.

Para preparar el aliño, ralla la piel del limón y ponla en un bote de cristal que tenga tapa. Corta el limón por la mitad, exprímelo y agrega el zumo al bote. Pica las alcaparras finamente y añádelas. Pela la chalota, córtala en daditos y agrégala al bote. Pica el tomillo, las hojas de albahaca y las hojas de orégano finamente e incorpóralas. Vierte 70 ml de aceite, tápalo y agita bien los ingredientes hasta que emulsionen.

Corta los champiñones (blancos y portobello) en láminas finas y extiéndelos, formando filas, en 4 platos. Sazónalos con flor de sal y aderézalos con el aliño. Ralla el queso encima y salpica los platos con las avellanas tostadas. Decora con unas hojas de perejil.

CONSEJO

Los champiñones portobello y blancos son perfectos para preparar un *carpaccio*, pero si tienes la oportunidad de conseguir boletos o amanitas cesáreas, el resultado será aún más sabroso.

BORRAJA SALTEADA CON JAMÓN Y QUESO *COTTAGE* AL ESTILO GRIEGO

INGREDIENTES (4 P.)

800 g de borraja fresca
3 dientes de ajo
4 lonchas de jamón ibérico
50 ml de vino blanco
aceite de oliva virgen extra
perejil
sal

Para aderezar:

400 g de queso *cottage*
4 tomates secos en aceite
1 cucharada de aceitunas negras sin hueso
1 cucharada de aceitunas verdes sin hueso
1 cucharada de alcaparras
6 hojas de menta
8 nueces peladas
½ cucharadita de pimentón ahumado

ELABORACIÓN

Calienta abundante agua en una cazuela grande y sazónala. Retira las hojas de la borraja, corta los tallos en trozos de unos 5 centímetros, lávalos bien y, cuando el agua hierva, introdúcelos en la cazuela. Tapa y cuece a fuego medio durante 10 minutos.

Pela los ajos y córtalos en daditos. Corta las lonchas de jamón de la misma manera.

Calienta 3 cucharadas de aceite en una sartén grande. Añade los ajos y rehógalos brevemente (sin que cojan color). Incorpora el jamón y fríelo brevemente. Mezcla bien, vierte el vino y dale un hervor fuerte para que se evapore el alcohol. Incorpora las borrajas y cocínalas a fuego fuerte durante 3-4 minutos.

Pon el queso *cottage* en un bol grande. Corta las aceitunas en rodajas finas y los tomates deshidratados en daditos e incorpóralos al bol. Pica las nueces, las alcaparras y las hojas de menta finamente y añádelas junto con el pimentón. Mezcla bien y reserva.

Reparte la borraja en 4 platos y pon una porción del aderezo de queso *cottage* encima de cada uno. Riégalos con un poco de aceite y decóralos con unas hojas de perejil.

CONSEJO

Fuera de Navarra, la Rioja y Aragón, la borraja no es muy conocida, pero puedes prepararla de la misma manera que las acelgas o las espinacas.

CARDO Y COLES DE BRUSELAS CON YEMA DE HUEVO Y PAPADA CURADA

INGREDIENTES (4 P.)

3 pencas de cardo

16 coles de Bruselas

6 lonchas de beicon

4 yemas de huevo

75 g de avellanas crudas

4 filetes finitos de papada ibérica curada

aceite de oliva virgen extra

perejil

sal

ELABORACIÓN

Calienta abundante agua con una pizca de sal en una cazuela. Limpia el cardo, retirándole los hilos, y córtalo en trozos de unos 5 centímetros. Cuando el agua empiece a hervir, introduce el cardo en la cazuela y cuécelo durante 10-12 minutos.

Calienta una sartén grande con 3 cucharadas de aceite. Corta las coles por la mitad, introdúcelas en la sartén y cocínalas a fuego medio durante 3-4 minutos. Aplasta las avellanas y pica el beicon, agrégalos a la sartén y saltéalos brevemente. Incorpora el cardo y rehógalo todo durante 3-4 minutos más.

Para que las yemas se templen, introdúcelas en un bol con agua templada.

Reparte las verduras en 4 platos y pon una yema (bien escurrida) en el centro de cada uno. Pasa los filetes de papada ibérica brevemente por la sartén y colócalos encima. Decora los platos con unas hojas de perejil.

CONSEJO

En esta receta las lonchas de papada ibérica se calientan en la sartén hasta que la grasa quede transparente. Si te gustan más tostadas, no dudes en dorarlas bien.

COLIFLOR CON SALSA HOLANDESA DE CECINA

INGREDIENTES (4 P.)

1 coliflor

4 lonchas de cecina

4 yemas de huevo

3 cucharadas de agua fría

1 cucharada de vinagre de Jerez

80 g de mantequilla

1 guindilla cayena

perejil

sal

CONSEJO

La coliflor se puede cocer en cazuela tradicional, en olla rápida, al vapor o incluso en el microondas. Sea cual sea el método de cocción elegido, lo importante es que la coliflor conserve todos sus nutrientes y que quede un poco al dente.

ELABORACIÓN

Calienta una cazuela con abundante agua y sazónala. Suelta la coliflor en ramilletes e introdúcelos en la cazuela. Tápala y cuécela durante 12-14 minutos. Retira la coliflor y escúrrela bien.

Corta las lonchas de cecina en daditos y resérvalos.

Para preparar la salsa holandesa, trocea la mantequilla, ponla en una cazuela y fúndela a fuego suave. Retira la espuma que se forma en la superficie.

Pon a calentar un poco de agua en un cazo, introduce un bol de manera que toque el agua (a baño maría) y agrega las yemas, el vinagre, el agua y la cayena (picada finamente). Monta las yemas con una batidora eléctrica de varillas. Retira el bol del cazo, vierte la mantequilla poco a poco (teniendo cuidado de no añadir el líquido que queda en el fondo de la cazuela) y sigue montando las yemas con la batidora eléctrica de varillas hasta que liguen. Añade la cecina al bol y mezcla suavemente.

Pon los ramilletes de coliflor en una bandeja de horno, nápalos con la salsa holandesa y gratínalos hasta que se doren un poco.

Sirve y decora los platos con unas hojas de perejil.

FALSO *RISOTTO* DE BONIATO

INGREDIENTES (4 P.)

2 boniatos (750 g)

1 cebolleta

2 dientes de ajo

100 g de mantequilla

110 g de queso Idiazábal rallado

50 g de queso mascarpone

300 ml de caldo de pollo

1 cucharadita de pimentón

pimienta

perejil

CONSEJO

Se recomienda pelar el boniato dos veces porque, si solo le quitamos la piel, el color naranja que queda tendrá un toque blanquecino. Al quitarle la segunda capa, el color será más intenso.

ELABORACIÓN

Funde 50 g de mantequilla en una tartera (cazuela amplia y baja). Retira la primera capa de la cebolleta, córtala en daditos e introdúcela en la tartera. Pela los dientes de ajo, aplástalos con la hoja del cuchillo, pícalos finamente e incorpóralos. Rehoga las hortalizas a fuego suave durante 5-6 minutos.

Pela los boniatos dos veces, córtalos en daditos e incorpóralos a la tartera. Vierte la mitad del caldo y cocínalos durante 5 minutos sin dejar de remover. Vierte el resto del caldo y cocínalos durante otros 2-3 minutos, sin dejar de remover. Incorpora el resto de la mantequilla (50 g), el queso mascarpone y 60 g de queso Idiazábal. Muele encima un poco de pimienta y remueve los ingredientes hasta que el falso *risotto* quede bien cremoso (1-2 minutos).

Para hacer las tejas de queso, calienta una sartén sin aceite. Pon el resto del queso Idiazábal (50 g) en un bol, añade el pimentón y un poco de pimienta recién molida y mezcla bien. Divide la mezcla en 4 porciones, ponlas sobre la sartén y cocínalas hasta que el queso se funda. Apaga el fuego y reserva las tejas de queso.

Reparte el falso *risotto* en 4 platos, espolvoréalos con un poco de perejil picado, coloca una teja de queso en cada uno y decóralos con unas hojas de perejil.

ZANAHORIAS Y BERENJENAS CARAMELIZADAS CON MANTEQUILLA DE AVELLANAS

INGREDIENTES (4 P.)

6 zanahorias

1 berenjena

125 g de mantequilla

2 cucharadas de miel de romero

25 g de avellanas

150 g de beicon

1 rama de romero

perejil

sal

CONSEJO

La mantequilla con avellanas resulta perfecta para cocinar cualquier pieza de carne, ya que le aporta un sabor intenso y un aroma a fruto seco muy especial.

ELABORACIÓN

Pela las zanahorias y la berenjena. Corta las zanahorias en 6 tiras a lo largo y la berenjena en bastones de 7 centímetros de largo y 1,5 de ancho. Calienta una sartén con 75 g de mantequilla. Cuando se funda y empiece a dorarse, introduce las hortalizas en la sartén y cocínalas a fuego suave durante 4-5 minutos.

Suelta las hojas de la rama de romero, pícalas un poco y añádelas a la sartén. Agrega una pizca de sal y la miel, y saltea las hortalizas brevemente. Cubre una bandeja de horno con papel de hornear, coloca las hortalizas encima y hornéalas (con aire) a 190 ºC durante 15 minutos.

Calienta el resto de la mantequilla en una sartén. Aplasta las avellanas con un cuchillo y tuéstalas hasta que se doren un poco.

Calienta una sartén mediana. Corta el beicon en tiras, introdúcelas en la sartén y fríelas hasta que se doren.

Reparte las hortalizas y las tiras de beicon en 4 platos. Aderézalos con la mezcla de mantequilla y avellanas, espolvoréalos con un poco de perejil picado y decóralos con unas hojas de perejil.

FLOR DE ALCACHOFA CON SABAYÓN Y AJO TIERNO

INGREDIENTES (4 P.)

8 alcachofas grandes
12 ajos frescos limpios
4 lonchas de beicon
6 yemas de huevo
150 g de queso mascarpone
aceite de oliva virgen extra
perejil
sal

CONSEJO

Si no quieres hacer el sabayón, puedes acompañar las flores con una vinagreta templada de chalota, tomate, aceite, vinagre y perejil.

ELABORACIÓN

Calienta abundante agua en una cazuela. Corta el tallo (muy poco, ya que, si los cortas demasiado, la alcachofa se desmoronará) y la parte superior de las alcachofas. Introdúcelas en la cazuela, añade unas ramas de perejil, sazónalas, tápalas y cuécelas durante 10 minutos a partir del momento en que el agua empiece a hervir.

Sácalas, escúrrelas bien y retírales las hojas exteriores. Abre las hojas de las alcachofas, poco a poco, hasta llegar al centro. Cuando las hayas abierto del todo y formen una flor, aplástalas suavemente con una espátula.

Calienta una sartén con 2 cucharadas de aceite, coloca encima las alcachofas (de dos en dos), dóralas un poco, retíralas y repártelas en 2 bandejas de horno (pon 4 flores en cada una).

Calienta una sartén con 1 cucharada de aceite. Corta el beicon en tiras e introdúcelas en la sartén. Corta los ajos frescos del mismo tamaño y agrégalos a la sartén. Rehógalos a fuego suave hasta que se doren un poco (4-5 minutos).

Pon las yemas y una pizca de sal en un bol e introdúcelo en una cazuela al baño maría. Monta las yemas con una batidora de varillas eléctrica hasta que blanqueen. Retira el bol de la cazuela, incorpora el mascarpone en tres tandas y sigue batiendo los ingredientes hasta que queden bien integrados. Agrega el beicon y los ajos tiernos, mezcla suavemente y napa las alcachofas con el sabayón. Gratínalas en el horno hasta que se doren.

Sirve 2 alcachofas en cada plato y decóralos con unas hojas de perejil.

NUGGETS DE TOFU CON ROMESCO DE REMOLACHA

INGREDIENTES (4 P.)

525 g de tofu (2 trozos)
300 g de bebida de soja
1 cucharada de mostaza
1 cucharada de vinagre
120 g de harina de trigo
120 g de harina de maíz refinada
10 g de pimentón dulce
10 g de *curry*
5 g de ajo en polvo
aceite de oliva suave
perejil
sal

Para el romesco de remolacha:

2 remolachas peladas y asadas
3 tomates pera pelados y asados
1 cebolleta asada
1 cabeza de ajos asada
35 g de almendras peladas
35 g de avellanas peladas
25 g de pulpa de pimiento choricero
15 ml de vinagre
100 ml de aceite de oliva virgen
sal

ELABORACIÓN

Para hacer la salsa romesco, calienta una sartén sin aceite, agrega las almendras y las avellanas, y tuéstalas a fuego medio hasta que se doren un poco.

Pon las remolachas, la cebolleta, los tomates y la pulpa de los ajos en el vaso batidor (con el jugo que hayan soltado durante el asado) y añade el vinagre, la pulpa del pimiento choricero, una pizca de sal y los frutos secos. Tritura los ingredientes, vierte el aceite poco a poco y sigue triturándolos hasta que quede una pasta homogénea. Reserva la salsa romesco.

Para preparar el tofu, envuelve los 2 trozos de tofu con papel absorbente. Colócalos sobre un plato rectangular y presiónalos cubriéndolos con otros 3 platos del mismo tamaño. De esta manera, conseguirás eliminar todo el líquido que contiene el tofu.

Pon la bebida de soja, la mostaza, el vinagre y una pizca de sal en un bol grande y mezcla los ingredientes con una varilla manual.

Mezcla en otro bol las harinas (de trigo y de maíz refinada), el *curry*, el pimentón, el ajo en polvo y una pizca de sal.

Corta el tofu en cuadrados. Introdúcelos en el bol de los líquidos (donde está la bebida de soja, la mostaza y el vinagre) para que se empapen bien en la mezcla. A continuación, introdúcelos en el bol de los sólidos (donde están las harinas, el *curry*, el pimentón y el ajo en polvo). Para que el tofu tenga una capa más crujiente, pásalo de nuevo por los líquidos y por los sólidos.

Calienta una sartén con abundante aceite de oliva suave. Introduce los cuadrados de tofu y fríelos (en tandas) por los dos lados hasta que queden dorados. Escúrrelos sobre una fuente cubierta con papel absorbente.

Reparte la salsa romesco en 4 platos y coloca encima los cuadraditos de tofu. Espolvorea los platos con un poco de perejil picado y decóralos con unas hojas de perejil.

CONSEJOS

1. Para hornear las remolachas te recomiendo pelarlas y, a continuación, cortarlas en cuartos. De esta manera reducirás el tiempo del horneado.
2. Para preparar el romesco lo mejor es que utilices remolacha cruda, en manojos, ya que envasada pierde bastantes propiedades.

PASTEL DE SETAS CON CREMA DE CHISTORRA

INGREDIENTES (8 P.)

Para el pastel:

500 g de setas shitake
1 cebolleta
1 diente de ajo
500 ml de nata líquida
5 huevos
harina (para el molde)
aceite de oliva virgen extra
perejil
pimienta
sal

Para la crema de chistorra:

100 g de chistorra
1 cebolleta
100 ml de caldo
100 ml de nata líquida
aceite de oliva virgen extra
sal

Para saltear las setas:

300 g de setas shimeji (marrones y blancas)
2 dientes de ajo
aceite de oliva virgen extra
1 cucharadita de perejil picado
sal

ELABORACIÓN

Para preparar el pastel, calienta una sartén grande con 2 cucharadas de aceite. Corta la cebolleta en daditos e introdúcela en la sartén. Pela el diente de ajo, pícalo finamente e incorpóralo. Rehoga las hortalizas a fuego medio durante 5-6 minutos. Corta las setas shitake en rodajas, incorpóralas a la sartén, sazónalas y cocínalas a fuego medio durante 6-8 minutos.

Pon la nata en el vaso batidor. Casca los huevos y añádelos. Salpimienta la mezcla, incorpora las setas y las hortalizas y tritura todo bien.

Unta un molde con un poco de aceite, cúbrelo con un trozo grande de papel de horno (dejando que cuelgue una pestaña por cada lado) y espolvoréalo con un poco de harina. Vierte la mezcla en el molde y hornéala a 130 ºC durante 40 minutos. Retira el pastel del horno y deja que se enfríe. Desmóldalo y córtalo en 8 porciones.

Para preparar la crema de chistorra, calienta una sartén con 2 cucharadas de aceite. Corta la cebolleta en juliana e incorpórala. Corta la chistorra en rodajas, agrégala y cocínala a fuego medio durante 5-6 minutos. Vierte el caldo y la nata. Sazona y cocina todo a fuego medio durante 10 minutos. Pasa la mezcla a un vaso batidor y tritúrala con una batidora eléctrica. Cuélala y resérvala.

Para saltear las setas, calienta otra sartén con 3 cucharadas de aceite. Pela los ajos, pícalos finamente e introdúcelos en la sartén. Agrega las setas, sazónalas, saltéalas a fuego medio-alto durante 4-5 minutos y espolvoréalas con un poco de perejil picado.

Sirve la crema de chistorra en el fondo de 8 platos, coloca un trozo de pastel (cortado por la mitad) en cada uno y salpícalos con las setas salteadas. Decora los platos con unas hojas de perejil.

CONSEJO

La seta shimeji aporta proteínas, fibra, vitaminas del grupo B y minerales como hierro y potasio. Además, tiene un bajo contenido en calorías y grasa, lo que la convierte en una opción saludable para añadir a tus platos.

VERDURAS ASADAS CON CAMEMBERT FUNDIDO

INGREDIENTES (4 P.)

2 cebolletas
2 tomates en rama
1 berenjena
1 zanahoria
1 pimiento verde
400 g de calabaza
1 brócoli
1 queso camembert (235 g)
1 diente de ajo
aceite de oliva virgen extra
perejil
sal

Para la vinagreta griega:

7 aceitunas verdes sin hueso
7 aceitunas negras sin hueso
4 tomates deshidratados en aceite
20 g de uvas pasas
10 hojas de albahaca
1 limón
aceite de oliva virgen extra
sal

ELABORACIÓN

Corta las cebolletas en rodajas gruesas y ponlas en un bol. Corta los tomates en 4 gajos e introdúcelos en el bol. Corta la berenjena en cuartos de luna gruesos e incorpóralos. Pela la zanahoria, córtala en medias lunas gruesas y añádelas. Retira el tallo y las semillas del pimiento, córtalo en 8 trozos y agrégalo. Pela la calabaza, córtala en triángulos e introdúcela en el bol. Suelta el brócoli en ramilletes e incorpóralos al bol. Sazona las hortalizas, riégalas con 5 cucharadas de aceite y remuévelas hasta que queden bien impregnadas.

Pasa las hortalizas a una fuente grande apta para el horno y hornéalas a 190 ºC durante 25 minutos.

Coloca el queso en un recipiente apto para el horno. Pela el diente de ajo, córtalo en 6 trozos (a lo largo) e introdúcelos dentro del queso. Hornéalo a 190 ºC durante 15 minutos y sigue cocinando las verduras durante 15 minutos más.

Para preparar la vinagreta, pica las aceitunas en rodajas finas y ponlas en un bol. Corta los tomates en daditos y añádelos. Ralla la piel del limón encima. Corta el limón por la mitad, exprímelo y vierte el zumo al bol. Pica las pasas y agrégalas. Corta las hojas de albahaca finamente e incorpóralas al bol. Sazona, riega los ingredientes con 3 cucharadas de aceite y mezcla bien.

Sirve las verduras alrededor de una fuente grande y coloca el queso en el centro. Adereza las verduras con la vinagreta y decora el queso con unas hojas de perejil.

CONSEJO

A la hora de asar verduras, te recomiendo que las extiendas en una fuente suficientemente grande y las remuevas de vez en cuando para que se vayan cocinando de manera uniforme.

POKE BOWL DE QUINOA Y VERDURAS

INGREDIENTES (4 P.)

350 g de quinoa
250 g de tofu
100 ml de salsa de soja
1 zanahoria
1 mango
1 pepino
1 rama de apio
1 aguacate
1 plátano macho
4 cucharadas de granos de edamame
4 cucharadas de brotes de cebolla negra
2 cucharadas de alga wakame deshidratada (picada)
1 cucharada de semillas de sésamo
aceite de oliva suave
perejil
sal

Para la salsa:

1 lima
1 cucharada de agua
unas gotas de salsa picante
1 cucharada de salsa de soja
2 cucharadas de mantequilla de cacahuete natural
1 cucharada de ajo en polvo
4 cucharadas de aceite de oliva virgen extra

ELABORACIÓN

Lava la quinoa bajo el grifo de agua fría. Calienta agua (el doble que de quinoa) en una cazuela, sazónala e introduce la quinoa. Tápala y cuécela durante 10 minutos a partir del momento en que el agua empiece a hervir. Deja que repose durante otros 5 minutos.

Corta el tofu en dados y ponlos en un bol. Cúbrelos con la salsa de soja y déjalos marinando durante 15 minutos como mínimo. Escurre el tofu y resérvalo.

Pela la zanahoria, el mango y el pepino. Corta la zanahoria y el pepino en rodajas finas y el mango en dados. Limpia la rama de apio y córtala en bastones finos. Pela el aguacate y córtalo en lonchas finas.

Calienta una sartén con abundante aceite. Pela el plátano, córtalo en lonchas finas, introdúcelas en la sartén y fríelas hasta que se dore. Retíralas, escúrrelas sobre una fuente cubierta con papel absorbente y sazónalas.

Retira casi todo el aceite de la sartén. Introduce los dados de tofu y saltéalos durante 5-6 minutos hasta que se doren un poco.

Calienta una sartén sin aceite. Añade el sésamo y tuéstalo brevemente (1 minuto). Agrega el alga wakame y saltéalo todo junto durante 3-4 minutos.

Para la salsa, ralla la piel de la lima en un bol. Agrega el agua, la salsa picante, el ajo en polvo, la salsa de soja, la mantequilla de cacahuete y el aceite y mezcla bien.

Reparte la quinoa en la base de 4 cuencos. Reparte por encima los bastones de apio, las rodajas de zanahoria, los dados de mango, las rodajas de pepino, los granos de edamame, las lonchas de aguacate, las rodajas de plátano, los brotes de cebolla y los dados de tofu. Espolvorea los cuencos con la mezcla de sésamo y wakame tostados, alíñalos con la salsa y decóralos con unas hojas de perejil.

CONSEJO

La quinoa es un alimento muy completo a nivel nutricional. Está especialmente indicada para los vegetarianos y veganos, ya que es una excelente fuente de proteínas.

GARBANZOS CON *PAK CHOI*

INGREDIENTES (4 P.)

500 g de garbanzos pequeños (remojados desde la víspera)
1 cebolleta
1 puerro
3 dientes de ajo
1 tomate maduro
125 g de tocino fresco
1 trozo pequeño de hueso de jamón
1 *pak choi* (grande)
aceite de oliva virgen extra
perejil
1 cucharadita de pimentón
pimienta
sal

Para el aderezo:

1 limón
1 chile picante fresco
1 trozo de 3 cm de jengibre fresco
30 hojas de cilantro fresco
aceite de oliva virgen extra

ELABORACIÓN

Calienta la olla rápida con 3 cucharadas de aceite. Corta la cebolleta en dados. Pela los ajos y pícalos finamente. Limpia el puerro y córtalo en cuartos de luna finos. Introduce las hortalizas en la olla, sazona y rehógalas a fuego medio durante 8-10 minutos. Lava el tomate, córtalo por la mitad, rállalo, incorpóralo a la olla y cocínalo durante 2 minutos. Agrega el tocino, el hueso y el pimentón y mezcla bien.

Escurre los garbanzos e introdúcelos en la olla. Cúbrelos con agua caliente (deja 2 dedos de agua por encima) y agrega 6-8 ramas de perejil. Cierra la olla y cocina los garbanzos durante 30-35 minutos. Abre la olla, saca el tocino, córtalo en 4 trozos y resérvalo.

Para el aderezo: lava el limón, rállale la piel y ponla en un bol. Pica las hojas de cilantro finamente e incorpóralas al bol. Corta el chile en daditos y añádelo. Pela el jengibre, rállalo y añádelo. Vierte 4 cucharadas de aceite y mezcla bien.

Calienta el wok con 1 cucharada de aceite. Corta el *pak choi* en juliana (a lo largo, tanto el tallo como las hojas), introdúcelo en el wok, tápalo y cocínalo a fuego medio durante 3-4 minutos. Salpimiéntalo, tápalo de nuevo y cocínalo durante 2 minutos más. Destápalo y saltéalo durante 5 minutos. Agrega ¾ partes del aderezo al *pak choi* y mezcla bien.

Reparte los garbanzos en 4 platos y pon una porción de *pak choi* y un trozo de tocino en el centro de cada uno. Riega la carne con el resto del aderezo y decora los platos con unas hojas de perejil.

CONSEJOS

1. Hoy en día, podemos encontrar *pak choi* en muchos sitios, desde supermercados hasta tiendas de productos orientales. Se puede consumir cocido o crudo en ensalada. En la cocina china y coreana también es común tomarlo encurtido como aperitivo.
2. Después de manipular el chile, es muy importante que te limpies las manos muy bien, pero sin frotarlas demasiado, porque el picante puede penetrar bajo las uñas.

GARBANZOS CON REVUELTO DE BACALAO

INGREDIENTES (4 P.)

500 g de garbanzos cocidos
75 ml del agua de la cocción de los garbanzos
400 g de bacalao desalado desmigado
1 zanahoria
3 cebolletas
5 dientes de ajo
1 tomate
150 g de espinacas frescas
2 pimientos verdes
4 huevos
aceite de oliva virgen extra
perejil
pimienta
sal

ELABORACIÓN

Para preparar los garbanzos, calienta un wok con 2 cucharadas de aceite. Corta 1 cebolleta en daditos e introdúcela en el wok. Pela la zanahoria, córtala de la misma manera y añádela. Pela 1 diente de ajo, pícalo finamente e incorpóralo. Cocina las hortalizas a fuego medio durante 10 minutos. Ralla el tomate, agrégalo, sazona y cocina todo durante 10 minutos más. Añade los garbanzos y el caldo de su cocción. Corta las espinacas en dados, incorpóralas y cocina los ingredientes durante 2-3 minutos.

Para preparar el revuelto, calienta una sartén grande con 3 cucharadas de aceite. Pela los otros 4 dientes de ajo, córtalos en láminas e introdúcelos en la sartén. Corta las otras 2 cebolletas en juliana fina y añádelas. Retira el tallo y las semillas de los pimientos, córtalos en rodajas finas e incorpóralos. Rehoga las hortalizas a fuego medio durante 15 minutos. Agrega el bacalao, mezcla bien y cocina todo durante 2 minutos.

Casca los huevos sobre la sartén donde está el bacalao con la fritada. Cocínalos, removiendo las claras y procurando que las yemas no se rompan.

Para servir, reparte el guiso de garbanzos y espinacas en 4 platos hondos. Coloca en el centro el revuelto de claras y bacalao y 1 yema en cada uno. Salpimienta y decora los platos con unas hojas de perejil.

CONSEJO

Si te gusta el picante, puedes añadir 1 guindilla cayena a cualquiera de las dos fritadas de hortalizas (la de los garbanzos o la del revuelto).

GRATÍN DE HABITAS CON CRUJIENTE DE IBÉRICOS Y SALSA HOLANDESA

INGREDIENTES (4 P.)

600 g de habitas frescas (desgranadas)

1 cebolleta

1 diente de ajo

200 ml de caldo de verduras

aceite de oliva virgen extra

perejil

sal

Para el crujiente de ibéricos:

4 lonchas de panceta ibérica curada

2 lonchas grandes de jamón ibérico

20 g de piñones

aceite de oliva virgen extra

Para la salsa holandesa:

4 yemas de huevo

100 g de mantequilla

1 cucharada de *txakoli*

pimienta

sal

ELABORACIÓN

Para guisar las habas, calienta un wok con 3-4 cucharadas de aceite. Corta la cebolleta en daditos e introdúcela en el wok. Pela el diente de ajo, pícalo finamente e incorpóralo. Rehoga las hortalizas a fuego suave-medio durante 5 minutos. Agrega las habitas, sazónalas, vierte el caldo y cocínalas a fuego medio durante 10 minutos. Espolvoréalas con una cucharadita de perejil picado.

Para el crujiente de ibéricos, calienta una sartén con 2 cucharadas de aceite. Corta la panceta y el jamón en daditos e introdúcelos en la sartén. Incorpora los piñones y rehoga todo a fuego medio durante 4-5 minutos. Retira la mezcla, escúrrela sobre una fuente cubierta con papel absorbente y resérvala para el emplatado.

Para preparar la salsa holandesa, pon la mantequilla en un cazo y fúndela a fuego suave. Retírale la espuma que sube a la parte superior. Pon las yemas y una pizca de sal en un bol al baño maría. Vierte el *txakoli* y bate los ingredientes con una batidora de varillas eléctrica. Cuando empiecen a montar, vierte poco a poco la mantequilla fundida y sigue batiendo hasta que los ingredientes queden bien integrados. Muele encima un poco de pimienta y mezcla bien.

Reparte las habas en 4 cuencos aptos para el horno, nápalas con la salsa holandesa, ponlas en una bandeja y gratínalas en el horno hasta que la salsa holandesa esté dorada. Reparte el crujiente de ibéricos en los 4 recipientes y decóralos con unas hojas de perejil.

CONSEJO

La salsa holandesa se consume templada o caliente. Como no se puede recalentar, es importante que la prepares en el momento en que la vayas a consumir.

ALUBIAS BLANCAS CON SUS SACRAMENTOS

INGREDIENTES (4 P.)

400 g de alubias blancas (remojadas desde la víspera)
3 zanahorias
1 cebolleta
1 cabeza de ajos
2 patatas
aceite de oliva virgen extra
perejil
sal

Para los sacramentos:

125 g de chistorra
150 g de morcilla de arroz
125 g de beicon
1 solomillo de cerdo
1 cebolla
aceite de oliva virgen extra

ELABORACIÓN

Escurre las alubias, ponlas en una olla rápida y cúbrelas con agua (1-2 dedos por encima). Pela las zanahorias, córtalas por la mitad e introdúcelas en una red de cocina. Agrega la cebolleta y la cabeza de ajos entera (sin pelar). Cierra la red e introdúcela en la olla. Sazona, cierra la olla y cuece las alubias durante 10-12 minutos.

Cuando la válvula baje, abre la olla. Retira la cabeza de ajos, pélala y ponla en un vaso batidor. Pasa las demás hortalizas al vaso, agrega un cazo del caldo de las alubias y tritúralas con una batidora eléctrica hasta conseguir un puré homogéneo. Vierte el puré sobre las alubias y remueve la olla hasta que los ingredientes se integren. Prueba y pon a punto de sal.

Calienta una sartén con abundante aceite. Pela las patatas, córtalas en dados, introdúcelas en la sartén y fríelas hasta que se hagan por dentro y se doren por fuera. Escúrrelas sobre una fuente cubierta con papel absorbente. Añade las patatas a la olla, espolvoréalas con un poco de perejil picado y mezcla suavemente. Retira el aceite a un bol y resérvalo para otra ocasión.

Para preparar los sacramentos, calienta una sartén con 2 cucharadas de aceite. Pela la cebolla, córtala en dados y rehógala a fuego medio durante 6-8 minutos.

Corta el beicon en daditos. Retira la piel de la morcilla y de la chistorra. Corta el solomillo en dados. Agrega las carnes a la sartén y rehógalas a fuego medio durante 8-10 minutos, removiéndolas de vez en cuando y aplastando la morcilla y la chistorra.

Para servir, pon un aro de emplatar en el centro de un plato, llénalo con los sacramentos y coloca las alubias alrededor. Retira el aro y monta otros 3 platos de la misma manera. Decóralos con unas hojas de perejil.

CONSEJO

Recuerda que el tiempo de cocción de las alubias puede variar en función de la variedad que uses.

ARROZ NEGRO CON BACALAO MANTECADO

INGREDIENTES (4 P.)

Para el arroz:

300 g de arroz de grano redondo

750 ml de caldo de pollo (caliente)

1 cebolleta

1 pimiento verde

2 dientes de ajo

4 cucharadas de tomate natural triturado

60 ml de vino blanco

1 cucharada de tinta de chipirón

aceite de oliva virgen extra

perejil

sal

Para el bacalao mantecado:

2 lomos de bacalao desalado (600 g)

300 ml de aceite de oliva virgen extra

4 dientes de ajo

200 ml de leche

3 ramas de tomillo

ELABORACIÓN

Para preparar el arroz, calienta 3 cucharadas de aceite en una tartera (cazuela amplia y baja). Retira el tallo y las semillas del pimiento y córtalo en daditos. Corta la cebolleta de la misma manera. Agrega las hortalizas a la tartera. Pela los dientes de ajo, córtalos finamente y añádelos. Sazona y rehoga todo a fuego medio durante unos 10 minutos. Incorpora el tomate triturado y cocínalo brevemente. Vierte el vino y cocínalo hasta que reduzca. Agrega la tinta y el arroz y mezcla bien. Sazona, vierte el caldo de pollo (el doble y un poco más que de arroz) y cocínalo durante 15 minutos: los primeros 5 minutos a fuego fuerte, los 5 siguientes a fuego suave y los 5 últimos a fuego fuerte. Apaga el fuego, tapa el arroz con un paño limpio y deja que repose durante 5 minutos.

Para preparar el bacalao mantecado, pela 2 dientes de ajo, córtalos en láminas y ponlos en una cazuela. Agrega las ramas de tomillo y la leche y dale un hervor. Apaga el fuego, corta los lomos de pescado por la mitad, retirándoles las espinas centrales. Introdúcelos (con la piel hacia abajo) en la cazuela, tápala y deja que el bacalao infusione con los sabores de la leche, los ajos y el tomillo. Retira los trozos de bacalao a un plato, quítales la piel, pásalos a una jarra grande y resérvalos.

Vierte el aceite en un cazo. Pela los otros 2 dientes de ajo, córtalos en láminas e introdúcelos en el cazo. Fríelos a fuego medio para que el aceite quede bien aromatizado. Retíralos a un plato cubierto con papel absorbente y resérvalos. Deja que el aceite se temple y pásalo a una jarrita.

Tritura el bacalao que está en la jarra con una batidora eléctrica. Vierte el aceite aromatizado poco a poco y sigue triturando hasta que consigas una mezcla homogénea.

Reparte el arroz en la base de 4 platos y pon una porción de bacalao mantecado encima de cada uno. Decora los platos con los ajos laminados, un poco de perejil picado y unas hojas de perejil.

CONSEJO

La tinta de chipirón se utiliza para dar color a diferentes platos. Son muy típicos los arroces negros y los calamares en su tinta, pero te recomiendo que pruebes con, por ejemplo, fideos, sopas o patatas.

LINGUINE A LA CREMA

INGREDIENTES (4 P.)

350 g de *linguine*

7 tomates deshidratados en aceite

100 g de mantequilla

5 dientes de ajo

6 lonchas de beicon

80 g de queso cremoso (de untar)

240 ml de leche

600 ml de caldo de pollo

50 g de queso parmesano rallado

30 hojas de albahaca fresca

perejil

pimienta

sal

ELABORACIÓN

Pon la mantequilla a fundir en una tartera (cazuela amplia y baja). Corta las lonchas de beicon en tiritas e introdúcelas en la tartera. Pela los dientes de ajo, córtalos en láminas, añádelos y rehógalos a fuego suave-medio hasta que empiecen a dorarse.

Corta los tomates en juliana y agrégalos. Pica la mitad de las hojas de albahaca finamente e incorpóralas. Añade el queso cremoso y la leche y mezcla bien. Vierte ¾ partes del caldo y espera a que hierva. Introduce la pasta, pon a punto de sal y cocínala en la salsa durante el tiempo que indique el paquete. Si observas que la salsa se seca, añade el resto del caldo.

Sirve la pasta en 4 platos y muele un poco de pimienta encima de cada uno. Espolvoréalos con el queso parmesano y salpícalos con el resto de las hojas de albahaca troceadas. Decora los platos con unas hojas de perejil.

CONSEJO

En esta receta de *linguine* la salsa se cocina con la pasta, por lo que solo necesitarás una tartera y, además, la pasta tendrá mucho más sabor.

ÑOQUIS DE ESPINACA RELLENOS DE QUESO A LA CARBONARA

INGREDIENTES (4 P.)

2 patatas cocidas (350 g)

100 g de espinacas frescas

2 yemas de huevo

100 g de harina tamizada + 30 g para estirar

70 g de queso parmesano en polvo

150 g de queso curado de cabra

nuez moscada

perejil

sal

Para la carbonara:

6 yemas de huevo

120 g de queso parmesano en polvo

150 g de panceta adobada

2 cucharadas de aceite de oliva virgen extra

pimienta

ELABORACIÓN

Corta el queso de cabra en daditos y resérvalos.

Pela las patatas, trocéalas y pásalas por el pasapurés sobre un bol.

Calienta abundante agua en un cazo. Introduce las espinacas y cuécelas durante 2-3 minutos. Escúrrelas bien, deja que se templen, pásalas a la tabla, pícalas finamente y agrégalas al bol de las patatas. Ralla encima un poco de nuez moscada, añade el parmesano en polvo, la harina tamizada, 2 yemas y una pizca de sal. Amasa los ingredientes hasta que queden bien integrados.

Espolvorea la encimera con un poco de harina, pon encima la masa de los ñoquis y divídela en 4 trozos. Forma 4 cilindros largos (rulos) y córtalos en trozos de unos 3 centímetros. Introduce un dado de queso en el centro de cada trozo y redondéalos envolviendo el queso con la masa de patata.

Calienta abundante agua en una cazuela grande. Cuando empiece a hervir, sazónala, introduce los ñoquis poco a poco y cuécelos a fuego medio hasta que suban a la superficie (unos 5 minutos). Mantenlos en el agua durante 30 segundos, retíralos, escúrrelos, repártelos en 4 platos y resérvalos. Reserva también el agua de la cocción.

Para preparar la carbonara, calienta una sartén con 2 cucharadas de aceite. Corta la panceta en tiras, introdúcelas en la sartén y fríelas hasta que se doren bien. Retíralas a un plato y resérvalas.

Pasa la grasa de la sartén a un bol grande, añade el queso parmesano, las 6 yemas y 100 ml del agua de la cocción de los ñoquis. Muele encima un poco de pimienta y mezcla bien.

Adereza los ñoquis con la salsa carbonara y distribuye encima las tiras de panceta. Decora los platos con unas hojas de perejil.

CONSEJO

Al preparar los ñoquis, es importante que elijas una variedad de patata adecuada para puré, pero que no absorba demasiada agua. Lo ideal es que, al triturarla, obtengas una textura algo harinosa. De lo contrario, la masa será muy difícil de manejar. La patata monalisa funciona muy bien.

FIDEOS CHINOS FRITOS CON TERNERA

INGREDIENTES (4 P.)

600 g de entrecot de ternera

400 g de fideos orientales de trigo

1 cebolla blanca

1 pimiento rojo

2 zanahorias

4 dientes de ajo

250 g de brócoli (en ramilletes)

1 trozo de jengibre fresco pelado

15 hojas de cebollino picadas

1 cucharada de semillas de sésamo

aceite de oliva virgen extra

perejil

sal

Para marinar:

2 cucharadas de harina de maíz refinada

6 cucharadas de salsa de soja

1 cucharada de sake o vino blanco

2 cucharaditas de azúcar

½ cucharadita de pimienta blanca

1 cucharada de aceite de sésamo

ELABORACIÓN

Para preparar el marinado, pon la harina de maíz refinada en un bol grande. Añade la salsa de soja, el azúcar, el sake, la pimienta blanca molida y el aceite de sésamo. Mezcla los ingredientes con una varilla manual. Corta la ternera en tiras finas, introdúcelas en el bol y déjalas marinando durante 2 horas a temperatura ambiente.

Calienta el wok con 3 cucharadas de aceite. Introduce la mitad de la carne y rehógala a fuego fuerte durante 2 minutos. Retírala a un plato y resérvala. Fríe el resto de la carne de la misma manera. Reserva también la salsa sobrante del marinado.

Vierte 3 cucharadas de aceite al wok. Pela la cebolla, el pimiento rojo, las zanahorias y los dientes de ajo. Corta la cebolla, el pimiento y las zanahorias en juliana fina y los dientes de ajo en láminas. Introduce las hortalizas en el wok. Agrega el brócoli, ralla encima un poco de jengibre y sazona la mezcla. Cocina todo a fuego fuerte durante 10 minutos.

Calienta abundante agua en una cazuela grande y sazónala. Cuando empiece a hervir, introduce los fideos y cuécelos durante 3-4 minutos.

Añade al wok la salsa sobrante del marinado, la carne y la pasta y saltea todos los ingredientes brevemente.

Sirve y espolvorea los platos con el cebollino picado y las semillas de sésamo y decóralos con unas hojas de perejil.

CONSEJO

El aceite de sésamo es un aceite vegetal derivado de las semillas del sésamo que destaca por un sabor característico que recuerda a estas semillas. Se emplea mucho como potenciador de sabor en la cocina del sudeste asiático.

RAMEN EXPRÉS

INGREDIENTES (4 P.)

400 g de fideos para ramen
1.100 ml de caldo de ternera
2 cucharadas de salsa de soja
2 cucharadas de salsa de ostras
1 trozo de jengibre de 3 cm
1 diente de ajo
1 tallo de cebolleta
aceite de oliva virgen extra
perejil
sal

Para glasear la panceta:

8 filetes de panceta fresca
2 cucharadas de miel
2 cucharadas de soja

Para marinar los huevos y las setas:

4 huevos
12 setas de cardo
80 ml de salsa de soja
1 cucharada de azúcar moreno
1 cucharada de semillas de sésamo

ELABORACIÓN

Pon el caldo en una cazuela grande. Agrega la salsa de ostras y la salsa de soja y calienta la mezcla hasta que empiece a hervir. Pela el diente de ajo y el jengibre, córtalos en láminas e incorpóralos a la cazuela. Cuece todo durante 5 minutos. Reserva el caldo.

Pon los huevos en un cazo, cúbrelos con agua y cuécelos durante 6-7 minutos (contados desde el momento en que el agua empiece a hervir). Retíralos, refréscalos, pélalos y ponlos en un bol grande. Agrega la salsa de soja, el azúcar moreno, las setas, las semillas de sésamo y agua hasta cubrir los huevos. Deja marinando los ingredientes durante 30 minutos. Retira los huevos y las setas y resérvalos.

Calienta 2-3 cucharadas de aceite en una sartén grande. Extiende las setas, cocínalas durante 2-3 minutos por cada lado hasta que se doren y resérvalas.

Calienta una sartén sin aceite, extiende encima los filetes de panceta y cocínalos a fuego medio por los dos lados hasta que se doren. Agrega la miel y la salsa de soja, mezcla y cocina la panceta a fuego medio durante 5 minutos más hasta que quede caramelizada.

Calienta abundante agua en una cazuela. Cuando empiece a hervir, sazónala, introduce los fideos y cuécelos durante 5 minutos.

Corta la parte verde del tallo de la cebolleta en rodajas finas y resérvala.

Calienta el caldo. Reparte los fideos en 4 cuencos hondos y cúbrelos con el caldo infusionado. Añade 2-3 setas y 2 filetes de panceta a cada uno. Corta los huevos por la mitad y coloca 1 en cada cuenco. Salpícalos con unos aros de cebolleta y decóralos con unas hojas de perejil.

CONSEJO

Para pelar el jengibre, lo más práctico es rasparle la piel con una cucharilla de postre.

VITELLO TONNATO

INGREDIENTES (4 P.)

½ redondo de ternera (800 g)
1 cebolla
2 dientes de ajo
1 rama de apio
1 zanahoria
150 ml de vino blanco
1 ½ l de agua
15 granos de pimienta negra
2 hojas de laurel
perejil
sal

Para la salsa tonnato *y para decorar:*

110 g de atún en aceite de oliva
2 huevos
4 filetes de anchoa en aceite
2-3 pepinillos en vinagre
100 g de alcaparras encurtidas
aceite de oliva virgen extra
100 ml de caldo de cocción del redondo
1 limón
harina
10 hojas de cebollino

ELABORACIÓN

Calienta 1 litro y medio de agua en una cazuela e introduce el redondo. Pela la cebolla, córtala por la mitad y añádela a la cazuela. Pela los ajos y agrégalos. Corta el apio en 4 trozos y añádelos. Pela la zanahoria, córtala en 4 trozos e incorpórala. Agrega 2 ramas de perejil, las hojas de laurel, los granos de pimienta, el vino y un poco de sal. Tapa la cazuela y cocina la carne a fuego suave-medio (dándole la vuelta de vez en cuando) durante 75-90 minutos. Deja que se enfríe en la cazuela dentro del caldo. Retira la carne, envuélvela con papel de aluminio (o con film transparente) e introdúcela en el frigorífico hasta que esté bien fría.

Para preparar la salsa *tonnato*, pon agua en un cazo, introduce los huevos y cuécelos durante 10 minutos a partir del momento en que el agua empiece a hervir. Retíralos, refréscalos, pélalos y resérvalos.

Introduce los huevos cocidos en una picadora, añade las anchoas en aceite, el atún, los pepinillos, 75 g de alcaparras, el zumo de limón, 50 ml de aceite y 100 ml del caldo de la cocción de la carne (es importante que esté frío). Tritura los ingredientes hasta conseguir una salsa homogénea.

Calienta aceite en una sartén pequeña. Pasa el resto de las alcaparras (25 g) por harina, introdúcelas en la sartén y fríelas brevemente. Escúrrelas sobre un plato cubierto con papel absorbente.

Corta la carne en filetes finos y sírvelos en 4 platos. Salsea los platos con la salsa *tonnato*. Corta las hojas de cebollino finamente y salpica los platos. Decóralos con las alcaparras fritas y las hojas de perejil y riégalos con un poco de aceite.

CONSEJO

Para hacer *vitello tonnato* te conviene utilizar una carne que no tenga nervios y que puedas cocinar en una sola pieza. La más habitual es el redondo de ternera, ya que por sus características es la que mejor se adapta a esta preparación.

SOUVLAKI GRIEGO CON SALSA *TZATZIKI*

INGREDIENTES (4 P.)

2 solomillos de cerdo limpios (800 g)

½ cebolla

3 dientes de ajo

25 ml de vinagre de vino blanco

75 ml de aceite de oliva virgen extra

2 g de romero seco

2 g de tomillo seco

perejil

pimienta

sal

Para la salsa tzatziki:

2 yogures griegos

100 g de pepino

1 diente de ajo

zumo de ½ limón

1 cucharada de aceite de oliva virgen extra

40-50 hojas de menta

sal

ELABORACIÓN

Pon el vinagre y el aceite en un bol grande. Agrega el romero y el tomillo. Pela la cebolla, córtala en trozos grandes y añádela al bol. Pela los dientes de ajo, pícalos finamente y agrégalos.

Corta cada solomillo en 6 trozos, salpimiéntalos, introdúcelos en el bol y embadúrnalos bien. Déjalos macerando durante 30 minutos. Monta las brochetas alternando, en cada palillo de brocheta (4), 3 trozos de carne y 3 trozos de cebolla.

Calienta una plancha eléctrica con 2 cucharadas de la mezcla de aceite, vinagre y hierbas. Pon las brochetas encima y cocínalas por los 4 lados. Durante la cocción, puedes untarlas con un poco más de la mezcla de la maceración.

Para preparar la salsa *tzatziki*, pon los yogures en un bol. Vierte el zumo de limón y el aceite y mezcla bien. Pela el diente de ajo, pícalo finamente e incorpóralo al bol. Pela el pepino, córtalo en daditos y añádelo. Pica finamente las hojas de menta y agrégalas. Pon a punto de sal y mezcla bien.

Sirve 2 cucharadas de salsa *tzatziki* en la base de 4 platos. Coloca 1 brocheta encima de cada uno y decóralos con unas hojas de perejil.

CONSEJO

Si vas a cocinar las brochetas a la parrilla, es recomendable poner los palitos en remojo durante 15 minutos en una fuente alargada con agua. Así evitarás que se quemen.

ALITAS DE POLLO RELLENAS CON SALSA PICANTE

INGREDIENTES (4 P.)

12 alitas de pollo

5 champiñones grandes

2 dientes de ajo

aceite de oliva virgen extra

perejil

pimienta

sal

Para la salsa picante:

8 cucharadas de salsa de tomate

50 g de mantequilla

1 cucharada de salsa sriracha

perejil picado

sal

CONSEJO

La dificultad de esta receta radica en deshuesar las alitas, pero se puede preparar la misma elaboración utilizando muslos de pollo, que ya se venden deshuesados.

ELABORACIÓN

Corta las alitas por la mitad, separando los muslitos y las zonas medias con las puntas. Quítales la piel a los muslitos, retírales la carne, pícala finamente y resérvala. Deshuesa la otra parte de las alitas (la zona media con las puntas). Para ello, haz un corte en la parte superior (donde se encuentran los 2 huesos que se unen con el ala), empuja la carne hacia abajo, disloca los huesos y retíralos.

Calienta una sartén con 2 cucharadas de aceite. Pela los dientes de ajo, pícalos finamente e introdúcelos en la sartén. Limpia los champiñones, pícalos de la misma manera y agrégalos. Sazona y rehoga las hortalizas a fuego medio durante 6-8 minutos. Añade la carne de los muslitos de pollo a la sartén, salpimienta la mezcla y cocina todo durante 2-3 minutos. Deja que se temple un poco.

Rellena las alitas con la mezcla y sella los bordes pinchándolos con un palillo. Unta una bandeja de horno con un poco de aceite. Coloca encima las alitas y hornéalas a 215 ºC durante 15-20 minutos.

Para preparar la salsa, pon la salsa de tomate a calentar en una sartén. Agrega la salsa sriracha, la mantequilla y una pizca de sal. Remueve los ingredientes hasta que la mantequilla se funda. Agrega una cucharada de perejil picado y vuelve a mezclar.

Retira los palillos de las alitas y sirve 3 en cada plato. Acompáñalas con la salsa picante y decora los platos con unas hojas de perejil.

BOMBA DE CARNE CON SALSA PICANTE

INGREDIENTES (4 P.)

3 patatas cocidas

100 g de carne de ternera picada

1 longaniza (o butifarra)

1 cebolleta

1 diente de ajo

100 g de tomate triturado

100 g de tomate concentrado

harina, huevo batido y panko (para rebozar)

50 ml de vino blanco

aceite de oliva virgen extra

aceite de oliva suave

1 cucharadita de pimentón picante

10 hojas de albahaca fresca

perejil

pimienta

sal

Para la salsa picante:

25 g de anchoas en aceite

30 g de piñones tostados

20 g de alcaparras

1 diente de ajo (pelado)

2 guindillas cayena

5 ml de vinagre de manzana

50 ml de aceite de oliva virgen extra

10 ml del aceite de las anchoas

Para el alioli de ajo asado:

175 ml de aceite de oliva suave

1 huevo

1 cabeza de ajos asada

1 cucharada de vinagre de manzana

sal

ELABORACIÓN

Para preparar el relleno de las bombas, calienta 2 cucharadas de aceite de oliva virgen en una sartén. Corta la cebolleta en daditos e introdúcela en la sartén. Pela el diente de ajo, aplástalo, córtalo finamente y añádelo a la sartén. Sazona y rehoga las hortalizas a fuego suave-medio durante 6-8 minutos.

Retira la piel de la longaniza e introdúcela en la sartén. Agrega también la carne picada y salpimiéntala. Mezcla bien y cocina las carnes a fuego medio durante 3-4 minutos. Añade el tomate triturado, el tomate concentrado, el pimentón y el vino. Remueve bien, cocina los ingredientes hasta que la mezcla quede bien seca (unos 5-6 minutos) y deja que se templen. Pica las hojas de albahaca finamente y añádelas a la carne. Agrega también un poco de perejil picado y mezcla bien.

Para la salsa picante, pon las anchoas en un vaso batidor. Agrega los piñones, las alcaparras, el diente de ajo, las guindillas y el vinagre. Tritura los ingredientes con una batidora eléctrica. Vierte los aceites y sigue triturando hasta que la salsa emulsione.

Para hacer el alioli de ajo asado, introduce la pulpa de los ajos en un vaso batidor. Agrega el huevo, el vinagre, una pizca de sal y el aceite. Tritura los ingredientes con una batidora eléctrica hasta que emulsionen.

Pela las patatas, trocéalas, ponlas en un bol, sazónalas y aplástalas bien hasta que queden reducidas a puré.

Para formar las bombas, úntate las manos con un poco de aceite. Coge una porción de puré de patata y extiéndela sobre la mano dejando un hueco en el centro. Pon un poco de carne dentro y cúbrela con otro poco de puré de patata. Redondéala y pásala por harina, huevo batido y panko. Repite el proceso con el resto del puré de patata y de la carne.

Calienta un cazo con abundante aceite de oliva suave. Introduce (en tandas) las bolas en el cazo (sin que se toquen) y fríelas hasta que se calienten por dentro y se doren por fuera. Retíralas y escúrrelas sobre una fuente cubierta con papel absorbente.

Sirve 2 cucharaditas de salsa picante en la base de 4 platos, coloca encima las bombas de carne y salséalas con el alioli de ajo asado. Decora los platos con unas hojas de perejil.

CONSEJO

Las bombas de patata son un gran aperitivo que gustará a todos los comensales. Además, tienen la gran ventaja de que el relleno se puede personalizar. ¡Deja volar la imaginación y seguro que triunfarás!

COSTILLAS DE CERDO ASADAS CON PATATAS Y CHALOTAS

INGREDIENTES (4 P.)

- 12 costillas de cerdo blanco (1 kg)
- 12 chalotas
- 8-12 patatas pequeñas
- 100 ml de salsa de soja
- perejil

Para la salsa de limón, mostaza y perejil:

- 3 cucharadas de aceite de oliva virgen extra
- 4 dientes de ajo asados
- zumo de 1 limón
- ralladura de 1 limón
- 2 cucharadas de mostaza a la antigua
- 1 cucharada de vinagre de manzana
- 50 hojas de perejil

ELABORACIÓN

Calienta 2 l de agua en la olla rápida. Agrega la salsa de soja, las patatas sin pelar y las chalotas peladas. Cierra la olla y cocina los ingredientes durante 5 minutos. Retira las patatas y las chalotas a una fuente y resérvalas.

Introduce las costillas y unas ramas de perejil en la olla, ciérrala y cuece las costillas durante 20 minutos. Retira las costillas y deja que se enfríen un poco.

Para preparar la salsa, pon la mostaza, el vinagre, el zumo de limón, la ralladura de limón, los ajos asados, el aceite y el perejil en un vaso batidor y tritura los ingredientes con una batidora eléctrica hasta que consigas una salsa espesa y homogénea.

Distribuye las patatas, las chalotas y las costillas sobre una bandeja de horno. Pincela las costillas y las patatas con la salsa de mostaza y perejil y hornea a 240 ºC durante 5 minutos. Unta de nuevo las costillas y las patatas con el resto de la salsa y hornéalas durante 5 minutos más.

Reparte las costillas, las patatas y las chalotas en 4 platos, espolvoréalos con un poco de perejil picado y decóralos con unas hojas de perejil.

CONSEJO

La salsa de limón, mostaza y perejil es muy sencilla de preparar y tiene un sabor delicioso. Acompaña muy bien con hortalizas, pescados o carnes. El picante y el aroma de la salsa dependerán de la mostaza que utilices.

PAN BAO DE CERDO AGRIDULCE

INGREDIENTES (4 P.)

- 2 solomillos de cerdo
- 8 bollitos de pan bao
- 1 cebolla grande
- 2 dientes de ajo
- 2 guindillas en vinagre
- 1 trozo de jengibre de 4 cm
- 1 cucharada de tomate concentrado
- 100 ml de salsa de soja
- 50 ml de vinagre o vino blanco
- 100 g de azúcar moreno
- 1 cucharadita de pimienta molida
- harina de maíz refinada diluida en agua fría
- aceite de oliva virgen extra
- perejil

ELABORACIÓN

Calienta 3 cucharadas de aceite en la olla rápida. Pela la cebolla, córtala en dados e introdúcela en la olla. Corta las guindillas en rodajas finas y añádelas. Pela los ajos, pícalos finamente y agrégalos. Incorpora el azúcar, la pimienta, el tomate concentrado y la salsa de soja. Pela el trozo de jengibre, rállalo e incorpóralo. Corta cada solomillo en 4 trozos, introdúcelos en la olla y ciérrala. Cocínalo todo durante 10 minutos.

Deja que la válvula baje, abre la olla, retira los trozos de carne y deshiláchalos. Vierte el vinagre en la olla y dale un hervor fuerte. Vierte 2-3 cucharadas de harina de maíz refinada diluida en agua fría y remueve los ingredientes de la salsa hasta que espese.

Introduce la carne deshilachada en la olla, espolvoréala con un poco de perejil picado y mezcla bien.

Calienta una cazuela que se adapte al tamaño de la vaporera con un poco de agua. Coloca los bollos de pan en la vaporera, tápala y colócala sobre la cazuela. Cocina los bollos al vapor durante 3-4 minutos.

Rellena los bollos de pan bao con la carne y sirve 2 en cada plato. Decora los platos con unas hojas de perejil.

CONSEJO

Si te gusta la carne más jugosa, también puedes utilizar cabezada de cerdo.

FILETES DE TERNERA A LA CERVEZA

INGREDIENTES (4 P.)

1 kg de filetes de espaldilla gruesos

6 dientes de ajo

6 cebolletas

500 ml de cerveza tostada o negra

2 cucharadas de pulpa de pimiento choricero

harina (para rebozar)

aceite de oliva virgen extra

1 rama de salvia fresca

perejil

pimienta

sal

Para el puré de patata y vainilla:

2 patatas

75 g de mantequilla

40 g de azúcar glas

100 ml de nata tibia

100 ml de aceite aromatizado con vainilla

sal

ELABORACIÓN

Calienta agua en una cazuela. Introduce las patatas y cuécelas durante 30-35 minutos. Reserva las patatas en la cazuela.

Calienta 3 cucharadas de aceite en una tartera (cazuela amplia y baja). Corta las cebolletas en juliana. Pela 3 dientes de ajo y córtalos en daditos. Introduce las hortalizas en la tartera y cocínalas a fuego suave durante 15-20 minutos. Añade la pulpa de pimiento choricero y la rama de salvia, mezcla bien y cocina los ingredientes a fuego suave durante 3-4 minutos.

Calienta una sartén con 4 cucharadas de aceite. Aplasta los otros 3 dientes de ajo e incorpóralos a la sartén. Salpimienta los filetes de espaldilla, pásalos por la harina, añádelos (en tandas) a la sartén y fríelos brevemente por los dos lados. A medida que los vayas friendo, introdúcelos en la tartera. Vierte la cerveza y cocina la carne a fuego suave durante 4-5 minutos. Retira la rama de salvia.

Pela las patatas, trocéalas, ponlas en un bol, sazónalas y aplástalas con un majador de patata. Coloca el bol al baño maría, agrega la nata y el azúcar y mezcla bien. Vierte poco a poco el aceite avainillado y sigue mezclando. Finalmente, añade la mantequilla y vuelve a remover hasta que los ingredientes queden bien integrados.

Sirve una porción de puré de patata en el fondo de 4 platos, coloca encima los filetes de espaldilla y decóralos con unas hojas de perejil.

CONSEJO

Para hacer el aceite avainillado, pon el aceite en un bol, abre una vaina de vainilla por la mitad y raspa las semillas. Introduce la vaina y las semillas en el bol y deja que maceren durante al menos 24 horas.

KEBAB DE TERNERA CON SALSA DE YOGUR Y MENTA

INGREDIENTES (4 P.)

700 g de carne de ternera picada (2 pasadas)

8 bollos de pan de pita

2 cebolletas picadas

12 hojas de menta fresca

ralladura de 1 limón

1 cucharadita de ajo en polvo

1 cucharadita de jengibre en polvo

1 cucharadita de comino en polvo

1 cucharadita de cúrcuma en polvo

1 cucharadita de pimentón picante en polvo

aceite de oliva virgen extra

perejil

pimienta

sal

Para la salsa de yogur y menta:

200 g de yogur griego natural

2 cucharadas de mayonesa

6 pepinillos en vinagre

6 hojas de menta

pimienta

sal

ELABORACIÓN

A la hora de comprar la carne picada, pide al carnicero que la pase dos veces por la máquina, para que quede más fina.

Para hacer el kebab, pon la carne en un bol grande. Agrega las cebolletas picadas, 1 cucharadita de perejil picado, la ralladura de limón, el ajo en polvo, el jengibre en polvo, el comino en polvo, la cúrcuma y el pimentón. Pica las hojas de menta finamente e incorpóralas. Salpimienta y mezcla todo bien.

Divide la carne en 8 porciones. Forma una especie de croqueta alargada, insértale una brocheta, apriétala bien y resérvala en una fuente. Monta otras 7 brochetas de la misma manera.

Calienta una plancha con 2 cucharadas de aceite, extiende encima las brochetas y cocínalas a fuego medio-alto hasta que se doren por fuera y estén hechas por dentro.

Para la salsa, pon el yogur en un bol y agrega la mayonesa. Pica los pepinillos en rodajas finas y agrégalas. Pica las hojas de menta e incorpóralas. Salpimienta y mezcla bien.

Con un cuchillo abre los bollos (sin separarlos del todo) y rellénalos con un poco de la salsa de yogur y menta. Coloca una brocheta de kebab dentro y retírale el pincho. Rellena los otros 7 bollos de la misma manera.

Sirve 2 kebabs en cada plato y decóralos con unas hojas de perejil.

CONSEJO

La salsa de yogur y menta se usa mucho para acompañar diferentes tipos de carne, pero también es perfecta para aderezar ensaladas.

MAGRET DE PATO CON SALSA DE *KATSUOBUSHI* Y JENGIBRE

INGREDIENTES (4 P.)

2 *magrets* de pato

10 g de alga kombu

80 ml de salsa de soja

30 ml de zumo de limón

80 ml de aceite aromatizado con jengibre y ajo

30 g de *katsuobushi*

1 cucharada de harina de maíz refinada diluida en agua fría

perejil

pimienta

sal

Para el salteado:

12 ajos frescos

200 g de setas shitake (sin tallos)

25 g de piñones

1-2 cucharadas de grasa de pato

sal

ELABORACIÓN

Calienta 300 ml de agua en una cazuela. Introduce las algas y el *katsuobushi*. Vierte la salsa de soja, el zumo de limón y el aceite aromatizado con ajo y jengibre. Cuando empiece a hervir, aparta la cazuela del fuego y deja que los ingredientes infusionen durante 10 minutos.

Cuela la mezcla a otra cazuela y pon el caldo a calentar. Cuando empiece a hervir, vierte un poco de la harina de maíz refinada diluida en agua fría, mezcla bien con una varilla y cocínalo un poco hasta que espese. Mantén la salsa caliente.

Calienta una sartén sin nada de aceite. Con un cuchillo retira una capa fina de la parte grasa de los *magrets*. Hazles unos cortes en forma de rombo por la parte grasa, salpimiéntalos, extiéndelos en la sartén y cocínalos durante 3 minutos por cada lado (empieza por la parte grasa). Retira los *magrets* de la sartén, envuélvelos con papel de aluminio y deja que reposen durante 5 minutos.

Para el salteado, retira casi toda la grasa de la sartén y deja solo 1-2 cucharadas. Agrega los piñones. Corta los ajos en trozos de unos 2-3 centímetros y añádelos a la sartén. Corta las setas shitake en láminas de 2 centímetros de grosor e incorpóralas. Sazona y saltea los ingredientes durante 4-5 minutos.

Reparte el salteado en 4 platos. Retira el papel de aluminio de los *magrets*, córtalos por la mitad y después en filetes. Reparte los filetes y decora con unas hojas de perejil.

CONSEJO

Envolver los *magrets* en papel de aluminio es clave para que el calor llegue al centro de la carne.

SOLOMILLO DE CERDO CON SALSA CAFÉ DE PARÍS

INGREDIENTES (4 P.)

2 solomillos de cerdo ibérico
2 patatas
aceite de oliva virgen extra
perejil
pimienta
sal

Para la salsa:

100 g de mantequilla
4 chalotas
1 guindilla cayena
ralladura de 1 limón
ralladura de 1 naranja
30 ml de vino de Oporto
30 ml de *brandy*
1 rama de romero pequeña
½ cucharadita de pimienta negra
½ cucharadita de orégano
½ cucharadita de pimentón
½ cucharadita de *curry*
15 granos de pimienta rosa (o verde)
200 ml de nata líquida
1 cucharadita de mostaza de Dijon
25 g de kétchup (o tomate concentrado)
1 cucharadita de salsa inglesa (Worcestershire)
20 g de alcaparras
25-30 hojas de perejil
sal

ELABORACIÓN

Para preparar la salsa Café de París, pon la mantequilla a fundir en una sartén. Pela las chalotas, córtalas en juliana fina y agrégalas a la sartén. Trocea la guindilla y añádela. Sazona y rehoga a fuego suave-medio durante 5-6 minutos.

Añade la ralladura de limón, la de naranja, el vino de Oporto y el *brandy*. Dale un hervor fuerte e incorpora el romero, la pimienta negra, el orégano, el pimentón, el *curry* y los granos de pimienta rosa. Mezcla bien y cocina los ingredientes durante 2 minutos. Vierte la nata y dale un hervor fuerte durante 3-4 minutos.

Aparta la sartén del fuego y añade la mostaza, el kétchup, la salsa inglesa, las alcaparras y las hojas de perejil. Mezcla bien, pasa los ingredientes a un vaso batidor y tritúralos con una batidora eléctrica hasta que consigas una salsa homogénea. Cuélala y resérvala.

Calienta abundante aceite en una sartén. Pela las patatas, córtalas en bastones y fríelas hasta que se hagan por dentro y se doren por fuera. Retíralas y escúrrelas sobre una fuente cubierta con papel absorbente. Sazona las patatas y espolvoréalas con un poco de perejil picado.

Calienta una plancha con un poco de aceite. Corta cada solomillo en 6 medallones, salpiméntalos, colócalos sobre la plancha y cocínalos a tu gusto.

Sirve 3 medallones de solomillo de cerdo en cada plato, salséalos y acompáñalos con las patatas. Decora los platos con unas hojas de perejil.

CONSEJO

En esta receta, la salsa Café de París acompaña a un solomillo de cerdo, pero puedes usarla con cualquier tipo de carne.

STEAK TARTAR CON CALABAZA CARAMELIZADA

INGREDIENTES (4 P.)

Para el steak tartar:

400 g de solomillo de ternera
6 yemas de huevo
2 cucharadas de kétchup
15 gotas de salsa inglesa (Worcestershire)
15 gotas de salsa picante
20 g de mostaza
5 g de perejil picado
50 g de pepinillos picados
20 g de alcaparras
50 ml de aceite de oliva
perejil
pimienta
sal fina y sal flor

Para asar y caramelizar la calabaza:

4 rodajas de calabaza
2 ramas de tomillo
30 g de mantequilla
2 cucharadas de miel

ELABORACIÓN

Para hacer el *steak tartar*, pon el aceite en un bol, agrega el kétchup, las alcaparras, la salsa picante, la mostaza, la salsa inglesa, el perejil picado y los pepinillos picados y mezcla bien.

Corta la carne en daditos e introdúcela en el bol. Salpimiéntala, incorpora 2 yemas, mezcla bien y deja que repose durante 10-15 minutos.

Para asar y caramelizar la calabaza, retira la piel de las rodajas de calabaza y ponlas en una bandeja de horno cubierta con papel de hornear. Corta la mantequilla en trocitos y repártela sobre las rodajas de calabaza. Deshoja las ramas de tomillo y salpica con ellas la calabaza. Hornea las rodajas a 190 ºC durante 10 minutos. Saca la bandeja del horno, riega las rodajas de calabaza con la miel y vuélvelas a hornear durante 10-15 minutos más.

Sirve una rodaja de calabaza en cada plato. Coloca encima una porción de *steak tartar*, presiónalo por la parte central para formar una hondonada y pon 1 yema encima. Salpimienta la yema con la sal flor y decora los platos con unas hojas de perejil.

CONSEJO

En esta receta solo se usan las yemas, así que te recomiendo que aproveches las claras para hacer un buen merengue.

ESCALOPE DE *FOIE-GRAS* CON MANZANA

INGREDIENTES (4 P.)

360 g de *foie* fresco
2 manzanas reinetas
60 g de mantequilla
1 cucharada de azúcar moreno
50 ml de calvados
50 ml de vino oloroso
200 ml de caldo de carne reducido
10 g de maíz frito
12-16 hojas de cebollino
perejil
pimienta
sal

CONSEJO

Para cortar el *foie*, te recomiendo pasar antes el cuchillo por agua caliente. De esta manera evitarás que el cuchillo se quede pegado y el *foie* se rompa.

ELABORACIÓN

Calienta la mitad de la mantequilla (30 g) en un wok. Agrega los gajos de manzana y cocínalos a fuego medio durante 3-4 minutos. Añade el azúcar y cocínalos durante otros 3-4 minutos, hasta que queden tiernos y empiecen a caramelizar. Retira los gajos de manzana a una fuente y resérvalos.

Agrega las pieles y los corazones de las manzanas al mismo wok, rehógalos a fuego fuerte durante 1 minuto, vierte el calvados, el vino oloroso y el caldo y cocina los ingredientes a fuego fuerte durante 4-5 minutos. Cuela las pieles (aplastándolas bien para extraer todo el jugo) y pasa el líquido a una sartén. Sin ponerla al fuego, agrega el resto de la mantequilla y mezcla los ingredientes con una varilla manual hasta que la salsa ligue. Introduce los gajos de manzana en la salsa y mantenlos calientes a fuego muy suave.

Calienta bien una sartén (sin aceite). Corta el *foie* en 4 medallones y séllalos por un lado durante 20-30 segundos. Dales la vuelta, retira la grasa de la sartén, y cocínalos brevemente (20-30 segundos) por el otro lado.

Reparte los gajos de manzana y la salsa en 4 platos. Coloca un medallón de *foie* encima de cada uno y salpícalos con el maíz frito triturado. Salpimienta y decora los platos con unas hojas de cebollino y perejil.

MUSLOS DE POLLO EN SALSA STROGONOFF

INGREDIENTES (4 P.)

4 muslos de pollo deshuesados

2 patatas

2 cebollas grandes

300 g de champiñones

150 ml de nata líquida

50 g de mantequilla

aceite de oliva virgen extra

perejil

pimienta

sal

CONSEJO

La salsa Strogonoff original lleva *crème fraîche,* mostaza y perifollo en lugar de nata líquida. Esta es una versión más sencilla y al alcance de todos.

ELABORACIÓN

Calienta la mantequilla en una sartén hasta que se funda. Pela las cebollas, córtalas en juliana fina e introdúcelas en la sartén. Vierte 2 cucharadas de aceite y cocina las cebollas a fuego suave durante 10 minutos.

Limpia los champiñones (enjuágalos en un bol grande con abundante agua y sécalos bien) y córtalos en láminas finas. Introduce los champiñones en la sartén, sazónalos, sube el fuego a una temperatura media y cocina los ingredientes durante 10-15 minutos más.

Retira la piel de los muslos de pollo, córtalos en trozos de bocado y salpimiéntalos. Calienta una sartén grande con 2 cucharadas de aceite, introduce el pollo y saltéalo brevemente.

Agrega el pollo a la sartén donde están las cebollas con los champiñones. Vierte la nata y cocina todo a fuego suave durante 5 minutos (si notas que está espesando demasiado, puedes añadir un poco de agua). Espolvorea todo con un poco de perejil picado y mezcla bien.

Calienta abundante aceite en una sartén. Pela las patatas y córtalas en palitos finos (patatas paja), introdúcelas en dos tandas en la sartén y fríelas hasta que se doren. Retíralas y escúrrelas sobre una fuente cubierta con papel absorbente. Sazónalas.

Sirve el pollo en el fondo de 4 platos y reparte las patatas encima. Decora con unas hojas de perejil.

STRUDEL DE CARRILLERA, NUECES, MANZANA Y PASAS

INGREDIENTES (8 P.)

2 carrilleras de ternera (750 g)
2 cebollas
2 zanahorias
1 puerro
1 cabeza de ajos
150 ml de vino tinto
600 ml de agua
aceite de oliva virgen extra
perejil
pimienta
sal

Para el strudel:

16 hojas de pasta filo
las carrilleras guisadas
la salsa de las carrilleras
2 manzanas reinetas
50 g de mantequilla + 100 g de mantequilla fundida
150 g de nueces troceadas y tostadas
150 g de pasas (sin semilla)
½ cucharadita de canela en polvo

ELABORACIÓN

Calienta una olla rápida con 4-6 cucharadas de aceite. Salpimienta las carrilleras, introdúcelas en la olla y dóralas a fuego medio por los dos lados.

Pela las cebollas y córtalas en dados. Pela las zanahorias y córtalas en cuartos de luna. Limpia el puerro (retirándole la parte inferior, la superior y 2-3 capas de hojas) y córtalo en rodajas. Introduce las hortalizas y la cabeza de ajos (entera) en la olla. Sazona y cocina todo a fuego medio durante 10 minutos. Vierte el vino (raspa la parte inferior de la olla para que la parte caramelizada se suelte) y dale un hervor. Cubre todo con agua (unos 600 ml) y pon a punto de sal. Cierra la olla y cocina las carrilleras durante 45 minutos. Cuando baje la válvula, abre la olla, pasa las carrilleras a una fuente y deja que se enfríen. Desmenúzalas y resérvalas.

Cuela las verduras de la olla (aplastándolas bien con un cucharón) a un cazo y pon la salsa a reducir.

Para preparar el *strudel,* calienta una sartén grande con 50 g de mantequilla. Pela las manzanas, retírales el corazón, córtalas en dados, introdúcelas en la sartén y cocínalas a fuego suave durante 8-10 minutos. Añade las pasas, las nueces picadas y 2 cazos de la salsa de las carrilleras. Mezcla bien, agrega la canela, las carrilleras (desmenuzadas) y un cazo más de salsa. Mezcla bien, pasa la farsa a un recipiente (que se adapte a su volumen) y aplástala bien con una cuchara de madera hasta que quede bien compacta. Cúbrela con film transparente y deja que se enfríe. Introdúcela en el frigorífico hasta que esté bien solidificada.

Retira la fuente del frigorífico, pasa un cuchillo por el borde de la farsa, desmóldala y córtala en 8 trozos.

Extiende una hoja de pasta filo sobre la tabla, úntala con mantequilla fundida, pon otra hoja de pasta filo encima y vuelve a untarla con otro poco de mantequilla fundida. Pon una porción de la farsa en la parte central de las 2 hojas superpuestas de pasta filo y envuelve la farsa con las hojas de pasta filo hasta formar un paquete. Repite el proceso con el resto de las hojas de pasta filo y de la farsa hasta que obtengas 8 paquetes

Coloca los paquetes sobre una bandeja de horno, úntalos con otro poco de mantequilla fundida y hornéalos a 180-200 ºC durante 10 minutos.

Reparte los *strudel* en 8 platos, salséalos, espolvoréalos con un poco de perejil picado y adórnalos con unas hojas de perejil.

CONSEJO

Si quieres hacer una buena guarnición para el *strudel,* te animo a preparar unos pimientos de Padrón fritos o unos pimientos del piquillo confitados.

MILANESA DE CHULETA DE CERDO CON SANFAINA GRATINADA

INGREDIENTES (4 P.)

4 chuletas de cerdo de 170 g

1 limón

harina y 2 huevos batidos (para rebozar)

pan rallado (con ajo en polvo y perejil picado)

aceite de oliva virgen extra

perejil

pimienta

sal

Para la sanfaina:

2 cebolletas

1 pimiento rojo

1 pimiento verde

2 berenjenas pequeñas

1 tomate maduro grande

2 dientes de ajo

150 g de *mozzarella* rallada

aceite de oliva virgen extra

2 ramas de tomillo

pimienta

sal

ELABORACIÓN

Calienta una sartén grande con 4 cucharadas de aceite. Pela los dientes de ajo, aplástalos bien, pícalos finamente e introdúcelos en la sartén. Corta las cebolletas en dados (de 1,5 centímetros), incorpóralas y rehógalas a fuego medio durante 10 minutos.

Retira el tallo y las semillas de los pimientos y pela el rojo. Córtalos en dados (de 1,5 centímetros) y resérvalos. Corta las berenjenas en dados del mismo tamaño. Introduce los pimientos y las berenjenas en la sartén, sazona y rehoga las hortalizas a fuego medio durante 20-25 minutos.

Corta el tomate por la mitad, rállalo y agrégalo a la sartén. Deshoja las ramas de tomillo y añádelas. Pon a punto de sal y cocina todo a fuego suave durante 20-25 minutos más.

Haz un corte pequeño en el borde de las chuletas para que no se encojan durante la fritura. Salpimiéntalas y rállales encima (por los dos lados) un poco de la piel del limón. Marca las chuletas (en forma de rombo) con el recazo del cuchillo (el lado contrario al filo) para aplastarlas un poco y que les penetre el aroma de limón.

Calienta abundante aceite en una sartén. Pasa las chuletas por la harina y el huevo batido y el pan rallado con ajo y perejil. Introdúcelas (en tandas) en la sartén y fríelas durante 1-2 minutos por cada lado. Colócalas sobre una bandeja de horno, cúbrelas con la sanfaina, espolvoréalas con el queso y muéleles encima un poco de pimienta. Introdúcelas en el horno y gratínalas hasta que el queso se funda.

Sirve 1 chuleta en cada plato y decóralas con unas hojas de perejil.

CONSEJO

La sanfaina es una de las mejores guarniciones que existen. Es perfecta para acompañar huevos, pescados (atún y bacalao) y carnes (cerdo, conejo, pollo...).

BUÑUELOS DE MERLUZA CON HUMMUS DE ACEITUNAS

INGREDIENTES (4 P.)

300 g de pescadilla limpia
4 cucharadas de harina
2 chalotas
2 cucharadas de queso mascarpone
14 g de levadura química (impulsor)
1 cucharadita de pimentón
1 cucharada de harina de maíz refinada
1 huevo
1 diente de ajo
aceite de oliva virgen extra
perejil
sal

Para el hummus:

450 g de garbanzos cocidos
2 diente de ajo
3 cucharadas de tahín tostado
300 g de aceitunas verdes sin hueso
zumo de 1 limón
2-3 cucharadas de aceite de oliva virgen extra
sal

ELABORACIÓN

Trocea la pescadilla y ponla en una picadora. Agrega la harina, las chalotas (peladas y troceadas), el queso, la levadura, el pimentón, la harina de maíz refinada, 2 cucharadas de aceite, el huevo, el diente de ajo (pelado y troceado) y una pizca de sal. Tritura los ingredientes hasta que consigas una masa homogénea. Pasa la mezcla a un bol.

Calienta una sartén con abundante aceite. Con la ayuda de 2 cucharas coge pequeñas porciones de masa, introdúcelas en la sartén y fríelas hasta que se doren. Escurre los buñuelos sobre una fuente cubierta con papel absorbente. Continúa con el proceso hasta terminar toda la masa.

Para hacer el hummus, introduce en un vaso batidor los garbanzos, los ajos (pelados y troceados), el tahín, las aceitunas, el zumo de limón, una pizca de sal y 2-3 cucharadas de aceite. Tritura los ingredientes hasta que consigas un puré homogéneo.

Sirve en cada plato unos buñuelos de merluza y una porción de hummus. Espolvoréalos con un poco de perejil picado y unas hojas de perejil.

CONSEJO

El tahín es una pasta de sésamo molido muy utilizada en la cocina de Oriente Medio. Hace unos años empezó a hacerse popular y cada vez es más fácil encontrarlo en el supermercado. Su sabor es intenso, tostado y con un punto amargo delicioso. Puedes incorporarlo a tus recetas o untarlo en pan y comerlo tal cual.

GALLO REBOZADO CON ARROZ Y SALSA DE LIMÓN

INGREDIENTES (4 P.)

2 gallos grandes (en filetes)

3 limones

2 huevos

2 cucharadas de harina de maíz refinada

1 cucharada de azúcar

100 ml de caldo de pescado

100 ml de salsa de soja

aceite de oliva virgen extra

perejil

Para el arroz:

200 g de arroz

500 ml de caldo de verduras

2 dientes de ajo

aceite de oliva virgen extra

sal

ELABORACIÓN

Corta los filetes de gallo por la mitad, ponlos en un bol y cúbrelos con la salsa de soja. Déjalos marinando por lo menos durante 15 minutos.

Para preparar el arroz, calienta un cazo con 2 cucharadas de aceite. Aplasta los dientes de ajo (con piel), introdúcelos en el cazo y fríelos durante 2 minutos. Agrega el arroz, sazónalo y mezcla bien. Vierte el caldo de verduras y cocina el arroz a fuego medio durante 15 minutos. Apaga el fuego, tápalo con un paño limpio y deja que repose durante 5 minutos.

Corta 4 rodajas de limón, ponlas en una sartén y agrégales el azúcar. Exprime el resto de los limones y vierte el zumo encima. Disuelve 1 cucharada de harina de maíz en el caldo de pescado, añádelo a la sartén y cocina la salsa a fuego suave durante 10 minutos. Para que no le salgan grumos, remueve la sartén a menudo a medida que vaya espesando. Reserva la salsa.

Casca los huevos y ponlos en un bol. Añade la otra cucharada de harina de maíz y bate los ingredientes con una varilla manual hasta que queden bien integrados.

Calienta una sartén grande con abundante aceite. Reboza los trozos de pescado con la mezcla, introdúcelos (en tandas) en la sartén y fríelos brevemente por los dos lados. Escúrrelos sobre una fuente cubierta con papel absorbente.

Reparte en 4 platos el pescado y el arroz y salséalos con la salsa de limón. Decora los platos con las rodajas de limón y unas hojas de perejil.

CONSEJO

Si te gusta más el sabor de la lima o de la naranja que el del limón, no dudes en utilizar cualquiera de esos cítricos, porque funcionan igual de bien en esta receta.

LÁMINAS DE BACALAO CON PIPERRADA Y SALSA TÁRTARA

INGREDIENTES (4 P.)

2 lomos de bacalao desalado (600 g)
1 pimiento rojo
2 pimientos verdes
4 cebolletas
1 cabeza de ajos
aceite de oliva virgen extra
perejil
sal

Para la salsa tártara:

1 cebolla morada pequeña
1 diente de ajo
1 cucharada de perejil picado
1 cucharada de alcaparras
6 pepinillos en vinagre
4 cucharadas de mayonesa
1 cucharadita de mostaza

ELABORACIÓN

Con ayuda de un soplete de cocina quema la piel de los pimientos (el rojo y los verdes). Ráspalos con una cucharilla hasta quitarles toda la piel. Colócalos sobre una bandeja de horno, junto con las cebolletas y la cabeza de ajos. Hornea las hortalizas a 185 ºC durante 40 minutos.

Retira las hortalizas del horno. Corta las cebolletas en 6 trozos y ponlas en un bol grande. Retira los tallos y las semillas de los pimientos, córtalos en tiras y agrégalos al bol. Corta la cabeza de ajos por la mitad y agrega la pulpa al bol. Sazona las hortalizas y mezcla bien.

Para la salsa tártara, pela el diente de ajo, trocéalo y ponlo en una picadora. Corta la cebolla morada en 4 trozos y agrégala. Incorpora las alcaparras, los pepinillos (troceados) y la mostaza. Pica los ingredientes hasta que se integren y pásalos a un bol. Agrega la mayonesa y 1 cucharadita de perejil picado y mezcla bien. Reserva la salsa.

Reparte las hortalizas sobre una bandeja de horno en 4 montones. Corta los lomos de bacalao en lonchas de 2-3 centímetros y pon 5 lonchas sobre cada montoncito de hortalizas. Riégalos con un chorrito de aceite y hornéalos a 180 ºC durante 5 minutos.

Reparte el bacalao con piperrada en 4 platos, acompáñalos con la salsa tártara y decóralos con unas hojas de perejil.

CONSEJO

Para acentuar el sabor de la salsa tártara te recomiendo que la dejes reposar durante 2 horas.

RAPE CON HUEVO FRITO Y EMULSIÓN DE AJO Y PIMENTÓN

INGREDIENTES (4 P.)

800 g de rape limpio
4 huevos
ralladura de 2 limones
1 cucharada de pimentón
1 cucharada de mostaza
harina, 2 huevos batidos y panko (para rebozar)
aceite de oliva suave
aceite de oliva virgen extra
perejil
sal

Para la emulsión de ajo y pimentón:

1 huevo
1 cucharadita de pimentón dulce
1 cucharadita de pimentón picante
1 cabeza de ajos asada
150 ml de aceite de oliva suave
1 cucharada de aceite de oliva virgen extra
sal

ELABORACIÓN

Pon la ralladura de los limones, el pimentón, la mostaza, una pizca de sal y 1 cucharada de aceite de oliva virgen extra en un bol y mezcla bien. Corta el rape en dados de unos 2-3 centímetros, introdúcelos en el bol y embadúrnalos bien con la mezcla.

Calienta una sartén con abundante aceite de oliva suave. Pasa los tacos de rape por harina, huevo batido y panko. Introdúcelos en la sartén y fríelos brevemente. Retíralos y escúrrelos sobre una fuente cubierta con papel absorbente.

Cuela el aceite de la fritura del pescado y ponlo en una sartén pequeña. Casca 1 huevo y fríelo a tu gusto. Fríe los otros 3 huevos de la misma manera y resérvalos.

Para preparar la emulsión, pon la pulpa de la cabeza de ajos asada en un vaso batidor. Agrega el pimentón picante, el dulce, 1 huevo, 150 ml de aceite de oliva suave, 1 cucharada de aceite de oliva virgen extra y sal (al gusto). Tritura los ingredientes hasta que emulsionen y resérvalos.

Sirve en cada plato 1 cucharada de emulsión de ajo y pimentón, unos trozos de rape y 1 huevo frito. Sazona los huevos y espolvoréalos con un poco de perejil picado. Decora los platos con unas hojas d perejil.

CONSEJO

Si quieres congelar los ajos asados, hay que aplastarlos hasta convertirlos en una pasta, mezclarlos con aceite e introducirlos en una cubitera. Para utilizarlos, bastará con que los calientes al momento en una sartén.

RULO DE SALMÓN AHUMADO RELLENO DE BRANDADA Y PIPERRADA

INGREDIENTES (4 P.)

10 lonchas de salmón ahumado

6 pimientos del piquillo

1 pimiento verde

2 cebolletas

1 cucharada de pulpa de pimiento choricero

aceite de oliva virgen extra

perejil

sal

Para la brandada:

1 patata cocida (100 g)

150 g de bacalao desalado y desmigado

2 cucharadas del agua de la cocción del bacalao

35 ml de leche

200 ml de aceite de oliva virgen extra

sal

Para la vinagreta de encurtidos:

50 g de aceitunas negras sin hueso

50 g de aceitunas verdes sin hueso

4 pepinillos en vinagre

1 cucharada de alcaparras

6 cebollitas en vinagre

125 ml de aceite de oliva virgen extra

1 cucharada de perejil picado

ELABORACIÓN

Para preparar la piperrada, calienta una sartén con 3 cucharadas de aceite. Corta las cebolletas en daditos y agrégalas a la sartén. Retira el tallo y las semillas del pimiento verde, córtalo de la misma manera y añádelo. Sazona, tapa la sartén y rehoga las hortalizas a fuego medio durante 15 minutos. Corta los piquillos en daditos e incorpóralos. Agrega la pulpa de pimiento choricero, mezcla bien y cocina todo a fuego medio durante 10 minutos. Retira la piperrada de la sartén y deja que se enfríe.

Para la brandada, calienta 750 ml de agua en una cazuela. Cuando empiece a hervir, introduce en ella el bacalao y dale un hervor. Retira el bacalao, escúrrelo y resérvalo. Cuela el caldo y resérvalo por separado. Pon el bacalao cocido, la leche y 2 cucharadas del agua de la cocción del bacalao en una jarra. Pela la patata, trocéala e incorpórala a la jarra. Tritura los ingredientes con una batidora eléctrica. Cuando estén integrados, sazona y ve agregando el aceite, poco a poco, sin dejar de batir, hasta que emulsione como si fuera una mayonesa.

Para preparar la vinagreta, corta las aceitunas (verdes y negras), las cebollitas y los pepinillos en rodajas finas y ponlas en un bol. Agrega las alcaparras, el aceite de oliva y el perejil picado. Mezcla bien y reserva la vinagreta.

Para montar los rulos, corta un trozo grande de film transparente y colócalo sobre la encimera. Extiende encima 5 lonchas grandes de salmón, pon una porción de brandada a un lado de las lonchas, y cubre la brandada con una porción de piperrada. Utilizando el film transparente, enrolla el salmón sobre el relleno formando un rulo y enrosca los bordes del film para cerrarlo. Monta otro rulo de la misma manera. Introdúcelos en el frigorífico hasta que estén fríos.

Saca los rulos del frigorífico, retírales el film transparente y corta cada rulo en 6 trozos. Sirve 3 en cada plato, aderézalos con la vinagreta y decóralos con unas hojas de perejil.

CONSEJO

Es importante introducir los rulos en el frigorífico por lo menos durante 1 hora para que cojan cuerpo y te resulte más fácil cortarlos.

GAMBAS FRITAS CON PICO DE GALLO

INGREDIENTES (4 P.)

16 gambas
8 obleas de arroz
1-2 claras de huevo
4 ajos frescos
2 limas
1 tomate
½ cebolla morada
12-15 g de hojas de cilantro fresco
aceite de oliva virgen extra
perejil
sal

ELABORACIÓN

Pela las gambas, corta las colas en 2 filetes y sazónalas. Limpia los ajos frescos (retirándoles la parte inferior, la superior y 1-2 capas de hojas) y córtalos en rodajas.

Unta 1 oblea de arroz por los dos lados con clara de huevo. Coloca encima 4 gambas (8 filetes) y unas rodajas de ajo fresco. Unta otra oblea de arroz (por los dos lados) con otro poco de clara y cubre con ella las gambas y los ajos frescos. Una vez que las 2 obleas de arroz estén pegadas, aplasta las gambas con una espátula y pásales el rodillo por encima. Corta las 2 obleas de arroz (superpuestas) en 4, extiéndelas sobre una fuente (cubierta con papel de horno) y deja que se sequen durante 20 minutos. Repite el proceso con el resto de las obleas de arroz, las gambas y las rodajas de ajo fresco.

Para hacer el pico de gallo, ralla la piel de una lima y ponla en un bol. Corta la cebolla en daditos y añádela al bol. Exprime las 2 limas y vierte el zumo al bol. Pica el cilantro finamente y agrégalo. Pela el tomate, pícalo en daditos e incorpóralo. Sazona, vierte una buena cantidad de aceite (8 cucharadas) y mezcla bien.

Calienta abundante aceite en una sartén, introduce 4 trozos de obleas de arroz con gambas y ajos frescos y fríelos brevemente por los dos lados. Escúrrelos sobre una fuente cubierta con papel absorbente. Fríe el resto de la misma manera.

Sirve 4 trozos de oblea de arroz con gambas y ajos en cada plato y acompáñalos con el pico de gallo. Decora los platos con unas hojas de perejil.

CONSEJO

Las obleas de arroz son unas láminas finas y transparentes hechas con harina de arroz y agua que se utilizan mucho en la cocina vietnamita, tailandesa y china. Como tienen un sabor neutro, se pueden rellenar con cualquier tipo de alimento.

LOMO DE RAPE CON CREMA DE PANCETA Y ALCACHOFAS

INGREDIENTES (4 P.)

600 g de rape limpio
6 alcachofas
1 limón
2 dientes de ajo
250 ml de caldo de verduras
100 g de mantequilla
aceite de oliva virgen extra
perejil
pimienta
sal

Para la crema de panceta:

125 g de panceta ahumada
1 cebolleta
10 ml de vinagre de Jerez
25 ml de vino fino o manzanilla
125 ml de caldo de verduras
250 ml de nata líquida
125 ml de leche
aceite de oliva virgen extra
sal

ELABORACIÓN

Para hacer la crema de panceta, calienta una cazuela con 3 cucharadas de aceite. Corta la cebolleta en daditos, introdúcela en la sartén, sazónala y rehógala a fuego medio durante 5 minutos. Corta la panceta en daditos, agrégala y cocina los ingredientes durante 4-5 minutos más. Añade el vinagre, el vino, el caldo, la leche y la nata. Cocina los ingredientes a fuego medio durante 10-15 minutos. Pásalos a un vaso batidor y tritúralos bien. Cuela y reserva la crema.

Pela las alcachofas (retirándoles 3-4 capas de hojas), retírales el tallo y la punta y córtalas en 4 trozos.

Calienta un wok con 3 cucharadas de aceite. Pela los ajos, córtalos en láminas e introdúcelos en el wok. Añade las alcachofas, salpimiéntalas, viérteles el caldo encima y cocínalas a fuego medio-alto durante 7-8 minutos hasta que el caldo se haya evaporado.

Calienta la mantequilla en una sartén hasta que se funda. Corta el rape en tacos, sazónalos e introdúcelos en un bol. Ralla encima la piel del limón y mezcla bien. Introduce los trozos de rape en la sartén y cocínalos durante 2-3 minutos (para que se haga uniformemente, ve regando el pescado con la mantequilla fundida).

Sirve la crema en el fondo de 4 platos y reparte encima las alcachofas y los trozos de rape. Decora los platos con unas hojas de perejil.

CONSEJO

Si la crema de panceta quedara muy ligera, puedes espesarla agregando un poco de harina de maíz refinada diluida en agua fría y dándole un hervor.

CHIPIRONES RELLENOS CON SALSA DE TOMATES SECOS

INGREDIENTES (4 P.)

12-16 chipirones limpios

2 cebolletas

4 dientes de ajo

8 champiñones limpios

150 g de jamón ibérico (picado finamente)

3 huevos cocidos

100 ml de vino blanco

100 ml de caldo de pescado

1 cucharada de harina

aceite de oliva virgen extra

perejil

sal

Para la salsa de tomates secos:

200 g de tomates secos en aceite de oliva

3 pimientos del piquillo

20 hojas de albahaca fresca

ELABORACIÓN

Calienta una sartén con 2 cucharadas de aceite. Pela 2 dientes de ajo, pícalos finamente e introdúcelos en la sartén. Corta 1 cebolleta en daditos y agrégala. Cocina los ingredientes a fuego medio durante 5 minutos. Corta los champiñones en láminas, introdúcelos en la sartén, sazónalos y cocínalos a fuego medio durante 4-5 minutos. Pasa la mezcla a un bol grande.

Corta los huevos en daditos e incorpóralos al bol. Corta los tentáculos, las aletas y las corbatas de los chipirones en trocitos de 1 centímetro y añádelos al mismo bol. Agrega el jamón y mezcla bien. Rellena los cuerpos de los chipirones con la mezcla, ciérralos con un palillo y sazónalos.

Calienta una sartén con 1-2 cucharadas de aceite. Introduce la mitad de los chipirones rellenos en la sartén y séllalos brevemente a fuego fuerte por los dos lados. Retíralos a una fuente y resérvalos. Fríe el resto de los chipirones de la misma manera.

Pela los otros 2 dientes de ajo y pícalos finamente. Corta la otra cebolleta en daditos. Calienta 2-3 cucharadas de aceite en la sartén donde has sellado los calamares, introduce las hortalizas y rehógalas a fuego medio durante 5-6 minutos. Añade la harina y cocínala durante 1-2 minutos. Agrega también el vino blanco, los chipirones rellenos y el caldo de pescado. Tapa la sartén y cocina los chipirones durante 20-25 minutos.

Para la salsa de tomates secos, pon los tomates secos en un vaso batidor. Agrega los pimientos del piquillo y las hojas de albahaca, vierte 100 ml de agua y tritura todo bien.

Sirve la salsa de tomate seco en la base de 4 platos, coloca encima los chipirones rellenos y espolvoréalos con un poco de perejil picado. Decora los platos con unas hojas de perejil.

CONSEJO

La clave de esta receta es utilizar chipirones muy frescos y que no sean ni muy pequeños ni demasiado grandes. Lo ideal es que haya 3 o 4 por persona.

MERLUZA EN COSTRA DE PIPERRADA

INGREDIENTES (4 P.)

4 lomos de merluza de 200 g cada uno

2 cebolletas

2 pimientos verdes

2 dientes de ajo

6 pimientos del piquillo (en conserva)

aceite de oliva virgen extra

perejil

20 hojas de cebollino

pimienta

sal

Para la salsa de espinacas:

150 g de espinacas

30 g de mantequilla

6 chalotas

4 dientes de ajo asados

½ cucharada de mostaza de Dijon

140 ml de nata líquida

sal

ELABORACIÓN

Calienta una sartén grande con 3 cucharadas de aceite. Pela los dientes de ajo, córtalos en láminas e introdúcelos en la sartén. Corta las cebolletas en juliana fina y añádelas. Retira el tallo y las semillas de los pimientos verdes, córtalos en juliana fina e incorpóralos. Sazona y rehoga las hortalizas a fuego medio durante 10 minutos.

Corta los piquillos por la mitad y, si tuvieran semillas, retíralas. Córtalos en juliana fina, añádelos a la sartén, mezcla bien y cocina todo durante 5 minutos más. Apaga el fuego y aparta la sartén. Pica el cebollino finamente y añádelo a la piperrada.

Salpimienta los trozos de merluza y extiéndelos sobre una bandeja de horno. Reparte la piperrada encima del pescado y hornéalo a 200 ºC durante 8-10 minutos.

Para la salsa de espinacas, calienta la mantequilla en un wok. Pela las chalotas, córtalas en juliana, introdúcelas en el wok y rehógalas durante 3-4 minutos. Agrega la mostaza, los dientes de ajo asados y las espinacas. Sazona y cuece la mezcla durante 2-3 minutos. Vierte la nata y cocina todo a fuego medio durante 3-4 minutos. Pasa los ingredientes al vaso batidor y tritúralos bien.

Sirve la salsa en la base de 4 platos. Coloca encima los lomos de pescado con su piperrada y decora con unas hojas de perejil.

CONSEJO

Puedes sustituir los pimientos del piquillo (en conserva) por 1 pimiento morrón rojo. Solo tienes que pelarlo, cortarlo en juliana y añadirlo a la sartén a la vez que el pimiento verde.

LUBINA CON CHAMPIÑONES Y PATATA

INGREDIENTES (4 P.)

4 lomos de lubina de 150 g cada uno

400 g de champiñones (limpios)

2 patatas

2 cebollas grandes

300-400 ml de nata líquida

4 lonchas de panceta

aceite de oliva virgen extra

perejil

pimienta

sal

CONSEJO

Para saber si la lubina es fresca, fíjate en que tenga los ojos claros y brillantes, la piel húmeda y las escamas firmes.

ELABORACIÓN

Para preparar la salsa, calienta una sartén con 4-5 cucharadas de aceite. Pela las cebollas, córtalas en juliana fina y añádelas a la sartén. Sazónalas y cocínalas a fuego suave-medio durante 10 minutos.

Corta los champiñones en láminas e incorpóralos a la sartén. Cocina todo junto durante 8-10 minutos hasta que se doren un poco. Vierte la nata, cocina los ingredientes hasta que la salsa coja un poco de cuerpo y salpimiéntala.

Calienta una tartera (cazuela amplia y baja) con abundante aceite. Pela las patatas, córtalas en daditos, introdúcelas en la tartera y fríelas hasta que se hagan por dentro y se doren por fuera. Retíralas, escúrrelas sobre una fuente cubierta con papel absorbente, espolvoréalas con un poco de perejil picado y resérvalas.

Calienta una sartén grande sin aceite, introduce las lonchas de panceta y dóralas bien por los dos lados.

Vierte 2-3 cucharadas de aceite a la sartén donde has dorado la panceta. Sazona los lomos de lubina, introdúcelos en la sartén y cocínalos a tu gusto por los dos lados (primero con la piel hacia abajo).

Reparte la salsa de champiñones en 4 platos. Coloca 1 lomo de pescado, unas patatas y 1 loncha de panceta en cada uno y decóralos con unas hojas de perejil.

PAN DE TOMATE SECO Y ACEITUNAS VERDES

INGREDIENTES (2 BARRAS)

- 450 g de harina de fuerza
- 225 ml de agua + un poco para pulverizar
- 25 ml de aceite de oliva virgen extra
- 100 g de masa madre
- 15 g de levadura de panadería
- 10 g de sal fina
- 30 g de aceitunas verdes deshidratadas
- 60 g de tomate deshidratado en aceite

CONSEJO

Si no encuentras aceitunas deshidratadas, puedes utilizar las encurtidas, es decir, las que se consumen habitualmente.

ELABORACIÓN

Pon la harina en un bol grande. Agrega el agua, la masa madre, el aceite, la levadura y la sal. Mezcla los ingredientes hasta que la harina se integre. Tapa el bol con film transparente y deja que la masa repose a temperatura ambiente durante 30 minutos.

Pasa la masa a la encimera, añade las aceitunas y el tomate y amasa bien hasta que los ingredientes queden bien integrados y consigas una masa elástica y homogénea (5-8 minutos).

Forma una bola, introdúcela de nuevo en el bol, tápala con el film, introdúcela en el frigorífico y deja que fermente de 12 a 24 horas.

Retira la masa del frigorífico, pásala a la encimera y córtala en 2 trozos. Forma 2 barras y colócalas sobre una bandeja de horno cubierta con papel de hornear. Tápalas con un paño limpio y deja que fermenten a temperatura ambiente durante 1 hora y media aproximadamente. Retira el paño y pulveriza las barras de pan con un poco de agua.

Introduce la bandeja en el horno y hornea las barras a 220 ºC durante 15 minutos. Abre el horno para que salga parte del vapor, baja la temperatura a 180 ºC y hornéalas durante 20-25 minutos más.

Retíralas y deja que se enfríen sobre una rejilla.

PAN DE CEBOLLA

INGREDIENTES (2 BOLLOS)

- 250 g de harina de media fuerza
- 3 g de levadura prensada
- 8 g de sal
- 100 g de masa madre
- 125 ml de agua
- 25 ml de vino blanco
- 6 g de cebolla deshidratada
- 25 g de cebolla frita
- 2 cucharadas de semillas de amapola
- perejil

ELABORACIÓN

Pon la harina en un bol grande, agrega la levadura desmenuzada, la masa madre, la sal, el agua y la cebolla deshidratada. Mezcla los ingredientes hasta que la harina quede bien integrada. Tapa el bol con film transparente y deja que repose a temperatura ambiente durante 30 minutos.

Pon la cebolla frita en un bol, cúbrela con el vino y deja que repose durante media hora.

Pasa la masa a la encimera, incorpórale la cebolla frita (hidratada con el vino) y amasa los ingredientes durante 5 minutos, hasta que consigas una masa homogénea. Introduce la masa en el bol grande, tápala con el film, introdúcela en el frigorífico y deja que fermente entre 12 horas (tiempo mínimo) y 24 horas (tiempo máximo).

Cubre una bandeja de horno con papel de hornear.

Pon las semillas de amapola en una fuente. Humedece un trozo de papel absorbente y extiéndelo en otra fuente.

Retira la masa del frigorífico, divídela en 2 trozos y dales forma de bollos alargados. Coge los bollos por la parte del pliegue y presiónalos contra el papel humedecido. A continuación, presiónalos suavemente sobre las semillas de amapola. Colócalos sobre la bandeja de horno, dejando el pliegue hacia abajo. Tápalos con un paño limpio y deja que fermenten hasta que doblen su volumen (1 ½ horas aproximadamente). Retira el paño y gréñalos (hazles un corte superficial) justo por la parte donde terminan las semillas de amapola.

Coloca una bandeja en la parte inferior del horno y viértele 125 ml de agua. Introduce la bandeja con los panes a media altura y hornéalos a 210 ºC con ventilador durante 20-25 minutos. Retíralos y deja que se enfríen sobre una rejilla.

Sirve y decóralos con unas hojas de perejil.

CONSEJO

La cebolla deshidratada y la cebolla frita se pueden comprar en cualquier supermercado.

PAN DE MUERTO

INGREDIENTES (2 PIEZAS)

250 g de harina

60 g de azúcar

50 ml de leche

10 g de levadura fresca

2 g de sal

5 ml de agua de azahar

2 huevos (1 ½ huevo para la masa del pan y ½ para pintar)

ralladura de ½ naranja

50 g de mantequilla a punto de pomada

Para decorar:

100 ml de leche

100 g de azúcar

1-2 cucharadas de azúcar moreno

hojas de menta

ELABORACIÓN

Pon la harina en un bol grande. Añade el azúcar, la leche, la levadura desmenuzada, la sal, el agua de azahar, 1 ½ huevo (para añadir medio huevo, bate 1 huevo en un cuenco y agrega solo la mitad al bol) y la ralladura de la naranja. Mezcla todo bien hasta que la harina se integre. Tapa el bol con film transparente y deja que la masa repose a temperatura ambiente durante 40 minutos.

Pasa la masa a la encimera, agrega ⅓ parte de la mantequilla, amásala hasta que se integre y deja que repose durante 15 minutos. Agrega otro tercio de la mantequilla, amásala hasta que se integre y deja que repose durante otros 15 minutos. Añade el resto de la mantequilla, amásala hasta que se integre y deja que repose durante otros 15 minutos.

Pon la masa de nuevo en el bol grande, tápala con film transparente y deja que fermente a temperatura ambiente hasta que doble su volumen (2 horas).

Pon la masa en la encimera y divídela en 3 porciones. Redondea un trozo, forma una bola y ponla sobre una bandeja de horno cubierta con papel de hornear. Corta otro de los trozos en 6 trocitos. Coge un trocito, forma un cilindro largo y cruza la bola. Coge otro trocito, forma otro cilindro largo y cruza la bola en el otro sentido. Coge otro trocito, redondéalo y colócalo sobre la parte central donde se cruzan los huesos. De esta manera ya tendrás listo un pan de muerto. Con los trozos restantes de masa, forma otro pan de muerto y colócalo al lado del anterior. Cúbrelos con un paño limpio y deja que reposen a temperatura ambiente hasta que doblen su volumen (2 horas). Píntalos con el resto del huevo batido, introduce la bandeja en el horno a 180 ºC (con calor arriba y abajo) y hornea los panes durante 20-25 minutos.

Retíralos del horno y deja que se enfríen. Calienta en un cazo 100 ml de leche con 100 g de azúcar y unta los panes de muerto con la mezcla. Espolvoréalos con un poco de azúcar moreno y sirve. Decora con unas hojas de menta.

CONSEJO

El agua de azahar es un líquido transparente muy aromático. Suele venir en envases de cristal oscuro que la protegen de la luz, y en casa debe guardarse en el frigorífico. Aunque la fecha de caducidad aparece en el envase, si notas que el líquido se vuelve amarillento, cambia de textura o aparecen posos, es el momento de desecharla.

PAN DE MUESLI

INGREDIENTES (6 CHAPATAS PEQUEÑAS)

500 g de harina de fuerza + 25 g para estirar

100 g de masa madre

250 ml de leche + 50 ml para untar

1 huevo

40 g de miel

10 g de harina malteada

10 g de sal

150 g de muesli (avena, avellanas troceadas y orejones en dados)

100 g de mantequilla (a punto de pomada)

perejil

ELABORACIÓN

Pon la harina en un bol grande, agrega la masa madre, la leche, el huevo, la miel, la harina malteada, la sal y el muesli. Mezcla los ingredientes hasta que la harina se integre. Tapa el bol con film transparente y deja que la masa repose a temperatura ambiente durante 40 minutos.

Pasa la masa a la encimera, añade la mantequilla (en trocitos) y amásala durante 10 minutos. Pon la masa en el bol, tápala con el film, introdúcela en el frigorífico y deja que fermente durante 24 horas.

Retira el bol del frigorífico y espolvorea la encimera con un poco de harina. Saca la masa del bol y colócala sobre la encimera. Espolvorea un molde de cristal rectangular (de 30 x 20 centímetros aproximadamente) con un poco de harina, pon la masa dentro y espolvoréala con otro poco de harina. Deja que repose durante 1 hora. Dale la vuelta al molde para que la masa caiga encima de la encimera. Divídela en 6 trozos y dales forma de chapatas pequeñas.

Cubre 2 bandejas de horno con papel de hornear, coloca 3 chapatitas en cada una, tápalas con un paño limpio y deja que reposen a temperatura ambiente durante 10-15 minutos. Retira el paño y con un cuchillo de sierra hazles unos cortes superficiales en un ángulo de 45º. Úntalas con un poco de leche.

Vierte un poco de agua, unos 100 ml, en la base del horno. Introduce las bandejas con las chapatas pequeñas y hornéalas a 180 ºC durante 15 minutos. Cambia las bandejas de posición y hornéalas durante 5 minutos más. Retira las chapatitas del horno y deja que se enfríen sobre una rejilla.

Sirve y decora con unas hojas de perejil.

CONSEJO

Puedes sustituir el muesli de avena, avellanas y orejones por cualquier otro cereal, fruto seco o fruta desecada que te guste.

PALITOS DE PAN CON ORÉGANO, SAL Y SÉSAMO

INGREDIENTES (24 PIEZAS)

10 g de levadura de panadería

140 ml de agua

15 g de miel

250 g de harina de fuerza (tamizada)

8 g de sal

15 ml de aceite de oliva

20 g de sémola de trigo + 10 g para espolvorear

Para el glaseado:

1 yema de huevo

1 cucharada de leche

Para decorar:

semillas de sésamo

orégano seco

sal en escamas

polenta

ELABORACIÓN

Pon la harina, la sémola, la sal, la miel y la levadura desmenuzada en un bol. Vierte el aceite y el agua y mezcla los ingredientes a mano hasta que se integre la harina. Tapa el bol con film transparente y deja que repose a temperatura ambiente durante 30 minutos (autólisis). Saca la masa del recipiente, amásala durante 3-4 minutos y forma un rectángulo.

Espolvorea un molde rectangular con un poco de sémola, pon la masa encima, tápala con un paño limpio y deja que repose a temperatura ambiente durante 2 horas. Espolvoréala con un poco de sémola y vuélcala sobre la encimera.

Estírala con un rodillo (solo en una dirección) y córtala en bastones. Cubre 2 bandejas de horno con papel de hornear y coloca los palitos encima, en grupos de 6.

Bate la yema con la leche y pinta los bastones. Espolvorea 6 con sésamo, 6 con orégano, 6 con sal y 6 con polenta. Sepáralos y hornéalos a 200 ºC durante 12-15 minutos.

Saca los bastones del horno y deja que se enfríen.

CONSEJO

Para cortar los palitos de pan, lo mejor es usar un cortapizzas. Si no tienes uno, puedes hacerlo con un cuchillo grande, pero ojo: es fundamental que no arrastres la masa al cortar.

PAN CON HIGOS SECOS

INGREDIENTES (4 BARRAS)

450 g de harina de gran fuerza + 70 g para estirar

280 ml de agua

12 g de miel

1,5 g de harina de malta rubia

11 g de sal

8 g de levadura de panadería

100 g de masa madre

150 g de higos secos

ELABORACIÓN

Pon la harina en un bol grande. Agrega la masa madre, la levadura (desmenuzada) la sal, la harina de malta y la miel. Vierte el agua y mezcla los ingredientes hasta que la harina se integre. Tapa el bol con film transparente y deja que la masa repose a temperatura ambiente durante 30-40 minutos.

Pasa la masa a la encimera. Retira la punta de los higos, córtalos en 4, ponlos sobre la masa y amasa los ingredientes hasta que los higos queden bien incorporados (unos 5 minutos).

Extiende la masa en un recipiente amplio rectangular (30 x 20 cm), tápala con film transparente y deja que fermente a temperatura ambiente durante 2-3 horas o de un día para otro en el frigorífico.

Espolvorea el contorno del recipiente con un poco de harina. Despega la masa con cuidado y dobla uno de los extremos cortos hacia el medio. Haz lo mismo con el otro extremo corto. Después, vuelve a despegar la masa con cuidado, gírala 90 grados y vuelve a colocarla en el molde. Tápala con film transparente y deja que fermente a temperatura ambiente durante 1 hora y media.

Espolvorea la encimera con harina. Espolvorea la masa con otro poco de harina, sácala del recipiente y ponla sobre la encimera. Divídela en 4 y forma 4 barras de pan (tipo chapata).

Extiende un paño grande sobre la encimera y espolvoréalo con bastante harina. Pon las chapatas encima sin que se toquen entre sí (dejando un pliegue de paño entre cada una), espolvoréalas con otro poco de harina y tápalas bien con los bordes del paño. Déjalas fermentar durante 1 hora aproximadamente.

Cubre el fondo de una bandeja de horno con papel de hornear y coloca encima las chapatas sin que se toquen entre sí.

Precalienta el horno a 250 ºC. Coloca una bandeja honda en la parte inferior del horno y viértele dentro 1 vaso de agua. Baja la temperatura a 220 ºC, introduce la bandeja con las chapatas y hornéalas (calor arriba y abajo) durante 10 minutos. Baja la temperatura a 190 ºC y hornéalas (con aire) durante 30 minutos.

Retira las chapatas del horno, pásalas a una rejilla y deja que se enfríen.

CONSEJO

Para saber si las chapatas están cocidas, golpéalas con la mano. Si te parece que suenan como un tambor, significará que están a punto.

PAN DE CALATRAVA

INGREDIENTES (6 P.)

500 ml de leche
5 huevos
100 g de azúcar
200 g de sobaos pasiegos
4 trozos de piel de limón
1 rama de canela
hojas de menta

Para el caramelo:

2 cucharadas de agua
3 cucharadas de azúcar

ELABORACIÓN

Para preparar el caramelo, calienta el azúcar y el agua en una sartén. Cuando el azúcar se funda y se tueste un poco, viértelo en un molde rectangular (tipo *cake*).

Trocea los sobaos e introdúcelos en el molde.

Pon a calentar en una cazuela la leche, el azúcar y la rama de canela. Agrega la piel de limón y cuece los ingredientes a fuego suave durante 5 minutos. Apaga el fuego y deja que la mezcla se temple.

Casca los huevos, ponlos en un bol y bátelos bien. Cuela la leche infusionada sobre el bol y sigue batiendo. Vierte la mezcla en el molde y hornéalo al baño maría a 160 ºC durante 45 minutos.

Retíralo y deja que se enfríe. Desmolda el pan y decóralo con unas hojas de menta.

CONSEJO

Si quieres un caramelo más espeso, puedes fundir directamente el azúcar en la sartén sin añadir el agua.

PAN DE SODA CON PASAS

INGREDIENTES (1 HOGAZA)

- 125 g de harina de centeno integral
- 125 g de harina de trigo integral + 10 g para estirar
- 125 g de yogur natural
- 80 ml de leche de avena
- 1 cucharadita de bicarbonato sódico
- ½ cucharadita de sal
- 60 g de uvas pasas sin semillas (remojadas)
- 40 g de pipas de calabaza (tostadas)

ELABORACIÓN

Pon la harina de trigo y la de centeno en un bol grande. Añade el yogur, la leche de avena, el bicarbonato y la sal. Mezcla los ingredientes hasta que la harina se integre. Tapa el bol con film transparente y deja que la mezcla repose a temperatura ambiente durante 20 minutos (autólisis).

Espolvorea la encimera con un poco de harina integral. Pon la masa encima y añade las pasas y las pipas de calabaza. Amasa los ingredientes hasta que las pasas y las pipas queden bien integradas y forma una bola.

Cubre una bandeja de horno con papel de hornear, coloca la bola de masa encima, hazle un corte en cruz por la parte superior, pulverízala con un poco de agua y hornéala a 200 ºC durante 25 minutos.

Retira el pan del horno, deja que se temple y sirve.

CONSEJO

Este tipo de pan se seca con facilidad, así que, si no lo comes enseguida, te recomiendo cortarlo en rebanadas y tostarlo antes de consumirlo.

PAN NEGRO DE ESPELTA

INGREDIENTES (2 BOLLOS)

250 ml de agua + 25 ml para pulverizar

300 g de harina integral de espelta

150 g de harina integral de centeno

10 g de harina de malta oscura

25 g de levadura fresca de panadero

10 g de miel

12 g de sal

5 ml de aceite de oliva virgen extra

perejil

ELABORACIÓN

Pon la harina de espelta en un bol grande. Agrega la harina de centeno, la levadura (desmenuzada), la sal, la harina de malta y la miel. Vierte el agua poco a poco y mezcla los ingredientes (primero con una cuchara y después con la mano) hasta que la harina se integre. Vierte el aceite encima, tapa el bol con film transparente y deja que repose a temperatura ambiente durante 30 minutos (autólisis).

Pasa la masa a la encimera y amasa los ingredientes durante 3-5 minutos. Forma una bola, ponla en el bol, tápala con film transparente, introdúcela en el frigorífico y deja que fermente entre 12 y 24 horas.

Saca la masa del bol, ponla en la encimera y divídela en 2 trozos. Dales forma cilíndrica y ponlos en 2 moldes rectangulares alargados. Tápalos con un paño limpio y deja que fermenten a temperatura ambiente hasta que doblen su volumen (1 hora aproximadamente).

Precalienta el horno a 200 ºC. Pulveriza los panes con un poco de agua, introdúcelos en el horno y baja la temperatura a 190 ºC. Hornéalos durante 30 minutos. Retíralos del horno, deja que se templen un poco, desmóldalos, colócalos sobre una rejilla y espera a que se enfríen.

Sirve y decora con unas hojas de perejil.

CONSEJO

A la hora de colocar la masa de los bollos en el molde alargado, te recomiendo que la pongas pegada a uno de los lados del molde. Así, primero se expandirá un poco y luego crecerá hacia arriba.

SALADILLA

INGREDIENTES (4 TORTAS)

Para el prefermento:

400 g de harina de gran fuerza

330 ml de agua

2 g de levadura de panadería

Para la masa de pan:

200 g de harina de gran fuerza + 20 g para espolvorear

6 g de levadura de panadería

10 g de sal fina

aceite de oliva virgen extra

escamas de sal

ELABORACIÓN

Prepara el prefermento durante la víspera. Pon la harina en un bol grande, vierte el agua y desmenuza encima la levadura.Mezcla bien los ingredientes y amásalos un poco hasta que se integren. Tapa el bol con film transparente, introdúcelo en el frigorífico y deja que repose durante 24 horas.

Para preparar la masa, saca el bol del frigorífico, retira el film y pasa la masa prefermentada a la encimera. Desmenuza encima la levadura y añade la sal fina, 1 cucharada de aceite y la harina. Amasa los ingredientes durante 5-10 minutos, hasta que queden bien integrados y consigas una masa elástica y homogénea. Ponla en un bol, tápala con film transparente y deja que fermente a temperatura ambiente hasta que doble su volumen (unas 2 horas).

Saca la masa del bol, ponla en la encimera, divídela en 4 trozos y redondéalos. Tápalos con un paño limpio y deja que reposen durante 10-15 minutos.

Espolvorea la encimera con un poco de harina. Toma una de las bolas y estírala presionándolas con los dedos para darle forma de torta alargada de 1 centímetro de grosor. Haz lo mismo con las otras bolas de masa.

Cubre 2 bandejas de horno con papel de hornear. Coloca 2 tortas sobre cada una, tápalas con un paño limpio y deja que reposen durante 40 minutos. Presiona la superficie con los dedos (de manera que queden unos huecos u hondonadas), riégalas con un poco de aceite y salpícalas con las escamas de sal.

Calienta el horno a 220 ºC, introduce las bandejas y hornea las saladillas durante 15-20 minutos. Deja que se enfríen y sírvelas.

CONSEJO

Las saladillas son típicas de Granada y se suelen comer acompañadas de bacalao salado en crudo y habas frescas.

MONA DE PASCUA

INGREDIENTES (4 P.)

125 ml de leche

300 g de harina de fuerza

12 g de levadura fresca de panadería

60 g de azúcar + 30 g para decorar

ralladura de 1 limón

ralladura de 1 naranja

3 g de sal

1 cucharada de miel

2 huevos crudos

4 huevos cocidos (sin pelar)

30 ml de aceite de oliva virgen extra

hojas de menta

ELABORACIÓN

Casca los 2 huevos en un bol grande, retira una yema y ponla en un bol pequeño. Vierte 1 cucharada de leche (25 ml) sobre la yema y mezcla bien. Reserva la mezcla para pintar la mona.

Bate los huevos (el huevo y la clara) un poco. Vierte el resto de la leche (100 ml) y vuelve a batir los ingredientes. Agrega la harina, la levadura desmenuzada, la sal, el azúcar (60 g), las ralladuras de los cítricos y la miel. Mezcla los ingredientes hasta que la harina se integre. Vierte el aceite (sin mezclar), tapa el bol y deja que la masa repose a temperatura ambiente durante 30 minutos.

Pasa la masa a la encimera y amásala a mano durante 5 minutos hasta que quede lisa y homogénea.

Ponla en un bol, tápala con film transparente y deja que fermente de un día para otro en el frigorífico o durante 2-3 horas a temperatura ambiente.

Pasa la masa a la encimera, divídela en 4 trozos y forma 4 bolitas que tengan tensión.

Cubre una bandeja de horno con papel de hornear, pon las bolitas encima, cúbrelas con un paño limpio y deja que fermenten a temperatura ambiente durante 1-2 horas.

Con el dedo índice, presiona el centro de las bolitas haciéndoles un agujero. Úntalas con la mezcla de huevo y leche, espolvoréalas con el resto del azúcar (30 g) y coloca un huevo cocido (sin pelar) en el centro de cada una.

Calienta el horno a 220-230 ºC, baja la temperatura a 170 ºC, introduce la bandeja con las bolitas y hornéalas durante 15 minutos. Deja que se templen y sirve. Decora los platos con unas hojas de menta.

CONSEJO

Para formar las bolitas, aplana un poco cada porción de masa y dobla los extremos hacia el centro. Da la vuelta a las bolitas (dejando los extremos en la parte inferior) y redondéalas para que cojan un poco de tensión.

PAN DE CHÍA

INGREDIENTES (4 P.)

- 80 g de semillas de chía
- 2 huevos pequeños
- 80 ml de aceite de oliva virgen extra
- 40 g de anacardos tostados
- 10 g de levadura en polvo
- 4 g de sal
- 1 cucharadita de jengibre en polvo
- 20 g de pipas de girasol

ELABORACIÓN

Pon las semillas de chía en un bol, cúbrelas con 300 ml de agua y deja que se hidraten durante 15 minutos.

Pasa las semillas de chía a un vaso batidor y agrega los anacardos, la sal, el jengibre, la levadura en polvo, el aceite y los huevos. Tritura bien los ingredientes y reparte la mezcla en 4 moldes redondos individuales de papel aptos para el horno. Salpícalos con las pipas de girasol y hornéalos a 160 ºC durante 20 minutos.

Retira los moldes del horno, deja que se templen, desmóldalos y sirve.

CONSEJO

Es importante no llenar los moldes más de la mitad, porque durante el horneado la masa sube mucho, aunque luego baje enseguida.

PAN DE PATATA

INGREDIENTES (2 HOGAZAS)

1 patata cocida (375 g)

550 g de harina de fuerza + 40 g para estirar

400 ml de agua tibia

15 g de levadura de panadero

10 g de sal

100 g de masa madre

ELABORACIÓN

Pela la patata, trocéala y pásala por el pasapurés a un bol grande. Agrega el agua y la levadura desmenuzada y mezcla bien con una varilla manual. Incorpora la sal y la masa madre, y vuelve a mezclar. Incorpora la harina, mezcla bien y amasa los ingredientes hasta que la harina esté integrada. Tapa el bol con film transparente y deja que repose a temperatura ambiente durante 1 hora.

Retira el film del bol, espolvorea la masa con un poco de harina y despégala del bol. Espolvorea la encimera con otro poco de harina, pon la masa encima y hazle 3-4 pliegues. Espolvorea el bol con un pelín de harina e introduce la masa de nuevo en el bol. Tápalo con film transparente y deja que la masa repose a temperatura ambiente durante 1 hora.

Espolvorea la encimera con otro poco de harina, coloca la masa encima y divídela en 2. Haz unos 3-4 pliegues a cada trozo de masa y colócalas en 2 boles espolvoreados con harina. Tapa los boles con film transparente y deja que reposen a temperatura ambiente durante 30-45 minutos.

Introduce 2 cazuelas (aptas para el horno) en el horno y caliéntalas a 220 ºC.

Corta 2 trozos grandes de papel de hornear y extiéndelos sobre la encimera. Vuelca una masa sobre cada trozo de papel. Retira las cazuelas del horno, introduce una masa (con su papel) dentro de cada una, tápalas y hornéalas a 220 ºC durante 30 minutos.

Retira las tapas de las cazuelas y baja la temperatura del horno a 200 ºC. Coloca una bandeja honda en la parte inferior del horno y viértele dentro 100 ml de agua. Hornea los panes durante 30 minutos más.

Retira los panes del horno, deja que se enfríen y sirve.

CONSEJO

Si quieres darle un sabor extra al pan de patata, añade durante la elaboración las hierbas aromáticas y especias que más te gusten.

PAN *ROHLÍKY*

INGREDIENTES (4 UNIDADES)

200 g de harina de trigo + 20 g para estirar

110 ml de leche templada

10 g de levadura fresca de panadería

4 g de sal

1 g de azúcar

20 g de manteca de cerdo

Para decorar:

semillas de lino

semillas de sésamo

semillas de amapola

escamas de sal

ELABORACIÓN

Pon la harina en un bol. Añade la leche, la sal, el azúcar y la levadura desmenuzada y mezcla bien hasta que la harina se integre. Tapa la masa con film transparente y deja que repose a temperatura ambiente durante 30 minutos.

Pasa la masa a la encimera. Incorpora la manteca (en 2 tiempos) y amasa los ingredientes durante 5 minutos hasta que queden bien integrados. Redondéala y ponla de nuevo en el bol. Tápala con film transparente y deja que fermente a temperatura ambiente durante 2-3 horas (o en el frigorífico de un día para otro).

Pasa la masa a la encimera, córtala en 4 porciones, redondéalas, tápalas con un paño limpio y deja que reposen a temperatura ambiente durante 15-20 minutos.

Espolvorea 1 bolita con un poco de harina y estírala un poco (a mano) dándole forma triangular. Pásale el rodillo por encima, estírala bien y enróllala. Repite el proceso con las otras 3 bolitas de masa.

Moja un trozo de papel absorbente con agua y extiéndelo sobre la encimera. Mezcla el sésamo, el lino y las semillas de amapola en una fuente larga. Unta los bollos, por el lado contrario a la junta, en el papel con agua. A continuación, pósalos sobre las semillas para que se adhieran y colócalos (dejando la parte de las semillas hacia arriba) sobre una fuente de horno cubierta con papel de hornear. Salpícalos con las escamas de sal, tápalos con un paño limpio y deja que fermenten a temperatura ambiente durante 2 horas.

Coloca una bandeja honda en la parte inferior del horno y viértele dentro 1 vaso de agua. Introduce la bandeja con los bollos en el horno y hornéalos a 200 ºC durante 8 minutos. Retira la bandeja inferior (la que tiene agua) y sigue horneando los bollos durante 7-8 minutos más.

Retira el pan del horno, deja que se enfríe sobre una rejilla y sirve.

CONSEJO

El pan *rohlíky* se puede congelar. Basta con que dejes enfriar los bollos antes de ponerlos en el congelador y que, cuando los vayas a consumir, dejes que se descongelen en el frigorífico y les des un golpe de calor en el horno. Quedarán tan tiernos como si los acabaras de hacer.

PAN TRES SEMILLAS

INGREDIENTES (12 BOLLOS)

- 95 g de harina de centeno
- 200 g de harina de trigo de fuerza + 15 g para espolvorear
- 90 g de masa madre
- 10 g de levadura de panadería
- 10 g de miel
- 195 ml de agua + 20 ml para pulverizar
- 5 g de sal
- 50 g de copos de avena tostados
- 50 g de sésamo tostado
- 50 g de pipas de calabaza

ELABORACIÓN

Pon las harinas en un bol grande. Agrega la masa madre, la levadura (desmenuzada), la miel, la sal y el agua. Mezcla los ingredientes hasta que la harina se integre. Cubre el bol con film transparente y deja que repose a temperatura ambiente durante 30 minutos como mínimo (autólisis).

Coloca la masa sobre la encimera y amásala a mano durante 5 minutos, hasta que consigas una masa lisa y homogénea.

Divídela en 3 porciones.

Añade 2 cucharadas de pipas de calabaza en un trozo de masa. Amasa los ingredientes hasta que se integren bien, redondea la masa y ponla en un bol.

Agrega 2 cucharadas de copos de avena al segundo trozo de masa. Amasa los ingredientes hasta que se integren bien, redondea la masa y ponla en otro bol.

Incorpora 2 cucharadas de sésamo tostado al último trozo de masa. Amasa los ingredientes hasta que queden bien integrados, redondéala y ponla en otro bol.

Cubre los boles con film transparente y deja que fermenten a temperatura ambiente durante 3-4 horas (o en el frigorífico de un día para otro).

Espolvorea la encimera con un poco de harina, pon encima las bolas de masa, divide cada una en 4 porciones y redondéalas.

Extiende un trozo de papel humedecido con agua sobre la encimera. Pon el resto de los copos de avena, las pipas de calabaza y las semillas de sésamo en 3 boles pequeños distintos. Moja la parte superior de las bolitas de masa en el papel humedecido y, a continuación, presiónalas en las semillas correspondientes para que se adhieran.

Agrupa las bolitas en 4 grupos de 3 (una de avena, una de sésamo y una de pipas de calabaza) y extiéndelas sobre una bandeja de horno cubierta con papel de hornear. Tápalas con un paño limpio y deja que fermenten a temperatura ambiente durante 2 horas. Pulverízalas con agua.

Introduce la bandeja y hornea los panes a 220 ºC durante 10 minutos. Abre el horno para que salga el vapor. Baja la temperatura a 190 ºC y hornéalos durante 10 minutos más. Retira la bandeja del horno, pasa los panes a una rejilla, deja que se enfríen y sirve.

CONSEJO

Puedes variar las semillas en función de tus gustos.

COCA DE ESCALIVADA

INGREDIENTES (4 P.)

Para la masa:

350 g de harina de media fuerza + 15 g para estirar

10 g de levadura fresca

3 g de sal

175 ml de agua

40 ml de aceite de oliva virgen extra

Para la escalivada:

2 pimientos morrones

2 cebolletas

1 cabeza de ajos

1 berenjena

aceite de oliva virgen extra

perejil

sal

ELABORACIÓN

Para preparar la escalivada, lava los pimientos y extiéndelos sobre una bandeja apta para el horno. Lava la berenjena, retírale el tallo y ponla en la bandeja. Agrega también las cebolletas. Corta la parte superior de la cabeza de ajos y colócala al lado. Hornea las hortalizas a 180 ºC durante 30-35 minutos. Retíralas, pela las cebolletas, los pimientos y la berenjena, y córtalos en tiras. Saca la pulpa de la cabeza de ajos asada, ponla en un bol, vierte 1-2 cucharadas de aceite y mezcla bien hasta conseguir un puré. Reserva el resto de las hortalizas.

Para preparar la masa, pon la harina en un bol grande. Agrega la levadura desmenuzada, la sal y el agua y mezcla bien hasta que la harina se integre. Tapa el bol con film transparente y deja que la masa repose a temperatura ambiente durante 40 minutos (autólisis).

Retira el film del bol, incorpora a la masa el aceite (en dos tandas) y amasa bien hasta que los ingredientes se integren. Pasa la masa a la encimera y sigue amasándola durante 3-4 minutos. Forma una bola, introdúcela en el bol, tápala con film transparente y deja que fermente a temperatura ambiente hasta que doble su volumen (3-4 horas).

Saca la masa del bol, divídela en 4 y forma 4 bolas. Colócalas sobre la encimera, cúbrelas con un paño limpio y deja que reposen a temperatura ambiente durante 20 minutos.

Cubre 2 bandejas de horno con papel de hornear. Espolvorea la encimera con un poco de harina y estira 1 bola de masa hasta conseguir una coca (una torta ovalada). Colócala sobre una de las bandejas, úntala con el puré de ajo y cúbrela con tiras de pimiento, cebolleta y berenjena. Repite el proceso con el resto de las bolas de masa y de las hortalizas hasta conseguir otras 3 cocas. Hornéalas a 200 ºC durante 10-12 minutos. Retíralas, riégalas con un poco de aceite y sazónalas.

Sirve 1 coca en cada plato y decóralas con unas hojas de perejil.

CONSEJO

Comer la escalivada sobre una coca es una forma deliciosa de disfrutar de las verduras asadas. Además, la masa de la coca resiste muy bien la humedad de las hortalizas.

BRIOCHE BABKA

INGREDIENTES (8 P.)

3 huevos

430 g de harina de fuerza + 25 g para espolvorear

150 g de mantequilla (a temperatura ambiente)

135 ml de leche entera

45 g de azúcar

9 g de sal

12 g de levadura fresca de panadería

Para el relleno:

75 g de chocolate negro (70 % de cacao)

75 g de mantequilla

60 g de azúcar

20 g de cacao en polvo

1 huevo

Para el almíbar:

100 ml de leche

100 g de azúcar

ELABORACIÓN

Para preparar el almíbar, pon la leche y el azúcar a calentar en un cazo. Cuando el azúcar se disuelva, pásalo a un bol, deja que se enfríe y resérvalo.

Para hacer la masa de brioche, pon los 3 huevos (batidos), la harina, la leche, el azúcar, la levadura (desmenuzada) y la sal en un bol grande. Mezcla los ingredientes hasta que la harina se integre. Tapa el bol con film transparente y deja que la masa repose a temperatura ambiente durante 30 minutos (autólisis).

Coloca la masa en la encimera. Incorpórale, poco a poco, la mantequilla (en 2-3 tiempos) y amasa durante 5 minutos hasta que consigas una masa lisa y homogénea. Redondéala, divídela en dos y pon cada porción en un bol. Cubre los boles con film transparente y deja que las masas fermenten durante 2-3 horas a temperatura ambiente, hasta que doblen su volumen (o en el frigorífico de un día para otro).

Para el relleno, pon la mantequilla y el chocolate en un bol y fúndelos al baño maría.

En otro bol, bate el huevo con el azúcar y el cacao hasta que queden integrados. Vierte encima la mezcla de mantequilla y chocolate y remueve los ingredientes hasta conseguir una crema homogénea. Tapa el bol con film transparente, introdúcelo en el frigorífico y deja que se enfríe.

Espolvorea la encimera con un poco de harina, pon las masas sobre la encimera y vuelve a espolvorearlas con otro poco de harina. Estíralas por separado con un rodillo hasta dejarlas en 1 centímetro de grosor. Tápalas con un paño limpio y deja que reposen a temperatura ambiente durante 5-10 minutos.

Cubre las masas con la crema de chocolate (dejando los bordes sin cubrir). Enróllalas formando un cilindro y, con ayuda de un cuchillo bien afilado, hazles un corte longitudinal sin cortarlas del todo. Abre las dos partes de la masa y gíralas hacia afuera (para que se vea el chocolate), entrelázalas, introdúcelas en 2 moldes rectangulares (tipo bizcocho), tápalas con un paño limpio y deja que fermenten a temperatura ambiente durante 2 horas (hasta que doblen su volumen).

Hornea los brioches babka a 200 ºC (calor arriba y abajo) durante 10 minutos. Baja la temperatura del horno a 180 ºC y hornéalos durante 15 minutos más.

Saca los brioches, pásalos a una rejilla y, en caliente, píntalos con el almíbar. Sirve.

FARTONS

INGREDIENTES (4 P.)

300 g de harina de fuerza + 25 g para estirar
120 ml de agua
10 g de levadura fresca
1 huevo
50 g de azúcar
3 g de sal
40 ml de aceite de girasol
hojas de menta (para decorar)

Para el glaseado:

100 g de azúcar glas
25 ml de agua

ELABORACIÓN

Pon la harina en un bol grande, agrega la levadura desmenuzada, el azúcar, la sal, el agua y el huevo. Mezcla los ingredientes hasta que la harina se integre. Incorpora 30 ml de aceite y mezcla bien. Tapa el bol con film transparente y deja que la masa repose a temperatura ambiente durante 30-45 minutos.

Pasa la masa a la encimera y amásala durante 3-4 minutos hasta que consigas una masa (en bola) lisa y homogénea. Pon 10 ml de aceite en un bol, incorpora la masa, tápala con film transparente y deja que fermente durante 2 horas a temperatura ambiente hasta que doble su volumen.

Coloca de nuevo la masa en la encimera, espolvoréala con un poco de harina, forma un cilindro, córtalo en 8 porciones y forma 8 bolitas. Tápalas con un paño limpio y deja que reposen durante 10 minutos.

Espolvorea la encimera con un poco de harina. Con un rodillo estira 1 porción de masa hasta conseguir una masa fina y enróllala (por el lado más largo) hasta formar un canutillo. Repite el proceso con el resto de las porciones de masa hasta conseguir 8 canutillos. Cubre una bandeja de horno con papel de hornear y coloca encima los *fartons* dejando la parte del pliegue hacia abajo.

Cubre la bandeja con un paño limpio y deja que los canutillos reposen durante 1 hora y media hasta que doblen su volumen. Estíralos un poco presionando con los dedos y hornéalos a 220 ºC durante 10 minutos.

Para el glaseado, mezcla el azúcar glas con el agua en un bol e introdúcelo en el frigorífico.

Retira los *fartons* del horno, deja que se templen y píntalos con el glaseado. Deja que se sequen a temperatura ambiente o bien introdúcelos de nuevo en el horno para que se sequen con el calor residual.

Sirve 2 *fartons* en cada plato y decóralos con unas hojas de menta.

COMENTARIO

El *fartó* es un dulce típico del municipio valenciano de Alboraya. Se trata de un bollo alargado, blando, dulce y muy absorbente, ideal para mojar en horchata.

DOÑAS DE AZÚCAR RELLENAS DE CHOCOLATE

INGREDIENTES (8 PIEZAS)

- 300 g de harina + 30 g para estirar
- 20 g de azúcar blanco
- 1 huevo
- 12 g de levadura prensada
- 7 g de azúcar de vainilla
- 140 ml de leche
- 4 g de sal
- 25 g de mantequilla (a temperatura ambiente)
- 200 g de crema de chocolate y avellana
- aceite de oliva suave
- azúcar glas (para espolvorear)
- hojas de menta

ELABORACIÓN

Pon la harina en un bol grande. Agrega el azúcar blanco, el huevo, la levadura prensada, el azúcar de vainilla y la leche. Mezcla los ingredientes hasta que la harina quede bien integrada. Tapa el bol con film transparente y deja que repose durante 25-30 minutos (autólisis).

Pasa la masa a la encimera y añade la sal y la mantequilla troceada. Amasa los ingredientes durante 5 minutos hasta que consigas una masa lisa y homogénea y forma una bola. Introdúcela en el bol, tápala con film transparente y deja que fermente a temperatura ambiente hasta que doble su volumen (unas 2 horas).

Espolvorea la encimera con un poco de harina. Pasa la masa a la encimera, aplástala un poco para quitarle un poco de aire, divídela en 8 porciones y redondéalas. Tapa las bolas de masa con un paño limpio y deja que reposen a temperatura ambiente durante 15 minutos.

Pon un trozo grande de papel de horno sobre la encimera.

Espolvorea la encimera con un poco de harina. Coloca una bolita encima, espolvoréala con otro poco de harina, aplástala un poco y estírala con un rodillo hasta que consigas una lámina redonda y fina. Introduce la crema de chocolate y avellana en una manga pastelera. Pon una porción de crema en la parte central de la masa, unta los bordes con un poco de agua, dóblala como si fuera una empanadilla y sella los bordes presionando la masa con los dedos. Colócala sobre el papel de horno y deja que fermente durante 1 hora aproximadamente. Repite el proceso con el resto de las bolitas de masa y la crema de cacao hasta que obtengas 8 doñas.

Calienta una sartén con abundante aceite. Introduce 3 doñas y fríelas a fuego suave-medio por los dos lados hasta que se doren. Retíralas y escúrrelas sobre una fuente cubierta con papel absorbente. Repite el proceso con el resto de la masa.

Espolvorea las doñas con el azúcar glas y decora los platos con unas hojas de menta.

CONSEJO

También puedes rellenar las doñas con mermelada, crema pastelera o crema de queso.

FOCACCIA DULCE CON FRESAS Y NUECES

INGREDIENTES (4 P.)

375 g de harina de fuerza + 25 g para estirar

225 ml de leche

12 g de levadura fresca de panadería

25 g de miel

25 g de azúcar

8 g de sal

15 g de mantequilla (a punto de pomada)

Para decorar:

6-8 fresas

14 nueces peladas

2 cucharadas de aceite de oliva virgen extra

1-2 cucharadas de azúcar

hojas de menta

ELABORACIÓN

Pon la harina en un bol. Agrega la leche, el azúcar, la sal, la levadura (desmenuzada) y la miel. Mezcla los ingredientes hasta que la harina se integre. Tapa el bol con film transparente y deja que repose a temperatura ambiente durante 30 minutos (autólisis).

Pasa la masa a la encimera, incorpora la mantequilla y amasa bien hasta que quede bien integrada (4-5 minutos). Cuando la masa tenga una textura elástica y homogénea, forma una bola con ella, ponla en un bol, tápala con film transparente y deja que fermente a temperatura ambiente hasta que doble su volumen (2-3 horas).

Espolvorea la encimera y la masa con un poco de harina, pasa la masa a la encimera y estírala, primero a mano y después con un rodillo, hasta formar un rectángulo del tamaño de la bandeja de horno. Tápala con un paño limpio y deja que repose durante 30 minutos.

Cubre una bandeja de horno con papel de hornear y extiende encima el rectángulo de masa. Tápala con un paño limpio y deja que fermente a temperatura ambiente hasta que doble su volumen (unas 2 horas).

Presiona la masa con los dedos, formando surcos, riégala con un poco de aceite y espolvoréala con el azúcar. Limpia las fresas y córtalas en rodajas. Coloca las fresas y las nueces formando hileras encima de la *focaccia*.

Introduce la *focaccia* en el horno y hornéala a 200 ºC (calor arriba y abajo) durante 15 minutos.

Retírala del horno, deja que se enfríe, adórnala con unas hojas de menta y sirve.

CONSEJO

La *focaccia* tiene que quedar tierna por dentro, con buena miga y alvéolos, y crujiente y dorada por fuera. Para lograr este resultado, la masa necesita una buena hidratación y un buen trabajo de amasado.

MINIBOLLOS DE MANTEQUILLA

INGREDIENTES (4 P.)

Para la masa de los bollos:

250 g de harina de fuerza

170 ml de leche

50 g de azúcar

50 g de mantequilla a punto de pomada

6 g de levadura fresca

2 huevos

4 g de sal

Para pintar, bañar y decorar:

1 huevo batido

75 g de azúcar y 75 ml de leche (para el baño de leche)

azúcar

hojas de menta

Para la crema de mantequilla:

100 g de mantequilla a punto de pomada

100 g de azúcar

50 ml de agua

ELABORACIÓN

Para preparar la masa de los bollos, pon la harina en un bol grande. Añade la leche, el azúcar, los huevos, la levadura desmenuzada y la sal. Mezcla los ingredientes hasta que la harina quede bien integrada. Tapa el bol con film transparente y deja que los ingredientes reposen a temperatura ambiente durante 30 minutos (autólisis).

Pasa la masa a la encimera, incorpora la mantequilla en dos veces y amasa bien hasta que se integre (tiene que quedar una masa homogénea y elástica). Pon la masa en el bol, tápala con film transparente y deja que fermente en el frigorífico durante 24 horas.

Corta la masa en 8 trozos y redondéalos. Pon las bolas sobre la encimera y dales forma de bollito alargado. Cubre una bandeja de horno con papel de hornear. Coloca los minibollos encima, tápalos con un paño limpio y deja que fermenten a temperatura ambiente hasta que doblen su volumen. Píntalos con huevo batido y hornéalos a 180 ºC (solo calor arriba) durante 8-10 minutos. Retíralos del horno y deja que se enfríen.

Para hacer la crema de mantequilla, primero hay que preparar un almíbar. Calienta el azúcar y el agua en un cazo a fuego suave-medio durante 6-8 minutos hasta conseguir un almíbar flojo (punto de hebra floja).

Pon la mantequilla en un bol grande y bátela con una batidora de varillas eléctrica. Vierte poco a poco el almíbar y sigue batiendo sin parar hasta que obtengas una crema espesa. Introdúcela en una manga pastelera con boquilla rizada y resérvala.

Mezcla 75 g de azúcar con los 75 ml de leche en un bol hasta que se integren.

Pinta los bollos con el baño de leche y azúcar y espolvoréalos con un poco de azúcar. Abre los bollos haciéndoles un corte en diagonal y rellénalos con la crema de mantequilla. Sirve y decora los platos con unas hojas de menta.

CONSEJO

Para saber si la mezcla de agua y azúcar ha conseguido el punto de hebra floja, introduce el dedo índice en el almíbar, júntalo con el pulgar y separa los dedos. Si notas que se forma un hilillo que se rompe al alejar los dedos, habrás conseguido el punto deseado.

BOLLOCACAO CASERO

INGREDIENTES (4 P.)

- 200 g de harina de fuerza + 25 g para estirar
- 50 ml de agua
- 50 ml de leche
- 10 g de azúcar
- 5 g de sal
- 10 g de levadura fresca de panadería
- 25 g de mantequilla
- 125 g de crema de cacao
- 1 huevo
- hojas de menta

ELABORACIÓN

Pon la harina en un bol grande. Agrega el azúcar, la levadura desmenuzada, el agua, la leche y la sal. Mezcla los ingredientes hasta que la harina se integre. Tapa el bol con film transparente y deja que la masa repose a temperatura ambiente durante 30 minutos.

Pon la masa sobre la encimera, agrega la mantequilla (a punto de pomada) y amasa los ingredientes durante 5 minutos, hasta que queden bien integrados. Pon la masa en un bol, tápala con film transparente y deja que repose a temperatura ambiente durante 30 minutos más.

Pasa la masa a la encimera y amásala durante 1 minuto y medio. Espolvorea un bol con un poco de harina, coloca la masa dentro, tapa el bol con film transparente y deja que fermente durante 2 horas a temperatura ambiente (o en el frigorífico de un día para otro).

Espolvorea la encimera con un poco de harina, coloca encima la masa y divídela en 4 porciones. Redondea los trozos de la masa y colócalos sobre un trozo grande de papel de horno. Cúbrelos con un paño limpio y deja que reposen a temperatura ambiente durante 10 minutos.

Espolvorea la encimera con un poco de harina. Coge una bolita de masa y estírala con un rodillo. Pon una porción de crema de cacao a un lado de la masa y forma un bollo alargado, envolviendo la crema de cacao con la masa y sellando bien los bordes. Forma otros 3 bollos de la misma manera.

Coloca los bollos sobre un trozo grande de papel de horno, cúbrelos con un paño limpio y deja que reposen a temperatura ambiente durante 90 minutos.

Pasa el papel de horno con los bollos a una bandeja de horno y úntalos con huevo batido. Hornéalos a 180 ºC (calor arriba y abajo) durante 10-12 minutos, retíralos del horno y deja que se templen.

Sirve y decora la fuente con unas hojas de menta.

CONSEJO

Si no te gusta el chocolate, puedes rellenar los bollos con crema pastelera o mermelada.

POSTRES

ARROZ CON LECHE VEGANO Y *COULIS* DE FRAMBUESAS

INGREDIENTES (4 P.)

1 l de leche de almendras
100 g de arroz redondo
3 trozos de piel de naranja
4 trozos de piel de limón
100 g de azúcar (25 g + 75 g)
125 g de frambuesas + 8 para decorar
1 rama de canela
canela en polvo
hojas de menta

ELABORACIÓN

Para hacer el *coulis*, calienta una sartén con las frambuesas y 25 g de azúcar. Cocina los ingredientes a fuego suave hasta que las frambuesas se deshagan. Cuela la mezcla y reserva el *coulis*.

Pon el arroz en una cazuela. Añade la leche de almendras, 75 g de azúcar, las pieles de naranja y limón y la rama de canela. Cocina los ingredientes a fuego suave, removiéndolos de vez en cuando, durante 40 minutos. Apaga el fuego y retira la rama de canela y las pieles de limón y de naranja.

Reparte el arroz con leche en 4 recipientes. Adorna cada uno con un poco de *coulis*, 2 frambuesas, un poco de canela en polvo y unas hojas de menta.

CONSEJO

Este arroz con leche, además de no contener ningún alimento de origen animal, es apto para intolerantes o alérgicos al gluten y a la lactosa.

BIZCOCHO DE MANZANA ASADA

INGREDIENTES (6 P.)

3 manzanas golden (grandes)

2 yogures naturales

2 huevos

60 ml de aceite de oliva suave

180 g de harina de trigo

15 g de levadura en polvo

mantequilla y harina (para el molde)

2-3 cucharadas de mermelada de albaricoque (sin azúcar)

8 frambuesas

hojas de menta

CONSEJO

Puedes hacer el bizcocho con manzana, pero te animo a probar con otras frutas, como peras, plátanos o melocotones.

ELABORACIÓN

Pela 2 manzanas, retírales el corazón, córtalas en 4, ponlas en un recipiente apto para el horno y hornéalas a 180 ºC durante 30 minutos. Retíralas y deja que se templen.

Pon los yogures en un vaso batidor. Añade los huevos, el aceite y la harina mezclada con la levadura. Tritura los ingredientes con una batidora eléctrica hasta que queden integrados.

Pasa las manzanas asadas a la tabla de cocina, córtalas en dados, introdúcelas en la crema de yogur y mezcla bien.

Unta un molde rectangular tipo *plum cake* (26 x 12 cm) con mantequilla y ponle encima una tira larga de papel de horno, de manera que sobresalga una pestaña por cada lado. Unta el papel con otro poco de mantequilla y espolvoréalo con un poco de harina. Vierte la mezcla del bizcocho dentro del molde.

Pela la otra manzana, córtala por la mitad, retírale el corazón y córtala en láminas. Cubre la parte superior del molde con las rodajas de manzana. Hornea el bizcocho a 170 ºC durante 30-40 minutos, retíralo y deja que se temple.

Unta el bizcocho con la mermelada y decóralo con las frambuesas y las hojas de menta.

BOLITAS DE ZANAHORIA Y COCO

INGREDIENTES (6 P.)

500 g de zanahorias

150 g de azúcar

350 g de coco rallado (250 g para la masa + 100 g para rebozar)

hojas de menta

ELABORACIÓN

Calienta agua en una cazuela. Pela las zanahorias, introdúcelas en la cazuela y cuécelas durante 20-25 minutos. Retíralas y escúrrelas sobre una fuente cubierta con papel absorbente.

Pásalas a un bol y aplástalas hasta que queden reducidas a puré. Agrega el azúcar y mezcla bien. Incorpora 250 g de coco rallado y sigue mezclando hasta que los ingredientes queden bien integrados. Tapa la masa a piel con film transparente, introdúcela en el frigorífico y deja que repose durante 30 minutos como mínimo.

Retira el bol del frigorífico, coge pequeñas porciones de masa, redondéalas formando bolitas y rebózalas con el coco rallado.

Sirve y decora los platos con unas hojas de menta.

CONSEJO

Puedes sustituir el azúcar por leche condensada o miel.

CARACOLAS DE CREMA Y PASAS

INGREDIENTES (4 P.)

- 1 lámina de hojaldre (rectangular)
- 30 g de uvas pasas
- 100 g de crema pastelera
- 1 huevo batido
- 1 cucharada de azúcar
- ½ cucharada de canela
- hojas de menta

ELABORACIÓN

Pon las pasas a remojo en agua tibia. Cuando estén bien hidratadas, escúrrelas, sécalas con papel absorbente y resérvalas.

Estira la lámina de hojaldre sobre el papel que trae el hojaldre. Pon la crema pastelera encima, espárcela con una espátula y reparte las pasas por encima. Con la ayuda del papel del hojaldre, enrolla la masa sobre la crema pastelera y las pasas formando un cilindro. Colócalo en una bandeja e introdúcelo en el frigorífico hasta que esté bien frío (30 minutos como mínimo).

Cubre una bandeja de horno con un trozo grande de papel de hornear. Saca el cilindro de hojaldre del frigorífico, retírale el papel, ponlo sobre la encimera y córtalo en rodajas de unos 2 centímetros. Ponlas sobre la bandeja de horno y ábrelas un poco. Píntalas con el huevo batido y hornéalas a 180 ºC durante 18 minutos.

Mezcla el azúcar con la canela.

Retira las caracolas del horno y, en templado, espolvoréalas con la mezcla de azúcar y canela.

Sirve y decora los platos con unas hojas de menta.

CONSEJO

A la hora de trabajar con el hojaldre es importante que esté bien frío.

COPA DE NARANJA HELADA

INGREDIENTES (4 P.)

4 naranjas (de mesa)
200 g de queso mascarpone
100 g de yogur griego
3 cucharadas de miel
hojas de menta

ELABORACIÓN

Pon el yogur, el queso y la miel en un bol y mezcla bien. Exprime las naranjas, vierte (poco a poco) el zumo en el bol y bate con una varilla manual hasta que los ingredientes queden bien integrados.

Pasa la mezcla a un recipiente amplio e introdúcelo en el congelador. Tres veces, separadas entre sí por intervalos de media hora, retira el recipiente del frigorífico y remueve el contenido con un tenedor.

Reparte la mezcla en 4 copas y decóralas con unas hojas de menta.

CONSEJO

Puedes decorar estas copas con unos hilos de chocolate negro fundido. Y, si te apetece que tengan un toque crujiente, puedes espolvorearlas con almendras, nueces, avellanas o galletas bien picadas.

FLAN DE TURRÓN CON HELADO

INGREDIENTES (6 P.)

400 ml de leche

4 huevos

200 g de turrón blando

100 g de leche condensada

80 g de azúcar

500 ml de helado de leche merengada

hojas de menta

CONSEJO

Para servir el helado, es buena idea sacarlo del congelador al menos 15 minutos antes de consumirlo.

ELABORACIÓN

Para preparar el caramelo, pon el azúcar a calentar en una sartén y espera a que se funda y se tueste un poco. Repártelo en 6 flaneras, espárcelo y deja que se enfríe.

Vierte la leche en una cazuela y ponla a calentar. Trocea el turrón y ponlo en un vaso batidor. Vierte la leche caliente y la leche condensada. Casca los huevos y ponlos en un bol, bátelos bien con una varilla manual e introdúcelos en el vaso batidor. Tritura los ingredientes hasta que se integren bien.

Reparte la mezcla en las 6 flaneras y hornéalas al baño maría a 180 ºC durante 20 minutos.

Retira los flanes del horno y deja que se enfríen. Desmóldalos, sirve 1 en cada plato, acompáñalos con un poco de helado de leche merengada y decóralos con unas hojas de menta.

COPA DE NATILLAS Y COMPOTA DE MANZANA

INGREDIENTES (4 P.)

700 ml de leche
3 huevos
180 g de azúcar
20-25 g de harina de maíz refinada
1 rama de canela
1 limón

Para la compota:

2 manzanas reinetas
8 ciruelas pasas sin hueso
1 rama de canela
hojas de menta

ELABORACIÓN

Para preparar la compota, calienta una cazuela con 2 dedos de agua. Añade las ciruelas y la rama de canela. Pela las manzanas, retírales el corazón, córtalas en gajos (cada una en 8) e introdúcelas en la cazuela. Tapa la cazuela y cuece los ingredientes a fuego medio durante 15-18 minutos.

Para preparar las natillas, pon a calentar a fuego suave ¾ partes de la leche en un cazo (reserva el resto de la leche en la nevera o a temperatura ambiente). Añade la rama de canela y 3 trozos de piel de limón. Deja que infusione a fuego suave durante 6 minutos.

Pon el azúcar en un bol grande, añade la harina de maíz refinada y mezcla bien con una varilla manual. Vierte la leche fría reservada anteriormente y remueve bien hasta que los ingredientes se integren. Incorpora los huevos (de uno en uno) y bátelos hasta que quede una mezcla homogénea.

Vierte la leche caliente infusionada con la canela y los trozos de cáscara de limón sobre el bol. Mezcla bien y cuélala en el mismo cazo donde habías calentado la leche. Cocina la mezcla a fuego suave, sin dejar de remover, hasta que espese.

Pasa las natillas a una jarra, repártelas en 4 vasos y deja que se enfríen.

Retira la rama de canela y parte del líquido de la compota (resérvalo por si necesitaras aligerarla). Pon las manzanas y las ciruelas en un vaso batidor y tritúralas con una batidora eléctrica hasta que quede un puré denso.

Rellena las copas de las natillas con el puré de compota y decóralas con unas hojas de menta.

CONSEJO

Para darle un toque diferente a la compota, puedes elaborarla con otras frutas, ya sean frescas o deshidratadas. Por ejemplo, puedes sustituir las manzanas por peras y las ciruelas por orejones.

CRUMBLE DE MANZANA CON ALMENDRA

INGREDIENTES (4 P.)

3 manzanas golden

225 g de azúcar moreno (175 g para la masa + 50 g para el relleno)

160 g de harina (150 g para la masa + 10 g para el relleno)

100 g de mantequilla fría cortada en dados

2 cucharadas de almendra fileteada

1 cucharada de canela en polvo

helado de vainilla

hojas de menta

CONSEJO

Aunque el *crumble* más popular es el de manzana, te animo a prepararlo con otras frutas, como, por ejemplo, pera, mango o melocotón.

ELABORACIÓN

Pela las manzanas, retírales el corazón, córtalas en dados y ponlas en un bol. Agrega la harina (10 g), la canela y el azúcar (50 g). Mezcla todo bien hasta que los dados de manzana queden bien impregnados con la mezcla de harina, azúcar y canela.

Para preparar la masa, mezcla en un bol grande la harina (150 g) y el azúcar (175 g). Incorpora los dados de mantequilla y amasa los ingredientes hasta que quede una masa grumosa. La mantequilla no tiene que deshacerse y la masa debe quedar tosca, con una textura similar a la de las migas.

Cubre un molde cuadrado de 22 cm con papel de horno, rellénalo con los dados de manzana y reparte encima la mezcla de harina, azúcar y mantequilla. Hornea la tarta a 180 ºC durante 40-45 minutos. Retírala y deja que se temple.

Calienta una sartén sin aceite, agrega la almendra fileteada y tuéstala un poco.

Corta la tarta en 4 porciones y colócalas en 4 platos. Salpícalas con las almendras fileteadas y acompáñalas con el helado de vainilla. Decora los platos con unas hojas de menta.

LECHE FRITA DE CAFÉ

INGREDIENTES (4 P.)

500 ml de leche

50 g de azúcar

60 g de harina de maíz refinada

2 sobres de café soluble

½ cucharadita de esencia de vainilla

helado de leche merengada

hojas de menta

Para rebozar y freír:

harina de maíz refinada

2 huevos batidos

aceite de oliva suave

2 cucharadas de azúcar

½ cucharadita de canela en polvo

ELABORACIÓN

Pon la harina en un bol. Añade el azúcar, el café soluble, la esencia de vainilla y ¼ parte de la leche. Mezcla los ingredientes con una batidora de varillas manual. Cuando estén bien integrados, vierte el resto de la leche y vuelve a batirlos.

Pasa la mezcla a un cazo y ponla a calentar, removiéndola a menudo, hasta que espese. Viértela en un molde cuadrado de 22 cm, extiéndela, tápala a piel con film transparente y deja que se temple antes de introducirla en el frigorífico durante dos horas.

Calienta abundante aceite en una sartén. Corta la masa de leche frita en 8 porciones, rebózalas con harina de maíz refinada y huevo batido, introdúcelas en la sartén y fríelas durante 2 minutos por cada lado. Retíralas y escúrrelas sobre una fuente cubierta con papel absorbente.

Mezcla el azúcar con la canela y espolvorea la leche frita.

Sirve 2 trozos de leche frita en cada plato y acompáñalos con un poco de helado. Decora los platos con unas hojas de menta.

CONSEJO

Esta receta es de leche frita con sabor a café, pero puedes darle otro toque según tus gustos, por ejemplo, con chocolate o té.

GUIRLACHE DE SÉSAMO Y PISTACHOS

INGREDIENTES (4 P.)

75 g de azúcar

15 g de pistachos pelados

60 g de semillas de sésamo crudo

1 cucharada de zumo de limón

aceite de oliva virgen extra

hojas de menta

CONSEJO

Debido a su composición, el guirlache es un alimento muy calórico, por lo que hay que comerlo con moderación.

ELABORACIÓN

Aplasta los pistachos y pícalos un poco.

Calienta una sartén a fuego medio. Introduce el azúcar, el zumo de limón, 1 cucharadita de aceite, los pistachos y el sésamo. Deja la sartén al fuego hasta que el azúcar empiece a fundirse y a caramelizarse. Mezcla suavemente y cocina los ingredientes durante 4-5 minutos.

Corta 2 trozos grandes de papel de horno, extiéndelos sobre la encimera y úntalos con un poco de aceite. Vierte el guirlache en el centro de uno de los trozos de papel y cúbrelo con el otro trozo de papel de horno (de manera que la parte engrasada quede en contacto con el guirlache). Estíralo con un rodillo hasta que quede bien fino y deja que se enfríe a temperatura ambiente durante 10 minutos.

Retira la capa de papel superior, trocea el guirlache y sirve. Decora los platos con unas hojas de menta.

MAZAPANES CON NUECES

INGREDIENTES (24 UDS.)

300 g de almendra molida
24 medias nueces
370 g de leche condensada
1 limón
1 yema
aceite de oliva virgen extra
hojas de menta

CONSEJO

Si lo prefieres, puedes sustituir la almendra molida por azúcar.

ELABORACIÓN

Pon la almendra molida en un bol grande y añade la leche condensada. Lava el limón, ralla la piel y añádela al bol. Mezcla los ingredientes con una batidora de varillas eléctrica.

Tapa la mezcla con film transparente e introdúcela en el frigorífico durante media hora.

Retira la mezcla del frigorífico y pásala a la encimera. Úntate las manos con un poco de aceite. Divide la masa en 24 trozos, redondéalos y distribúyelos sobre una bandeja de horno cubierta con papel de hornear. Coloca media nuez encima de cada bolita.

Bate la yema en un bol, vierte 1 cucharada de agua y bátela un poco más. Pinta los mazapanes con la mezcla y hornéalos a 180 ºC durante 8-10 minutos.

Deja que se enfríen, sírvelos en una fuente y decóralos con unas hojas de menta.

MILHOJAS DE CHOCOLATE Y NATA

INGREDIENTES (6-8 P.)

2 láminas de hojaldre (rectangulares)

2 cucharadas de azúcar (1 en grano y 1 glas)

3 o 4 frambuesas para decorar

hojas de menta

Para la crema de nata y queso:

150 g de queso crema

500 ml de nata líquida para montar

15 g de azúcar glas

Para la crema de cacao:

500 ml de nata líquida para montar

15 g de azúcar glas

25 g de cacao en polvo

ELABORACIÓN

Corta las láminas de hojaldre por la mitad y separa los trozos (sin que se toquen entre sí) sobre el papel con el que vienen.

Coloca una lámina de hojaldre (cortada en 2 y con su papel) sobre una bandeja de horno y tápala con la otra lámina de hojaldre (cortada en 2 y con su papel). Cúbrelas con un trozo de papel de hornear y coloca una bandeja de horno encima, para que el hojaldre no suba.

Hornea los hojaldres a 180 ºC (calor arriba y abajo, con ventilador) durante 20 minutos. Invierte la posición de las láminas de hojaldre (las que estaban arriba, ponlas abajo) y hornéalas durante 20 minutos más. Retira la bandeja superior y hornéalas durante 5 minutos. Retíralas y deja que se enfríen.

Para preparar la crema de queso, pon el queso en un bol grande. Agrega el azúcar glas y la nata y monta los ingredientes con una batidora eléctrica de varillas. Introduce la mezcla en una manga pastelera y resérvala.

Para la crema de cacao, pon el cacao en polvo en un bol grande. Agrega el azúcar y la nata y monta los ingredientes con la batidora de varillas eléctrica. Introduce la crema en otra manga pastelera y resérvala.

Cubre una lámina de hojaldre con la mezcla de azúcar (glas y en grano), carameliza la superficie utilizando un soplete de cocina y resérvala.

Coloca otra lámina de hojaldre sobre una fuente y cúbrela con botones de crema de queso. Tápalos con otra lámina de hojaldre y cúbrela con botones de crema de cacao. Tápalos con otra lámina de hojaldre y más botones de crema de queso. Finalmente, coloca la tapa (la lámina de hojaldre caramelizada) y decórala con unos botones de crema de queso y de trufa, frambuesas y hojas de menta.

CONSEJO

A la hora de montar la nata es muy importante que esté fría y que tenga por lo menos un 36 % de materia grasa.

MOUSSE DE PIÑA

INGREDIENTES (4 P.)

- 200 g de piña natural pelada (150 g + 50 g en daditos)
- 2 claras de huevo
- 120 g de azúcar (70 g para las claras + 50 g para la nata)
- 200 ml de nata líquida fría (38 % de materia grasa)
- 4 frambuesas
- hojas de menta

ELABORACIÓN

Corta 150 g de piña, ponla en un vaso batidor y tritúrala con una batidora eléctrica. Cuela el puré y reserva el jugo.

Pon las claras en un bol y móntalas con una batidora de varillas eléctrica. Cuando empiecen a montar, agrega el azúcar (70 g) poco a poco y sigue montándolas hasta que consigas un buen merengue. Resérvalo.

Pon la nata fría y 50 g de azúcar en otro bol y móntala con la batidora de varillas eléctrica.

Añade el jugo de piña a la nata montada y mezcla suavemente con movimientos envolventes. Incorpora las claras montadas y sigue mezclando los ingredientes suavemente.

Reparte la mezcla en 4 vasos y decóralos con los dados de piña, las frambuesas y unas hojas de menta.

CONSEJO

La *mousse* de piña es un postre ligero, fresco, afrutado y fácil de preparar, ideal para cerrar cualquier comida.

ROSQUILLAS DE LA ABUELA LOLA

INGREDIENTES (12 UDS.)

1 huevo

50 g de azúcar

1 pizca de sal

16 g de levadura en polvo

½ cucharadita de semillas de anís

30 ml de licor de anís

ralladura de ½ limón

1 cucharadita de zumo de limón

175 g de harina

aceite de oliva suave

hojas de menta

ELABORACIÓN

Casca el huevo y ponlo en un bol. Agrega el azúcar, la sal, 1 cucharada de aceite, la levadura, las semillas de anís, el licor de anís, la ralladura de limón y el zumo de limón. Incorpora la harina, mezcla los ingredientes y amásalos hasta que consigas una masa homogénea.

Divide la masa en 2, forma 2 cilindros y corta cada uno en 6 trozos. Estira los trozos formando 12 cilindros y júntales los extremos para formar 12 rosquillas.

Calienta una sartén con abundante aceite, introduce las rosquillas (en tandas) y fríelas a fuego suave-medio hasta que se hagan por dentro y se doren por fuera. Retíralas y escúrrelas sobre un plato cubierto con papel absorbente.

Sirve y decora los platos con unas hojas de menta.

CONSEJO

Según el tipo de harina que utilices, la masa puede quedar más ligera o más seca. Si te queda muy ligera, añade un poco más de harina; y si queda muy seca, vierte un poco más de anís.

PASTEL DE CREMA AGRIA Y YOGUR

INGREDIENTES (6-8 P.)

250 g de harina + 25 g para espolvorear

1 cucharadita de bicarbonato

60 g de azúcar glas (55 g + 5 g)

1 pizca de sal

150 g de mantequilla fría

3 huevos

150 g de azúcar en grano (75 g + 75 g)

400 g de *crème fraîche* (crema fresca extracremosa)

200 g de yogur natural

20 g de harina de maíz refinada

5 frambuesas

hojas de menta

ELABORACIÓN

Casca los huevos, pon las claras en un bol grande y las yemas en un bol pequeño, y resérvalas por separado.

Pon la harina en un bol grande. Añade una pizca de sal, el bicarbonato, el azúcar glas (55 g) y la mantequilla troceada. Amasa los ingredientes hasta que consigas una masa grumosa. Añade las yemas y amasa los ingredientes a mano hasta que la masa sea homogénea.

Cubre un molde redondo de 20 cm de diámetro con papel de horno. Agrega ¾ partes de la masa y presiónala hasta cubrir toda la base y la parte inferior del contorno del molde. Reserva el resto de la masa en el frigorífico.

Monta las claras con una batidora eléctrica de varillas. Cuando empiecen a montar, añade 75 g de azúcar en grano y sigue montándolas hasta que queden bien firmes.

Pon la harina de maíz refinada en un bol grande. Agrega el resto del azúcar (75 g) y el yogur, y mezcla con una varilla manual. Añade la *crème fraîche* y sigue mezclando hasta que consigas una mezcla homogénea. Incorpora las claras montadas y mezcla los ingredientes con movimientos suaves y envolventes. Vierte la mezcla sobre el molde (donde está la masa grumosa de harina) y espárcela bien.

Saca la masa reservada en el frigorífico y espolvoréala con un poco de harina. Coge pequeñas porciones y forma escamas con las manos. Coloca las escamas, apoyadas las unas con las otras, en la parte superior del pastel. Hornéalo a 180 ºC durante 40-45 minutos. Retíralo del horno, deja que se enfríe, espolvoréalo con el resto del azúcar glas (5 g) y decóralo con las frambuesas y unas hojas de menta.

CONSEJO

Es importante que la masa con la que formes las escamas esté bastante seca para que durante el horneado mantenga su forma. Si es necesario, a medida que vayas formando las escamas, puedes espolvorear la masa con un poco de harina.

PASTEL DE CREMA DE BOSTON

INGREDIENTES (6-8 P.)

75 g de harina floja
75 g de harina integral
1 pizca de sal
75 g de azúcar
16 g de levadura en polvo
50 g de mantequilla
100 ml de leche
2 huevos
20 ml de esencia de vainilla

Para la crema pastelera:

200 ml de leche
200 ml de nata líquida
20 ml de esencia de vainilla
4 huevos
75 g de azúcar
30 g de harina de maíz refinada
80 g de mantequilla

Para el glaseado de chocolate:

150 ml de nata líquida
115 g de chocolate de repostería

Para decorar:

6 frambuesas
hojas de menta

ELABORACIÓN

Cubre un molde redondo de fondo desmontable (de 20 cm de diámetro) con papel de horno.

Para la masa del bizcocho, tamiza las harinas y ponlas en un bol. Añade una pizca de sal, el azúcar, la levadura y la mantequilla. Amasa los ingredientes a mano hasta que la mantequilla quede incorporada. Vierte la leche y la esencia de vainilla y bate los ingredientes con una batidora de varillas eléctrica. Incorpora los huevos y sigue batiendo la mezcla durante unos 5 minutos. Vierte la mezcla en el molde y hornéala a 170 ºC (calor arriba y abajo) durante 35 minutos. Retira el bizcocho del horno y deja que se enfríe.

Para preparar la crema pastelera, pon el azúcar y la harina de maíz refinada en un bol. Vierte la mitad de la leche y remueve los ingredientes con una varilla manual hasta que se integren. Agrega los huevos y bátelos bien.

Pon el resto de la leche y la nata a calentar en un cazo. Añade la esencia de vainilla y la mezcla anterior. Cocina los ingredientes sin dejar de batir (con una varilla manual) hasta que espesen. Retira el cazo del fuego, agrega la mantequilla y mezcla bien hasta que se integre. Pasa la crema a un bol, tápala a piel con film transparente y deja que se enfríe.

Para preparar el glaseado, pon el chocolate en un bol. Calienta la nata y viértela sobre el chocolate. Deja que el calor de la nata vaya calentando el chocolate. Mezcla bien y reserva.

Corta el bizcocho por la mitad, en 2 láminas. Introduce la crema pastelera en una manga pastelera y cubre con ella la lámina inferior del bizcocho. Tapa la crema con la otra lámina de bizcocho y cúbrela con el glaseado de chocolate y nata. Decora el pastel con las frambuesas y unas hojas de menta.

CONSEJO

Para comprobar si el bizcocho está hecho, introdúcele un palillo de brocheta. Si sale limpio, está listo, si no, déjalo 5 minutos más.

RULO DE PASTA *CHOUX* RELLENO

INGREDIENTES (6 P.)

Para la pasta choux*:*

125 ml de agua

65 g de mantequilla

una pizca de sal

2,5 g de azúcar

100 g de harina tamizada

3-4 huevos (según tamaño)

1 cucharadita de esencia de vainilla

Para el relleno:

450 g de queso crema

150 g de azúcar glas

100 ml de nata líquida (38 % de materia grasa)

12 fresas

Para decorar:

azúcar glas

hojas de menta

ELABORACIÓN

Para preparar la pasta *choux*, pon el agua a calentar en una cazuela. Agrega la mantequilla, la sal, el azúcar y la esencia de vainilla. Cuando se disuelva la mantequilla, añade la harina de golpe, mezcla bien y cocina la mezcla durante 2 minutos. Pásala a un bol grande. Agrega 1 huevo y mezcla bien hasta que quede bien integrado. Incorpora los otros huevos (de uno en uno) de la misma manera. Introduce la masa en una manga pastelera con boquilla rizada.

Cubre una bandeja de horno con un trozo de papel de hornear. Extiende la pasta *choux* formando una lámina rectangular (35 x 25 cm). Hornea la masa a 180 ºC durante 20-25 minutos.

Lava las fresas, retírales los tallos y córtalas en daditos.

Para preparar el relleno, pon el azúcar glas en un bol grande. Añade la nata (fría) y el queso crema. Monta los ingredientes con una batidora de varillas eléctrica.

Da la vuelta a la lámina de pasta *choux*. Extiende la crema sobre la lámina y reparte los daditos de fresa por encima. Enróllala (ayudándote del papel de horno) y forma un cilindro. Para igualar las puntas, córtale los extremos.

Corta el rulo en 6 porciones y espolvoréalas con el azúcar glas. Decora los platos con unas hojas de menta.

CONSEJO

Se le da la vuelta a la pasta *choux* antes de rellenarla para que, después de enrollarla, la parte más bonita quede en el exterior.

TORRIJAS DE CHOCOLATE CON HELADO

INGREDIENTES (4 P.)

8 rebanadas gruesas de pan de la víspera

600 ml de leche

35 g de chocolate negro picado

20 g de cacao en polvo

30 g de azúcar

esencia de vainilla

3 trozos de piel de naranja

2-3 huevos batidos (para rebozar)

300 g de helado de vainilla

aceite de oliva suave

hojas de menta

Para espolvorear:

2 cucharadas de azúcar

½ cucharada de canela molida

½ cucharada de cacao en polvo

ELABORACIÓN

Añade la leche, el chocolate, el cacao, el azúcar y la esencia de vainilla en una cazuela y ponla a calentar hasta que los ingredientes queden bien integrados. Apaga el fuego y espera a que se temple. Remuévela de vez en cuando para que no le salga costra.

Coloca las rebanadas de pan en un recipiente hondo. Cúbrelas con la leche chocolateada y déjalas en remojo hasta que estén bien empapadas (unos 30 minutos).

Calienta una sartén con abundante aceite y 3 trozos de piel de naranja. Escurre las rebanadas de pan, úntalas bien con los huevos batidos, introdúcelas (en tandas) en la sartén y fríelas por los dos lados. Retíralas y escúrrelas sobre una fuente cubierta con papel absorbente.

Mezcla en un bol el azúcar con el cacao en polvo y la canela molida, y espolvorea las torrijas.

Sirve 2 torrijas y 2 bolas de helado en cada plato, y decóralos con unas hojas de menta.

CONSEJO

A la hora de empapar el pan, la leche debe estar a temperatura ambiente, ya que, si está muy caliente, las rebanadas de pan pueden romperse.

CUAJADA CON CREMA DE ALBARICOQUE

INGREDIENTES (4 P.)

600 ml de leche de oveja (pasteurizada)

16 albaricoques

12 gotas de cuajo líquido

1 lima

50 g de panela

hojas de menta

ELABORACIÓN

Pon la leche en un cazo y caliéntala a fuego suave. Retira el cazo del fuego y espera a que se temple un poco.

Vierte 3-4 gotas de cuajo en 4 recipientes. Vierte la leche encima y espera a que cuajen.

Lava los albaricoques, retírales los huesos, trocéalos y ponlos en una sartén. Agrega la panela y ralla la piel de la lima encima. Exprime la lima y vierte el zumo a la sartén. Cocina los ingredientes a fuego suave-medio durante 15-20 minutos.

Pasa los albaricoques a un vaso batidor y tritúralos con una batidora eléctrica hasta que consigas una crema homogénea.

Pon 2 cucharadas de crema de albaricoque sobre cada cuajada y decóralas con unas hojas de menta.

CONSEJO

El albaricoque es una fruta que se utiliza mucho en repostería, tanto para hacer mermeladas y compotas como para bizcochos y tartas.

TARTA DE FRESAS Y NATA

INGREDIENTES (6-8 P.)

Para el bizcocho:

15 g de mantequilla

25 ml de leche

5 huevos

105 g de azúcar

10 g de miel

1 cucharadita de esencia de vainilla

105 g de harina de trigo tamizada

Para rellenar y cubrir:

600 ml de nata (35 % de materia grasa)

400 g de queso mascarpone

100 g de azúcar glas

160 g de fresas

4 cucharadas de mermelada de fresa

Para el almíbar:

200 ml de agua

40 g de azúcar

40 ml de ron

Para decorar:

6 fresones

hojas de menta

ELABORACIÓN

Forra un molde redondo alto (de 15 cm de diámetro) con papel de hornear y resérvalo.

Para preparar el bizcocho, casca los huevos y ponlos en un bol. Agrega el azúcar, la esencia de vainilla y la miel. Monta los ingredientes con una batidora de varillas eléctrica. Calienta la leche en el microondas, añade la mantequilla y disuélvela en la leche. Agrega la mezcla (mantequilla y leche) al bol y monta todo brevemente durante 30 segundos más. Incorpora la harina tamizada y mezcla los ingredientes con movimientos suaves y envolventes. Vierte la mezcla en el molde y hornéala a 175 ºC durante 25-30 minutos. Retira el bizcocho del horno, deja que se enfríe bien y desmóldalo.

Para hacer el almíbar, pon el agua y el azúcar en un cazo. Calienta la mezcla hasta que el azúcar se disuelva. Aparta el cazo del fuego, vierte el ron, mezcla bien y deja que se enfríe.

Para preparar el relleno, pon la nata fría en un bol que esté bien frío. Agrega el azúcar glas y el queso y monta la mezcla con una batidora de varillas eléctrica. Introduce la mezcla en una manga pastelera con boquilla lisa y resérvala.

Lava las fresas, pícalas en daditos y resérvalas.

Para montar la tarta, corta (a lo ancho) el bizcocho en 3 láminas y úntalas con el almíbar de ron. Invierte las capas de bizcocho (es decir, la parte superior déjala para la base de la tarta y la parte inferior, que es la más lisa, déjala para la parte superior).

Pon un poco de la mezcla de nata y queso sobre la base. Coloca encima la mitad de los dados de fresa, aderézalos con 2 cucharadas de mermelada y cúbrelos con un poco más de la mezcla de nata y queso. Repite el proceso y, finalmente, tapa con la tercera lámina de bizcocho. Aprieta suavemente las capas para que los ingredientes se asienten. Recubre la parte superior y el contorno de la tarta con el resto de la mezcla de nata y queso.

Decórala a tu gusto con los fresones y las hojas de menta.

CONSEJO

Antes de cortar la tarta, introdúcela en el frigorífico durante 2 horas. De esta manera, el bizcocho absorberá el sabor del almíbar y de las fresas, y quedará bien asentado, evitando que al cortarlo se desmorone.

TARTA DE MANDARINA

INGREDIENTES (6 P.)

6 mandarinas
2 huevos
100 ml de aceite de girasol
180 g de azúcar (100 g + 80 g)
280 g de harina (tamizada)
10 g de levadura en polvo
1 pizca de sal
hojas de menta

CONSEJO

Puedes sustituir la mandarina por cualquier otro cítrico (lima, limón, naranja) y también quedará muy bien.

ELABORACIÓN

Calienta una sartén con 80 g de azúcar y deja que se funda hasta que consigas un caramelo tostado.

Cubre la base de un molde cuadrado de 22 cm con un trozo de papel de horno. Vierte dentro el caramelo, extiéndelo bien por toda la base del molde y deja que se enfríe.

Lava las mandarinas, ralla la piel de 3 (unos 15 g) y resérvala. Pela todas las mandarinas, corta 2 en rodajas y resérvalas. Trocea las otras 4 (si tuvieran pepitas, retíralas), introdúcelas en una picadora y tritúralas bien. Cuela la mezcla a una jarra. Agrega la ralladura de las 3 mandarinas, los huevos y 100 g de azúcar. Tritura los ingredientes con una batidora eléctrica, vierte el aceite poco a poco y sigue triturando. Pasa la mezcla a un bol. Mezcla la harina con una pizca de sal y la levadura e incorpórala al bol. Mezcla todo bien con una varilla manual hasta que los ingredientes queden bien integrados.

Cubre la base del molde con las rodajas de mandarina. Vierte la masa encima y hornea la tarta (a media altura con ventilador) a 180 ºC durante 30-35 minutos. Retírala, deja que se enfríe y desmóldala dándole la vuelta, de manera que las mandarinas queden en la parte superior. Decora la tarta con unas hojas de menta y sirve.

TARTA DE QUESITOS CON MEMBRILLO

INGREDIENTES (4 P.)

5 quesitos

150 g de membrillo (en dados)

4 huevos

2 yogures

4 cucharadas de azúcar

2 cucharadas de harina de maíz refinada

10-12 arándanos

mantequilla (para el molde)

hojas de menta

ELABORACIÓN

Unta un molde rectangular de silicona (tipo *plum cake*) con un poco de mantequilla. Extiende a lo largo del molde una tira de papel de horno dejando que sobresalga una pestaña por cada lado.

Casca los huevos y ponlos en una jarra. Agrega los yogures, el azúcar, la harina de maíz refinada y los quesitos.

Tritura los ingredientes con una batidora eléctrica hasta conseguir una masa homogénea.

Viértela en el molde y agrega los dados de membrillo. Coloca el molde sobre una bandeja de horno y hornea la tarta a 180 ºC durante 40 minutos.

Corta la tarta en porciones, sírvelas y salpícalas con los arándanos. Decora los platos con unas hojas de menta.

CONSEJO

Si utilizas quesitos en porciones sin gluten, las personas celiacas o intolerantes al gluten también podrán disfrutarla.

TARTA *FLAÓ*

INGREDIENTES (6 P.)

Para la base:

35 g de manteca de cerdo

165 g de harina de trigo (tamizada) + 25 g para estirar

1 huevo

65 g de azúcar blanco

5 g de levadura en polvo

2 cucharadas de anís

1 cucharadita de semillas de anís

Para el relleno:

375 g de queso fresco de cabra

3 huevos

100 g de azúcar

ralladura de ½ limón

10 hojas de hierbabuena

Para decorar:

1 cucharada de azúcar en grano

1 fresa

hojas de menta

ELABORACIÓN

Para la base, casca 1 huevo y ponlo en un bol. Agrega el azúcar y bate los ingredientes con una varilla manual. Incorpora las semillas de anís. Mezcla la levadura con la harina y agrégala al bol. Añade también la manteca de cerdo y amasa la mezcla a mano. Vierte el anís y sigue amasando los ingredientes hasta que se integren bien. Deja que la masa repose a temperatura ambiente durante 15 minutos.

Para hacer el relleno, pon los huevos, el azúcar, la ralladura de limón, el queso (troceado) y las hojas de hierbabuena en una picadora. Tritura los ingredientes hasta que consigas una mezcla homogénea y resérvala.

Para montar la tarta, espolvorea la encimera con un poco de harina, coloca encima la masa y estírala con un rodillo formando una lámina redonda. Cubre con ella un molde redondo de fondo desmontable (de 20 cm de diámetro), vierte dentro el relleno y hornéala (colocándola en la parte inferior del horno) a 175 ºC durante 30-35 minutos. Deja que se enfríe y desmóldala.

Adórnala con un poco de azúcar en grano, 1 fresa y unas hojas de menta.

CONSEJO

Algunos dicen que la tarta está mejor de un día para otro, porque el queso se asienta más y el aroma de la hierbabuena se intensifica.

BRAZO DE GITANO CON CREMA DE CAFÉ Y CACAO

INGREDIENTES (6-8 P.)

Para el bizcocho:

6 huevos

100 g de azúcar

40 g de cacao en polvo

110 g de harina de trigo

Para la crema de café y cacao:

1 l de leche

100 g de azúcar

85 g de harina de maíz

3 yemas de huevo

1 huevo

15 g de cacao en polvo

15 g de café soluble descafeinado

Para montar y decorar el brazo:

50 ml de licor de café

50 ml de almíbar

frambuesas

hojas de menta

ELABORACIÓN

Para hacer la crema, calienta la mitad de la leche en un cazo (reserva el resto). Pon la harina de maíz y el azúcar en un bol. Vierte la leche fría (la que no está en el cazo) y mezcla bien con una varilla manual. Incorpora las yemas y el huevo y sigue batiendo hasta que todos los ingredientes queden bien integrados. Agrega el cacao y el café instantáneo y vuelve a mezclar hasta que se integren. Vierte la mezcla en el cazo con la leche y cocina la mezcla a fuego suave-medio hasta que empiece a hervir y a espesar. Pasa la crema a un bol, tápala a piel con film transparente y deja que se enfríe a temperatura ambiente. Introduce la crema en una manga pastelera con boquilla estriada.

Para hacer el bizcocho, calienta agua en una cazuela. Casca los huevos, ponlos en un bol grande e introdúcelo en la cazuela. Añade el azúcar y bate los ingredientes (al baño maría) con una batidora de varillas eléctrica hasta que monten bien. Saca el bol de la cazuela y tamiza la harina y el cacao encima. Mezcla los ingredientes con movimientos suaves y envolventes.

Cubre una bandeja de horno con papel de horno, vierte dentro la mezcla del bizcocho, extiéndela con una espátula y hornéala (calor arriba y abajo) a 180 ºC durante 8 minutos. Deja que se enfríe.

Para montar el brazo de gitano, emborracha el bizcocho con la mezcla de licor de café y almíbar y cúbrelo con la crema (reserva un poco para decorar). Ayudándote con el papel de horno, enrolla el bizcocho sobre la crema hasta formar un cilindro. Introdúcelo en el frigorífico durante 1 hora aproximadamente.

Retíralo del frigorífico y adórnalo con unos botones de crema, unas frambuesas y unas hojas de menta.

CONSEJO

Este postre es un clásico de la gastronomía española. La posibilidad de personalizarlo, con diferentes sabores y decoraciones, hace que sea uno de nuestros favoritos.

FRESAS ASADAS CON CREMA DE NATA Y QUESO

INGREDIENTES (4 P.)

16 fresas (o fresones)
2 cucharadas de azúcar
200 ml de nata líquida
100 g de queso mascarpone
hojas de menta

ELABORACIÓN

Lava las fresas con agua, retíralas el pedúnculo, córtalas por la mitad y extiéndelas sobre una fuente apta para el horno. Espolvoréalas con 1 cucharada de azúcar y hornéalas a 180 ºC durante 10-12 minutos. Retira la fuente del horno y deja que las fresas se templen.

Pon la nata bien fría en un bol, añade el queso y el azúcar restante y monta los ingredientes con una batidora de varillas eléctrica hasta que queden bien integrados.

Sirve 2 cucharadas de la mezcla de nata y queso en el fondo de 4 platos y reparte encima las fresas. Decora con unas hojas de menta.

CONSEJO

Si majas las fresas un poco con un tenedor o las trituras con una batidora eléctrica, inmediatamente se transformarán en una mermelada con un sabor muy intenso.

HELADO DE AVELLANAS TOSTADAS

INGREDIENTES (4 P.)

300 g de avellanas tostadas (peladas)

250 g de leche condensada

100 ml de licor de avellana

250 ml de nata líquida (fría)

4 barquillos (cilindros)

8 frambuesas

hojas de menta

ELABORACIÓN

Pon las avellanas en una picadora, tritúralas hasta que queden bien molidas y pásalas a un bol grande. Agrega la leche condensada y el licor de avellana y mezcla bien.

Pon la nata en un bol y móntala con una batidora de varillas eléctrica. Incorpórala al bol anterior (donde está la crema de avellana) y mezcla los ingredientes con movimientos suaves y envolventes. Tapa el bol con film transparente e introdúcelo en el congelador por lo menos durante 4 horas. Media hora antes de consumirlo, ponlo en el frigorífico.

Retira el helado del frigorífico y sírvelo en 4 copas. Decóralas con 2 frambuesas, un barquillo y unas hojas de menta.

CONSEJO

Si compras avellanas peladas y no vas a consumirlas en breve, lo mejor es que las conserves en un recipiente bien cerrado dentro del frigorífico.

MOUSSE DE FRAMBUESAS

INGREDIENTES (4 P.)

300 g de frambuesas + 4 frambuesas para decorar

250 g de queso mascarpone

200 ml de nata líquida (38 % de materia grasa)

4 cucharadas de azúcar

ralladura de 1 limón

hojas de menta

ELABORACIÓN

Pon las frambuesas y 2 cucharadas de azúcar en una sartén. Cocina la mezcla a fuego medio durante 4-5 minutos. Cuela las frambuesas y deja que la salsa se enfríe.

Pon el queso en un bol grande. Agrega la nata líquida (fría), las otras 2 cucharadas de azúcar y la ralladura de limón. Bate los ingredientes con una batidora eléctrica de varillas hasta que monten bien.

Incorpora la salsa de frambuesa y mezcla los ingredientes suavemente hasta que queden bien integrados. Introduce la mezcla en una manga pastelera con boquilla rizada y repártela en 4 copas.

Decora cada copa con 1 frambuesa y unas hojas de menta.

CONSEJO

La *mousse* es un postre que se sirve frío, por lo que, una vez elaborada, lo mejor es introducirla en el frigorífico. Además, el frío ayudará a que mantenga su estructura.

CLAFOUTIS DE MANGO

INGREDIENTES (4 P.)

1 mango (500 g)

75 g de harina

75 g de azúcar

3 huevos

180 ml de leche

100 ml de nata líquida

25 g de mantequilla (a punto de pomada)

azúcar glas

hojas de menta

ELABORACIÓN

Cubre 4 moldes individuales (aptos para el horno) con papel de hornear. Pela el mango, córtalo en dados y repártelos en los 4 moldes. Coloca los moldes sobre una bandeja de horno.

Pon los huevos, la leche, la nata líquida, la mantequilla, la harina y el azúcar en una jarra. Tritura los ingredientes con una batidora eléctrica hasta conseguir una crema homogénea y repártela en los 4 moldes.

Introduce la bandeja en el horno y hornea los *clafoutis* a 190 ºC durante 30 minutos. Retíralos y deja que se templen.

Saca los *clafoutis* de los moldes. Sirve 1 en cada plato, espolvoréalos con azúcar glas y decóralos con unas hojas de menta.

CONSEJO

Para que el azúcar glas caiga de manera uniforme sobre los *clafoutis*, pon el azúcar en un colador y golpéalo suavemente sobre cada uno.

PASTEL DE LIMÓN

INGREDIENTES (6-8 P.)

Para la crema:

1 huevo

50 g de azúcar

30 g de harina de maíz refinada

1 limón

300 ml de leche

Para el bizcocho:

2 huevos

100 g de azúcar

1 cucharada de esencia de vainilla

120 ml de aceite de girasol

120 ml de leche

220 g de harina

15 g de levadura en polvo

Para decorar:

30 g de mantequilla fundida

25 g de coco rallado

3 fresas

hojas de menta

ELABORACIÓN

Para hacer la crema, ralla la piel del limón en un bol. Agrega el azúcar y la harina, y mezcla bien con una varilla manual. Vierte un poco de leche y remueve la mezcla hasta que no quede ni un grumo. Vierte el resto de la leche y vuelve a mezclar. Casca el huevo, incorpóralo y bátelo bien con la varilla manual. Corta el limón por la mitad, exprímelo, vierte el zumo (colado) al bol y mezcla bien.

Pasa la mezcla a un cazo y ponla a calentar. Cocina los ingredientes a fuego suave, sin dejar de remover, hasta que empiece a espesar. Pasa la crema a un bol, tápala a piel con film transparente y deja que se temple. Introdúcela en el frigorífico y espera a que esté bien fría.

Para hacer el bizcocho, casca los huevos y ponlos en un bol grande. Agrega el azúcar y la esencia de vainilla y bate los ingredientes con una batidora de varillas eléctrica. Vierte el aceite, poco a poco, y sigue batiendo los ingredientes hasta que quede perfectamente integrado. Vierte la leche y bate brevemente. Mezcla la levadura con la harina y tamízala encima. Mezcla los ingredientes suavemente hasta que queden bien integrados.

Cubre un molde redondo de 20 cm de diámetro y de fondo desmontable con papel de horno. Vierte la mitad de la masa del bizcocho (reserva el resto) en el molde y hornéala a 200 ºC durante 15 minutos. Retira el molde del horno y baja la temperatura del horno a 190 ºC.

Extiende la crema de limón sobre el bizcocho (no hace falta que el bizcocho esté frío). A continuación, vierte el resto de la masa del bizcocho sobre la crema de limón y hornea todo a 190 ºC durante 20 minutos.

Retira el pastel del horno, deja que se temple y desmóldalo. Úntalo con la mantequilla fundida y espolvoréalo con el coco rallado. Decóralo con las fresas y las hojas de menta.

CONSEJO

Para que no le salga costra a la crema de limón, conviene taparla a piel, de manera que el film transparente esté en contacto directo con la crema.

BOLITAS DE COCO Y DULCE DE LECHE

INGREDIENTES (4 P.)

250 g de coco rallado
150 g de dulce de leche
hojas de menta

ELABORACIÓN

Pon 150 g de coco rallado en un bol, vierte el dulce de leche y mezcla bien. Tapa el bol con film transparente y deja que la masa repose durante 2 horas.

Coge pequeñas porciones de la mezcla, redondéalas (formando bolitas) y pásalas por el resto del coco rallado hasta que queden bien rebozadas.

Sirve las bolitas de coco y dulce de leche y decora los platos con unas hojas de menta.

CONSEJO

Este postre es muy fácil de hacer, porque lleva pocos ingredientes y no hace falta cocinarlos, por lo que es perfecto para que los peques de la casa se inicien en la cocina.

PLÁTANO FRITO

INGREDIENTES (4 P.)

4 plátanos

2 huevos batidos y harina (para rebozar)

150 g de nata montada

2 cucharadas de almendra fileteada (tostada)

2 cucharadas de sirope de chocolate

aceite de oliva virgen extra

3 trozos de piel de naranja

16 frambuesas

hojas de menta

ELABORACIÓN

Calienta una sartén pequeña con abundante aceite. Agrega los trozos de piel de naranja y fríelos a fuego suave durante 2-3 minutos hasta que el aceite quede aromatizado. Retira las pieles de naranja.

Pela los plátanos y rebózalos con harina y huevo batido, introdúcelos en la sartén y fríelos (en tandas) hasta que se doren. Retíralos y escúrrelos sobre una fuente cubierta con papel absorbente.

Sirve un plátano, unos botones de nata montada, unas almendras fileteadas, unos hilos de chocolate y 4 frambuesas en cada plato. Decóralos con unas hojas de menta.

CONSEJO

Existen dos maneras de rebozar los plátanos: una consiste en usar harina y huevo y otra en sumergirlos en una mezcla de agua y harina, similar a una tempura.

TARTA DE HOJALDRE CON ARROZ CON LECHE

INGREDIENTES (6 P.)

1 lámina de hojaldre

1 huevo

100 g de almendra picada

2 cucharadas de azúcar glas

hojas de menta

Para el arroz con leche:

50 g de arroz

500 ml de leche

125 ml de nata líquida (38 % de materia grasa)

50 g de azúcar

2 trozos de piel de limón

CONSEJO

Para que el rulo mantenga la forma en el horno, calza los laterales colocando unos trozos grandes de papel de aluminio ahuecados en cada lado del rulo de hojaldre.

ELABORACIÓN

Cubre la almendra con agua y deja que se hidrate un poco.

Para preparar el arroz con leche, vierte la leche y la nata (frías) en una cazuela. Añade el arroz, el azúcar y los trozos de piel de limón. Cuece los ingredientes a fuego suave, removiéndolos de vez en cuando, durante 60-80 minutos (tiene que quedar una textura densa y pastosa). Apaga el fuego, retira las pieles de limón y deja que el arroz con leche se enfríe.

Extiende una lámina de hojaldre sobre una bandeja de horno cubierta con papel de hornear. Coloca el arroz con leche en el centro de la lámina. Bate el huevo y, con ayuda de un pincel, unta los bordes del hojaldre. Enrolla el hojaldre alrededor del arroz con leche y sella las puntas (cerrándolas bien) del cilindro. Con una puntilla haz 3 cortes pequeños (a modo de chimenea) en la parte superior. Unta la masa de hojaldre con otro poco de huevo batido. Escurre la almendra picada y repártela sobre el rollo de hojaldre y arroz con leche.

Hornea la tarta de hojaldre a 180 ºC (calor arriba y abajo) durante 1 hora. Retírala y deja que se temple.

Espolvorea la tarta con el azúcar glas y decórala con unas hojas de menta.

PESTIÑOS CON MIEL

INGREDIENTES (4-6 P.)

260 g de harina de trigo

75 ml de vino blanco de Jerez

2 trozos de piel de limón

1 cucharada sopera de semillas de anís (o matalahúva)

aceite de oliva suave o aceite de girasol

200 g de miel

50 ml de agua

hojas de menta

CONSEJO

Antes de formar los pestiños no es necesario engrasar la encimera, ya que la masa no se pega, pero si quieres asegurarte puedes untarla con unas gotas de aceite.

ELABORACIÓN

Calienta 75 ml de aceite en una sartén pequeña, añade las semillas de anís y los trozos de piel de limón y fríelos a fuego suave durante 3-4 minutos. Deja que el aceite se temple y retira las pieles de limón.

Pon la harina en un bol grande y vierte el vino y el aceite aromatizado (con las pieles de limón y las semillas de anís). Amasa los ingredientes hasta que consigas una masa compacta y homogénea que no se pegue a las manos. Cubre el bol con film transparente y deja que la masa repose a temperatura ambiente durante 30 minutos.

Pasa la masa a la encimera y estírala con un rodillo hasta dejarla bien fina. Córtala en porciones de 5 x 5 centímetros. Dobla las esquinas opuestas de cada porción, pegándolas con unas gotas de agua, y presiónalas para evitar que se despeguen durante la fritura.

Calienta abundante aceite en una sartén, introduce los pestiños y fríelos a fuego medio durante 3-4 minutos. Escúrrelos sobre una fuente cubierta con papel absorbente.

Pon la miel y el agua a calentar en un cazo. Introduce los pestiños y empápalos bien en la mezcla.

Cubre una bandeja de horno con una rejilla de horno, distribuye los pestiños encima y deja que escurran bien.

Sirve y decora los platos con unas hojas de menta.

BOUGATSA CON MIEL Y PISTACHOS

INGREDIENTES (6-8 P.)

400 ml de leche

300 ml de nata

5 yemas de huevo

60 g de harina de maíz refinada

130 g de azúcar

1 vaina de vainilla

1 naranja

130 g de mantequilla fundida

9 láminas de pasta filo

2 cucharadas de azúcar glas

3 cucharadas de pistachos picados

2 cucharadas de miel

hojas de menta

ELABORACIÓN

Para preparar la crema pastelera, pon la nata en una cazuela. Agrega la leche (reserva un poco), el interior de la vaina de vainilla y la piel de la naranja (sin la parte blanca). Deja que la mezcla infusione a fuego suave durante 4-5 minutos.

Pon el azúcar en un bol, añade la harina de maíz y mezcla bien. Vierte la leche reservada anteriormente y vuelve a mezclar. Incorpora las yemas y bate los ingredientes hasta que se integren. Cuela encima la leche infusionada y vuelve a mezclar. Pasa la mezcla a la cazuela y ponla de nuevo al fuego. Cocínala a fuego suave hasta que empiece a hervir. Apártala del fuego, pásala a una fuente, deja que se temple y resérvala.

Para montar la *bougatsa*, unta un molde redondo de 20 centímetros de diámetro y de fondo desmontable con un poco de mantequilla fundida. Unta 1 hoja de pasta filo con la mantequilla y extiéndela sobre el molde. Unta otras 5 hojas de pasta filo con mantequilla y colócalas (cruzándolas, de manera que sobre pasta filo por todo el contorno del molde) encima del molde hasta obtener una base de 6 hojas. Introduce la crema dentro. Unta otra hoja de pasta filo con mantequilla fundida, córtala por la mitad y coloca las 2 mitades encima, cubriendo la crema. Repite el proceso con otras 2 hojas de pasta filo y dobla las partes sobrantes de la base por encima.

Hornea la tarta a 175-200 ºC durante 20-30 minutos. Retírala, deja que se temple y espolvoréala con el azúcar glas. Riégala con unos hilos de miel y salpícala con los pistachos picados.

Decórala con unas hojas de menta.

CONSEJO

Si no quieres que la piel de naranja contenga partes blancas, lo mejor es pelarla con un pelador de verduras.

BUÑUELOS DE VIENTO CON NATILLAS

INGREDIENTES (4 P.)

65 g de harina
15 g de mantequilla
125 ml de agua
20 g de azúcar
2 huevos
ralladura de ¼ de limón
sal
500 ml de natillas
aceite de girasol
azúcar glas
hojas de menta

ELABORACIÓN

Pon a calentar el agua en una cazuela, agrega la mantequilla, el azúcar, una pizca de sal y la ralladura de limón. Cuando empiece a hervir y la mantequilla esté fundida, aparta el cazo del fuego, incorpora la harina de golpe y mezcla bien con una varilla.

Pasa la masa a un bol grande y extiéndela para que se enfríe un poco. Casca 1 huevo, añádelo al bol y mezcla bien hasta que quede totalmente incorporado. Casca el otro huevo, agrégalo y vuelve a mezclar bien hasta que consigas una masa homogénea. Tapa el bol con film transparente y deja que la masa repose a temperatura ambiente de 1 a 2 horas.

Calienta una cazuela con abundante aceite. Con 2 cucharillas, coge pequeñas porciones de masa y suéltalas sobre la cazuela. Fríelas (en tandas) a fuego suave hasta que se inflen, se den la vuelta y se doren. Retira los buñuelos y escúrrelos sobre una fuente cubierta con papel absorbente. Espolvoréalos con el azúcar glas.

Sirve las natillas en el fondo de 4 platos y reparte encima los buñuelos. Decora los platos con unas hojas de menta.

CONSEJO

La dificultad de este postre está en la temperatura del aceite. Si no está lo suficientemente caliente, la masa caerá al fondo (hay que procurar que se mantenga a flote), pero si está demasiado caliente, se formará una envoltura alrededor del buñuelo que impedirá que crezca.

LAZOS DE HOJALDRE Y MANZANA

INGREDIENTES (8 UDS.)

- 1 lámina de hojaldre (rectangular)
- 2 manzanas
- 2 cucharadas de azúcar
- 1 cucharada de mantequilla
- 1 cucharadita de canela
- 2-3 cucharadas de mermelada de albaricoque
- 3 cucharadas de almendras picadas
- 1 huevo
- 1 cucharada de leche
- azúcar glas
- hojas de menta

ELABORACIÓN

Pela las manzanas y rállalas. Calienta una sartén, añade las manzanas ralladas, la canela, el azúcar y la mantequilla. Cocina las manzanas a fuego medio durante 5 minutos. Retíralas, ponlas en un bol y deja que se enfríen. Agrega la mermelada y mezcla bien.

Retira el hojaldre del frigorífico y desenróscalo sobre su propio papel. Añade las manzanas (cocinadas) y extiéndelas por toda la superficie del hojaldre, hasta los bordes. Salpica las manzanas con las almendras picadas.

Corta el hojaldre en 8 porciones (1 corte longitudinal y 3 trasversales) y enrolla cada porción a lo largo hasta conseguir 8 rollitos. Cortalos por la mitad a lo largo dejándolos unidos por uno de los lados. Enrosca las 2 partes de cada rollito formando una especie de trenza hasta conseguir 8 lazos. Colócalos sobre una bandeja de horno cubierta con papel de hornear.

Pon el huevo en un bol, vierte la leche y bate tode bien. Pinta las trenzas con la mezcla y hornéalas a 180-200 ºC durante 18-20 minutos. Retíralas, deja que se enfríen y espolvoréalas con azúcar glas. Decora los platos con unas hojas de menta.

CONSEJO

Puedes sustituir la mermelada de albaricoque por cualquier otra que sea de tu agrado.

EMPANADA DE MANZANA

INGREDIENTES (6-8 P.)

- 2 láminas de masa para empanada
- 3 manzanas reinetas
- 60 g de pasas (sin semillas)
- 3 cucharadas de ron
- 4 cucharadas de azúcar
- 20 g de mantequilla
- 1 huevo batido
- 25 g de piñones
- hojas de menta

ELABORACIÓN

Una hora antes de empezar a cocinar, pon las pasas en un bol, cúbrelas con el ron y déjalas macerando.

Pela las manzanas, córtalas por la mitad y retírales el corazón. Córtalas en láminas de ½ centímetro de grosor y resérvalas.

Extiende una lámina para empanada (con su papel) sobre una bandeja de horno. Reparte encima las manzanas y las pasas (escurridas). Trocea la mantequilla y colócala sobre las manzanas. Espolvoréalas con 2 cucharadas de azúcar y viérteles encima el ron (sobrante de remojar las pasas).

Desenrosca la otra masa para empanada, córtale una tira larga de unos 2 centímetros y resérvala. Extiende la masa sobre las manzanas y cierra los bordes haciendo un repulgue por todo el contorno.

Pinta la parte superior de la empanada con el huevo batido, espolvoréala con el resto del azúcar y salpícala con los piñones. Para que respire, hazle un agujero en el centro y, con la tira de masa reservada anteriormente, forma una especie de chimenea, colócala alrededor del agujero y píntala con huevo batido. Hornea la empanada a 170 ºC durante 35 minutos. A los 15 minutos, cúbrela con un trozo grande de papel de aluminio. Para que la parte inferior de la empanada quede cocida, cuando falten 5 minutos, bájala y apóyala en la base del horno.

Retírala, deja que se temple y córtala en porciones. Sirve y decora los platos con unas hojas de menta.

CONSEJO

Si quieres hacer la masa de la empanada, estos son los ingredientes:

- 100 g de harina de avena integral
- 208 g de harina de trigo de fuerza
- 3 g de levadura prensada
- 100 ml de leche
- 100 ml de aceite de girasol
- 1 huevo
- 2 cucharadas de azúcar
- 1 pizca de sal

Una vez mezclados los ingredientes, solo hay que dejar que la masa repose a temperatura ambiente durante 1 hora.

BIZCOCHOS *FINANCIERS*

INGREDIENTES (12 UDS.)

100 g de azúcar glas

100 g de harina de almendra

40 g de harina de trigo

140 g de mantequilla

4 claras de huevo

1 cucharadita de esencia de vainilla

hojas de menta

CONSEJO

Si utilizas moldes de silicona, lo mejor es que antes de rellenarlos los coloques sobre una bandeja de horno.

ELABORACIÓN

Calienta una sartén, introduce la mantequilla, fúndela a fuego suave y espera a que coja un bonito color dorado. Deja que se temple.

Pon las claras en un bol grande y bátelas un poco con una batidora de varillas eléctrica. Incorpora el azúcar glas poco a poco y sigue batiendo los ingredientes hasta que queden bien integrados. Mezcla la harina de almendra y la harina de trigo y agrégalas al bol. Añade también la esencia de vainilla y sigue batiendo los ingredientes con la batidora eléctrica hasta que se integren. Cuela la mantequilla encima de la masa y mezcla todo con una varilla manual.

Pasa la mezcla a una manga pastelera, córtale la punta y rellena los moldes (específicos para *financiers*). Hornéalos a 170 ºC durante 15-20 minutos.

Retíralos, deja que se templen y desmóldalos. Sirve y decora la fuente con unas hojas de menta.

MERENGUE DE FRESA

INGREDIENTES (4 P.)

300 g de fresas
2 claras de huevo
4 cucharadas de azúcar glas
hojas de menta

CONSEJO

A la hora de montar claras, es muy importante que no contengan ningún resto de yema.

ELABORACIÓN

Limpia las fresas, retírales el tallo, córtalas por la mitad e introdúcelas en un vaso batidor. Tritúralas con una batidora eléctrica hasta conseguir un puré homogéneo. Si quieres enfriarlo, introduce el puré en el frigorífico hasta el momento en el que lo vayas a utilizar.

Pon las claras en un bol grande y móntalas con una batidora de varillas eléctrica. Cuando estén montadas, agrega 1 cucharada de azúcar y sigue montándolas. Cuando el azúcar quede integrado, añade el resto del azúcar (cucharada a cucharada) y sigue montándolas hasta conseguir un merengue espeso.

Agrega el puré de fresas, poco a poco, y continúa montando las claras sin parar.

Sirve el merengue en 4 copas y decóralas con unas hojas de menta.

MOUSSE DE CHOCOLATE CON *CHANTILLY*

INGREDIENTES (4 P.)

175 g de chocolate de cobertura

30 g de mantequilla fundida

4 huevos

80 g de azúcar

30 ml de *brandy*

hojas de menta

Para el chantilly:

200 ml de nata líquida (38 % de materia grasa)

20 g de azúcar glas

1 cucharadita de esencia de vainilla (líquida)

ELABORACIÓN

Pon el chocolate de cobertura en un bol y fúndelo al baño maría.

Casca los huevos, separa las claras de las yemas y colócalas por separado en 2 boles. Agrega ¼ parte del chocolate fundido a las yemas y bate los ingredientes hasta que se integren. Vierte el resto del chocolate y vuelve a batir hasta que quede una mezcla homogénea. Incorpora la mantequilla y el *brandy* y vuelve a mezclar.

Monta las claras con una batidora de varillas eléctrica. Cuando estén semimontadas, ve agregando el azúcar, poco a poco, y sigue batiéndolas.

Incorpora ¼ parte de las claras montadas al bol del chocolate (con las yemas, la mantequilla y el *brandy*) y mezcla suavemente hasta que los ingredientes queden bien integrados. Agrega esta mezcla al bol donde están las claras montadas y mezcla los ingredientes con movimientos suaves y envolventes hasta que se integren.

Reparte la *mousse* en 4 copas individuales, introdúcelas en el frigorífico y deja que se enfríen durante 1 hora como mínimo.

Para preparar el *chantilly*, pon la nata fría en un bol y agrega la esencia de vainilla y el azúcar glas. Bate los ingredientes con una batidora de varillas eléctrica hasta que monten.

Introduce el *chantilly* en una manga pastelera con boquilla rizada, adorna la parte superior de las copas y decóralas con unas hojas de menta.

CONSEJO

La calidad del chocolate es fundamental para obtener una *mousse* excelente. Utiliza un chocolate con un alto contenido de cacao (70 %) para asegurar un sabor intenso y una textura suave.

PANTXINETA DE CAFÉ Y CACAO

INGREDIENTES (10 P.)

2 láminas de hojaldre redondas
6 claras de huevo
100 g de azúcar
50 g de harina de maíz refinada
500 ml de leche
30 g de mantequilla
2 cucharadas de café descafeinado soluble (10 g)
1 cucharada de cacao (6 g)
4 trozos de piel de limón
1 rama de canela
300 g de almendras crudas troceadas
1 yema (para pintar)
azúcar glas
hojas de menta

ELABORACIÓN

Pon las almendras en un bol, cúbrelas con agua y deja que se hidraten durante 30 minutos como mínimo.

Pon a calentar 400 ml de leche en un cazo grande. Añade la rama de canela y los 4 trozos de piel de limón (sin partes blancas). Cuece la leche a fuego suave durante 5-6 minutos.

Mezcla el azúcar y la harina de maíz en un bol grande. Añade el cacao, el café, el resto de la leche (100 ml) y mezcla bien. Agrega las claras y bate todo bien hasta que quede una crema homogénea.

Cuela la leche aromatizada sobre el bol y bate los ingredientes hasta que se integren. Pasa la mezcla al cazo y cocínala (sin dejar de remover) hasta que hierva y espese. Apaga el fuego, añade la mantequilla y mezcla bien hasta que se integre en la crema. Pásala a un bol y deja que se enfríe.

Desenrosca 1 lámina de hojaldre sobre el papel con el que viene y estírala un poco con un rodillo. Colócala (con su papel) sobre una bandeja de horno y cúbrela con la crema de cacao y café dejando los bordes libres. Dobla los bordes del hojaldre encima de la crema. Bate una yema de huevo en un bol pequeño y pinta con ella el contorno de la parte del hojaldre que cubre la crema.

Desenrosca la otra lámina de hojaldre, hazle 3 cortes pequeños (a modo de chimenea) y colócala cubriendo la crema. Pinta toda la superficie con el resto de la yema de huevo. Escurre las almendras y cubre toda la superficie de la tarta. Hornéala a 175-185 ºC durante 40-45 minutos. Retírala del horno y deja que se temple.

Espolvoréala con azúcar glas y decórala con unas hojas de menta.

CONSEJO

En esta receta se utiliza almendra troceada para cubrir la tarta, pero también puedes emplear almendra laminada o en grano. Para que no se quemen, es importante que estén crudas e hidratadas en agua.

PARÍS-BREST CON NATA Y PRALINÉ

INGREDIENTES (6 P.)

Para la rueda de pasta choux:

125 ml de leche

60 g de mantequilla

2,5 g de azúcar

1 pizca de sal

65 g de harina

2 huevos

60 g de almendra fileteada hidratada

Para la nata con praliné:

45 ml de agua

70 g de azúcar

60 g de jarabe de maíz ligero

60 g de avellanas sin piel

60 g de almendras laminadas

1 pizca de sal

350 ml de nata líquida fría (35 % de materia grasa)

Para decorar:

azúcar glas

hojas de menta

ELABORACIÓN

Para la rueda de pasta *choux*, pon la leche a calentar en un cazo. Añade la mantequilla, una pizca de sal y el azúcar. Calienta la mezcla a fuego suave hasta que se funda la mantequilla. Echa la harina de golpe y mezcla bien. Pasa la masa a un bol, agrega 1 huevo y mezcla con una varilla manual hasta que quede integrado. Agrega el otro huevo y sigue removiendo la mezcla hasta que se integre. Introduce la masa en una manga pastelera (boquilla redonda y lisa).

Con un bolígrafo o un lápiz, dibuja un círculo grande (de 20-22 cm) en una hoja de papel de horno y dale la vuelta. Pon una pequeña cantidad de pasta *choux* debajo de cada esquina del papel para que quede fijado a la bandeja de horno.

Presiona la manga pastelera y forma un primer anillo de *choux* sobre el círculo trazado. Haz un segundo anillo de *choux* justo dentro del primer anillo (de manera que se toquen entre sí). Finalmente, forma un tercer anillo de *choux* encima de los dos anillos (justo en la ranura que queda entre ellos). Alisa la superficie pasando por encima los dedos de la mano humedecidos en agua. Coloca la almendra fileteada hidratada sobre la parte superior de la rueda y hornéala a 170 ºC durante 45 minutos. Apaga el horno, abre parcialmente la puerta y deja que repose durante 30 minutos para que se seque bien. Retira la rueda del horno y deja que se enfríe completamente.

Para hacer el praliné, pon el agua, el jarabe, la almendra fileteada, las avellanas, el azúcar y la sal en una sartén grande. Cocina los ingredientes (removiéndolos sin parar) a fuego suave durante 10-12 minutos hasta que queden caramelizados. Extiende un papel de horno sobre la encimera, pon el praliné encima y deja que se enfríe a temperatura ambiente. Desmenúzalo un poco y ponlo en una picadora. Tritúralo hasta que quede reducido a polvo.

Pon la nata fría en un bol y móntala con una batidora eléctrica de varillas. Añade el praliné y sigue montando hasta que los ingredientes queden bien integrados. Introduce la mezcla de nata y praliné en una manga pastelera con punta grande de estrella.

Con un cuchillo de sierra, corta la rueda por la mitad a lo ancho (es decir, en 2 medias ruedas). Coloca la parte inferior sobre un plato, cúbrela con la mezcla de nata y praliné, y tápala con la otra media rueda (la que tiene las almendras fileteadas) dejando la parte de las almendras fileteadas hacia arriba. Espolvoréala con el azúcar glas y decórala con unas hojas de menta.

CONSEJO

Si el praliné se deja reposar durante más de 30 minutos es probable que, debido a la humedad del ambiente, se vuelva pegajoso.

TEJAS DE NARANJA

INGREDIENTES (4 P.)

- 4 cucharadas grandes de almendra fileteada (cruda)
- 2 cucharadas soperas de azúcar
- 2 cucharadas soperas de ralladura de naranja
- 2 claras de huevo
- hojas de menta

ELABORACIÓN

Pon la almendra fileteada en un bol. Agrega el azúcar y la ralladura de naranja y mezcla bien. Agrega las claras y vuelve a mezclar hasta que los ingredientes queden bien integrados.

Cubre 2 bandejas de horno con papel de hornear. Extiende 4 montoncitos de la mezcla (dándoles forma de círculo) en cada bandeja y hornéalos a 170 ºC durante 15 minutos.

Retira las tejas del horno y despégalas con una espátula del papel de horno. Para darles forma curva, colócalas (en caliente) sobre unas botellas limpias o sobre un rodillo y deja que se enfríen.

Sirve y adorna la fuente con unas hojas de menta.

CONSEJO

Estas tejas no llevan harina, por lo que son aptas para las personas intolerantes al gluten.

SOPA FRÍA DE MELÓN Y COCO

INGREDIENTES (8 P.)

1 kg de melón

500 ml de bebida de coco

25 g de coco rallado

8 racimos pequeños de grosellas

hojas de menta

ELABORACIÓN

Pela el melón, trocéalo y ponlo en un vaso batidor. Vierte la bebida de coco y tritura todo bien hasta que quede una sopa homogénea. Introduce la jarra del vaso batidor en el frigorífico hasta que la sopa esté fría.

Calienta una sartén sin aceite, agrega el coco rallado y tuéstalo hasta que se dore un poco. Retíralo a un plato y resérvalo.

Reparte la sopa en 8 copas, salpícalas con el coco rallado y decóralas con las grosellas y unas hojas de menta.

CONSEJO

Si quieres darle un toque más refrescante a la sopa, puedes triturar el melón y la bebida de coco con unas hojas de menta.

TARTA DE MELOCOTÓN EN ALMÍBAR

INGREDIENTES (6 P.)

450 g de crema pastelera
1 cucharada de azúcar glas
1 clara de huevo
20 g de almendra fileteada (hidratada en agua)
harina (para estirar)
6 fresas

Para la masa:

140 g de mantequilla a punto de pomada
100 g de azúcar
1 huevo
300 g de harina
10 g de levadura en polvo

Para los melocotones en almíbar:

4 melocotones
150 ml de agua
150 g de azúcar

ELABORACIÓN

Para hacer el almíbar, pon a calentar en una cazuela el agua con el azúcar hasta que se integren. Pela los melocotones, córtalos por la mitad, retírales el hueso e introdúcelos en la cazuela. Tápalos, cuécelos durante 5 minutos a fuego suave y deja que se enfríen dentro de la cazuela.

Para preparar la masa, mezcla en un bol la mantequilla con el azúcar. Agrega el huevo y sigue mezclando. Incorpora la harina con la levadura y mezcla hasta que los ingredientes queden integrados. Forma un cilindro con la masa, envuélvela con film transparente e introdúcela en el frigorífico durante 2 horas.

Reserva la mitad de la masa y amasa el resto hasta que quede manejable. Espolvorea la encimera con un poco de harina, pon encima la masa manejable, espolvoréala con otro poco de harina y estírala bien con un rodillo.

Coge un trozo grande de papel de horno y córtale las esquinas para que el papel se ajuste mejor al molde. Introduce el papel de horno dentro de un molde cuadrado de 18 cm de lado y colócalo sobre una bandeja de horno. Cubre el molde (la base y las paredes) con la masa. Cubre la masa con la crema pastelera, coloca encima los melocotones y dobla la pestaña de masa sobrante sobre ellos.

Estira el resto de la masa entre 2 trozos grandes de papel de horno hasta dejarla muy fina. Cubre los melocotones con la lámina fina de masa, píntala con clara (sin batir), espolvoréala con azúcar glas y salpícala con la almendra fileteada.

Hornea la tarta a 170 ºC durante 40 minutos y deja que se enfríe.

Córtala en porciones y decóralas con las fresas.

CONSEJO

Para disfrutar de melocotones durante todo el año, te animo a prepararlos en almíbar. No es una tarea complicada y el resultado es excepcional.

ROLLO DE CALABAZA CON CREMA DE QUESO

INGREDIENTES (8 P.)

3 huevos
200 g de azúcar moreno
100 ml de aceite de girasol
300 g de puré de calabaza
200 g de harina
½ cucharadita de sal
1 cucharadita de levadura en polvo
¼ de cucharadita de nuez moscada
1 cucharadita de canela
½ cucharadita de jengibre en polvo
hojas de menta

Para el relleno:

450 g de queso cremoso (de untar)
150 g de azúcar glas
100 ml de nata líquida (38 % de materia grasa)

ELABORACIÓN

Casca los huevos y ponlos en un bol. Agrega el azúcar y bate los ingredientes con una batidora de varillas eléctrica hasta que quede una mezcla esponjosa. Vierte el aceite poco a poco y sigue montando hasta que se integre. Añade el puré de calabaza y mezcla bien.

En otro recipiente, mezcla la harina con la sal, la levadura, la nuez moscada, la canela y el jengibre. Tamiza los ingredientes secos sobre el bol anterior (en el que están los ingredientes húmedos) y mezcla hasta que quede una masa homogénea.

Precalienta el horno a 180 ºC. Cubre una bandeja de horno con papel de hornear, vierte dentro la mezcla del bizcocho y extiéndela bien. Hornéala a 180 ºC durante 13-15 minutos. Saca el bizcocho (con el papel de horno) de la bandeja y deja que se enfríe sobre una rejilla.

Para el relleno, pon el azúcar glas en un bol. Vierte la nata (fría) y el queso cremoso (a temperatura ambiente), y monta los ingredientes con una batidora de varillas eléctrica. Extiende la crema sobre el bizcocho, enróllalo (ayudándote del papel de horno) y forma un cilindro. Para igualar las puntas, córtale los extremos.

Sirve y decóralo con unas hojas de menta.

CONSEJO

Para conseguir 300 g de puré de calabaza tendrás que utilizar unos 450 g de calabaza en crudo. Para que quede un puré espeso, no agregues mucha agua durante la cocción.

CRUMBLE DE CEREZAS

INGREDIENTES (4 P.)

400 g de cerezas
60 g de harina
50 g de almendra molida
70 g de azúcar (20 g + 50 g)
60 g de mantequilla fría
4 bolas de helado de vainilla
hojas de menta

ELABORACIÓN

Lava las cerezas, córtalas por la mitad, retírales los huesos y ponlas en un bol. Añádeles 20 g de azúcar y deja que reposen durante 30 minutos (removiéndolas de vez en cuando).

Pon la almendra molida, la harina y el resto del azúcar (50 g) en un bol grande. Incorpora la mantequilla (cortada en dados) y amasa los ingredientes un poco hasta que cojan la consistencia de unas migas.

Reparte las cerezas en 4 moldes individuales (redondos o cuadrados) y cúbrelas con las migas de harina, almendra, azúcar y mantequilla.

Coloca los moldes en una bandeja de horno y hornéalos a 120 ºC durante 20 minutos. Sube la temperatura a 200 ºC y hornéalos durante 10 minutos más.

Retira los moldes del horno, deja que se templen y decóralos con unas hojas de menta. Acompáñalos con las bolitas de helado.

CONSEJO

El *crumble* se puede elaborar con otras frutas como, por ejemplo, albaricoques, manzanas, peras, uvas o moras.

MANZANAS A LA CREMA

INGREDIENTES (4 P.)

4 manzanas reinetas
2 huevos
120 g de azúcar
1 rama de canela
8 frambuesas
hojas de menta

CONSEJO

A la hora de montar las claras es imprescindible que el recipiente que uses no tenga restos de yema, ya que esta contiene grasa e impide que las claras monten bien.

ELABORACIÓN

Calienta abundante agua en una cazuela grande. Agrega 80 g de azúcar y la rama de canela. Pela las manzanas, retírales el corazón e introdúcelas en la cazuela. Tapa y cuece las manzanas a fuego suave durante 15 minutos. Retíralas y resérvalas. Deja que el agua reduzca hasta que queden unos 200 ml de jarabe y deja que se enfríe.

Separa las claras de las yemas. Bate las 2 yemas en un bol, vierte el jarabe y mezcla bien con una varilla manual. Pon la mezcla en un cazo y caliéntala a fuego suave, sin que hierva, hasta que espese un poco.

Pon las claras en otro bol y bátelas con una batidora de varillas eléctrica. Cuando estén blancas, añade, poco a poco, el resto del azúcar (40 g) y sigue montándolas hasta que quede bien incorporado.

Sirve una manzana en cada plato, riégalas con la crema (de yemas y jarabe) y cúbrelas con el merengue. Decóralas con unas frambuesas y unas hojas de menta.

PIÑA RELLENA

INGREDIENTES (4-6 P.)

1 piña natural

100 g de azúcar + 50 g para caramelizar

500 ml de leche

3 yemas de huevo

20 g de harina de maíz refinada

3 trozos de piel de limón

1 rama de canela

25 ml de licor (de almendra o *brandy*)

12 frambuesas

hojas de menta

ELABORACIÓN

Pon las yemas en un bol grande. Agrega el azúcar (100 g) y la harina de maíz refinada y mezcla bien con una varilla manual. Vierte 100 ml de leche, sigue batiendo los ingredientes hasta que se integren y reserva la mezcla.

Pon el resto de la leche a calentar en un cazo. Añade la rama de canela y 3 trozos de piel de limón e infusiona (calienta) los ingredientes a fuego suave durante 5 minutos.

Cuela la leche infusionada al bol grande y remueve los ingredientes hasta que se integren. Pasa la mezcla al cazo (donde has infusionado la leche) y ponla a calentar, sin dejar de remover, a fuego suave-medio hasta que espese. Apaga el fuego, pasa la crema a una fuente y deja que se enfríe.

Corta la piña por la mitad a lo largo (incluidas las hojas) y vacía las 2 mitades. Corta la pulpa en dados y ponlos en un bol. Agrega el licor y mezcla bien. Incorpora la crema y vuelve a mezclar bien.

Rellena las medias piñas con la mezcla, espolvoréalas con el azúcar (cada mitad con 25 g) y caramelízalas con un soplete de cocina.

Decóralas con unas frambuesas y unas hojas de menta.

CONSEJO

Para vaciar la piña, pasa una puntilla (cuchillo pequeño) por todo el contorno interior y retira la pulpa con cuidado de no romper la cáscara.

TARTA DE ALMENDRA Y ALBARICOQUES

INGREDIENTES (6 P.)

8-10 albaricoques

2 huevos

60 g de azúcar

80 g de mantequilla (a punto de pomada)

60 g de harina de almendra

20 g de harina de trigo

50 ml de leche

2-3 cucharadas de mermelada de albaricoque

grosellas

hojas de menta

Para la masa:

175 g de harina de trigo + 30 g para estirar

50 g de harina de almendra

2 huevos

60 g de azúcar

80 g de mantequilla (a punto de pomada)

ELABORACIÓN

Para preparar la masa, pon las harinas (175 g de trigo y 50 g de almendra) y el azúcar en un bol grande. Incorpora la mantequilla. Mezcla los ingredientes con la mano hasta que quede una mezcla arenosa. Incorpora los huevos y sigue amasando hasta que queden integrados. Envuelve la masa en film transparente, ponla en el bol, introdúcela en el frigorífico y deja que repose durante 20 minutos.

Espolvorea la encimera con un poco de harina. Saca la masa del frigorífico y retírale el film. Colócala sobre la encimera, estírala con un rodillo y cubre con ella un molde redondo de fondo desmontable. Hornea la masa a 180 ºC durante 10-12 minutos. Para preparar el relleno, pon los huevos y el azúcar en un bol grande y bátelos con una batidora de varillas eléctrica. Agrega la mantequilla y sigue batiendo (aunque parezca que la mezcla se corta, no pasa nada). Incorpora la leche y sigue batiendo. Agrega las harinas (de almendra y de trigo) y mezcla bien.

Corta los albaricoques por la mitad (sin pelar) y retírales el hueso.

Retira la masa del horno, vierte dentro el relleno y coloca encima los albaricoques (dejando la parte de la piel hacia arriba). Hornea la tarta a 180 ºC durante 30 minutos.

Retírala del horno, deja que se enfríe y desmóldala. Úntala con un poco de mermelada y decórala con unas grosellas y unas hojas de menta.

CONSEJO

Para que la mermelada se extienda bien puedes agregarle una cucharadita de agua y calentarla en el microondas durante 30 segundos.

TARTA DE CARAMELO Y CHOCOLATE

INGREDIENTES (6 P.)

Para la base:

190 g de harina de trigo + 15 g para espolvorear

115 g de mantequilla (a punto de pomada)

55 g de azúcar

35 g de almendra molida

1 huevo pequeño

½ cucharada de cacao en polvo

una pizca de sal

Para la ganache:

200 g de chocolate fondant

150 ml de nata para montar

50 g de mantequilla

Para el tofe:

180 g de azúcar

25 g de mantequilla

200 ml de nata para montar

3 hojas de gelatina

Para decorar:

grosellas

hojas de menta

ELABORACIÓN

Para preparar la base de la tarta, pon la harina de trigo y la almendra molida en un bol grande. Agrega el azúcar, la sal, el cacao, y mezcla ligeramente. Incorpora la mantequilla y el huevo. Amasa los ingredientes hasta que queden bien integrados. Envuélvela con film transparente, introdúcelo en el frigorífico y deja que repose durante 2 horas.

Saca la masa del frigorífico y divídela en 2 porciones. Espolvorea la encimera con un poco de harina y estira un trozo con un rodillo.

Cubre un molde redondo de fondo desmontable con papel de hornear. Introduce la masa dentro, cubre la base y el contorno del molde con ella y pincha la base con un tenedor. Hornea el molde a 180 ºC durante 18-20 minutos. Retíralo del horno y deja que se enfríe.

Extiende un trozo grande de papel de horno sobre la encimera. Estira la otra porción de masa con el rodillo y, con ayuda de un cortapastas de unos 5 centímetros, corta formas redondas. A continuación, con el mismo cortapastas, corta algunas redondas en medias lunas (al sacar las medias lunas también te saldrán otros recortes con forma de limón).

Cubre una bandeja de horno con un trozo grande de papel de horno, extiende encima las galletas redondas, las medias lunas y los recortes con forma de limón y hornéalos a 180 ºC durante 10-12 minutos. Retíralos y deja que se enfríen.

Para preparar la ganache (el relleno de chocolate), pon la nata a calentar en un cazo. Pon el chocolate (troceado) en un bol. Cuando la nata empiece a hervir, viértela sobre el chocolate. Déjalo sin tocar durante 30 segundos y, a continuación, remuévelo bien. Cuando el chocolate se haya disuelto, incorpora la mantequilla y sigue mezclando hasta que se integre bien. Deja que se enfríe.

Vierte la ganache dentro de la tartaleta, deja que se temple e introdúcela en el frigorífico hasta que esté bien fría.

Para preparar el tofe (la crema de caramelo), pon la nata a calentar en un cazo. A la vez, pon a fundir el azúcar en una cazuela (a medida que se vaya fundiendo, remuévelo un poco), mezcla suavemente y cocínalo hasta que consigas un caramelo dorado. Añade la mantequilla a la cazuela y mezcla bien. Agrega la nata (caliente) y remueve bien.

Pon las hojas de gelatina a remojo en un bol con agua fría para que se hidraten. Escúrrelas, incorpóralas a la crema de caramelo y mezcla bien.

Saca del frigorífico la base de la tarta con la crema de chocolate y viértele encima la crema de caramelo. Introdúcela en el frigorífico y deja que se enfríe durante 2 horas.

Retírala del frigorífico y decórala con unas grosellas, las galletas y unas hojas de menta.

CONSEJO

Si te resulta difícil cubrir el molde con la masa de una sola vez, puedes hacerlo en dos tandas: primero la base y después el contorno del molde.

BROWNIE FLAN

INGREDIENTES (6 P.)

Para el brownie:

30 g de cacao en polvo sin azúcar

60 g de harina

160 g de crema de cacao y avellana

80 g de mantequilla (a punto de pomada)

80 g de azúcar

2 huevos

Para el flan:

500 ml de leche evaporada

400 g de leche condensada

200 g de queso crema

5 huevos

1 cucharadita de esencia de vainilla

Para el caramelo:

160 g de azúcar

Para decorar:

ho jas de menta

ELABORACIÓN

Para hacer el caramelo, calienta una sartén, añade el azúcar y cocínalo (sin mezclar) hasta que se funda. Durante el proceso, mueve la sartén con movimientos circulares de vez en cuando. Cuando el azúcar esté prácticamente fundido, remuévelo para que quede bien unificado. Vierte el caramelo en un molde redondo con un agujero en el centro y espárcelo bien por la base y las paredes.

Para preparar el flan, pon los huevos en un vaso batidor. Añade la leche evaporada, la esencia de vainilla, la leche condensada y el queso crema (a temperatura ambiente). Tritura los ingredientes con una batidora eléctrica hasta que queden bien integrados. Reserva la mezcla.

Para hacer el *brownie*, pon la mantequilla y la crema de cacao y avellana en un bol. Pon el bol al baño maría, calienta los ingredientes y mézclalos con una cuchara de madera hasta que queden bien integrados. Pon los huevos y el azúcar en otro bol y monta los ingredientes con una batidora de varillas eléctrica. Añade la mezcla anterior (de mantequilla y crema de cacao y avellanas) y remueve los ingredientes hasta que se integren. Tamiza encima la harina y el cacao en polvo y mezcla bien.

Para montar el *brownie* flan, vierte en el molde la crema de flan y, a continuación, la crema del *brownie*, distribuyéndola bien por toda la superficie. Coloca el molde en un recipiente grande (apto para el horno) e introdúcelo en el horno. Para hacer el baño maría, vierte un poco de agua caliente en el recipiente. Hornea el *brownie* flan a 170 ºC durante 20 minutos. Baja la temperatura a 150 ºC y hornéalo durante 30-35 minutos más.

Retíralo del horno, deja que se enfríe y desmóldalo. Decóralo con unas hojas de menta.

CONSEJO

Si no tienes a nadie que te ayude a montar este *brownie* flan, lo mejor es que introduzcas la crema del *brownie* en una manga pastelera antes de verterla en el molde sobre la crema de flan. De esta manera te resultará más fácil distribuirla por toda la superficie.

TORTITAS DE YOGUR CON FRESAS

INGREDIENTES (6 P.)

- 175 g de harina
- 3 cucharadas de aceite de oliva suave + unas gotas para la sartén
- 2 cucharadas de azúcar (40 g)
- 1 cucharadita de esencia de vainilla
- 5 cucharadas de yogur natural
- 1 huevo
- ½ sobre de levadura en polvo (8 g)
- 1 cucharada de azúcar glas
- 12 fresas
- hojas de menta

ELABORACIÓN

Casca el huevo y pásalo a un bol grande. Añade el azúcar y el aceite y monta los ingredientes con una batidora eléctrica de varillas. Agrega la esencia de vainilla y el yogur y vuelve a batir los ingredientes hasta que queden bien integrados.

Mezcla la levadura con la harina, incorpóralas (en dos tandas) al bol y bate los ingredientes hasta que se integren. Introduce la masa en una manga pastelera.

Calienta una sartén grande con unas gotas de aceite. Con la manga pastelera, forma 5 tortitas sobre la sartén y cocínalas a fuego suave durante 2 minutos por cada lado. Retira las tortitas a una fuente y resérvalas. Repite el proceso hasta terminar con toda la masa.

Espolvorea las tortitas con azúcar glas.

Limpia las fresas y córtalas en daditos.

Sirve 3 tortitas en cada plato y cúbrelas con las fresas picadas. Decora los platos con unas hojas de menta.

CONSEJO

Esta receta es ideal para cocinar con los más peques. Pueden hacer la mezcla y decorar las tortitas a su antojo.

MOUSSE DE NECTARINA

INGREDIENTES (4 P.)

4 nectarinas maduras (rojas)

250 ml de nata líquida (36 % de materia grasa)

40 g de azúcar

2 hojas de gelatina

grosellas

hojas de menta

ELABORACIÓN

Pon las hojas de gelatina en un bol, cúbrelas con agua fría y espera a que se hidraten.

Lava las nectarinas, pélalas, trocéalas y ponlas en un vaso batidor. Añade 20 g de azúcar y tritúralas bien hasta que consigas un puré homogéneo.

Calienta 2 cucharadas soperas de agua en un cazo, introduce las hojas de gelatina, caliéntalas hasta que se fundan e incorpóralas al puré de nectarina.

Pon la nata (fría) en un bol, agrega el resto del azúcar (20 g) y monta los ingredientes con una batidora de varillas eléctrica. Coge 3-4 cucharadas de la nata, introdúcela en una manga pastelera con boquilla rizada y resérvala.

Vierte el puré de nectarina en el bol de la nata y mezcla suavemente hasta que los ingredientes queden bien integrados.

Llena 4 vasos con la mezcla e introdúcelos en el frigorífico durante 2 horas, hasta que se solidifique.

Decora los vasos con unos botones de nata, unas grosellas y unas hojas de menta.

CONSEJO

A la hora de montar la nata es importante que esté bien fría.

SÁNDWICH HELADO DE NATA Y CHOCOLATE

INGREDIENTES (4 P.)

- 16 galletas rectangulares
- 1 l de helado de nata
- 250 g de chocolate negro de cobertura
- 200 g de crocanti de almendra
- hojas de menta

ELABORACIÓN

Saca una bola de helado, colócala entre 2 galletas y presiónalas un poco hasta conseguir un sándwich. Retira el helado que sobresale de las galletas y coloca el sándwich sobre una fuente cubierta con papel de horno. Repite el proceso con el resto de las galletas y del helado hasta que consigas 8 sándwiches en total. Introdúcelos en el congelador durante 1 hora, hasta que se congelen bien.

Funde el chocolate al baño maría.

Introduce medio sándwich en el chocolate fundido y, con una cucharilla, cubre el chocolate con el crocanti de almendra. Repite el proceso con el resto de los sándwiches y colócalos de nuevo en la fuente. Introdúcelos en el congelador durante 30 minutos, hasta que el chocolate se solidifique.

Sirve 2 sándwiches en cada plato y decóralos con unas hojas de menta.

CONSEJO

Puedes sustituir las galletas rectangulares básicas por cualquier otra opción más sofisticada que se adapte a tus gustos.

TARTA HELADA DE FRESA

INGREDIENTES (6 P.)

300 g de fresas

400 ml de nata líquida

150 g de leche condensada

1 cucharada de esencia de vainilla

hojas de menta

Para las galletas:

125 g de mantequilla (a punto de pomada)

125 g de azúcar glas

125 g de harina

2 claras de huevo

Para la salsa de fresas:

100 g de fresas

2 cucharadas de azúcar

zumo de ½ limón

ELABORACIÓN

Lava las fresas, retírales el pedúnculo, córtalas en daditos y resérvalas.

Para hacer el helado, pon la nata, la leche condensada y la esencia de vainilla en un bol grande. Monta los ingredientes con una batidora de varillas eléctrica e incorpora los daditos de fresa. Pasa la mezcla a un molde de silicona rectangular y tápala (a piel) con film transparente. Introduce el molde en el congelador durante unas 6-8 horas, hasta que el helado se congele. Media hora antes de consumirlo, retira el molde del congelador y pásalo al frigorífico.

Para preparar la salsa, lava el resto de las fresas, retírales el pedúnculo y córtalas en daditos. Calienta una sartén, añade las fresas, el azúcar y el zumo de limón y cocina los ingredientes a fuego medio durante 15 minutos. Retira la salsa a un recipiente y deja que se enfríe.

Para hacer las galletas, pon la harina, el azúcar glas y las claras en un bol. Mezcla un poco, incorpora la mantequilla y sigue mezclando hasta que los ingredientes queden bien integrados. Introduce la masa en una manga pastelera.

Extiende una lámina de silicona sobre una bandeja de horno. Corta la punta de la manga pastelera, presiónala sobre la silicona y forma las galletas. Hornéalas a 180 ºC durante 8-10 minutos. Retíralas y deja que se enfríen.

Desmolda el helado, córtalo en pociones y sirve. Acompáñalo con las galletas y la salsa de fresa y decóralo con unas hojas de menta.

CONSEJO

Cada estación nos regala una gran variedad de frutas, y consumirlas en su temporada te ayudará a aprovechar al máximo sus propiedades. En el caso de las fresas, su mejor momento va de marzo a junio.

ÍNDICES

ÍNDICE DE RECETAS

ENTRANTES 10

ENSALADAS 48

SOPAS Y CREMAS 78

VERDURAS Y HORTALIZAS............ 110

LEGUMBRES 166

HUEVOS 198

ARROCES 218

PASTAS Y MASAS 246

CARNES Y AVES......... 282

LAS RECETAS DE JOSEBA 452

POSTRES 598

ÍNDICE ALFABÉTICO DE RECETAS